权威·前沿·原创

皮书系列为
"十二五""十三五""十四五"时期国家重点出版物出版专项规划项目

BLUE BOOK

智库成果出版与传播平台

广州蓝皮书

BLUE BOOK OF GUANGZHOU

广州数字经济发展报告
（2025）

ANNUAL REPORT ON GUANGZHOU'S
DIGITAL ECONOMY (2025)

组织编写 / 广州市社会科学院

主　　编 / 张跃国　伍　庆
执行主编 / 覃　剑　葛志专

社会科学文献出版社
SOCIAL SCIENCES ACADEMIC PRESS (CHINA)

图书在版编目(CIP)数据

广州数字经济发展报告 . 2025 / 张跃国，伍庆主编. 北京：社会科学文献出版社，2025.7.--（广州蓝皮书）. -- ISBN 978-7-5228-5463-2

Ⅰ. F492

中国国家版本馆 CIP 数据核字第 20253CS862 号

广州蓝皮书
广州数字经济发展报告（2025）

| 主　　编 / 张跃国　伍　庆 |
| 执行主编 / 覃　剑　葛志专 |

出 版 人 / 冀祥德
组稿编辑 / 任文武
责任编辑 / 郭　峰
文稿编辑 / 张　爽
责任印制 / 岳　阳

| 出　　版 / 社会科学文献出版社·生态文明分社（010）59367143 |
| 　　　　　 地址：北京市北三环中路甲29号院华龙大厦　邮编：100029 |
| 　　　　　 网址：www.ssap.com.cn |
| 发　　行 / 社会科学文献出版社（010）59367028 |
| 印　　装 / 天津千鹤文化传播有限公司 |
| 规　　格 / 开　本：787mm×1092mm　1/16 |
| 　　　　　 印　张：24.25　字　数：362千字 |
| 版　　次 / 2025年7月第1版　2025年7月第1次印刷 |
| 书　　号 / ISBN 978-7-5228-5463-2 |
| 定　　价 / 128.00元 |

读者服务电话：4008918866

版权所有 翻印必究

《广州数字经济发展报告（2025）》
编辑委员会

主　　编	张跃国	伍　庆			
执行主编	覃　剑	葛志专			
编　　委	王翔宇	白国强	刘岳平	杜家元	巫细波
	李佳莉	杨代友	何　江	邹小华	张振刚
	张赛飞	陈旭佳	陈彦博	陈智颖	欧江波
	罗谷松	胡晓群	柳立子	姚　阳	黄　玉
	蒋　丽	程风雨	曾俊良	蔡进兵	魏　东

主要编撰者简介

张跃国 广州市社会科学院党组书记、院长，研究员，广州市法学会第七届理事会副会长。在权威期刊发表学术论文和理论文章多篇，主编系列丛书、集刊。多次主持或参与广州市委全会和党代会报告起草、广州市发展规划研究编制、广州经济形势分析与预测研究、广州城市发展战略研究、广州南沙新区发展战略研究和规划编制、广州老城市新活力理论内涵和战略策略研究，以及广州市委、市政府多项重大政策文件起草。

伍　庆 哲学博士、研究员，现任广州市社会科学院副院长，广东省第十四届人大代表，广州市宣传思想文化优秀创新团队——广州城市国际交往研究团队负责人，广州市人民政府决策咨询专家。研究方向为全球城市、国际交往。主持国家社会科学基金项目1项、省部级课题8项，主持决策咨询课题50余项。出版专著4部，发表各类论文30余篇。

覃　剑 经济学博士、研究员，现任广州市社会科学院区域发展研究所所长、广州城市战略研究院常务副院长，中国共产党广州市第十二次代表大会代表，广州市高层次人才，广州市宣传思想文化优秀创新团队——广州数字经济研究团队负责人，广州青年文化英才，广州市宣传思想文化战线优秀人才第二层次培养对象，广东省发展和改革委员会战略专家库专家，广州市第二届重大行政决策论证专家，广东省青年联合会、广州市青年联合会委员。研究方向为城市与区域经济。主持省部级课题多项，出版著作3部，发表论文 50 余篇。参与《广州市国土空间总体规划（2018—2035 年）》以及广州建设国际大都市、国际航空枢纽、国际航运枢纽等多项战略性课题研究。

葛志专 经济学硕士、副研究员，广州市社会科学院数字经济研究中心执行副主任，现就职于广州市社会科学院区域发展研究所、广州城市战略研究院，2024 年度广州市宣传思想文化系统"揭榜挂帅"项目骨干人才，广州市统战理论研究会理事。研究方向为城市与区域经济、港澳经济、数字经济等。主持完成和参与多项国家、省、市哲学社会科学规划项目，发表理论文章 10 多篇，30 多项研究成果获省市领导批示。

摘 要

数字科技革命和产业变革深入发展，人工智能等数字技术加速迭代，并融入实体经济，数据作为新型生产要素的价值更加凸显，数字经济领域正孕育出新产业、新模式。抢抓人工智能发展机遇，开辟数字经济新领域新赛道是培育新质生产力和构建现代化产业体系的必然选择。

《广州数字经济发展报告（2025）》总报告以"开辟数字经济新领域新赛道"为题，分析认为广州数字经济综合实力在全国主要城市中持续稳居第一梯队，数字经济持续保持蓬勃发展势头，为开辟数字经济新领域新赛道、构建现代化产业体系、培育新质生产力奠定了良好基础，提出广州需加快构建以人工智能为核心、以"+人工智能""人工智能+"为双引擎的"一体两翼"新领域新赛道矩阵体系，发展半导体与集成电路、人形机器人、人工智能大模型、数据产业、平台经济、智能网联汽车、量子科技、智能无人系统、具身智能、人工智能软件与服务十大类新领域新赛道。

分报告围绕数字经济产业细分领域，对平台经济、人形机器人、人工智能、低空经济等主题进行了深入的调查研究和趋势分析，对广州重点行业的数字化转型、数据要素流通等关键环节继续开展年度跟踪研究，各篇报告对广州做大做强数字经济新领域新赛道提出许多建议，旨在从不同视角为广州建设中心型世界城市建言献策，为社会各界提供数字经济发展的前沿信息和决策参考依据。

关键词： 数字经济　人工智能　数字化转型　数据要素市场　广州

Abstract

With the further progress of digital technology revolution and industrial revolution, the iteration and emergence of digital technologies such as artificial intelligence is accelerating. The fusion of digital technology and the real economy is being deepened. The value of data as a key factor of production is gathering its importance, and new industries and models are emerging in the digital economy. Leveraging the opportunities brought by artificial intelligence and opening up new tracks become a new driver of the growth of the new quality productivity and building a modern industrial system.

In line with this new wave of technological and industrial change, *Annual Report on Guangzhou's Digital Economy* (2025) general report focuses on the topic of "developing new digital economy domains and tracks". The report believes that Guangzhou, as a first-tier city in China's digital economy, continues to experience strong growth, lays a solid foundation for developing new digital economy domains and tracks, building a modern industrial system, and fostering new quality productivity. The report recommends that Guangzhou accelerate the development of a "one core, two engines" framework, centered on artificial intelligence and powered by both "AI +" and " +AI" strategies, to foster ten emerging areas: semiconductors and integrated circuits, humanoid robots, large-scale AI models, the data industry, the platform economy, intelligent connected vehicles, quantum technology, autonomous systems, embodied intelligence, AI software and services, etc.

The specialized reports offer in-depth analysis on key topics such as the platform economy, humanoid robotics, artificial intelligence, and the low-altitude economy. Annual tracking research persists on critical aspects including core industries digital transformation and the data elements circulation. The report provide a wide range of policy recommendations for strengthening and expanding Guangzhou's digital economy, offering multiple insights to support the goal of becoming a central global city, serving as a forward-looking reference for policymakers, researchers, and industry stakeholders.

Keywords: Digital Economy; Artificial Intelligence; Digital Transformation; Digital Element Market; Guangzhou

目 录

Ⅰ 总报告

B.1 开辟数字经济新领域新赛道
——2024年广州数字经济发展形势及2025年展望
.... 广州市社会科学院课题组 / 001

Ⅱ 综合发展篇

B.2 广州平台经济高质量发展的路径与策略
.... 广州市人民政府研究室发展研究中心、
中山大学等联合课题组 / 048

B.3 广州数字经济集聚区发展的特征与策略
.... 广州市城市规划勘测设计研究院有限公司课题组 / 062

B.4 穗澳数字经济协同联动发展的目标思路与路径策略
...... 广州市社会科学院、澳门思路智库和暨南大学联合课题组 / 090

B.5 广州未来产业支撑新质生产力发展的路径策略............ 林柳琳 / 105

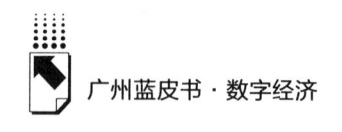

Ⅲ 数字产业篇

B.6 广州构筑人形机器人产业新支柱的战略重点和行动策略
　　　　　　　　　　　　　　 广州市社会科学院课题组 / 121

B.7 粤港澳大湾区低空经济产业调查报告
　　　　　　　　　　　　　　 普华永道"数字湾区"课题组 / 142

B.8 广州发展人形机器人和具身智能产业的路径与策略…… 姜　涵 / 159

B.9 低空经济应用场景发展趋势与广州策略
　　　　　　　　　　 广州市现代城市更新产业发展中心课题组 / 175

B.10 广州发展生成式人工智能产业的路径与策略
　　　　　　　　　　　　　　　 周圣强　唐碧海　周权雄 / 188

Ⅳ 数字化转型篇

B.11 广州市制造业数字化转型趋势与展望
　　　　　　　　　　 广州市工业和信息化局信息技术发展处 / 204

B.12 人工智能赋能广州数字文化产业高质量发展策略
　　　　　　　　　　　　　　　　　　　 艾希繁　韦晓慧 / 217

B.13 广州人形机器人赋能制造业高质量发展调查报告
　　　　　　　　　　　　　　　　　　　 黄敏聪　何晓琳 / 230

B.14 工业互联网平台赋能制造业数字化转型的路径与建议
　　　　　　　　　　　　 罗盈盈　梁　宵　丛子朋　马　戈 / 244

B.15 基于软件定义的汽车（SDV）产品数字化战略研究
　　　　　　　　　　　　　　　　　　　　　 广汽集团课题组 / 255

B.16 智能驾驶汽车发展新趋势、新挑战及广州策略
　　……………………………………………… 巫细波　金利霞 / 272

Ⅴ　数据市场篇

B.17 数据场内流通交易的难点与路径探讨
　　………………………………………… 广州数据交易所课题组 / 289
B.18 人工智能赋能数据资产入表趋势与展望 …… 普华永道课题组 / 301
B.19 数据要素市场化配置改革趋势与展望 ……… 刘晓晗　吴尤可 / 312
B.20 数据要素市场与企业双元创新研究
　　……………………… 王翔宇　吴康敏　夏宇航　高　兴 / 330

附录一
工业和信息化部等七部门关于推动未来产业创新发展的实施意见 …… / 343

附录二
广州市数据条例 ……………………………………………………… / 354

CONTENTS

I General Report

B.1　Developing New Digital Economy Domains and Tracks
　　　—Guangzhou's Digital Economy Development Situation in 2024 and Prospects
　　　for 2025
　　　　　　　　　　　Research Group of Guangzhou Academy of Social Sciences / 001

II Comprehensive Development Reports

B.2　Pathways and Strategies for High-Quality Development of Guangzhou's
　　　Platform Economy
　　　　　　Joint Research Group of Development Research Center of Policy Research
　　　　　　Office of Guangzhou Municipal Party Committee, Sun Yat-sen University etc / 048

B.3　Development Characteristics and Strategies of Guangzhou's Digital
　　　Economy Cluster　　　　*Research Group of Guangzhou Urban Planning*
　　　　　　　　　　　and Design Survey Research Institute Co., Ltd / 062

CONTENTS

B.4 Objectives, Approaches and Implementation Pathways for Collaborative Digital Economy Development Between Guangzhou and Macao
Joint Research Group of Guangzhou Academy of Social Sciences, Macao Think Tank and Jinan University / 090

B.5 Pathways and Strategies for Guangzhou's Future Industries to Bolster New Quality Productivity *Lin Liulin* / 105

III Digital Industry Reports

B.6 Strategic Priorities and Action Plans for Guangzhou to Build a New Pillar in the Humanoid Robotics Industry
Research Group of Guangzhou Academy of Social Sciences / 121

B.7 Research on Low-Altitude Economy Industry in the Guangdong-Hong Kong-Macao Greater Bay Area
PwC Digital Guangdong-Hong Kong-Macao Greater Bay Area Research Group / 142

B.8 Pathways and Strategies for Guangzhou's Development in Humanoid Robotics and Embodied Artificial Intelligence Industries
Jiang Han / 159

B.9 Trends in the Development of Low-altitude Economy Application Scenarios and Guangzhou's Strategies
Research Group of Guangzhou Modern Urban Renewal Industry Research Center / 175

B.10 Pathways and Strategies for Guangzhou's Development of Generative Artificial Intelligence Industry
Zhou Shengqiang, Tang Bihai and Zhou Quanxiong / 188

广州蓝皮书·数字经济

Ⅳ Digital Transformation Reports

B.11 Trends and Prospects of Guangzhou's Manufacturing Industry Digital Transformation
 Research Group of Guangzhou Bureau of Industry and Information Technology / 204

B.12 Strategies for High-Quality Development of Guangzhou's Digital Cultural Industry in the Artificial Intelligence Era
 Ai Xifan, Wei Xiaohui / 217

B.13 Research on Humanoid Robots Empowering High-Quality Development of Guangzhou's Manufacturing Industry
 Huang Mincong, He Xiaolin / 230

B.14 Trends and Prospects of Industrial Internet Platforms Empowering Industrial Digital Transformation
 Luo Yingying, Liang Xiao, Cong Zipeng and Ma Ge / 244

B.15 Research on Digital Strategy of SDV Software Defined Automotive Products *GAC Group Research* / 255

B.16 New Trends and Challenges of Intelligent Driving Vehicle and Guangzhou's Development Strategies *Wu Xibo, Jin Lixia* / 272

Ⅴ Digtial Market Reports

B.17 Exploring the Challenges and Pathways of Intra-Market Data Circulation and Trading *Research Group of Guangzhou Data Exchange* / 289

B.18 Trends and Prospects of Artificial Intelligence Empowering Data Asset Recognition *PwC Research Group* / 301

B.19 Trends and Prospects of Market-Oriented Allocation Reform for Data Elements *Liu Xiaohan, Wu Youke* / 312

CONTENTS

B.20 Research on Data Factor Markets and Enterprise Ambidextrous Innovation   *Wang Xiangyu, Wu Kangmin, Xia Yuhang and Gao Xing* / 330

Appendices I
Opinions on Promoting the Innovative Development of Future Industries
/ 343

Appendices II
Guangzhou Data Regulations   / 354

总报告

B.1
开辟数字经济新领域新赛道
——2024年广州数字经济发展形势及2025年展望

广州市社会科学院课题组*

摘　要： 顺应新一轮科技革命和产业变革，抢抓人工智能发展历史性机遇，开辟数字经济新领域新赛道是培育新质生产力和构建现代化产业体系的必然选择。广州在全国主要城市中数字经济综合实力持续稳居第一梯队，数字经济保持蓬勃发展势头，为开辟数字经济新领域新赛道、构建现代化产业体系、培育新质生产力奠定了良好基础。面向未来，全球数字经济将保持良好发展态势，数字主权和数字开放不断碰撞，国产人工智能大模型逐渐走向

---

* 课题组成员：覃剑，博士，广州市社会科学院区域发展研究所所长、广州城市战略研究院常务副院长、研究员，研究方向为城市与区域经济；程风雨，博士，广州市社会科学院区域发展研究所副所长、研究员，研究方向为城市与国际经济；葛志专，广州市社会科学院区域发展研究所副研究员，研究方向为区域经济、港澳经济、数字经济等；巫细波，广州市社会科学院区域发展研究所研究员，研究方向为空间计量与GIS应用；蒋丽，广州市社会科学院区域发展研究所研究员，研究方向为产业经济；邹小华，博士，广州市社会科学院区域发展研究所副研究员，研究方向为全球城市；陈智颖，广州市社会科学院区域发展研究所博士研究生，研究方向为数字经济；刘岳平，广州市社会科学院区域发展研究所博士研究生，研究方向为数字金融、区域经济；王翔宇，广州市社会科学院区域发展研究所博士研究生，研究方向为城市与区域经济、产业地理。

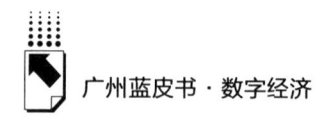

成熟。广州需加快构建以人工智能为核心、以"+人工智能""人工智能+"为双引擎的"一体两翼"新领域新赛道矩阵体系，大力发展半导体与集成电路、人形机器人、人工智能大模型、数据产业、平台经济、智能网联汽车、量子科技、智能无人系统、具身智能、人工智能软件与服务等产业，建设中心型世界城市。

关键词： 数字经济 人工智能 新质生产力 广州

放眼全球，在新一轮科技革命和产业变革持续孕育演进的背景下，新技术、新产业、新业态、新模式正在加速涌现。主动顺应时代发展大势，我国高度重视对前沿技术、新兴产业和未来产业的战略布局，积极抢抓机遇寻找发展新质生产力的新路径新赛道。党的二十大报告明确提出，开辟发展新领域新赛道，不断塑造发展新动能新优势。党的二十届三中全会进一步强调，加强新领域新赛道制度供给。在当前技术创新体系和现代化产业体系中，以人工智能为代表的数字经济是最活跃的部分。因此，开辟数字经济新领域新赛道对更新旧动能培育新动能、构建现代化产业体系尤为重要。作为我国重要的中心城市，广州在国家战略和发展大局中肩负重要的历史使命。锚定"排头兵、领头羊、火车头"标高追求，广州明确提出"二次创业"再出发，大干十二年、再造新广州，建设成为具有经典魅力和时代活力的中心型世界城市。在此背景下，放眼全球、面向未来培育数字经济新领域新赛道并加快形成竞争新优势，是广州高质量实现老城市新活力的必然选择。

一 开辟数字经济新领域新赛道的基础条件

（一）数字经济综合实力领先，奠定新领域新赛道的孕育基础

1. 综合竞争力持续稳居第一梯队

拥有雄厚的数字经济发展基础是孕育产业新领域新赛道的重要支撑。广

州数字经济正处于跨越发展期,数字经济要素集聚能力较强,数字经济各领域全面发展,数字经济综合实力连续多年位居全国前列。根据中国电子信息产业发展研究院旗下赛迪顾问发布的《2024中国城市数字经济发展研究报告》,广州数字经济综合实力强劲(见表1)。数字经济综合实力的稳步提升,为广州培育和发展数字经济新领域新赛道提供了良好的产业、技术和市场支撑。

表1 2021~2024年中国数字经济发展十强城市

序号	2021年	2022年	2023年	2024年
1	北京	北京	北京	北京
2	上海	上海	上海	上海
3	深圳	深圳	深圳	广州
4	广州	杭州	杭州	深圳
5	杭州	广州	广州	杭州
6	成都	成都	成都	苏州
7	南京	苏州	苏州	成都
8	天津	南京	南京	重庆
9	苏州	重庆	合肥	南京
10	重庆	武汉	重庆	武汉

数据来源:赛迪顾问,《2021中国数字经济城市发展白皮书》《中国数字经济城市发展白皮书(2022年)》《2023中国城市数字经济发展研究报告》《2024中国城市数字经济发展研究报告》。

2. 数字经济塑造城市高质量发展新动力

面对新旧动能转换阵痛、有效需求释放不足、市场预期疲软等多重挑战,2024年广州数字经济稳步增长,数字经济核心产业增加值首次突破4000亿元大关,达到4470.30亿元,同比增长9.8%,增速较2023年提高近5个百分点,占全市地区生产总值的比重达到14.41%(见图1),增长速度高于同期全省、全市经济增长水平,亦高于全市规模以上工业增加值、全市规模以上服务业营业收入增速;占全市地区生产总值的比重高于全国平均水平（10%左右），对全市经济增长的贡献率达61.3%，在促进产业结构优化、培育产业新动能新优势方面的支撑作用进一步凸显。①

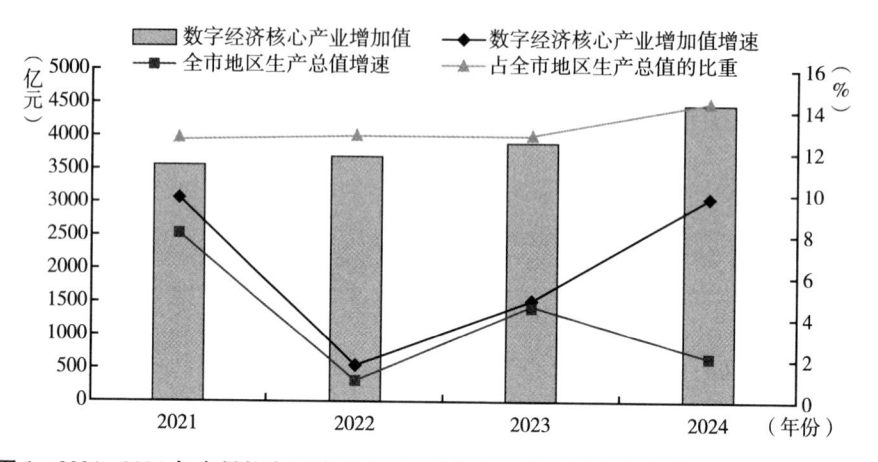

图1 2021~2024年广州数字经济核心产业增加值、增速及占全市地区生产总值的比重
数据来源：广州统计信息网。

（二）数字基础设施不断健全，夯实新领域新赛道的底座

1. 5G网络设施建设及应用走在前列

5G网络设施不断完善。自5G商用5年以来，广州始终坚持适度超前，扎实推进5G网络设施建设和赋能千行百业，推动5G网络设施建设日益完善、商用快速推进、使用成本逐渐下降。截至2024年7月，广州累计开通5G基站超过10万座，5G用户达到2098.8万户。② 广州5G个人用户普及率达到105.94%，排名第一，高于深圳（101.77%）、杭州（99.34%）。广州5G网络接入流量占比为63.08%，5G物联网终端连接数量达181.78万个，均居全国前列。③

---

① 数据来源：广州市统计局。
② 数据来源：广东省通信管理局。
③ 数据来源：工业和信息化部。

表2 2024年国内部分城市5G应用情况

城市	5G网络接入流量占比(%)	每万人拥有5G基站数量(个)	5G物联网终端连接数量(万个)
广州	63.08	36.98	181.78
北京	61.05	50.84	189.58
上海	62.81	38.40	307.13
深圳	63.13	35.47	263.68
杭州	68.62	62.77	24.46

数据来源：工业和信息化部，https://www.hunan.gov.cn/zqt/zcsd/202412/33516688/files/c00904d0d1904cf7b41cc36706c8eacd.pdf。

典型应用场景不断拓展。广州与沈阳、南京、苏州、宁波、青岛、武汉、深圳、成都、上海共同入选2024年"5G+工业互联网"融合应用十大试点城市，10个工厂项目入选工业和信息化部5G工厂名单（见表3）。随着工业级5G芯片、模组、网关等一系列关键技术实现突破，工业互联网逐步进入规模化发展新阶段。

表3 2024年广州入选工业和信息化部5G工厂名单

序号	所属行业	工厂项目	所属企业
1	食品制造业	玛氏箭牌糖果(中国)有限公司5G工厂	玛氏箭牌糖果(中国)有限公司
2	石油、煤炭及其他燃料加工业	广州石化5G工厂	中国石油化工股份有限公司广州分公司
3	新材料行业	白云科技5G数字工厂	广州白云科技股份有限公司
4	金属制品业	5G+数字智能化工厂	广州众山精密科技有限公司
5	通用设备制造业	广州广日电气5G工厂	广州广日电气设备有限公司
6	汽车制造业	广州中新汽车零部件5G工厂	广州中新汽车零部件有限公司
7	汽车制造业	五羊本田智能制造5G工厂	五羊—本田摩托(广州)有限公司
8	电气机械和器材制造业	广州孚能科技5G智慧工厂	广州孚能科技有限公司
9	电气机械和器材制造业	顺科新能源连接器5G智慧工厂	顺科智连技术股份有限公司
10	计算机、通信和其他电子设备制造业	鲁邦通5G工厂	广州鲁邦通物联网科技股份有限公司

数据来源：工业和信息化部。

2. 算力支撑能力位列全国第一梯队

算力是数字经济持续发展的关键基础设施之一。随着人工智能和数据市场的快速发展，全球算力尤其是高性能算力规模高速增长。广州已构建覆盖超算、智算、绿色数据中心的多元算力体系，形成以国家级超算为引领、公共算力与绿色数据中心协同发展的格局，算力产业继续保持良好发展势头，为科研、产业及城市数字化转型提供了重要支撑。2024年，广州人工智能公共算力中心一期99P算力已投入运营，二期200P算力扩容已完成。广州超算中心发布了新一代国产超级计算系统"天河星逸"，升级完成后新增智算算力1000P。根据中国信息通信研究院发布的《综合算力评价研究报告（2024年）》，广州居第5位，与廊坊、张家口、大同、中卫、杭州、苏州、安顺、昆明、贵阳同为中国城市算力十强城市；在算力规模对比中，广州位列第八；在算力质效对比中，广州位列第五，凸显了广州的算力优势（见表4）。①

表4 2024年中国算力十强城市

排名	综合算力	算力规模	算力质效
1	廊坊	廊坊	中卫
2	张家口	张家口	张家口
3	大同	大同	廊坊
4	中卫	苏州	大同
5	广州	杭州	广州
6	杭州	中卫	海西蒙古族藏族自治州
7	苏州	南京	安顺
8	安顺	广州	雅安
9	昆明	深圳	贵阳
10	贵阳	呼和浩特	昆明

数据来源：中国信息通信研究院发布的《综合算力评价研究报告（2024年）》。

① 中国信息通信研究院：《综合算力评价研究报告（2024年）》，2024年12月。本次报告综合评估了全国拥有算力中心的302个地级行政区，含274个地级市、28个自治州，不含直辖市，包括综合算力、算力规模、算力质效3个评价维度。

（三）数字产业创新发展，增强新领域新赛道的原动力

当前，广州进入经济结构转型升级、新旧动能转换的关键阶段，数字经济对经济高质量发展、培育新质生产力的推动作用越来越显著。2024年，引领"两业融合"的数字技术应用业规模进一步壮大，全年实现增加值超2600亿元，同比增长11.9%。一批新兴产业加快孕育成长，战略性新兴产业实现增加值超万亿元，占城市地区生产总值的比重提升到32.3%。

1. 数字产业国内外影响力不断提升

近年来，广州抢抓新一轮科技革命和产业变革机遇，持续强化数字科技战略布局。聚焦人工智能、智能制造、半导体、电子信息等新领域新赛道，集聚综合类国家技术创新中心、国家重大科技基础设施、国家未来产业科技园等各类国家级重大平台，发挥其作为"领头羊"的示范效应。以快速成长的独角兽企业为例，在2024年广州市科学技术局评选出的29家独角兽企业中，近80%的企业来自数字经济领域（见表5）。

表5　2024年广州独角兽企业名单

序号	企业名称	所在行业
1	广州希音国际进出口有限公司	电子商务
2	广汽埃安新能源汽车股份有限公司	先进制造
3	广东芯粤能半导体有限公司	信息技术
4	广州市艾佛光通科技有限公司	信息技术
5	广东汇天航空航天科技有限公司	人工智能
6	广州中科宇航探索技术有限公司	先进制造
7	粤芯半导体技术股份有限公司	信息技术
8	云舟生物科技（广州）股份有限公司	生物医药
9	奥动新能源汽车科技有限公司	新能源
10	广州立景创新科技有限公司	先进制造
11	树根互联股份有限公司	信息技术
12	广州小马智行科技有限公司	人工智能
13	广州黑格智能科技有限公司	先进制造

续表

序号	企业名称	所在行业
14	广州探途网络技术有限公司	电子商务
15	广州市钱大妈农产品有限公司	电子商务
16	广州市百果园网络科技有限公司	信息技术
17	广州探迹科技有限公司	人工智能
18	色界美妆(广东)科技有限公司	电子商务
19	广东中芯种业科技有限公司	生物医药
20	广州巨湾技研有限公司	新能源
21	诺德溯源(广州)生物科技有限公司	电子商务
22	广东快乐种子科技有限公司	信息技术
23	广州华胜科技信息服务有限公司	信息技术
24	广州趣丸网络科技有限公司	信息技术
25	朴诚乳业(集团)有限公司	生物医药
26	广州库洛科技有限公司	信息技术
27	南方航空物流股份有限公司	跨境物流
28	广州诗悦网络科技有限公司	信息技术
29	广州星际悦动股份有限公司	医疗器械

注：排名不分先后。
数据来源：广州市科学技术局。

2. 全国人工智能领先城市加速形成

以人工智能大模型商业应用为标志，全球人工智能发展正进入新阶段。近年来，广州推动实施以"链长制"培育壮大人工智能产业链的战略举措，推动一批人工智能与数字经济试验区等重大平台建设，集聚一批高水平人工智能企业，加快建设千亿级人工智能产业链群。截至2024年底，全市共有人工智能产业链相关企业2112家，其中30家企业被评为广东省大数据骨干企业、13家企业被评为广东省人工智能骨干企业，数量均居全省第一。[①] 文远知行、小马智行先后成为全球通用自动驾驶第一股、全球自动驾驶出租车

[①] 《以"小精尖"破局"大模型"，广州迈向"垂类模型之都"》，广州日报大洋网，2024年10月13日，https://news.dayoo.com/gzrbrmt/202410/13/170614_54730961.htm。

第一股。云从科技成为"AI 四小龙科创板第一股",致景科技、树根互联、探迹、黑格智能、小马智行、文远知行 6 家人工智能领域企业上榜"2024全球独角兽榜"。"小精尖"的垂类"大模型"正改变着千行百业,2023~2024 年,广州企业和机构发布的 14 个行业大模型通过中央和地方网信办备案(见表6),数量位居全国大中城市前列。广州国家新一代人工智能创新发展试验区和广州国家人工智能创新应用先导区加速崛起。广州琶洲人工智能与数字经济试验区作为核心区域,2024 年集聚超过 3.6 万家企业,比 2020 年增长 80%,腰部企业(年营业收入在 1 亿元以上)数量突破 300 家,"四上企业"数量达到 1885 家,形成平台引领、腰部支撑、底部壮大的千亿级数字经济产业集群。海珠区获批建设国内首个人工智能大模型应用示范区。第三届琶洲算法大赛吸引全球逾 6000 支队伍(含 513 支海外队伍)参赛。

表6 广州生成式人工智能大模型备案企业

序号	模型名称	备案企业	备案时间	备案主管部门
1	银河大模型(Galaxy bot)	广州极目未来文化科技有限公司	2023 年 11 月	中央网信办
2	网易邮箱智能助手大模型	广州网易计算机系统有限公司	2023 年 11 月	中央网信办
3	夸克曼大模型	广州市动悦信息技术有限公司	2023 年 12 月	中央网信办
4	CVTE 大模型	广州视源电子科技股份有限公司	2023 年 12 月	中央网信办
5	潮汐大模型	广州唯品会数据科技有限公司	2024 年 1 月	中央网信办
6	云从从容大模型	云从科技集团股份有限公司	2024 年 1 月	中央网信办
7	佳都知行大模型	佳都科技集团股份有限公司	2024 年 2 月	中央网信办
8	翼绘 AI	广州冠岳网络科技有限公司	2024 年 2 月	中央网信办
9	CVTE 大模型(自研)	广州视源电子科技股份有限公司	2024 年 3 月	中央网信办
10	云蝶教研辅助大模型	广州云蝶科技有限公司	2024 年 7 月	中央网信办
11	XGPT	广州智鹏车联网科技有限公司	2024 年 9 月	地方网信办
12	慧行大模型	广州佳知慧行科技有限公司	2024 年 10 月	中央网信办
13	登甲建筑大模型	广州登甲人工智能科技有限公司	2024 年 10 月	中央网信办
14	抖云猫大模型	广州飞动文化传媒有限公司	2024 年 12 月	中央网信办

数据来源:国家互联网信息办公室。

3. 信息传输、软件和信息技术服务业稳步增量提质

信息传输、软件和信息技术服务业是支撑广州数字经济综合实力稳居全国第一梯队的重要力量。2024年，广州信息传输、软件和信息技术服务业营业收入增速为7.3%（见表2），占全市地区生产总值的比重升至9%左右，占全国15个副省级城市信息传输、软件和信息技术服务业总收入的比重约为9%，稳步迈向万亿级产业集群。其中，互联网和相关服务业营业收入同比增长9.1%，软件和信息技术服务业营业收入同比增长6.2%。集成电路设计、信息系统集成和物联网技术服务、信息技术咨询服务、互联网信息服务等数字技术应用行业加速开拓市场，2024年1~11月实现营业收入同比分别增长18.3%、16.7%、13.6%和11.6%。[①] 名企名品稳步发展，新企业不断涌现，广州中望龙腾软件股份有限公司、高新兴科技集团股份有限公司、佳都科技集团股份有限公司、广州赛意信息科技股份有限公司、广州思迈特软件有限公司、广州巨杉软件开发有限公司、广州宏天软件股份有限公司入选2024中国软件150强名单。[②] 在数字创意领域，广州游戏直播领域规模以上企业有200多家，上市游戏企业有15家；在工业软件领域，成立首个工业软件应用推广中心。

表7 2024年部分城市信息传输、软件和信息技术服务业营业收入及增长情况

单位：亿元，%

城市	营业收入	增幅
深圳	13000.0	11.0
杭州	11700.0	7.2
南京	8580.0	7.3
广州	7692.0	7.3
济南	5856.0	10.2
成都	7427.0	10.7
武汉	3521.2	16.7
西安	2378.0	3.0
沈阳	1366.8	10.4

数据来源：各市政府网站公开数据，深圳、杭州为1~11月数据。

---

① 数据来源：广州市统计局。
② 该榜单由中国科学院旗下《互联网周刊》联合德本咨询等共同发布。

4. 集成电路产能持续增加

近年来，广州加速构建半导体与集成电路产业新高地，向着打造国家集成电路产业发展"第三极"核心承载区的目标持续迈进。以黄埔区为核心，以南沙区、增城区为两极的"一核两极多点"产业布局更加坚实（见表8）。2024年，广州集成电路制造行业实现产值262.75亿元，同比增长7.19%；集成电路产业规模以上工业增加值同比增长25.8%，逻辑芯片、模拟芯片产量均增长20%以上，集成电路圆片产量增长68.9%。粤芯、增芯、芯粤能、芯聚能等重大项目加快建设，泰斗微电子、高云半导体、安凯微等行业领先企业快速发展。粤芯半导体连续3年复合增长率达到40%以上，2024年三期项目顺利投产，项目总体将达到12英寸晶圆月产8万片的生产能力，2025年同比增长率将突破50%，研发投入强度将超过35%，[①] 有效满足粤港澳大湾区制造业对功率分立器件、电源管理芯片、混合信号芯片、图像传感器、射频芯片、微控制单元等的需求。

表8 广州在芯片领域的重点项目（部分）

区域	项目
黄埔区	松下电子材料(广州)有限公司第四工厂项目
	LG化学信息电子材料项目
	粤芯半导体项目
	志橙半导体SiC材料研发制造总部
	华星第8.6代氧化物半导体新型显示器件生产线项目
	广州光电存算芯片融合创新中心黄埔基地
	拉普拉斯半导体及光伏高端设备研发制造基地项目
南沙区	碳化硅单晶材料与晶片生产项目
	芯粤能面向车规级和工控领域的碳化硅芯片制造项目
增城区	增芯公司12英寸先进MEMS传感器及特色工艺晶圆制造量产线新建项目
	广东越海高端传感器8寸/12寸TSV封装项目

数据来源：广州市发展和改革委员会网站公开信息。

[①] 《粤芯、奥松、视源三家会员企业亮相广州现代化产业体系专题报道》，广州市半导体协会网站，2025年3月31日，http://gzsia.net.cn/newsinfo/8193343.html。

5.低空经济发展走在全国前列

2024年,低空经济首次被写进政府工作报告,开启"低空经济元年"。广州低空经济加快孕育成长,初步集聚了一批具有竞争优势的新兴企业,本领域创新专利数位列全国第四,广州正成为我国低空经济领先城市之一。智能航空器产品门类齐全,涵盖飞行汽车、工业级无人机、消费级无人机、无人机巢、飞行背包等多个细分领域。截至2024年底,广州拥有从事低空经济的企业超过4000家,排名全国第二,其中核心企业有65家,亿航智能、小鹏汇天、极飞科技等入选全球独角兽企业。亿航智能研发的EH216-S率先在全国获得从生产到运营的"四大通行证"[型号合格证(TC)、单机适航证(AC)、生产许可证(PC)、民用无人驾驶航空器运营合格证(OC)]。极飞科技农业无人机市场占有率超过40%。飞行汽车工厂小鹏汇天正式投建,逐步建立起"1+5+100"低空起降基础设施体系,已建成即时使用起降场38个。在全国率先发布《广州市低空经济发展条例》,聚焦空域、基础设施、飞行服务、产业发展、应用场景等方面,为广州低空经济高质量发展提供法治保障。

(四)数实融合深入推进,增强新领域新赛道的赋能能力

1.智造强市建设加速推进

近年来,以入选制造业新型技术改造城市试点、中小企业数字化转型试点城市、首批国家"5G+工业互联网"融合应用试点城市为契机,广州大规模开展"四化"(网络化协同、数字化转型、智能化改造、绿色化提升)赋能专项行动,重点聚焦智能网联与新能源汽车(零部件)、工业母机和机器人、时尚美妆、定制家居服装箱包等重点细分行业的中小企业,实施数字化转型行动,面向纺织服装、美妆日化、箱包皮具、珠宝首饰、食品饮料五大产业集群,在国内率先采用"揭榜挂帅"方式,建设5个"1+2+N"行业特色数字化转型公共平台,全方位、全角度、全链条赋能传统优势产业高质量发展,构建广州特色的数字化转型服务生态和路径。在数字技术赋能下,制造业数字化转型驶入快车道,企业转型意识显著增强,在参与"四化"

评估诊断的333家企业中，L2级及以上占比为89.19%，表明近九成企业已制定"四化"相关发展战略规划。L3级及以上占比为44.14%，表明全市超过四成的样本企业已经开始实现对重要环节的数字化升级和改造。① 两年多来，超过4000家规模以上工业企业实施数字化转型，工业机器人、服务机器人、机床数控装置、工业自动调节仪表与控制系统产量同比均实现两位数增长。2024年汽车零部件投资、电子产品制造业投资分别增长32.6%、20.8%，3个工厂（宝洁广州黄埔工厂、广汽埃安番禺工厂、美的空调广州南沙工厂）入选全球"灯塔工厂"，9个项目成功入选广东省制造业数字化转型典型案例（见表9）。

表9 2024年广州入选广东省制造业数字化转型典型案例的情况

类型	具体案例
地方政府推动制造业数字化转型类	广州市黄埔区：以数实融合助力新质生产力发展
大型企业打造数字化转型标杆示范类	广州白云电器设备股份有限公司：运用数字技术实现降本提质增效 广州白云山和记黄埔中药有限公司：打造医药行业数字化转型标杆 索菲亚家居股份有限公司：应用新一代信息技术实现营销、供应、生产数智化
中小企业实施"小快轻准"数字化改造类	广东芭薇生物科技股份有限公司：实施产销环节数字化升级 明珠电气股份有限公司：通过数字化改造实现增收增利和降本增效 广州瑞松北斗汽车装备有限公司：通过数字化平台赋能汽车车身焊装
数字化供给方赋能产业链降本增效类	广州博依特智能信息科技有限公司：通过智能平台赋能流程制造行业企业数字化转型 广东蘑菇物联科技有限公司：打造AI云智控系统，推动公辅车间节能转型

数据来源：广东省工业和信息化厅。

2.直播经济第一城优势明显

根据中国互联网络信息中心（CNNIC）发布的第55次《中国互联网络发展状况统计报告》，截至2024年12月，我国网络直播用户规模达8.33亿

---

① 数据来源：广州市工业和信息化局。

人，占网民整体的75.2%，网络购物用户规模达9.74亿人，数字消费市场蓬勃发展。广州是直播经济的发源地、孵化地，依托实体供应链优势与店播数智化技术的深度融合，直播电商、即时零售等新消费模式不断发展。2024年，广州直播电商零售额达5171亿元，稳居全国第一，网络零售店铺数、直播场次、主播数量均位居全国第一；注册登记为互联网直播服务的企业和个体工商户达5万多户，同比增长近60%；汇聚60多家直播平台、700多家MCN机构，且多数为近两年新成立；快递业务量达142.5亿件，同比增长21.9%，稳居全国前列。[①] 在抖音、天猫等主要数字营销平台上，来自广州的主播数量、销售店铺、营业额、播放场次等主要指标均居全国各大城市前列（见表10）。

表10 2024年广州电商在抖音、天猫平台的直播情况

平台	广州电商表现
抖音	全国182个产业带通过店播和货架等形式售货，广州数量居全国第一。这些产业带的整体销售额较上年增长超过33%，广州产业带的销售额占平台总销售额的10%以上；整体订单量较上年增长超过37%，广州订单量占平台总订单量的8%左右，1/10的包裹从广州发出
天猫	在2024年天猫新开店铺中，注册地为广州的店铺超12750家，数量居全国第一，拿下天猫年度品牌创业第一城

数据来源：根据平台公司公开报告整理。

3. 跨境电商助力数字贸易发展

跨境电商是数字贸易的重要领域，卖家通过线上平台将"广货"销往全球，助力广州国际消费中心城市建设。根据海关总署统计，2024年我国跨境电商进出口额达2.63万亿元，增长10.8%。自2016年获批跨境电子商务综合试验区以来，广州已形成包括跨境电商进出口平台、物流、仓储、运输和综合服务等在内的完整产业生态链，跨境电商进出口额多年稳居全国前列。根据广州市商务局统计，2016~2024年跨境电商进出口规模增长13倍。

---

① 数据来源：广州市市场监督管理局、广州市邮政管理局。

2024年广州跨境电商出口规模超1400亿元，位居全国第一。2025年1~2月，广州跨境电商进出口规模达到477.2亿元，同比增长39.7%，成为外贸发展的重要力量。跨境电商直播基地加快建设，借助TikTok、Temu等平台，诸多企业以短视频、直播等形式将产品推广至全球消费者，以日用消费品为主要品类的广州跨境电商零售出口额增长近20%，美妆洗护用品出口额近100亿元，增长32.1%。① 希音、致景等产业互联网平台通过创新"小单快返"等模式，带动数万家消费品制造企业快速发展。

4. 数字金融迎来快速发展期

近年来，借助人工智能、大数据、区块链技术，广州金融业数字化转型加速推进，金融科技发展水平稳步提升。根据英国智库Z/Yen集团与中国（深圳）综合开发研究院发布的《第37期全球金融中心指数报告》，在全球上榜的119个金融中心中，广州排第34位，在中国内地排第4位。在金融科技排名中，全球有115个城市上榜，广州则位居第十一（见表11）。

表11 全球金融中心排名情况

部分城市	全球金融中心排名	内地金融中心排名	全球金融科技排名
纽约	1	—	1
伦敦	2	—	2
香港	3	—	4
新加坡	4	—	8
旧金山	5	—	5
芝加哥	6	—	9
上海	8	1	16
深圳	9	2	3
北京	20	3	15
广州	34	4	11

数据来源：英国智库Z/Yen集团、中国（深圳）综合开发研究院发布的《第37期全球金融中心指数报告》。

---

① 数据来源：广州海关。

自 2022 年广州获批数字人民币应用试点城市以来，数字人民币广泛融入广州主要商圈、文旅餐饮、交通出行、社区生活等衣、食、住、行、游各类民生领域，个人数字人民币钱包开立数量、应用场景、交易规模等指标位居全国前列。截至 2024 年底，广州累计开立个人数字人民币钱包超 1400 万个，落地支持数字人民币支付商户门店超 140 万个，覆盖 23 类民生领域（见表 12）。

表 12　2024 年全国试点城市数字人民币应用情况

城市	数字人民币应用情况
北京	截至 2024 年 10 月 20 日，北京累计开立数字人民币钱包数量达到 2255.5 万个，市管企业数字人民币交易规模超 190 亿元，落地场景 69.3 万个
上海	已落地数字人民币应用场景超 200 万个
广州	截至 2024 年底，累计开立个人数字人民币钱包超 1400 万个，落地支持数字人民币支付商户门店超 140 万个
深圳	截至 2024 年底，深圳地区运营机构开立的数字人民币钱包数量增加超 800 万个，累计流通业务金额较年初增长近七成
杭州	截至 2023 年 7 月 16 日，杭州累计开立数字人民币钱包 1085 万个，占浙江省的 36%，累计交易金额达 706 亿元，全市共有 48 万户线下商户门店支持使用数字人民币
南京	截至 2024 年 9 月末，全市累计开立个人数字人民币钱包 466.2 万个，数字人民币钱包交易 4318 万笔，金额达 1134.8 亿元，其中消费 1064 万笔，金额达 17.4 亿元。商户受理数超 30.2 万家
苏州	截至 2024 年底，平均月活跃数字人民币钱包数达 201 万个，累计交易金额达 7 万亿元；全年累计发放数字人民币贷款 7.5 万笔，金额超 3900 亿元，较上年增长 40%。数字人民币受理商户总数超 77 万个
青岛	截至 2024 年底，开立数字人民币钱包 920 万个，累计交易额达 151 亿元，支持数字人民币结算商户门店达 63 万个
济南	截至 2024 年底，开立数字人民币钱包 413 万个，累计交易额达 334 亿元，支持数字人民币结算商户门店达 62 万个

数据来源：各城市政府网站公开数据。

5. 数字农业呈现新模式新亮点

发展数字农业是现代农业发展的必由之路。广州通过构建农业全产业链大数据体系，聚焦特色产业和重点区域，推动生产、流通、销售环节的数字化，培育壮大数字农业新业态，农业生产数智化水平明显提升。如天河智慧农业园利用5G、卫星遥感等技术采集农田数据，为农机提供云端导航。依托华南农业大学、广东省农业科学院等科研机构，打造农科"硅谷"。水稻新品种"19香"通过数字化育种技术实现高产优质，双季亩产达1300公斤。增城区通过"4个100%"模式（100%良种覆盖、100%标准化生产等）推动丝苗米全产业链数字化转型升级。从化区全力推进万树智慧渔场全循环（RAS）智慧渔业产业园二期项目建设，鱼类月产量可达25万公斤。从玉集团建成5G+智能温室大棚，通过5G技术构建智能温室管理系统，应用数字技术使蔬菜生长周期缩短15%，产量提升30%。广州依托农业市场需求，激励各类主体积极参与数字农业建设发展，培育出广州极飞科技股份有限公司、朴诚乳业（集团）有限公司、广州艾米生态人工智能农业有限公司等农业数字科技企业。在"2024全球独角兽榜"中，广州有24家企业上榜，其中农业数字科技企业有5家。

（五）数据开发利用向纵深推进，优化新领域新赛道的要素环境

1. 公共数据开放加速推进

公共数据开放规则探索走在全国前列。2023年4月10日，广州发布《广州市公共数据开放管理办法》，按照统筹管理、需求导向、分类分级、便捷高效、安全可控的原则，依法有序加快推进公共数据开放。2024年7月，在全国首创"运商分离"公共数据授权运营模式，全面启动公共数据授权运营，已对接来自全国各地70余家数据商，开展金融、环保、交通、医疗、文旅等领域60多款公共数据产品开发工作。截至2025年3月，广州市公共数据开放平台开放数据主体达到80个、数据集达2200个、数据量达2.16亿条，下载量达18.82万次、接口达513个，相关指标在全国同类城市中处于领先位置。[①] 2024年9月，在复旦大学数字与移动治理实验室和国家信息中心数字中国研究院联合发布的《中国地方公共数据开放利用报告——城市》中，广州综合排名居（副）省级城市第8位（见表13）。

[①] 数据来源：广州市公共数据平台网。

表 13　2024 开放数林指数（副）省级城市前 10 名

城市	综合排名	保障层指数	服务器指数	数据层指数	利用层指数
杭州	1	7.97	18.59	46.17	8.80
济南	2	6.66	17.13	43.49	12.20
上海	3	7.87	16.16	26.87	8.20
成都	4	4.84	13.58	29.54	6.00
深圳	5	6.62	14.30	26.16	7.40
北京	6	5.21	12.07	30.12	5.80
青岛	7	4.96	12.95	28.25	4.80
广州	8	4.47	14.45	23.83	2.40
宁波	9	3.99	9.78	23.59	6.40
哈尔滨	10	3.93	10.58	21.79	3.70

注：数据截至 2024 年 7 月，自 2017 年以来每年发布一次。
资料来源：复旦大学数字与移动治理实验室和国家信息中心数字中国研究院发布的《中国地方公共数据开放利用报告——城市》，2024 年 9 月。

2. 数据产业发展生态更加完善

发展数据产业是推进数据要素市场化配置改革和数字经济高质量发展的重要举措。国家数据局自成立以来，就始终把推动数字经济高质量发展作为一项重要工程，出台了一系列政策支持。经过持续积累和发展，广州数据产业已经初具优势。根据广东财经大学中国数据研究院联合广州数据集团有限公司于 2025 年 2 月发布的《广州市数据产业图谱》，广州集聚的数据资源、数据基础设施、数据技术、数据服务、数据应用和数据安全六大类型企业已经超过 400 家，其中数据技术型企业和数据应用型企业占比分别达到 57.18%、26.88%。2025 年 2 月，广州与全国其他 15 个城市被选为全国物流数据开放互联试点城市，将探索多式联运数据市场化开放互联和运营模式，开展制造业、商贸业与物流业数据融合应用等，进一步推动数据产业发展。2025 年 2 月 28 日，《广州市数据条例》正式施行，对数据资源、数据要素市场、数据产业发展、南沙深化数据开放合作、数据安全、法律责任等内容予以进一步明确，将为广州数据产业蓬勃发展保驾护航。

3. 数据要素市场活力持续迸发

自 2022 年《中共中央 国务院关于构建数据基础制度更好发挥数据要素作用的意见》（"数据二十条"）发布以来，我国数据要素市场化改革驶入快车道。截至 2024 年底，全国数据市场交易规模超 1600 亿元，同比增长 30% 以上。其中，场内市场数据交易（含备案交易）规模超 300 亿元。[①] 以此为根本遵循，广州积极探索数据要素市场化配置改革，数据要素加快集聚，数据要素市场高度活跃。2024 年 2 月，广州数据交易所成功推动广东省首单数据资产入表融资，为全国数据资产化探索提供了示范。截至 2024 年底，广州数据交易所注册会员超过 3100 家，覆盖全国 31 个省级行政区，累计交易超过 1.5 万笔，累计交易额超 52 亿元（见表 14），持续推进"一所多基地多平台"体系建设，已在广州、佛山、湛江、珠海、惠州、肇庆、清远、汕头、云浮、中山等 13 个市开展公共数据与社会数据融合产品孵化及进场交易，建成拉萨、喀什等省内外数据交易服务基地，与广西、内蒙古、山东共同建设联合共创中心。联合鹏城实验室等机构搭建面向各类垂直应用场景的第三方垂类模型评测平台——人工智能技术评测基准平台，并提供 330 多个基准模型、200 多个评测方案、300 多个评测工具、1000 多个评测用例以及 250 多项评测标准，为人工智能行业提供算力、数据、人工智能技术评估、模型竞技、数据产品合规认证和交易流通的一站式服务。在国家数据局指导下，北京、上海、浙江、广州、深圳、海南、贵阳等地重点数据交易机构联合发布《数据交易机构互认互通倡议》，共同推动打破区域壁垒、畅通数据要素流通渠道。

表 14　2024 年全国主要城市数据交易所数据交易情况

数据交易所	2024 年交易额及产品开发应用情况
北京国际大数据交易所	累计备案交易金额近 100 亿元（2024 年约 59 亿元），上架数据产品超 3000 个。累计发布约 300 个高质量数据集，形成 10 余个应用领域数据资源地图，对接 100 多个市场主体

---

① 数据来源：国家数据局。

续表

数据交易所	2024年交易额及产品开发应用情况
上海数据交易所	全年数据交易额突破40亿元,累计挂牌数据产品超4000个,为企业对接金融服务授信金额超过5亿元
广州数据交易所	累计交易额超52亿元,累计交易超过1.5万笔。进场标的数量超3000个,数据集类超180个、数据报告类超270个、数据服务类超380个、数据工具类超1000个、数据应用类超220个、其他类型约530个
深圳数据交易所	累计交易规模达159亿元,其中累计跨境交易3.1亿元,两项指标连续3年领跑全国。累计交易标的上市3298个。首发垂直行业多模态语料集超1500余个,形成特色行业数据专区26个,吸引平台参与主体超5600家,覆盖全国34个省级行政区
贵阳大数据交易所	累计完成交易额73.95亿元,较2023年底增长超200%

数据来源:北京市经济和信息化局、上海数据交易所、广州市政务服务和数据管理局、深圳数据交易所、贵州省大数据发展管理局。

4. 城市全域数字化转型加速推进

数字政务服务领跑同类城市。2025年,广州完成全国首个政务领域的DeepSeek国产化适配,政务领域全面铺开DeepSeek大模型的接入工作,率先推动DeepSeek技术在民生服务、城市治理等多个热门政务领域的深度应用与创新实践。建成启用全国首个超大城市数字运维保障中心。广州人工智能公共算力中心成为全国首个开放DeepSeek—R1671B昇腾适配版试用的政务级安全算力中心。

数字化营商环境改革措施高效落地。"穗@i企"平台全面升级,上新"高效办成一件事"和"穗政通"专区,上线"政策智算器",2024年发布135项"免申即享"政策兑现事项,累计受理业务量超300万件;12345热线每天接听5万多通电话,连续5年获评全国政务热线质量评估"A+"等级。广州申报的"数产城创融合,建设琶洲人工智能与数字经济试验区"案例成功入选全国首批城市全域数字化转型典型案例,也是广东唯一入选案例。

数字交通更加惠企便民。2024年,广州大力推进公路水路交通基础设施数字化升级，成功入围交通运输部第一批示范项目。动态优化自动驾驶测试相关政策，鼓励支持行业头部企业持续开展在广州的道路测试活动，有序拓展自动驾驶测试和应用示范场景。开放第二批共8条高快速路智能网联汽车测试路段，总长达263公里。实现羊城通乘车码与数字人民币免密支付功能无缝对接，开展BRT公交乘车微信刷掌支付项目试点。

二　广州开辟数字经济新领域新赛道形势分析

（一）全球数字经济发展"喜中带忧"

近年来，在各种因素的综合影响下，全球经济始终保持中低速增长。展望2025年，世界经济仍将处于恢复期，整体增长速度预计在3%左右（见表15）。在经济持续低速增长的背后，需要高度关注地缘政治冲突、债务规模扩大、经济贸易碎片化、主要经济体增长分化、生产和消费成本抬高等风险。

表15　部分机构对全球2025年GDP增长的预测

单位：%

机构名称	联合国	世界银行	国际货币基金组织	经济合作与发展组织	联合国贸易和发展会议	欧佩克组织	摩根士丹利	高盛
预测值	2.8	2.7	3.2	3.3	2.7	3.1	2.7	2.7

数据来源：根据各机构发布的报告整理。

与全球经济发展低迷性、复杂性和不确定性相比，数字经济发展明显更加活跃。根据中国信息通信研究院发布的《全球数字经济白皮书》，近年来全球主要国家数字经济增长速度均高于经济增长速度5个百分点以上。考虑到2025年人工智能技术在各行各业应用和渗透效果更加明显，预计全球数字经济整体将保持良好发展势头，其增长速度将超过8%，这与数字合作组织（DCO）①的预测结果基本一致。该组织在其发布的《2025年数字经济趋势报告》中，预测2025年数字经济增长速度将达到8.5%。

（二）数字主权和数字开放不断碰撞

虽然受到逆全球化等不利因素的影响，但是数字经济开放合作仍然是大势所趋。一方面，可以观察到全球数字贸易和可数字化交付服务出口额持续快速增长。随着人工智能技术、产品和设备在各个领域的广泛应用，全球数据量快速增长，2028年预计将达到384.6ZB，与2024年相比增加1倍以上。② 上海数据交易所预计2025年全球数据交易规模将达到3708亿美元。另一方面，数字经济开放合作制度环境建设不断取得积极进展，如世界贸易组织（WTO）90余个成员国在历经5年谈判后终于在2024年通过首个全球数字贸易规则——《电子商务协议》，旨在降低电子传输成本、降低数字贸易壁垒、促进跨境电子商务交易等。自2024年以来，欧盟相继与日本签署《欧盟—日本关于跨境数据流动的协议》，与新加坡、韩国完成《数字贸易协定》谈判，就隐私和个人数据保护、跨境数据流动、电子认证与信任服务、电子合同、垃圾信息监管、消费者权益、源代码保护、开放政府数据和数字贸易监管合作等领域开展合作。韩国正式加入《数字经济伙伴关系协定》（DEPA），中国已与相关方进行了5轮谈判。

与此同时，也应看到当前及未来一段时期，随着数字经济的纵深发展及其影响力的持续扩大，围绕抢夺数字经济发展主导权、话语权和规则权的竞争愈加复杂和激烈。未来，受到地缘政治、国家安全等因素影响，全球数字主权意识将持续强化，各国对数字技术、数字资源、数字空间、数字合作的安全监管将进一步加强（见表16）。在此背景下，全球数字经济将面临扩大开放、有限开放和区域开放并存的局面。随着全球人工智能关键技术加速迭

---

① 该组织由巴林、约旦、科威特、巴基斯坦和沙特阿拉伯于2020年联合创建，旨在通过集体行动加强创新驱动领域的合作，加速数字经济发展。
② 互联网数据中心（IDC）预测。

代升级，未来各国之间创新技术赶超与反赶超、封锁与反封锁较量将更趋频繁和空前激烈。

表16 全球部分人工智能与数字经济发展规制与规则

规制与规则	主要内容
《电子商务协议》，世界贸易组织（WTO）（2024年7月26日）	使用电子签名和电子发票，推动国内和跨境无缝数字贸易；加强在线消费者保护，提高消费者和企业对数字贸易环境的信任度；推动网络安全风险防范合作，使国际数字贸易环境更加可靠和能负担；禁止对电子传输征收关税；促进发展中国家消费者和企业参与数字贸易
《数字经济伙伴关系协定》（DEPA），新加坡、智利、新西兰（2020年6月12日）	主要内容包括16个模块，涉及初始条款和一般定义、商业和贸易便利化、数字产品待遇及相关问题、数据问题、更广泛的信任环境、商业和消费者信任、数字身份、新兴趋势和技术、创新和数字经济、中小企业合作、数字包容性、联合委员会和联络点、透明度、争议解决、例外、最后条款等
《人工智能扩散临时最终规则》，美国（2025年1月13日）	对计算机视觉、自然语言处理、语音识别等领域人工智能大模型技术限制输出和扩散，特别对中国等国家进行出口管制
《增加外国直接产品规则和修改先进计算及半导体制造设备物项的管控规则》，美国（2024年12月2日）	加强对先进计算、半导体制造设备、超级计算领域技术和设备的出口管制，将包括136家中国实体在内的全球140家芯片行业实体增列至"实体清单"
《欧盟人工智能法》，欧盟（2024年8月1日）	针对欧盟境内人工智能系统投放市场或提供服务的所有相关主体，将人工智能划分为不可接受风险、高风险、有限风险和最小风险四个等级，并进行分类监管

数据来源：根据公开资料整理。

（三）数字经济将引领新领域新赛道

在新一轮科技革命和产业变革浪潮中，数字经济快速成长为全球经济增长重要引擎，引领经济新领域新赛道发展，是全球主要国家和地区增强产业经济新动能、构筑产业经济新优势、培育新质生产力的关键力量。从技术演进趋势来看，德勤、麻省理工学院、Gartner等全球知名机构在对2025年技术发展前景的预判中，人工智能技术依然是全球最前沿最受关注的焦点，高性能计算、代理型AI、AI智能体、机器人技术等新领域的发展受到更多关注（见表17）。

表17 全球知名机构和企业对技术创新趋势的研判

机构和企业	技术创新趋势
德勤	发布《2025年六大技术趋势》报告，预测未来六大技术趋势：空间计算、定制化小模型、集成AI的边缘计算设备、AI重塑IT部门服务模式、量子计算与加密计算、AI颠覆核心系统
麻省理工学院	《麻省理工科技评论》发布2025年十大突破性技术：小语言模型、生成式AI搜索、快速学习的机器人、无人驾驶出租车、Vera C. Rubin天文台、有效干细胞疗法、长效HIV预防药物、清洁航空燃料、牛打嗝抑制剂、绿色钢铁
Gartner	2025年十大战略技术：代理型AI、虚假信息安全、AI治理平台、环境隐形智能、后量子密码学、混合计算、多功能机器人、空间计算、节能计算以及神经增强
CB Insights	发布《2025年科技趋势研究报告》，预测未来5~10年代表前沿科技发展趋势的技术：AI智能体市场、AI天气预测、脑机接口、生物计算、量子优化投资组合、先进核推进、超深钻探、细胞和表观遗传重编程和无全球定位系统的导航系统
腾讯	发布《2025数字科技前沿应用趋势》报告，预测最受关注的13个数字科技发展趋势：高性能计算2.0走向全面成熟，VLA模型加速通用智能机器人到来，人类增强技术拓展生命能力边界，大模型迈向可信、向善和灵活，AI化身科学家助理驱动科研范式变革，多模态情感计算催生共情智能，AaaS推动AI原生应用落地，AI素养提升成为未来教育新锚点，智能医生和数字药物走进现实，AI对齐和福祉型AI为超级智能扣好"安全带"，数据智能驱动农业良种选育与精耕细作，科技让美随心而创、触手可及，数字技术激发MEI（物质Matter，能量Energy，信息Information）跨域融合创新

数据来源：根据公开资料整理。

从产业发展趋势来看，数字经济、健康经济和绿色经济将是未来经济发展的大趋势和主赛道，其中数字化更是重中之重，数字经济领域孕育出的新产业新业态依然是未来产业发展的主流方向。如工业和信息化部等部门发布的《工业和信息化部等七部门关于推动未来产业创新发展的实施意见》，明确提出打造十大标志性产品，其中7类属于数字经济产品，其他

3类亦与数字经济产品高度相关。麦肯锡发布《下一个重大竞争：改变商业格局的行业领域》报告，基于高成长性和高活力性两大标准，认为机器人、AI软件与服务、电商、网络安全、数字广告、云服务、半导体、未来空中交通、共享自动驾驶车辆、电动汽车、电子游戏、流媒体视频、工业和消费生物技术、电池、模块化施工、核裂变发电站、航天、肥胖症及相关疾病药物18个行业将成为未来发展新赛道。在18个赛道中，数字经济赛道就占据了12个（见表18）。

表18　全球知名机构和企业对产业发展趋势的研判

机构和企业	产业发展趋势
工业和信息化部等7部门	发布《工业和信息化部等七部门关于推动未来产业创新发展的实施意见》，明确提出未来产业六大方向，包括未来制造、未来信息、未来材料、未来能源、未来空间和未来健康。重点打造人形机器人、量子计算机、新型显示、脑机接口、6G网络设备、超大规模新型智算中心、第三代互联网、高端文旅装备、先进高效航空设备、深部资源勘探开发装备等标志性产品
麦肯锡	发布《下一个重大竞争：改变商业格局的行业领域》，预测2025～2040年产业新赛道：机器人、AI软件与服务、电商、网络安全、数字广告、云服务、半导体、未来空中交通、共享自动驾驶车辆、电动汽车、电子游戏、流媒体视频、工业和消费生物技术、电池、模块化施工、核裂变发电站、航天、肥胖症及相关疾病药物
长城战略	发布《中国新赛道体系发展报告2025》，预测2025年十大潜力赛道分别为具身智能、生成式AI、第三代半导体、量子科技、低空经济、6G、脑机接口、商业航天、生物制造、新型储能
沙利文	发布《中国未来50年产业发展趋势白皮书》，预测中国未来产业发展趋势，包括具身智能、云计算、大数据、智能制造、工业物联网、银发经济、宠物经济、合成生物、碳中和、光伏与储能、新能源汽车等

数据来源：根据公开资料整理。

（四）人工智能的赋能渗透效应加速显现

如果说2024年是人工智能技术创新变革之年，那么2025年将是人工智能商业化深度赋能之年，人工智能赋能千行百业将进入行动实施阶段。早在

《2024年政府工作报告》就已经提出开展"人工智能+"行动,随后在2024年底召开的中央经济工作会议以及《2025年政府工作报告》中均提到开展"人工智能+"行动。在国家的积极推动下,地方纷纷制定推进"人工智能+"行动的路线图和任务书(见表19)。可以预见,未来人工智能将在经济数字化转型、社会智能化发展、城市现代化治理以及科学技术研究等各个领域发挥极其重要的作用。具体来看,人工智能技术在手机、电脑、汽车、机器人等终端产品的深度嵌入和应用,将催生出新的人工智能终端产品,带动形成新的经济增长点和消费点。人工智能大模型在产业领域和公共服务领域的赋能效应将得到更大力度释放,尤其是在知识蒸馏小模型和垂直大模型的加持下,越来越多的人工智能代理(AI Agent)将加速涌现,并逐渐成为具备一定独立服务能力的"数字劳动力",参与人力资源、IT运维、市场营销、财务管理、供应链优化等工作环节。美国知名投资机构Battery Venture的调查显示,Autodesk、Twilio、Legalzoom等人工智能代理(AI Agent)在工程设计、客服、法律顾问等领域发挥了显著作用,其工作成本是传统人力成本的1/70~1/30。随着人工智能赋能的深入,应用场景将会越来越广泛。

表19 国内部分城市制定"人工智能+"行动的目标与重点

城市	"人工智能+"行动的目标与重点
北京	出台《北京市推动"人工智能+"行动计划(2024—2025年)》,提出建设具有全球影响力的人工智能创新策源地和应用高地,重点实施"人工智能+机器人""人工智能+教育""人工智能+医疗""人工智能+文化""人工智能+交通"等标杆应用工程;在科研探索、政务服务、工业智能、金融管理、空间计算、数字营销、司法服务、广电传媒、电力保障、内容安全领域促进人工智能大模型示范性应用
上海	出台《关于人工智能"模塑申城"的实施方案》,提出建成世界级人工智能产业生态,重点推动"人工智能+智能终端""人工智能+科学智能""人工智能+在线新经济""人工智能+自动驾驶""人工智能+具身智能",打造关键生产力工具;推动"人工智能+金融""人工智能+制造""人工智能+教育""人工智能+医疗""人工智能+文旅""人工智能+城市治理",促进重点垂直领域应用

续表

城市	"人工智能+"行动的目标与重点
深圳	出台《深圳市加快打造人工智能先锋城市行动计划（2025—2026年）》，提出打造人工智能全域全时全场景应用深圳样板，重点在"人工智能+先进制造""人工智能+科学研究""人工智能+金融服务""人工智能+商贸流通""人工智能+创意设计"领域形成示范应用，大力发展人工智能终端产品、具身智能机器人、智能家居产品、大模型一体机、智能驾驶，丰富智能产品矩阵
杭州	出台《杭州市人工智能全产业链高质量发展行动计划（2024—2026年）》，提出打造全国领先、国际一流的人工智能产业创新发展高地，提出深化人工智能在优势产业的应用，如"人工智能+治理""人工智能+制造""人工智能+医疗""人工智能+金融"；加快人工智能在创新产业的应用，如"人工智能+元宇宙""人工智能+生物技术""人工智能+智能网联"；拓展人工智能在未来产业的应用领域，如"人工智能+机器人""人工智能+低空经济""人工智能+类脑智能"

数据来源：根据各市政府网站资料整理。

（五）国产人工智能大模型逐渐走向成熟

无论是产业数字化转型，还是数字化产业发展，人工智能大模型的底座支撑作用越来越重要。在经历2022年OpenAI推出人工智能聊天原型ChatGPT后，全球人工智能大模型迎来一轮爆发期。我国人工智能大模型起步虽晚，但在经历技术封锁以及自主创新阶段后，逐渐从"参数竞赛"转向千亿级参数下的效能提升，在应用中日益走向成熟。一是从"跟跑"到"并跑"，部分领域实现"领跑"并形成自主可控技术路线。总体趋势上，国内大模型与国际领先大模型的差距正在缩小。从SuperCLUE于2025年3月发布的最新评估结果来看，深度求索、阿里巴巴、字节跳动、腾讯的大模型总体水平已经位列全球前十。特别是DeepSeek-R1的发布，以"低成本+高性能+开源"为显著优势，成为全球科技界现象级标杆。未来我国人工智能大模型将在高算力芯片、大模型算法及模型框架方面逐渐形成自主可控技术路线。二是从"通用"到"垂直"，应用场景不断丰富。随着DeepSeek的开源落地，国产人工智能大模型将更注重"专而精"，针对金融、医疗、教育等特定领域开发形成的垂直大模型，将在特定场景下体现出优越的性能和较高的效率。如阿里云与三一重工合作开发的工业质检模型，使产线故障响应延迟降至50毫秒，质检效率提升85%。三是从"单模态"到"多模态"，交互方式更加自然。单一文本或图像模态已无法满足当前经济社会发展的多样化需求，未来融合文本、图像、语音、视频等多模态信息的人工智能大模型将成为主流，人机交互将朝着更自然、更智能的方向发展。四是从"集中训练"到"分布式协同"，训练效率不断提升。在人工智能技术快速迭代的背景下，国产人工智能大模型将通过算力协同创新、算法与硬件协同、跨平台资源调度等方式，实现从"集中训练"到"分布式协同"的技术范式转变，实现训练效率的跨越式提升。五是从"技术驱动"到"应用驱动"，产业生态逐步完善。国产人工智能大模型在技术原始创新层面已逐步形成体系化能力，未来在人工智能技术迭代与产业需求深度融合的背景下，国产人工智能大模型将以应用制胜。

三 广州开辟数字经济新领域新赛道趋势展望

（一）数字经济活力持续迸发，助力构建现代化产业体系

2025年是"十四五"规划的收官之年、全运会举办之年，也是"大干十二年、再造新广州"的关键一年。预计广州地区生产总值、规模以上工业增加值、固定资产投资、社会消费品零售总额增长5%左右。特别是，广州将全面推动"12218"现代化产业体系建设，重点推动数字广州"13535"总体架构实施，"数实融合"几乎贯穿现代产业的各个领域，数字产业及关联产业发展动力强劲，数字经济总体实力将迈上新台阶，打造世界领先的数字经济引领型城市和数产融合的全球标杆城市，数字经济新领域新赛道的成长环境与支撑条件将更加完善和巩固。2025年，预计广州数字经济核心产业增加值将突破5000亿元，同比增长约10%，占地区生产总值的比重将超过15%。

1. 信息传输、软件和信息技术服务业

2024年，广州信息传输、软件和信息技术服务业主营业务收入达到5835.59亿元，增长5.7%。产业规模仅次于交通运输、仓储和邮政业，增速略低于全市规模以上服务业主营业务收入增速（7.1%），低于交通运输、仓储和邮政业（12.7%）、教育业（11.4%）、租赁与商务服务业（8.2%）等行业（见图2）。

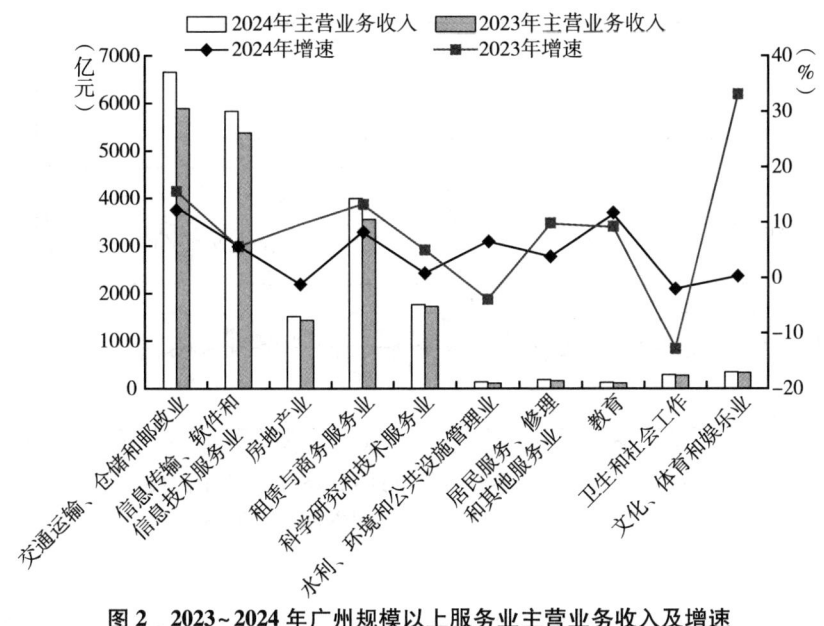

图2　2023~2024年广州规模以上服务业主营业务收入及增速

数据来源：广州统计信息网。

采用MSTL（Multiple Seasonal-Trend decomposition using LOESS）时间序列分析方法对2016~2024年广州信息传输、软件和信息技术服务业主营业务收入数据进行分析，分析长期变化趋势和季节性变化特征。在此基础上采用PatchTST（Patch Time Series Transformer）模型[①]预测2025年广州各月的信息传输、软件和信息技术服务业主营业务收入。

---

① PatchTST是一种基于Transformer深度学习模型的时间序列分析模型。通过借鉴Transformer模型和计算机视觉领域的Vision Transformer方法，通过时序分块的方式实现长期预测的高效和精准。

自 2016 年以来，广州信息传输、软件和信息技术服务业主营业务收入呈现明显的季节波动性，长期趋势则呈现平稳上升的发展特征（见图 3）。

图 3 基于 MSTL 模型分解的 2016~2024 年广州信息传输、软件和信息技术服务业主营业务收入

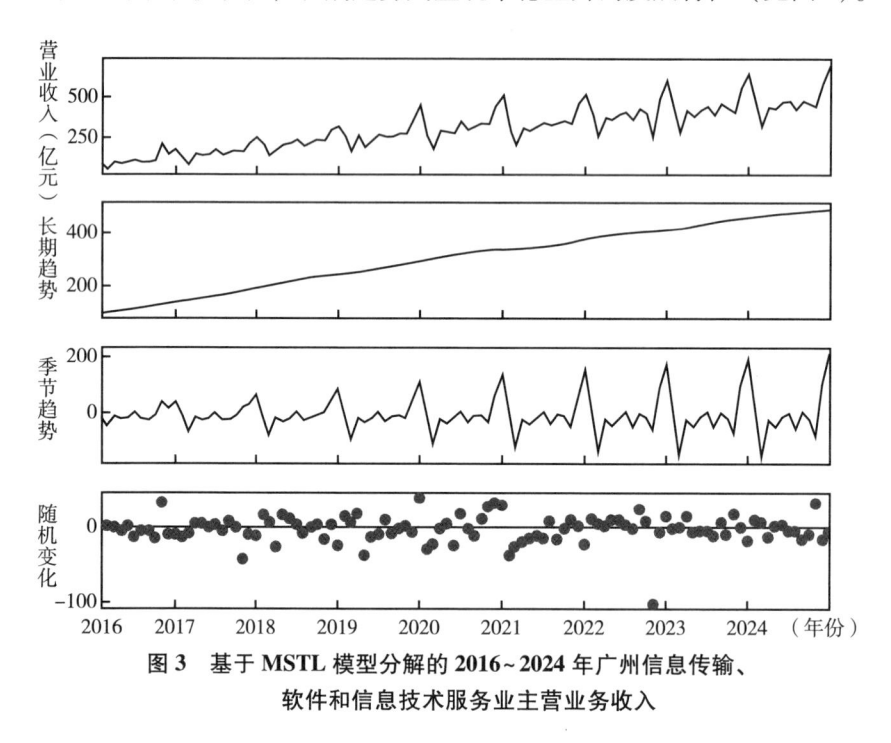

表 20 为基于 PatchTST 模型预测的 2025 年各月广州信息传输、软件和信息技术服务业主营业务收入与电子信息产品制造业产值，对各月的预测数据进行累加，得到 2025 年广州信息传输、软件和信息技术服务业主营业务收入（6727.75 亿元），比 2024 年增加 892.16 亿元。基于 PatchTST 模型得到的 2025 年各月变化特征也符合近年来的季节性变化特征（见图 4），说明该模型具有较好的预测效果。对广州信息传输、软件和信息技术服务业发展态势进行定性分析能更合理地预测产值数据，随着数字经济的快速发展以及各级政府的综合施策，特别是 DeepSeek 等国产开源 AI 大模型、自动驾驶等行业的加速发展，2025 年广州信息传输、软件和信息技术服务业主营业务收入规模预计增速约为 8%，有望超过 6300 亿元，接近 6500 亿元。

表20 基于PatchTST模型预测2025年1~12月广州数字经济两大行业营业收入和产值

单位：亿元

时间	信息传输、软件和信息技术服务业主营业务收入	电子信息产品制造业产值
1月	581.63	314.00
2月	421.99	286.99
3月	520.75	327.46
4月	536.28	314.63
5月	532.12	322.49
6月	555.42	332.55
7月	498.03	333.53
8月	544.15	315.40
9月	549.14	332.01
10月	528.56	314.03
11月	687.12	340.82
12月	772.56	347.45
2025年	6727.75	3881.36

数据来源：PatchTST模型预测得到。

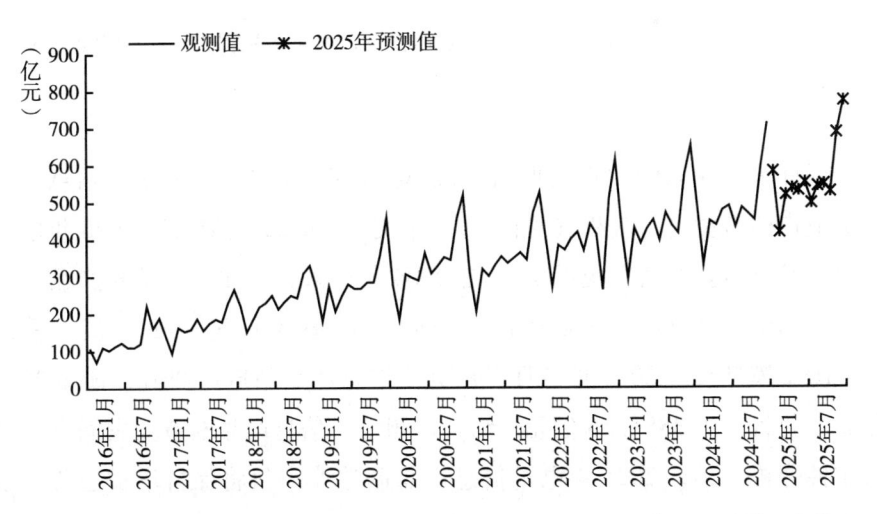

图4 基于PatchTST模型预测2025年信息传输、软件和信息技术服务业主营业务收入

数据来源：PatchTST模型预测得到。

2.电子信息产品制造业

2024年广州全市工业投资继续保持两位数增长态势，达到13.6%，电子及通信设备制造业投资同比增长20.8%。电子信息产品制造业产值呈现增长态势，达到3572.38亿元，同比增长3.7，提高3.4个百分点，占全市规模以上工业产值比重创历史新高，达到15.7%，总体保持较快增长（见图5）。

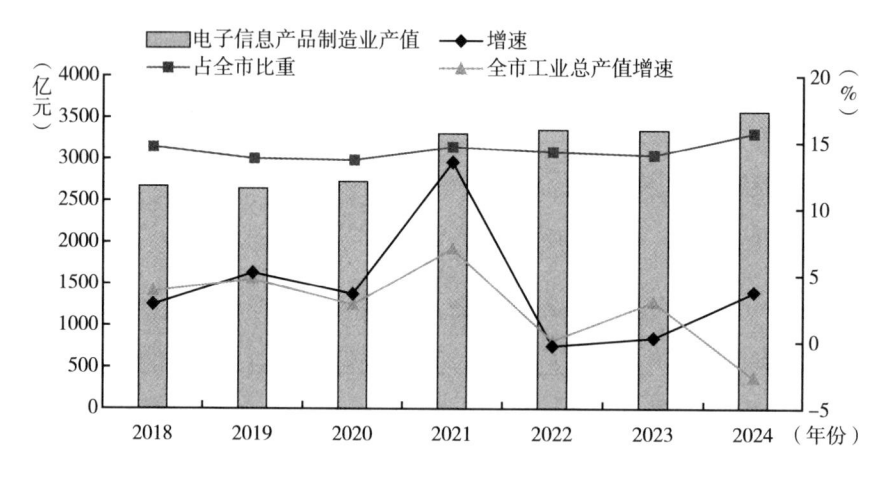

图5 2018~2024年广州电子信息产品制造业产值、增速及占全市工业总产值的比重
数据来源：广州统计信息网。

同样采用MSTL时间序列分析方法对2004~2024年广州电子信息产品制造业产值数据进行分析（见图6），采用PatchTST模型预测2025年电子信息产品制造业产值（见图7）。自2004年以来，广州电子信息产品制造业产值呈现明显的季节波动性，2024年产值增长至历史峰值。采用PatchTST模型预测2025年各月广州电子信息产品制造业产值，预测2025年总产值将达到3881.36亿元。结合广州电子信息产品制造业发展态势进行定性分析，预计2025年电子信息产品制造业产值将保持增长态势，增速在7%左右，总量有望突破3800亿元。

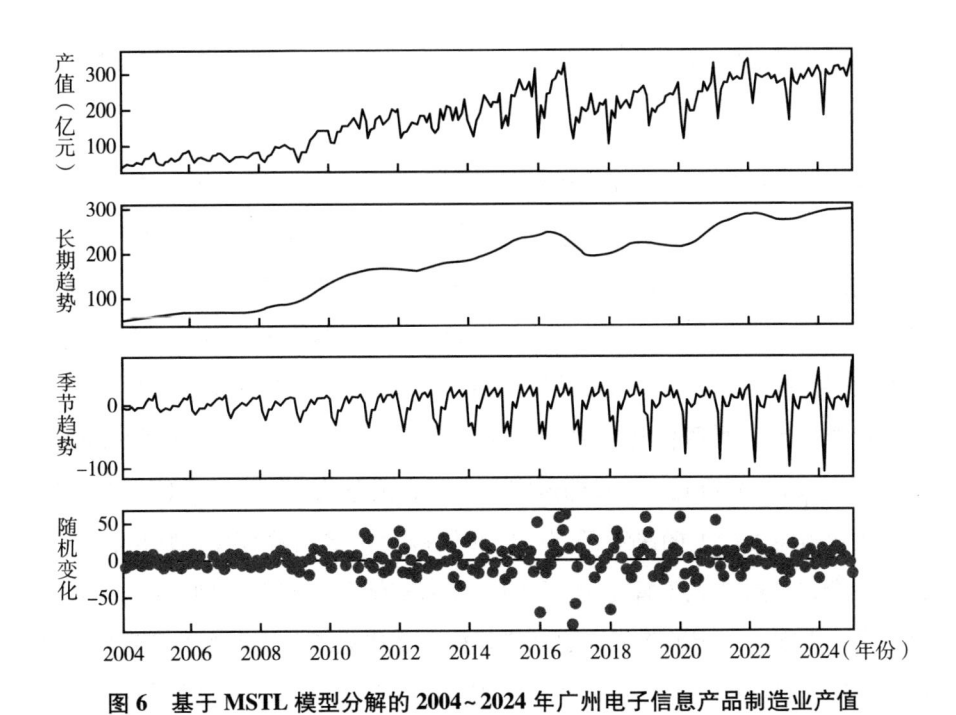

图 6　基于 MSTL 模型分解的 2004~2024 年广州电子信息产品制造业产值

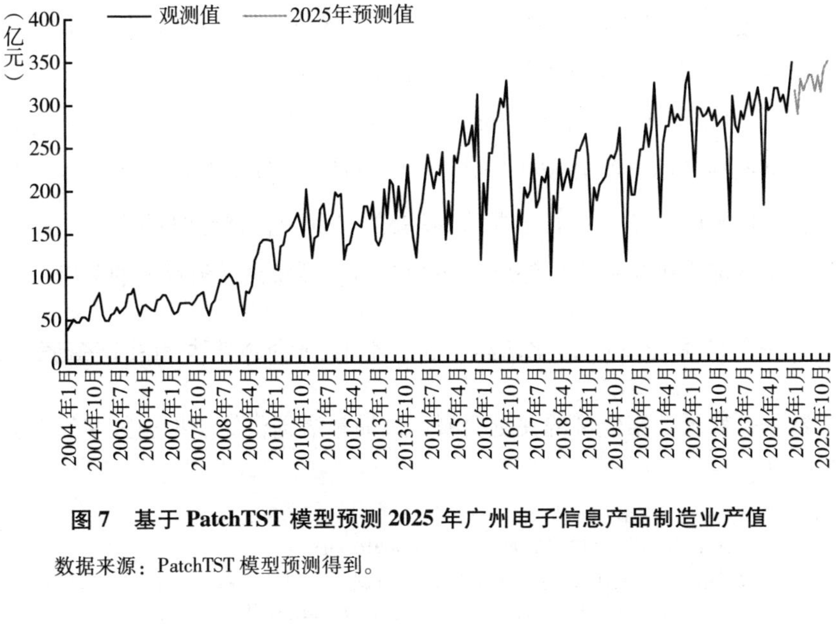

图 7　基于 PatchTST 模型预测 2025 年广州电子信息产品制造业产值

数据来源：PatchTST 模型预测得到。

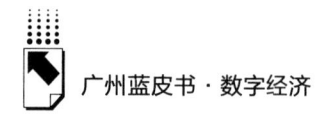

（二）大力发展"+人工智能"与"人工智能+"，构筑新领域新赛道矩阵体系

数字经济已成为全球经济增长的重要引擎，而人工智能作为核心技术，正深刻改变经济生产函数，重塑产业结构和布局，加速数字经济创新发展进程。党的十八大以来，以习近平同志为核心的党中央高度重视我国新一代人工智能发展。习近平总书记强调，人工智能是引领这一轮科技革命和产业变革的战略性技术，具有溢出带动性很强的"头雁"效应。[1] 加快发展新一代人工智能是事关我国能否抓住新一轮科技革命和产业变革机遇的战略问题。[2] 顺应新形势新变化，贯彻落实党中央、国务院发展人工智能与数字经济、培育新质生产力的决策部署，广州明确提出推动数智化、绿色化"两化"融合，开展"人工智能+"行动，大力实施"广州数智创新计划"。可以预见，未来人工智能将成为驱动广州构建现代化产业体系的关键变量，也将成为广州更新旧动能培育新动能、构建新领域新赛道矩阵体系的原动力。具体而言，就是以人工智能技术为核心，以"+人工智能"和"人工智能+"为双引擎，形成"一体两翼"的新领域新赛道矩阵体系。其中，"+人工智能"就是通过发展人工智能前沿技术和产业引领广州产业经济创新发展，"人工智能+"就是通过推动人工智能技术赋能优势产业数字化转型升级，从而在整体上提升现代产业的"含新"量和"含智"量。在纵深推进"+人工智能"与"人工智能+"发展的过程中，智能终端产品的制造能力和人工智能大模型的应用深度将成为广州制胜新领域新赛道的关键。

（三）数据要素市场化持续推进，强化新领域新赛道战略资源导入

数据是发展数字经济的关键要素，高质量数据供给是推进数字经济新领

---

[1] 《抓住新一轮科技和产业革命的"领头雁"》，中国政府网，2018年12月8日，https://www.gov.cn/xinwen/2018-12/08/content_5346910.htm。
[2] 《人民日报刊文：抢抓人工智能发展的历史性机遇》，"人民日报"百家号，2025年2月24日，https://baijiahao.baidu.com/s?id=1824890968507280961&wfr=spider&for=pc。

域新赛道高质量发展的关键一环。近年来我国高度重视数据资源开发利用，出台关于数据要素市场化配置改革以及公共数据、企业数据开发利用等方面的政策文件和指引，持续推进海量数据资源的开发和供给。根据OECD的测算，数据流动对各行业利润增长的促进率在10%左右，在数字平台、金融业等领域可达32%。广州数字经济蓬勃发展，数据资源丰富，从2021年开始，就已经在天河、海珠、黄埔、越秀、番禺和白云6个区开展数据生产要素统计核算试点工作，成为全国开展数据生产要素统计核算试点城市之一，试点企业数量超1.1万家。2025年，广州就出台《广州市数据条例》，为发挥数据要素的支撑作用奠定坚实的制度基础。未来广州将加速数据资源入表、推进数据资产化进程，在城市可信数据空间建设、行业可信数据空间建设方面不断取得新突破，优质数据资源供给持续扩大，数字治理能力持续提升。在国家及地方的支持下，广州数据交易所努力打造全国性数据交易平台，市场影响力将进一步扩大，在培育全国一体化数据市场和推动数字中国建设中发挥更加重要的作用。依托南沙自贸片区体制机制创新优势，与港澳协同打造粤港澳数据服务试验区、国际数据产业发展集聚区、"港澳数据特区"和离岸数据中心，更好汇聚国内外数据流量并加强新领域新赛道的战略资源导入。

（四）数字经济重大平台建成，拓展新领域新赛道的成长空间

按照国务院批复的《广州市国土空间总体规划（2021—2035年）》，广州正以"一带一轴、三核四极"城镇空间结构为依托，加快拓展中心型世界城市的资源要素承载空间。其中，"一带"为珠江高质量发展带，向南可对接融入环珠江口100公里黄金内湾，未来将建设成为一流滨水区，成为高端服务业、高新技术产业和未来产业的集聚带。"一轴"为活力创新轴，深度嵌入广深港澳科技创新走廊，将建设成为广州乃至粤港澳大湾区科技创新高地和新质生产力重要承载地。在"一带一轴"的牵引和串联下，多中心、网络式、陆海协同型城市空间结构将加快形成。经过多年建设，广州已经拥有多种类型、多个层次的功能区，如国家级新区、自贸试验区、经济技术开发区、高

新技术产业开发试验区、临空经济示范区、价值创新园区、综合保税区、工业园区等。在人工智能经济与数字经济功能区方面，广州已形成以广州琶洲人工智能与数字经济试验区为核心，南沙国际人工智能价值创新园、黄花岗科技园人工智能产业园区和中大国际创新生态谷等省级人工智能产业园为重点，天河智慧城、花果山超高清视频产业特色小镇、白云湖数字科技城、增城新型显示价值创新园、广州环五山创新策源区等"一核多点"空间载体。未来，城市空间发展总体框架的拓展，各类数字经济超级功能区的持续开发建设以及各类工业园区的资源整合与盘活，将为广州开辟人工智能与数字经济新领域新赛道提供充足的空间。

（五）产业创新发展生态更加完善，支撑新领域新赛道可持续发展

营造繁荣有序的产业创新生态是发展数字经济，推动创新协同、产能共享、供应链互通，是大中小企业和社会开发者开放协作的必要支撑和重要条件。近年来，广州以国家营商环境创新试点城市建设为契机，围绕数字经济创新发展所需的金融、人才、政策等重点领域，大力营造数字产业创新生态，增强集聚力和辐射力。2025年，广州已经明确要着眼优化服务业结构、赋能制造业升级，用好服务业扩大开放综合试点等政策，发展壮大现代金融、科技服务、专业服务等高端引领、知识密集行业。在现代金融、科技服务领域，持续构建同科技创新相适应的科技金融体制，助力投早、投小、投硬科技。优化产投、创投、天使母基金运作机制，设立更多AIC股权投资基金，引导资金等要素向重点产业赛道集聚。在政策支持方面，实体化运作智能汽车、低空经济、新型显示与集成电路、人工智能等工作机构。重新审视政企关系，明确政府要做企业的"合伙人"，推广"市场+资源+应用场景"招商新模式。在人才环境方面，推进实施"百万英才汇南粤行动计划""广聚英才"人才工程和重点产业人才开发培育工程，推出更有针对性、吸引力、竞争力的人才政策，积极创建国际化人才特区，全力建好国家高水平人才高地。可以预见，未来广州将构建形成产业友好型、企业友好型、企业家友好型营商环境，数字经济发展的生态环

境将更加具有竞争力、吸引力，推动数字经济新领域新赛道长期可持续发展的体制机制将不断健全。

四 广州开辟数字经济新领域新赛道的思路

2022年12月召开的中央经济工作会议指出，抓住全球产业结构和布局调整过程中孕育的新机遇，勇于开辟新领域、制胜新赛道。主动响应新一轮科技革命和产业变革浪潮，加强对新领域新赛道的关注和布局，已成为当前及未来一段时间我国壮大产业经济新动能、构筑产业经济新优势、培育新质生产力的战略选择。综合全球技术创新供给和市场消费需求变化，可以预见在数字经济前沿领域以人工智能技术为核心，包括移动技术、计算技术、连接技术、感知技术、web3.0技术、安全技术、量子技术等新兴技术，正加速推动未来制造、未来信息、未来智能产业演进，全面驱动经济数字化转型和社会智能化发展。在此背景下，围绕支撑中心型世界城市建设的战略目标，广州提出构建"12218"现代化产业体系，对数智化发展做出明确布局。综合全球科技创新大趋势、国家未来产业大布局和城市自身发展大方向，基于新技术、新产业、新市场和新模式四大维度，广州布局数字经济新领域新赛道的总体思路和方向：构建以人工智能为核心、以"+人工智能""人工智能+"为双引擎的"一体两翼"新领域新赛道矩阵体系，在产业科技创新和商业应用创新深度融合发展中打造具有国际影响力的数字经济引领型城市。

（一）半导体与集成电路

集成电路产业是支撑现代经济社会发展的战略性、基础性和先导性产业，是引领新一轮科技革命和产业变革的关键力量。发展集成电路产业对冲破国际技术封锁，实现电子信息供应链自主可控、保障信息安全具有重要战略意义。当前及未来一段时期，人工智能尤其是大模型的创新性应用，将大力推动产业智能化发展。从全球范围来看，集成电路市场增长迅猛，以美

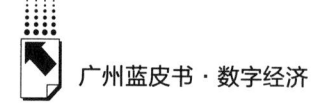

国、日本、荷兰为代表的发达国家集成电路产业发展处于领先地位。与此同时，受以美国为代表的西方国家实施技术和市场双封锁的影响，我国集成电路产业整体正进入自主创新发展的攻坚期和活跃期。

广州集成电路产业正处在快速发展阶段，晶圆制造等环节在国内具备一定的基础，拥有若干芯片设计细分领域龙头企业，未来可充分利用国家持续加大对集成电路产业支持力度的契机，通过整体性谋划，加强顶层规划和政策设计，更好发挥政府推动作用，突出企业主体地位，以技术创新、模式创新和体制机制创新为动力，推动集成电路产业重点突破和整体提升，实现开放式跨越发展。融链、补链、强链是广州集成电路产业发展的关键路径。"融链"就是融入国家发展集成电路产业的大战略、大布局、大趋势，明确广州集成电路产业发展的使命担当、思路方向和重点领域，重点突破芯片制造设备等"卡脖子"难题。"补链"就是立足广州自身优势产业，主动对接国家级链主企业的大产业链，开展更深层次、更广范围合作，充分调动国有资本和民间资本的积极性，布局设备材料等产业链缺失环节。"强链"就是立足广州所需，充分发挥产业基础优势和潜在市场优势，做强做优做大芯片设计制造等环节，积极拓展下游应用市场，避免供需错配，形成集群生态。

（二）人形机器人

人形机器人具备技术含量高、产业链条长、带动作用大、市场需求广的特点，有望成为继计算机、智能手机、新能源汽车后带动千行百业、走进千家万户的新型终端产品，是国际科技和产业竞争的前沿领域之一，其市场规模可达万亿级。综观全球，当前人形机器人产业发展总体处于初级阶段，世界500强企业、科技领军企业、新兴中小科技企业成为三股重要推进力量，市场投融资空前活跃，规模化量产预计将在未来2~3年逐步实现。国家已明确将人形机器人作为九大未来产业之一，北京、上海、深圳、杭州等城市正在推进人形机器人产业发展，并形成各具特色的发展路径。

广州人形机器人产业总体处于"跟跑"状态，具备工业机器人产业链形成、芯片产业初步集群、软件与信息技术服务业稳固、国资国企家底厚实等基础条件和优势，未来可牢牢把握我国机器人产业自立自强、换代跨越的战略机遇期，以数实融合为导向，以人形机器人终端产品"研发+制造+应用"为重点，通过搭建人形机器人国家级技术创新中心、专业训练场、应用示范区和通用人形机器人母平台，用3~5年时间培育形成比较稳固的人形机器人产业链群生态，加快追赶并抢占国内发展第一梯队，实现从"跟跑"到"领跑"的跨越，打造具有国际影响力的人形机器人创新中心、制造中心和赋能中心。

近期，优先推动以工业机器人为主，少量人形机器人在汽车、电子工业制造领域的应用，在场景应用中促进技术迭代，形成技术创新优势；中期，发挥广州作为国际商贸中心的优势，推动服务型机器人、特种机器人、人形机器人批量应用，做大应用市场，形成核心竞争力和地方特色优势；中远期，围绕居家养老、工业制造、商业服务、教育科研、特种作业等多样化场景需求，推动人形机器人在千行百业、千家万户的广泛运用，形成规模化、品牌化优势。

（三）人工智能大模型

随着具有开源、多芯片支持、低训练成本、高计算性能等特点的DeepSeek人工智能大模型在2025年初正式向全球发布，全球人工智能大模型在技术创新和应用方面呈现爆发式发展新局面。面向未来，在人工智能技术迭代与产业需求持续深度融合的背景下，人工智能大模型将经历从"技术突破主导"向"应用价值牵引"的战略转型，不仅将重构技术研发范式，更通过场景化落地推动产业链协同创新，进入技术—场景—生态"三位一体"的融合发展新阶段。在2025年国家新基建计划中，人工智能大模型算力枢纽被列为优先级建设项目，人工智能大模型将融入越来越多的领域。总体上看，我国拥有庞大且多样化的数据资源和应用场景需求，国家层面也高度重视人工智能大模型产业发展，出台多项政策支持大模型研发和应用，为广州培育发展人工智能大模型产业提供了良好条件。

广州在人工智能大模型应用场景、科研支撑、数据资源等方面拥有自身发展优势，尤其是作为超大城市在交通、商贸、物流、医疗、教育、文旅、政务等领域积累了海量数据，为行业人工智能大模型训练提供海量数据支撑，为人工智能大模型提供丰富的应用场景。目前，国内主要城市都在积极抢占人工智能大模型产业新赛道，广州可从多方面发力，避免与北京、深圳、杭州等城市的同质化竞争。一是强化行业人工智能大模型核心技术攻关，设立市级大模型专项实验室，在DeepSeek、Qwen等国产开源大模型基础上重点突破模型压缩、推理优化等关键技术，支持本地企业联合高校研发汽车、医疗、教育等优势行业的垂直人工智能大模型。二是深入实施"人工智能大模型+"行动，在智能网联汽车、智慧医疗、智慧教育等领域推出"揭榜挂帅"机制，鼓励企业、医院、学校与人工智能企业共建创新联合体，建立人工智能大模型赋能实体经济发展机制。三是支持人工智能大模型一体机产品研发生产，依托琶洲算力中心打造国产大模型开源平台，吸引中小微企业参与应用开发，形成"基础模型+行业应用"的生态闭环，可侧重在本地部署人工智能大模型一体机、智能机器人和生产线、可穿戴人工智能医疗设备等。

（四）数据产业

在数字化发展浪潮下，全球数据规模正呈现指数级增长，围绕数据资源开发利用形成的数据产业①也必将迎来发展的黄金期。事实上，根据国际数据公司（IDC）的预测，到2025年全球数据总量将突破175ZB，其中中国占比超过30%。中国信息通信研究院发布《全球数字经济发展研究报告（2024年）》，预测到2028年全球数据量将达到384.6ZB，数据空间建设和数据流动交易成为各国发展数字经济的新赛道。艾瑞咨询则预测2024~2030年，我国数据产业将保持20%以上的年均增长率，到2030年产业规模有望达到7.5万亿元。2024年12月，《国家发展改革委等部门关于促进数据产业高质量发展的指导意见》明确提出到2029年数据产业规模年均复合增长率超过15%，支

---

① 根据《国家发展改革委等部门关于促进数据产业高质量发展的指导意见》，数据产业是指利用现代信息技术对数据资源进行产品或服务开发，并推动其流通应用所形成的新兴产业，包括数据采集汇聚、计算存储、流通交易、开发利用、安全治理和数据基础设施建设等。

持有条件的地方立足产业基础和资源禀赋建设数据产业集聚区。

广州拥有良好的算力、网络等数据基础设施以及一批快速发展的数据服务企业和承载空间，广州数据交易所数据交易规模位居全国主要数据交易所前列，在国家加快健全数据基础制度体系、推进数据基础设施建设、推进数据要素市场化配置改革、培育全国一体化数据市场、促进数据产业高质量发展的大背景下，可依托其作为综合性门户城市、国际商贸中心等优势，加快集聚数据流量、发展数据产业、构建数据生态，打造成为具有国际影响力的数据资源配置中心。一是从企业、行业和城市发展需求出发，系统谋划建设数据流通基础设施、数据交易基础设施、数据计算基础设施、数据应用基础设施和数据安全基础设施，探索数联网、可信数据空间、数据元件、数场建设经验，全面夯实数据基础设施底座支撑。二是依托广州琶洲人工智能与数字经济试验区、南沙（粤港澳）数据服务试验区等平台，聚焦数据采集、存储、加工、流通、交易、应用、安全、治理等关键环节，持续加强政策创新性供给，加快培育数据产业集群生态，打造国际化数据产业集聚区。三是贯彻落实党的二十届三中全会关于建立高效便利安全的数据跨境流动机制的要求，充分利用粤港澳大湾区开放合作优势，协同港澳探索数据跨境流通新经验新模式，建立离岸数据中心，提升国际数据服务能力。

（五）平台经济

平台经济是基于互联网平台形成的商业经济活动。[①] 随着互联网技术和互联网经济的发展，尤其是互联网逐渐从消费互联网迈向消费互联网和产业互联网共同发展阶段，平台经济的内涵和外延得到极大丰富，对经济社会发展的影响力也越来越大。在我国，平台经济发展在经历起步期后，进入规范健康和持续快速发展的新阶段。自2024年以来，国家把平台经济的重要性提升到新高度，国务院常务会议多次明确指出要加大对平台经济发展的统筹

[①] 根据《国家发展改革委等部门关于推动平台经济规范健康持续发展的若干意见》，平台经济是指以互联网平台为主要载体，以数据为关键生产要素，以新一代信息技术为核心驱动力、以网络信息基础设施为重要支撑的新型经济形态。

指导和支持力度。党的二十届三中全会强调要促进平台经济创新发展，健全平台经济常态化监管制度。可以预见，未来随着人工智能技术的创新发展和深度赋能，平台经济将拥有更强的发展活力，成为提高社会资源配置效率、发展新质生产力、赋能实体经济、稳就业惠民生的重要支撑。

广州互联网产业在全国处于领先水平，多层次平台型企业、数字化平台和平台生态系统正在形成。面向未来，主动响应高品质社会消费需求和数字化网络化智能化生产要求，重点发展三类平台经济。一是消费互联网平台经济，在电子商务平台、数字营销平台、科技金融平台、医疗健康平台、文化教育平台、音乐娱乐平台、智能政务平台、智能交通平台、智能物流平台等优势领域进行布局谋划，打造形成具有比较优势的特色平台经济，支持新零售、跨境电商、移动支付、现代物流等新技术、新业态、新模式做大做强。二是产业互联网平台经济，以发展工业互联网平台为核心目标，支持龙头企业携手相关机构和企业共建跨行业、跨领域工业互联网平台，支持重点行业"链主"企业或者数字经济企业建设行业特色型工业互联网平台，支持政产学研协同建设面向制造业数字化关键技术的专业型工业互联网平台。三是共享经济平台，支持各类面向消费者和生产者的资源共享平台经济发展，如生产能力共享平台、产能设备共享平台、数字化人才共享平台、新型科技仪器共享平台、教育培训共享平台、创新设计服务共享平台、供应链服务共享平台、数据共享平台、知识产权保护共享平台、咨询服务共享平台等。

（六）智能网联汽车

我国已引领并初步完成汽车新能源化革新，2024年新能源汽车销量突破1200万辆，占全球新能源车销量的比重提升至70.5%。随着DeepSeek、Qwen等国产AI大模型落地应用，智能网联汽车将成为"十五五"时期我国培育汽车产业新质生产力的新抓手，也是广州汽车产业实现高质量发展的关键。依托小鹏汽车、广汽埃安、文远知行、小马智行、如祺出行等企业，智能网联汽车产业在技术研发、生产制造、示范运营等方面都取得积极进展。2024年，广汽埃安和小鹏汽车已分别实现销量37.49万辆和19.01万辆，特别是小鹏汽车正大力攻关自动驾驶、智能座舱领域，自主研发的图灵AI芯片有望大规模量产并应用于自动驾驶汽车和飞行汽车。广州已开放测试道路791条、单向里程1438.24公里，开放测试道路累计达1298条，已有近10款车型取得商业化运营资格。出台《广州市智能网联汽车创新发展条例》，促进和保障新能源汽车产业发展。广州先后获评国家智能网联汽车与智慧交通应用示范区、首批"双智试点"城市。

在"智驾平权"新趋势下，通用智能网联汽车领域的竞争日趋白热化，广州可结合传统汽车升级和开拓新赛道两大战略需求，积极培育智能网联汽车产业细分领域的发展新优势。编制智能网联与新能源汽车产业发展规划，在传统汽车智能化升级、飞行汽车、移动出行、智能公交、智慧物流等领域加快培育新优势。积极发挥国有融资平台的引育功能，支持小鹏汽车图灵芯片做大做强，争取打造媲美特斯拉FSD、华为ADS的"广州智驾"方案。结合智慧城市建设，加快推进"车、路、云"一体化的新基建建设，优先在外围区域推进车联网新基建建设，争取形成全球性示范效应，并在技术标准、政策法规等方面形成"广州模式"。

（七）量子科技

量子科技是全球竞相开辟未来产业新赛道的重要方向。从全球发展态势来看，当前量子科技发展重点集中在量子计算、量子通信、量子精密测量三大领域，呈现多路径发展态势。虽然近两年量子科技相关企业数量增长放缓，但投融资仍保持高水平，国内外企业纷纷参与布局。根据McKinsey预测，2035年全球市场规模将达到6000亿~12000亿美元，覆盖汽车、化工、生命科学和金融等行业，有望成为AI大模型之后又一引领性技术创新高地，具有广阔发展前景。从国内发展情况来看，各省市量子科技产业处于抢位发展阶段，北京、上海、深圳、合肥、济南等先进城市结合自身禀赋积极推动量子科技产业发展。广州量子科技产业在密钥分配、光子量子通信、同步装置技术等细分领域具有相对优势，中山大学等高校具备较强的科研实力。

面向未来，广州可充分结合现有产业基础，考虑到量子科技产品技术成

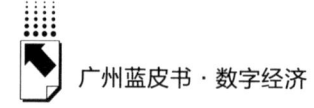

熟度有限、商业化模式尚未成熟，以应用场景驱动为导向，以引进培育龙头企业"应用探索+产品研发"为重点，加快推动量子科技产业发展。在研发领域，依托现有高水平高校和科研机构探索设立量子信息领域研究院，鼓励开展量子纠缠密钥分发和隐形传态研究，大力发展量子存储技术，在离子阱、光量子和里德堡原子等技术路线上开展持续探索，加快量子通信网络建设，关注量子保密通信技术，鼓励开展量子网络创新实验。在应用领域，发挥广州制造业优势，构建应用研究和示范平台，推动量子科技广泛应用于智能网联汽车、生物医药、化工和电信网络等多样化场景，在场景应用中促进技术迭代，并在新产品推广应用、投融资环境、形成自主保障供应链等方面重点发力，争取打造具有国际影响力的量子示范工程。在产业培育方面，广州采取布局科技研发项目、设立未来产业基金、支持新型研发机构、鼓励开展先行先试等多类型举措，用5~10年时间培育技术领先和自主化程度高的量子科技产业。

（八）智能无人系统

智能无人系统是"智能技术+无人装备+场景服务"的深度融合，旨在通过减少人工干预、提升作业效率和安全性，推动社会生产生活方式的智能化转型。当前，智能无人系统正在加速向智能化、全域化、生态化方向演进，成为全球科技竞争与产业变革的核心赛道之一。随着人工智能、边缘计算等技术的持续突破，智能无人系统将实现从"单机自主"向"群体协同"的跨越；从低空物流、无人驾驶等单一场景向智慧城市、应急救灾等全领域延伸；从单一产业链提升向全域应用场景下的多产业链协同发展转变。短期内，智能无人系统产业相关产品难以实现高质量、规模化生产，仍处在小范围应用场景驱动技术迭代与技术赋能产品自主决策的交互发展阶段。

广州智能无人系统已形成覆盖核心部件、整机制造、场景运营的完整产业链条，集聚极飞科技、亿航智能、文远知行、小马智行、云洲智能等一批龙头企业，业务场景涉及海陆空全域。面向未来，凭借产业链优势与全空间资源，叠加政策支持与技术攻关，广州有望建成全球智能无人系统创新与产业高地。具体而言，可考虑支持高校、科研院所与企业建立高技术人才联合培养基地，重点推动高精度激光雷达、自主决策算法等关键技术研发。扩大南沙自贸片区全空间无人体系试点，探索"无人机+无人船+无人汽车"串联交通枢纽模式。同时，聚焦智慧城市建设治理，开发"无人系统城市大脑"，构建海陆空一体化无人网络。

（九）具身智能

具身智能作为人工智能领域的一个重要分支，其核心在于智能体通过物理身体与环境的交互来实现感知、理解、决策和行动。2025年3月，具身智能首次出现在国务院《政府工作报告》中，北京、深圳等城市纷纷出台相关政策，推动具身智能技术研发与产业发展，凸显具身智能产业的重要性。当前，具身智能产业尚处于起步阶段，随着感知技术、决策与控制算法等关键技术不断取得突破，其发展将经历技术突破、场景落地、生态协同三大阶段，逐步深度融入社会生产与生活体系当中，形成"大模型+机器人+多场景"的万亿级市场。人形机器人和自动驾驶将是具身智能发展最可能率先落地、市场前景最广阔的两个高成长性赛道。

广州已将具身智能纳入未来产业培育计划，并且在智能装备制造方面拥有完善的产业链体系和深厚的产业积淀，在核心零部件国产化、工业整机制造、工业场景落地等方面均具备一定的优势。随着技术突破、场景落地以及政策红利叠加，未来可通过"技术攻关—场景验证—生态协同"的模式，加快具身智能产业化与规模化发展。其中，产业链上游重点强化关键零部件与AI芯片攻关，努力突破伺服驱动器、3D视觉系统、高性能芯片等"卡脖子"技术；在应用场景领域，持续深耕工业与城市治理场景，开展医疗与消费领域创新。成立具身智能机器人创新中心，依托广州市智能装备和具身智能机器人产业联盟，整合学术、科研以及产业资源，促进核心零部件企业、整机制造商、场景应用方协同创新，加快构建自主可控的具身智能机器人产业集群。

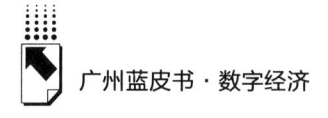

（十）人工智能软件与服务

信息传输、软件和信息技术服务业是数字经济的基础，也是新一代信息技术的灵魂。随着人工智能、云计算、大数据等信息技术的发展以及数实融合的深度推进，全球人工智能软件与服务业持续保持快速增长态势。近年来，我国先后出台一系列政策措施支持信息传输、软件和信息技术服务业发展。根据赛迪顾问发布的《2025年软件产业趋势洞察》预测，2025年我国软件业务收入增长速度将超过12%，东部地区软件业务收入增长速度将继续超过10%。值得关注的是，随着国家加快推进新型工业化、加强对工业重点行业设备更新及技术改造的支持，工业软件等软件与服务业的市场需求将进一步释放。而随着以人工智能大模型为代表的生成式人工智能加快应用，与之相关的软件产品将迎来新一轮发展机遇期。

作为中国软件名城，广州的信息传输、软件和信息技术服务业在全国主要城市中具有较强的竞争力。未来，在国家软件发展战略的指引下，以应用为牵引，以支撑数实融合、制造业立市、服务业强市为导向，加快提升应用软件、工业软件、嵌入式软件、平台软件等软件发展水平，持续巩固提升其在全国的优势地位。牢牢把握新一轮科技革命和产业变革重塑软件产业发展模式的机遇，面向人工智能驱动数字经济发展的新趋势，积极发展人工智能算法、数据库、自然语言理解、推理学习、计算机听视觉、人机交互、智能传感、智能决策、信息集成等人工智能软件与服务业，培育自主软件产业新生态，持续提升产业链供应链韧性。

参考文献

《"新赛道体系"持续演进，"年度十大潜力新赛道"出炉——〈中国新赛道体系报告2025〉发布》，"长城战略咨询"微信公众号，2025年3月30日，https：//mp. weixin. qq. com/s?＿＿biz＝MjM5MTA4ODU4MQ＝＝&mid＝2656598588&idx＝1&sn＝48119a6bac767bfebbe9656c7838dad2&chksm＝bce3edba4a5aef80aaa968e396cf0239b0ad05c9d52fa

406511b3c94d90b59eca6120065d037&scene=27。

《斯坦福发布〈2025年人工智能指数报告〉：全球AI竞赛白热化》，"Deeptech深科技"百家号，2025年4月8日，https：//baijiahao.baidu.com/s?id=1828844430019062332&wfr=spider&for=pc。

赛迪顾问：《2024中国城市数字经济发展研究报告》，2024年12月。

赛迪顾问：《2025年软件产业趋势洞察》，2025年1月。

魏际刚：《推动平台经济高质量发展》，《中国发展观察》2024年第4期。

中国互联网络信息中心：第55次《中国互联网络发展状况统计报告》，2025年1月。

中国信息通信研究院：《全球数字经济发展研究报告（2024年）》，2025年1月。

中国信息通信研究院：《综合算力评价研究报告（2024年）》，2024年12月。

Digital Cooperation Organization，"Digital Economy Trends 2025"，January 2025.

综合发展篇

B.2 广州平台经济高质量发展的路径与策略[*]

广州市人民政府研究室发展研究中心、中山大学等联合课题组[**]

摘　要： 发展平台经济是国家战略所向、广州发展所需、产业升级所急。广州在产业基础、数字设施、企业集聚、政策体系和平台生态等方面具有发展平台经济的明显优势。应把握数字经济发展方向，因地制宜选择广州平台经济发展路径，构建具有广州特色的平台经济发展新格局。加强内培外引，着力构建更具规模的平台主体，推动平台经济健康发展。深化数实融合，着力构建更加协同的平台业态，推动平台经济包容发展。加强创新驱动，着力构建更具活力的平台生态，推动平台经济快速发展。优化发展环境，着力构建更加高效的服务体系，推动平台经济持续发展。强化产业出海，着力构建更加务实的支撑体系，推动平台经济开放发展。助力广州加快实现老城市新活力、"四个出新出

---

[*] 本报告系2024年广州市人民政府决策咨询课题"广州推动平台经济高质量发展研究"的阶段性研究成果。

[**] 课题组成员：潘其胜、蒋国学、吴勤、王晔、曾再兴，广州市人民政府研究室发展研究中心。梁琦，中山大学管理学院教授，博士生导师；匡正扬，中山大学管理学院博士研究生。王如玉，广东工业大学经济学院教授。余沛，广州航海学院副教授。李昕卓，广州市规划勘测设计研究院。

彩",继续在高质量发展方面发挥"领头羊"和"火车头"作用。

关键词： 平台经济　数字经济　广州

平台经济作为生产力新的组织方式，对优化资源配置、推动产业升级、畅通经济大循环具有重要意义。当前，不断迭代的人工智能正在成为平台经济发展的重要驱动力，为平台企业提供新的应用思路，并对整个产业生态系统产生了深远影响。面对新形势、新阶段、新要求，要遵循平台经济的内在规律，紧抓技术迭代风口，立足产业基础、市场需求、数据资源和市场主体等基础优势，激发新活力、增添新动力、释放新效力，推动平台经济高质量发展，助力广州加快实现老城市新活力、"四个出新出彩"，继续在高质量发展方面发挥"领头羊"和"火车头"作用。

一　推动广州平台经济高质量发展势在必行

平台经济是以互联网平台为主要载体，以数据资源为关键生产要素，以信息基础设施为重要支撑，通过信息技术连接、汇聚、整合多类市场主体和资源，集聚各类经济要素，促成巨量交易的一种经济模式。平台经济以"网"为基础，以"云"为支撑，以"端"为条件，以"数字"为生产要素，推动传统经济形态空间组织逻辑的范式转换、价值创造机制的系统重塑、创新范式的根本性变革，是发展新质生产力的重要载体，是塑造竞争优势、引领经济发展的重要引擎。平台经济在加速发展和向上追赶中，将创造多数行业难以企及的经济新增量。广州是国家重要的中心城市，是粤港澳大湾区核心引擎，迫切需要通过推动平台经济高质量发展实现优势再造。

（一）国家战略所向

平台经济是数字经济的重要组成部分，与实体经济紧密相连，代表了新

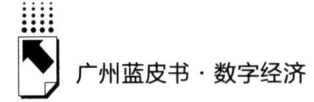

一轮科技革命和产业变革的方向。党的二十大报告指出，发展数字经济，促进数字经济和实体经济深度融合，打造具有国际竞争力的数字产业集群。党的二十届三中全会强调，促进平台经济创新发展，健全平台经济常态化监管制度。2024年7月，国务院常务会议指出，要提升平台企业创新能力，促进平台经济持续健康发展。2024年11月，国务院常务会议再次指出，发展平台经济事关扩内需、稳就业、惠民生，事关赋能实体经济，发展新质生产力，要进一步加强对平台经济健康发展的统筹指导，加大政策支持力度。各地积极响应中央政策，加强对平台经济健康发展的统筹指导。河南、浙江出台《支持平台经济高质量发展若干措施》《关于促进平台经济高质量发展的实施意见》，支持平台经济规范、健康、持续发展。广州全面贯彻落实党中央、国务院决策部署，全力构建"12218"现代化产业体系，迫切需要在平台经济领域主动作为。

（二）广州发展所需

按照"大干十二年，再造新广州"的目标要求，广州要实现2035年地区生产总值翻一番的目标，2025~2035年地区生产总值的年均复合增长率要达到6%左右。大目标需要大发展，大发展需要大产业，大产业需要大平台。相比制造业等重资产行业，平台经济体量大、增速快、落地周期短、见效快、成本低，对地区经济增长拉动作用明显。2023年，国内16家头部互联网平台合计创造营业收入超过5万亿元，远超总体经济增速和绝大多数行业的营业收入增速。如果这些互联网平台在广州的营业收入占比提高1个百分点，将带来近500亿元的营业收入增量。在当前众多行业增速承压的大环境下，平台经济在继续贡献经济增量上具有显著的确定性。因此，广州加快推进平台经济快速发展，既契合国家战略所向，也符合广州发展所需，是当前经济发展的迫切任务，也是塑造发展新动能、新优势的战略举措。

（三）产业升级所急

一方面，发展平台经济是实现"两业融合""两化转型"的迫切需要。

建设"12218"现代化产业体系，要求推进制造业、服务业"两业融合"，数智化、绿色化"两化转型"。当前，平台经济与实体经济的融合趋势日益明显，新业态不断涌现。平台企业从创新组织形态、模糊产业边界、重构产业链关系等方面赋能"两业融合"，推动传统产业智能化改造，创新绿色生产方式，丰富绿色产品供给。同时，平台企业通过运用数字技术、绿色技术，开展"人工智能+"行动，加快推动传统产业、服务业品牌化、高端化，提升城市产业能级。

另一方面，发展平台经济是拥抱产业新业态、推动产业大协作的迫切需要。平台经济以新一代信息技术为核心驱动力、以网络信息基础设施为支撑，催生共享经济、零工经济等新业态，以及网络零售、直播带货、短视频等新模式，在稳定扩大就业、拓展消费市场、助力国内国际双循环等方面发挥重要的推动作用。同时，平台企业通过线上实现跨地区远程经营，打通生产、分配、流通、消费各个环节，精准链接供需两端，助推制造业和服务业"两业融合"，推动广州与粤港澳大湾区周边城市产业分工、错位发展。

二 平台经济赋能广州高质量发展意义重大

平台经济作为数字经济时代的新型经济形态，是培育新质生产力的重要力量之一，为经济高质量发展注入新动能。市委、市政府把发展平台经济作为打造数字经济发展高地的重要抓手，培育具有国际竞争力的数字产业集群。《2024年政府工作报告》提出，支持互联网龙头企业做强做大，促进平台经济健康发展。《2025年政府工作报告》再次强调，实施生产性服务业提升行动，引育发展总部经济、平台经济，推动社交、消费、产业互联网深度融合发展。目前，广州平台经济正处于高速发展阶段和关键时期，平台经济在现代化进程中发挥重要作用，对推动经济高质量发展具有重大意义。

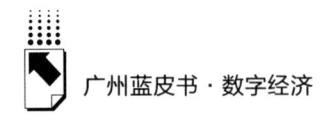

（一）对经济增长贡献大，是稳住经济基本盘的"硬支撑"

近年来，广州平台经济加快发展，以互联网平台为牵引的互联网软件和信息技术服务业成为稳住广州经济大盘的重要力量。2023年，该行业营业收入约5000亿元，贡献1851.7亿元增加值，占全市地区生产总值的比重为6.1%；2024年上半年，广州市地区生产总值增长2.5%，而互联网软件和信息技术服务业增速高达9.6%，拉动地区生产总值增长0.5个百分点，对地区生产总值增长的贡献率达到22%。同时，平台经济带动数字经济快速发展，2024年，广州数字经济核心产业增加值同比增长9.8%，占地区生产总值的13.0%。[①] 平台经济已经成为广州经济增长的重要支撑力量。

（二）扩内需、促消费，是激发经济活力的"强引擎"

平台经济在保供给、促消费等方面作用突出，成为助力广州国际消费中心城市建设的重要抓手。以京东、唯品会为代表的平台企业不断拓展消费市场，满足消费者的多样化、个性化、便捷化需求。官方网站、手机App等传统网购方式迭代升级，直播电商、社区团购、社交电商等网购新方式不断涌现，平台经济下的网络零售行业对消费的拉动作用持续增强。2023年，全市实物商品网上零售额为2835.2亿元，增长8.9%，占全市社会消费品零售总额的比重从2019年的13.9%提升至25.8%，平台经济在活跃消费市场、助力循环畅通方面作用显著，助力经济高质量发展。

（三）催生新业态、新模式，是吸纳就业的"蓄水池"

"稳就业"居"六稳"之首，是稳定社会大局的"压舱石"。近年来，广州作为人口大市，贡献了大量就业岗位，为稳就业做出重大贡献，平台经济在其中发挥了重要作用。随着平台经济不断发展壮大，一方面，平台企业

---

① 数据来源：广州市统计局。

不断创造新型职业和灵活就业岗位，集聚快递员、外卖送餐员、网约车司机等大量灵活就业人员。另一方面，平台企业通过带动相关产业发展，间接创造大量就业机会，形成就业增长的"乘数效应"。

（四）推动产业转型升级，是培育经济新动能的"动力源"

平台经济作为实体经济和数字经济深度融合的重要载体，对推动产业升级、培育发展新动能具有重要作用。互联网平台通过打造全新创新生态，集聚创新资源，提供数字化解决方案，帮助传统产业实现数字化转型，提高生产效率和产品质量；利用大数据和AI精准匹配用户需求，运用在线定制、柔性生产、共享制造等新模式，实现从出售产品向"产品+服务"转型，满足消费分层和个性化定制需求，为实体经济注入活力；通过创新商业模式和技术（数智技术、绿色技术）应用，改造提升传统产业，发展壮大新兴产业和未来产业，推动产业体系优化升级。例如，希音、致景等现象级产业互联网平台带动整个时尚产业链跃升。

（五）稳外贸、促发展，是助推高水平对外开放的"加速器"

平台企业积极融入全球产业链、供应链和创新链，广州跨境电商平台快速发展，为拓展海外市场，促进全球范围内的技术交流和创新合作创造了条件。近年来，广州发挥制造产业集聚和贸易便利化等优势，推动跨境电商产业快速发展。2023年，广州跨境电商进出口额达2004.6亿元，增长51.5%，占全市进出口总额的比重从2019年的4.4%提升至2023年的近20.0%，增速超45.0%。2024年，广州进出口总额为11238.4亿元，增速为3.0%，其中跨境电商对外贸进出口贡献极大。[①] 跨境电商平台企业——希音已成长为登陆150多个国家的超级独角兽企业，2023年营业收入超300亿美元，估值高达900亿美元。

---

① 数据来源：广州市统计局。

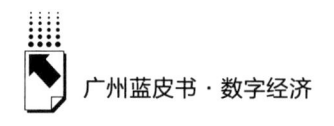

三 广州发展平台经济基础扎实优势明显

近年来,广州在产业基础、数字设施、平台企业、政策体系、平台生态等方面的优势不断增强,为平台经济高质量发展奠定基础。

(一)产业基础不断巩固

一是产业基础雄厚,为平台经济创造广阔的应用场景和创新空间。广州已形成以先进制造业为基础、现代服务业为主导、战略性新兴产业为引领的多元化产业体系。拥有全国41个工业门类中的35个,产业链供应链强大,辐射全球,拥有6个产值超千亿元的先进制造业集群,4个国家级经开区,在"前店""后厂"中起着核心枢纽作用。传统产业规模大、企业数量多,全市有7万多家消费工业企业、500多个专业批发市场,数字化转型需求旺盛,催生众多产业互联网平台。同时,完整的产业链为电商平台提供所需的产品、应用场景和创新空间。二是数字经济核心产业稳步增长,成为推动平台经济增长的坚实基础。广州平台经济所依托的数字经济不断发展,引领作用、支撑功能不断加强。赛迪顾问发布的《2024中国城市数字经济发展研究报告》显示,广州位列数字经济百强城市第三。2023年,广州数字经济核心产业增加值为3896.93亿元,对经济增长的贡献率达到16.3%。与平台经济密切相关的软件开发、互联网相关服务、信息技术服务业增加值达1973.17亿元,已经成为引领经济发展的主力军。广州数字经济核心产业拥有规模以上企业6145家,超百亿元的"塔尖"企业有16家。总体而言,广州数字经济支撑平台经济发展的底座功能不断夯实。

(二)数字设施不断完善

数字设施是链接平台经济供需两端的重要物理节点。5G、大数据、区块链、人工智能等新型基础设施加快建设,为平台经济发展提供强有力的技术支撑。一是5G网络覆盖扩面提质。广州累计建成5G基站超10万座,数量排名全省第一，获评首批"千兆城市"。部署华南地区唯一的国际IPv6根服务器，互联网国际出入口带宽占全国的43%。二是算力底座不断夯实。国家超级计算广州中心成为全球用户数量最多、应用范围最广的超算中心之一，总算力达到3.1EFLOPS，位居全国第三。引入和培育云计算服务平台，推动云计算技术在各行各业广泛应用。截至2024年11月，广州互联网与云计算、大数据服务产业链上企业达26704家。三是数据服务能力不断提升。广州数据交易所建成规范化的数据交易体系，涵盖数据产品、数据服务、数据能力等多种交易标的，为企业数据资源的流通和价值转化提供平台。

（三）平台企业集聚效应明显

平台企业是推动平台经济高质量发展的主体。广州已形成一批具有全球竞争力的本土平台企业，例如，网易以游戏研发和数字文创领跑全球，唯品会主导品牌特卖电商市场，希音在跨境电商领域跻身全球前列，3家企业营业收入均突破千亿元。树根互联、虎牙直播、酷狗音乐等本土企业也在工业互联网、直播娱乐等细分领域确立领先优势。目前，广州现有中国互联网百强企业7家、中国软件百强企业4家。希音国际等13家互联网（泛电商）企业入选胡润全球独角兽榜，广州初步形成多层次、多领域的平台企业集群。同时，还吸引腾讯、阿里、京东等16家头部平台企业深度布局，分布在11个行业门类。

一是电商平台迅猛发展。一大批电商平台企业集聚广州，2024年，广州有60多家互联网直播平台、700多家MCN机构，主播数量、直播场次、直播零售额三项指标均居全国第一。跨境电商快速发展，集聚希音、Temu、亚马逊等知名跨境电商巨头，相继引进天猫国际、考拉海购、京东全球购、洋葱等龙头跨境电商平台。二是工业互联网平台活力彰显。围绕特色产业集群，建设一批行业级工业互联网平台，制定"1+2+N"集群数字化转型整体解决方案，培育出全布（纺织）、盖特软件（箱包皮具）、蜂巢（美妆）、名创优品（零售）等120多个优势明显的产业互联网平台，全市"上云"企业数量超过10万家，规模以上工业企业"上云上平台"率达44%。三是

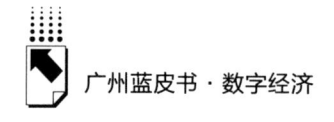

传统展贸平台基础扎实。截至2023年底，广州有510家专业市场，年交易额突破1万亿元，其中300多个专业市场具有全国或国际影响力，借助强大的供应链形成"买全球、卖全球"的大商贸流通格局。

（四）政策体系趋于完善

广州高度重视数字经济和平台经济发展，通过顶层设计为平台经济的高质量发展提供政策保障。一是加强顶层设计。先后制定《广州市数字政府改革建设"十四五"规划》《广州市关于进一步深化数字政府建设的实施方案》，明确提出要深化城市大数据平台建设，推进数据开放利用，完善公共数据开放平台，加强基础平台和公共支撑两大基础能力。二是加强立法保障。2022年6月，我国首部城市数字经济地方性法规——《广州市数字经济促进条例》正式实施，为广州全面建设数字经济引领型城市，推进平台经济高质量发展提供重要的法治保障。三是构建政策支持体系。2024年5月，《广州市数字经济高质量发展规划》印发，提出要推动跨境电商、直播经济、共享经济、平台经济等新业态新模式健康蓬勃发展，全方位构建发展平台经济的政策支持体系，引领平台经济高质量发展。

同时，广州陆续出台支持专业平台发展的配套政策，形成多层次的政策支撑体系。在产业互联网平台方面，先后出台《广州市深化工业互联网赋能 改造提升五大传统特色产业集群的若干措施》《广州市推进制造业数字化转型若干政策措施》《广州市工业和信息化局推进"四化"平台赋能企业实施方案》等政策文件，为产业互联网发展提供强有力的政策支撑。在消费互联网平台方面，出台《广州市加快培育建设国际消费中心城市实施方案》和11个区行动方案，形成"1+11"工作方案体系；制定全国首部《广州市建设国际消费中心城市发展规划（2022—2025年）》，促进消费中心城市建设。制定《广州市关于推动电子商务高质量发展的若干措施》《广州市直播电商发展行动方案（2020—2022年）》，举办"直播电商节"，支持直播电商平台发展；制定《广州市进一步推动跨境电子商务高质量发展若干政策措施》，建立"3+N"跨境电商政策矩阵，支持跨境电商基础设施建设等。

（五）平台生态日益完善

一是创新生态逐步完善。广州数字化产品服务供给丰富，初步形成自主可控、产研一体、软硬协同的技术创新体系。2023年，广州拥有数字经济相关高新技术企业6100多家，成功打造中国软件名城。重点平台企业影响力不断提升。广州有139家解决方案服务商入选广东省工业互联网产业生态供给资源池，建成1个国家级"双跨"工业互联网平台和10个国家级特色专业型平台，累计培育工业互联网应用项目100个以上，初步形成资源丰富、全要素赋能的数字化转型供给资源体系。二是营商环境不断优化。积极实施"产业版"营商环境改革，以"降本增效"为主题，优化制度供给、服务供给、要素供给，着力打造"产业友好型、企业友好型、企业家友好型、科学家友好型"营商环境。截至2024年12月，全市实有各类经营主体367万户，同比增长7.97%，增量和增速均居国内大城市首位。三是应用场景丰富多元。以数字技术应用的全域拓展持续赋能应用场景建设，建设市消费品以旧换新公共服务平台，举办网上年货节、双品网购节广州专场、618广州电商购物节等促消费活动，培育北京路美食区、广州塔—琶醍美食集聚区、天河CBD中西特色美食集聚区，创设线上线下消费场景，挖掘消费潜力，提升消费平台活跃度。四是监管服务体系不断完善。深入推进网络交易监管与服务创新，探索推进电商主体信用分级分类管理，初步形成全市网络市场政府监管、平台自律、行业自治、社会监督的多元治理新模式。

四 推动广州平台经济高质量发展的对策建议

当前正处于全球价值链重构和数字经济纵深发展的关键节点，广州平台经济发展正加速向高端算力与智能技术转型。广州必须抓住窗口期，把握数字经济发展方向，立足产业基础、资源禀赋、平台生态和支撑体系等，面对全球数字经济加速发展的新形势，精准发力、重点突破，在内培外引、数实融合、创新驱动、优化发展环境、产业出海等五个方面集中发力,并取得突破性进展,为城市经济高质量发展注入新动能。

（一）加强内培外引,着力构建更具规模的平台主体,推动平台经济快速发展

市场主体直接影响平台经济的高质量发展。针对广州总部企业少、竞争力弱等问题,坚持"内培""外引"两手抓,壮大平台主体规模,提升平台主体能级,推动平台经济高质量发展。加大对本土优质平台企业的培育力度,聚焦交通、医疗、教育、社交、游戏、金融、产业互联等重点领域,制定梯次培育方案,支持平台企业开展市场探索、模式创新和技术创新,提升本土平台企业的竞争力,巩固已形成的产业集聚优势。抓住党的二十届三中全会关于逐步推广经营主体活动发生地统计的契机,做好已落户互联网平台企业的服务工作,争取在项目导入和分配上获得更多支持。组织覆盖全市范围、各细分行业的供需对接活动,想方设法帮助平台企业找市场、找业务、找用户,培育一批根植性强、带动力强、数实融合的新项目、新业态。盯住抖音、快手、拼多多、小红书、爱库存、视频号等电商新势力,加快招引仓储、物流、供应链管理等企业;开展针对性招商活动,建立平台企业招商需求目录,重点围绕电子商务、物流、生活服务、工业互联网等领域的创新型、科技型、成长型平台企业开展精准招商;推动"在穗设立分支机构"平台企业在广州转为全资子公司,支持其落户后进一步发展壮大;加大对口碑好、前景优、线上影响力大但"在穗无经营主体"的平台企业的招商力度,鼓励其在广州成立经营主体。

（二）深化数实融合,着力构建更加协同的平台业态,推动平台经济包容发展

推动平台经济与实体经济深度融合、双向赋能,是加快推动平台经济高质量发展的关键环节。广州依托唯品会、致景科技、树根互联等头部平台企业,推动其与本地传统特色产业（纺织服装、美妆日化、箱包皮具、珠宝

首饰、食品饮料、家居家具、灯光音响等）深度融合、双向赋能，促进工业互联网、消费互联网与实体经济深度融合，加强优质产品的服务供给，推动数字技术赋能传统产业实现跨越式发展，助推平台经济高质量发展。一是培育共享制造平台，支持纺织服装、美妆日化、箱包皮具等传统制造业龙头企业构建数字化平台，提高资源配置效率。二是鼓励传统批发市场通过电商平台实现线上线下融合发展，打造全方位购物体验，推动专业批发市场转型发展。三是发展生活服务平台，重点整合医疗、养老、教育等优势资源，实现平台与传统服务业的相互赋能，引导日常消费需求与数字产品服务成果加速转化，打造线上线下结合、跨界业务融合的广州平台经济新模式。

（三）加强创新驱动，着力构建更具活力的平台生态，推动平台经济持续发展

创新是平台经济高质量发展的最强动力，也是平台经济赖以生存的基石。推动平台经济高质量发展，需要提高创新能力。一是支持平台企业加大创新投入力度，联合上下游企业，组建创新联盟，在关键领域开展关键核心技术攻关，夯实平台经济发展根基。二是支持平台企业模式创新。立足新趋势新技术，支持平台企业打造"平台+场景+生态"模式，发展"产品+内容+生态"应用场景；支持平台企业与农业、制造业、服务业的全周期、全链条交叉融合，形成一批由模式推动的平台经济新业态。三是支持平台企业场景创新。支持企业运用区块链、数字孪生、ChatGPT、Sora等新技术打造面向未来的多元应用场景；支持平台企业参与智慧城市、智慧社区、智慧商圈、智慧街区、智慧政务建设，打造多层次智慧应用场景。四是支持平台经济赋能创新。加速用工业互联网平台改造提升传统产业，发展先进制造业，支持消费领域平台企业挖掘市场潜力，增加优质产品和服务供给，引导平台企业在赋能制造业转型升级、推动农业数字化转型、扩大内需等方面创造更大价值，推动平台经济为高质量发展和高品质生活服务。

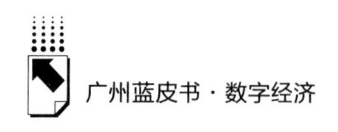

（四）优化发展环境，着力构建更加高效的服务体系，推动平台经济稳定发展

良好的发展环境是平台经济高质量发展的重要一环。强化配套"硬支撑"、优化发展"软环境"，以一流的发展环境培育和吸引一流平台企业，推动平台经济高质量发展。一是制定专项支持政策。抓住国家加大平台经济政策支持力度的机遇，建议参考浙江、河南等地的做法，研究制定广州支持平台经济高质量发展政策，从财政税收、企业融资、人力资源等方面制定切实可行的政策措施，加大政策支持力度，形成要素集聚效应，助推平台经济高质量发展。2025年初 DeepSeek 横空出世，要借鉴杭州等地先进经验，抓紧制定更具前瞻性和长期性的科技创新政策以引领前沿方向，制定新一轮人才政策。二是优化营商环境。在数据流通、市场准入、公平竞争等方面破除制度障碍，营造规范有序、安全高效的市场环境；鼓励政府性融资担保机构为平台企业提供低利率融资担保服务，鼓励金融机构加大对平台企业的支持力度；顺应平台经济发展趋势，探索集管理与服务于一体的常态化监管机制、创新机制，积极对内改革、对外沟通、对上争取，帮助企业打破经营壁垒；把更多教育、医疗等优势资源向企业和企业家倾斜，千方百计留住企业、吸引企业。用"软环境"跑赢"硬补贴"。三是强化要素保障。拓宽融资渠道，建立平台企业融资需求动态管理清单，组织多样化银企对接活动，为企业提供流动资金贷款、股权融资等服务；强化人才培养，推动平台经济人才需求与全市一揽子人才政策对接，引进复合型人才。

（五）强化产业出海，着力构建更加务实的支撑体系，推动平台经济开放发展

跨境电商发展速度快、潜力大、带动作用强，显示出巨大的市场活力和较强的增长韧性。跨境电商是广州平台经济中的重要一环，2023年广州跨境电商发展优势明显，增速远高于外贸进出口增速，成为助力外贸稳增长、优结构的重要力量。平台企业盯紧政策变化，提前谋划，及时调整营销策略，

优化物流供应渠道，降低运输成本，减少政策产生的负面影响。一是推动商业新模式出海。鼓励企业深度分析国内成功的商业模式，在全球大市场中复制推广。在生产、设计、品牌建设乃至创业阶段就树立全球化意识，培育新动能、新优势。二是推动品牌出海。充分发挥广州制造业和传统特色产业的优势，培育壮大数个标杆跨境电商品牌出海产业平台，为更多企业提供国际会展服务、国际贸易服务、跨境电商服务等，以数字技术赋能新模式，抢占国际市场。要强化品牌意识，输出品牌理念，提高产品溢价，以精品化、差异化吸引消费者，提升市场竞争力，降低价格敏感度。三是推动新业态新模式出海。促进平台企业实现供应链本地化，提升国际竞争力，发挥境外经贸合作区、海外仓等平台功能，将关税政策调整的负面影响降到最低。支持平台企业在海外设立数字化转型促进中心，参与本地传统产业数字化转型项目；加强对出海企业合规化、本地化指导培训；强化"平台出海"的专业化中介服务、法规培训、相关人才的引进培育。四是强化供应链优势。借鉴希音的做法，建立服装制造创新研究中心，制定服装制造解决方案，探索建立"柔性供应链标准"，并将研究成果向供应商输出；鼓励链主企业带领产业链上下游中小企业推动数字化转型，深化供应商赋能工作，构建高效的合作体系；以大数据、机器学习等数智技术优化生产调度决策，将客户订单、批量大小、生产线产能和工人技能水平等因素纳入考量，提高工厂生产效率，减少碳足迹。

参考文献

冯宗泽：《中国平台经济新质形态的演进脉络与发展趋向研究》，《福建师范大学学报》（哲学社会科学版）2025年第2期。

袁赞：《推动平台经济健康持续发展》，《中国市场监管报》2025年3月。

田思苗等：《存量博弈时代，互联网平台经济如何破局?》，《中国工业和信息化》2025年第Z1期。

夏鑫雨：《数字平台推动新质生产力发展的理论机制与实践路径》，《福建师范大学学报》（哲学社会科学版）2025年第2期。

B.3 广州数字经济集聚区发展的特征与策略

广州市城市规划勘测设计研究院有限公司课题组*

摘　要： 本报告综合运用空间分析与计量统计方法，基于梯度提升决策树算法，识别广州数字经济集聚区并分析其产业构成、土地利用、设施配置情况，揭示三者对数字经济集聚的影响贡献度及非线性作用机制。研究发现：数字技术应用业、数字要素驱动业通过核心产业协同产生显著的正向拉动效应，形成集聚发展的核心动能；商业用地与公共服务设施用地比例提升对数字经济集聚具有促进作用，而居住用地与工业用地影响呈现阈值特征及倒 U 形曲线；生活性服务设施密度优化与传统生产性服务设施疏解能够有效降低交易成本、释放创新空间，显著提升集聚效应。在空间模式上，广州数字经济集聚区呈现簇团式圈层聚合、环绕式点状渗透、连片式集约发展、沿线式线性延伸四大发展形态。基于上述结论，本报告提出构建"核心引领、组团协同、外围特色"的梯度发展格局，从优化空间组织模式、动态调整土地资源配置机制、构建多层级服务设施体系三个方面提升集聚效能，助力广州建设全球数字经济标杆城市，为超大城市数字经济集聚区高质量发展提供可复制的理论框架与实践路径。

关键词： 数字经济　空间集聚　广州

---

* 课题组组长：余炜楷，广州市城市规划勘测设计研究院有限公司正高级工程师，研究方向为产业与创新空间。课题组成员：岑君毅，广州市城市规划勘测设计研究院有限公司高级工程师，研究方向为城市规划、产业规划、空间规划；陈宇杰，广州市城市规划勘测设计研究院有限公司助理工程师，研究方向为城市规划、产业规划、空间规划；岑虹萱，广州市城市规划勘测设计研究院有限公司助理工程师，研究方向为城市规划、产业规划、空间规划；欧阳准星，广州市城市规划勘测设计研究院有限公司助理工程师，研究方向为城市规划、产业规划、空间规划；王炜文，广州市城市规划勘测设计研究院有限公司工程师，研究方向为城市规划、产业规划、空间规划。

一 引言

在全球数字经济深度重构产业竞争格局的进程中，数字经济已成为优化全球要素资源配置的核心力量。《全球数字经济白皮书（2024年）》显示，2023年全球主要经济体数字经济保持稳健增长，中国、美国、德国等国家数字经济总量超33万亿美元，同比增长超8%，占GDP的比重提升至60%。我国数字经济持续扩容，2023年增加值突破12万亿元，占GDP的比重达10%；2024年数字产业业务收入达35万亿元，同比增长5.5%，成为驱动经济增长的"主引擎"。随着数字产业化与产业数字化的深入发展，我国数字经济形成由粤港澳大湾区、京津冀地区、长三角地区、成渝地区双城经济圈带动辐射周边地区发展的"4+N"格局，作为新经济形态，数字经济通过催生数字技术产业集群、构建新型产业生态，不仅重塑传统产业发展模式，更对产业空间布局产生深刻影响。广州依托"软件名城""人工智能与数字经济试验区"等战略载体，紧扣"一带一轴、三核四极"国土空间总体规划空间格局，着力构建"12218"现代化产业体系。2024年，全市数字经济增加值突破4200亿元，占地区生产总值的比重达13.5%，持续跻身全国数字经济发展第一梯队，形成以空间规划引领产业集聚、以数字经济驱动高质量发展的格局。尽管广州数字经济取得显著成就，但对数字经济集聚特征的识别和影响机制研究仍不充分，对数字经济集聚区发展特征、演变规律的认识还不深刻。同时，核心产业类型、土地利用、配套设施等方面的主要影响因素尚未得到深入剖析，亟待系统性探究。

国内外学者围绕数字经济集聚展开了多维度研究，发现高新技术产业集聚与数字经济发展存在关联性，部分学者基于产业区位理论，从效率评价、竞争力分析等视角探讨时空分布规律，常用核密度、标准差椭圆、EG指数[①]、区位熵、空间自相关法等分析产业空间集聚特征，并关注创新载体分

[①] EG指数是指为解决空间基尼指数的失真问题，由Elilsion和Glaeser提出的测量产业集聚程度的指标。

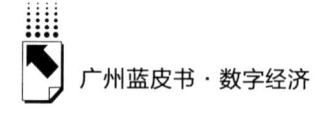

布、主体间多维邻近性对创新空间结构的影响,但针对特定城市核心产业集聚区的动力机制、瓶颈诊断及优化路径研究仍显不足。

本报告在识别广州数字经济集聚区的基础上,通过分析集聚区空间分布特征、发展动力与制约因素等,提出空间布局优化与集聚效应协同强化的实施路径。具体聚焦三大核心内容:一是识别数字经济集聚区的空间分布、发展特征和影响机制;二是分析数字经济集聚区发展空间模式;三是提出集聚区发展策略,为政府精准引导产业集聚、增强区域竞争力提供决策参考。

二 数据来源与研究方法

(一)数据来源

1. 概念界定

本报告依据《数字经济及其核心产业统计分类(2021)》,将数字经济划分为五大核心领域:数字产品制造业、数字产品服务业、数字技术应用业、数字要素驱动业及数字化效率提升业。其中,前四类构成数字经济,即"数字产业化"部分,具体指为产业数字化提供数字技术、产品、服务、基础设施及解决方案,或完全依赖数字技术与数据要素的经济活动,涵盖计算机通信设备制造、互联网服务、软件与信息技术服务等关键领域,是数字经济发展的底层支撑。

2. 数据来源

采集2024年前在广州市注册、经营状态正常的约50万家数字经济企业数据,经清洗处理后形成30.72万条数据。每条流数据包含企业与股东的基本信息(名称、注册地址、成立年份、经营状态)、行业属性(所属国民经济行业大类/中类、主营业务分类)及空间属性。考虑到企业实体经营地址数据获取难度较大且样本量较大,参考前人研究,直接将企业注册地址视作实际位置,并进一步通过地理编码技术对企业进行空间定位,构建高精度空间分布数据集,为后续集聚区空间特征分析提供支撑。

（二）研究方法

1. 研究尺度与研究框架

将数字经济企业看作连续空间中的点状要素，运用核密度分析技术，识别广州数字经济集聚区分布特征；在数据获取上，借助渔网分析技术采集集聚区核密度值，并整合用地与服务设施数据，搭建数据集。同时，构建基于梯度提升决策树算法的机器学习计量模型，量化分析不同数字经济行业、用地及服务设施在数字经济集聚区形成过程中的影响排序与贡献度。该研究框架围绕数字经济集聚区的空间异质性，通过量化方法捕捉产业集聚的空间分布、影响因素等多维特征，运用量化模型剖析集聚区主要影响因素，为后续开展数字经济集聚区动力机制和空间布局优化研究奠定了方法与理论基础。

2. 核密度分析

核密度分析属于非参数空间平滑方法，公式如下：

$$\hat{f_h}(x) = \frac{1}{nh}\sum_{i=1}^{n}k\left(\frac{x-x_i}{h}\right) \quad (1)$$

以 h 为带宽、k 为核函数，将离散的企业坐标转化为连续密度表面，从而揭示空间集聚强度的梯度变化规律。依托企查查的企业地理编码数据，在 ArcGIS 10.7 软件中进行核密度分析，捕捉连续空间的集聚热点，为数字经济集聚区的合理划分提供支持。结合核密度数据生成热力图，以数字经济集聚区所在行政区划或集聚区内的主要产业平台、园区对其进行命名。

3. 渔网分析

运用渔网分析技术，构建 500 米×500 米网格，覆盖广州市域，统计网格内数字经济总核密度值、各类型数字经济行业核密度值，并整合用地与服务设施数据，搭建数据集。

4. 梯度提升决策树算法

将各渔网内数字经济核密度值作为因变量，各类型数字经济行业核密度值作为核心自变量，用地比例、服务设施密度作为其他控制自变量，运用以梯度提升决策树算法（Gradient Boosting Decision Tree，GBDT）为主的机器学习方法探究数字产业集聚度与行业、用地、服务设施的关系。$f(x)$ 是用 x 近似表示 y 的函数，得到 w 个样本的空间训练集 $W = \{(x_1, y_1), (x_2, y_2), \cdots, (x_N, y_N)\}$。由于数字经济总核密度值是统计数据，设泊松损失函数为 $L[y, f(x)] = \sum_{i}^{N}[f(x_i) - y_i log f(x_i)]$。此外，本报告基于基函数 $b(x, \theta_n)$ 将 $f(x)$ 扩展为 $f_n(x)$，公式如下：

$$f(x) = \sum_{n=1}^{N} f_n(x) = \sum_{n=1}^{N} a_n b(x, \theta_n) \tag{2}$$

$f(x)$ 为最终拟合模型；a_n 是第 n 棵决策树 $b(x, \theta_n)$ 的权重；x 为输入的自变量；θ_n 为使本轮迭代中损失函数 $\sum_{i=1}^{w} L[y_i, f_n(x)]$ 最小的决策树构建参数，本报告使用高斯分布的损失函数；N 为决策树的总棵数。

第 i 个自变量最终的贡献度表达式为：

$$I_i^2 = \frac{1}{N} \sum_{n=1}^{N} I_{ni}^2 \tag{3}$$

I_i^2 为 n 次迭代后每轮贡献 I_{ni}^2 的平均值，N 为迭代总次数。所有自变量贡献度之和为 100%，排序越靠前的变量对拟合因变量的影响越大。该模型中自变量的贡献度主要指对提升模型拟合精度的贡献，类似传统统计学模型中对 R^2 的提升。

三 广州数字经济集聚区发展特征

（一）数字经济集聚区识别

当前广州数字经济的整体分布情况可总结为"强核心、弱外围"，空间集聚特征显著，形成梯度递减的圈层结构。根据集聚强度差异，广州数字经济集聚区可划分为核心集聚区（高密度区）、边缘集聚组团（中密度区）、外围集聚点（低密度区）（见表1）。

表1 广州数字经济集聚区基本情况

单位：公顷

序号	分类	名称	总面积	地区
1	核心集聚区	环五山集聚区	1302.27	天河区
2		天河智慧城集聚区	246.43	天河区
3		天河中央商务集聚区	324.89	天河区
4		北京路集聚区	287.25	越秀区
5		黄花岗集聚区	292.13	越秀区
6	边缘集聚组团	天河智谷集聚组团	777.04	天河区
7		知识城集聚组团	421.78	黄埔区
8		科学城集聚组团	1511.67	黄埔区
9		萝岗集聚组团	368.93	黄埔区
10		黄埔临港集聚组团	636.59	黄埔区
11		海丝城集聚组团	125.19	黄埔区
12		白鹅潭集聚组团	217.69	荔湾区
13		琶洲集聚组团	587.76	海珠区
14		嘉禾望岗集聚组团	379.59	白云区
15		设计之都集聚组团	334.34	白云区
16		白云新城集聚组团	179.37	白云区
17		国际科技创新城集聚组团	536.11	番禺区
18		万博集聚组团	709.31	番禺区
19		市桥集聚组团	729.23	番禺区
20		南沙自贸区集聚组团	1853.23	南沙区
21	外围集聚点	花都中轴线CBD集聚点	390.47	花都区
22		增城挂绿新城集聚点	233.19	增城区
23		新塘官湖集聚点	247.79	增城区
24		从化河东旧城集聚点	61.60	从化区

以天河区和越秀区为核心，形成包括环五山集聚区、天河智慧城集聚区、天河中央商务集聚区、北京路集聚区和黄花岗集聚区在内的5个核心集聚区；边缘集聚组团则包括天河智谷集聚组团、知识城集聚组团、科学城集聚组团、萝岗集聚组团、黄埔临港集聚组团、海丝城集聚组团、白鹅潭集聚组团、琶洲集聚组团、嘉禾望岗集聚组团、设计之都集聚组团、白云新城集聚组团、国际科技创新城集聚组团、万博集聚组团、市桥集聚组团和南沙自贸区集聚组团等15

个边缘集聚组团,形成中密度集聚区;外围区域则以低密度集聚点形式离散分布,包括花都中轴线 CBD 集聚点、增城挂绿新城集聚点、新塘官湖集聚点和从化河东旧城集聚点。在空间格局上,整体呈现较为明显的轴带发展趋势,形成贯穿白云—越秀—海珠—番禺—南沙—花都的南北向集聚和连接越秀—天河—黄埔—增城的东西向发展趋势,共同构成广州数字经济的空间分布格局。

（二）数字经济集聚区主要产业构成

广州数字经济集聚区现阶段形成功能互补、层次分明的空间格局,构建起包含核心集聚区、边缘集聚组团、外围聚集点的三级集聚体系（见表2）。

表 2　广州数字经济集聚区四大行业集聚度

序号	分类	名称	数字产品制造业	数字产品服务业	数字技术应用业	数字要素驱动业
1	核心集聚区	环五山集聚区	15.91	94.52	788.04	431.42
2		天河智慧城集聚区	9.96	31.04	661.68	383.38
3		天河中央商务集聚区	11.48	97.86	776.07	510.69
4		北京路集聚区	5.76	119.45	717.79	285.48
5		黄花岗集聚区	4.46	100.40	535.46	320.65
6	边缘集聚组团	天河智谷集聚组团	16.35	32.99	984.92	549.20
7		知识城集聚组团	1.33	3.28	30.00	122.52
8		科学城集聚组团	10.46	7.63	237.05	241.13
9		萝岗集聚组团	4.07	10.89	125.95	95.89
10		黄埔临港集聚组团	3.85	12.39	293.90	682.75
11		海丝城集聚组团	1.41	0.93	4.80	9.34
12		白鹅潭集聚组团	2.85	10.73	131.48	319.06
13		琶洲集聚组团	1.54	5.23	130.60	75.21
14		嘉禾望岗集聚组团	4.83	16.72	221.39	165.03
15		设计之都集聚组团	5.13	18.70	286.15	286.45
16		白云新城集聚组团	9.28	25.77	478.22	358.64
17		国际科技创新城集聚组团	4.42	5.65	31.17	22.49
18		万博集聚组团	7.32	6.87	78.25	71.63
19		市桥集聚组团	10.43	51.72	155.49	177.00
20		南沙自贸区集聚组团	2.92	8.73	324.28	152.54

续表

序号	分类	名称	数字产品制造业	数字产品服务业	数字技术应用业	数字要素驱动业
21	外围集聚点	花都中轴线 CBD 集聚点	5.98	7.20	19.19	30.09
22		增城挂绿新城集聚点	0.44	0.97	17.74	3.21
23		新塘官湖集聚点	4.29	29.73	142.54	163.17
24		从化河东旧城集聚点	0.41	26.29	32.64	35.99

注：集聚度均为该区域对应核密度平均值。

核心集聚区构成全市数字经济发展的核心引擎，凭借完善的创新生态和高端要素集聚优势，主要承担金融科技、人工智能、工业互联网等高端业态的培育和发展，数字技术应用业和数字要素驱动业集聚度较高。其中，天河中央商务集聚区作为广州中央商务区的重要组成部分，重点发展金融科技、高端商务服务和总部经济；天河智慧城集聚区以新一代信息技术、数字创意和科技研发为主导产业，重点发展人工智能、大数据、云计算等领域；环五山集聚区主要依托华南理工大学、暨南大学等高校资源，聚焦科技研发、数字经济和智慧教育产业，同时发展电子商务、信息技术服务等配套产业；北京路集聚区以数字商贸、文化旅游和数字金融为核心，推动传统商业数字化转型；黄花岗集聚区以信息技术研发、数字医疗和科技服务为核心，依托中国科学院广州分院等科研机构，重点发展人工智能、大数据、智慧城市及生物医药等产业，形成功能互补的协同发展格局。

边缘集聚组团基于各自的资源禀赋和产业基础，形成差异化的专业分工和特色化产业集群，数字技术应用业和数字要素驱动业集聚度较高。其中，东部组团以天河智谷集聚组团、科学城集聚组团、萝岗集聚组团、知识城集聚组团、海丝城集聚组团、国际科技创新城集聚组团和黄埔临港集聚组团为主体，重点发展新一代信息技术、生物医药、人工智能、纳米科技等产业，其中科学城集聚组团侧重高端制造与电子信息，知识城集聚组团聚焦生物医药与新能源研发。南部组团依托琶洲集聚组团、

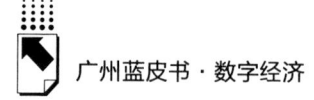

万博集聚组团、市桥集聚组团、南沙自贸区集聚组团，重点发展数字经济、跨境电商、金融科技、国际航运物流等开放型业态。广州琶洲人工智能与数字经济试验区强化互联网与数字经济核心功能，南沙自贸区深化国际航运枢纽与金融开放创新，番禺万博—市桥片区配套发展商务服务与数字贸易。北部组团以嘉禾望岗集聚组团、设计之都集聚组团和白云新城集聚组团为主体，重点发展数字经济应用、现代商贸、智慧医疗、数字创意、智慧物流等业态。西部组团则以白鹅潭集聚组团为核心，重点培育数字创意、商贸文旅、中医药大健康等特色产业，结合广府文化底蕴，推动数字文创、直播电商、智慧商贸等新业态发展，打造老城区数字化转型标杆。

外围区域以低密度集聚点形式分布，主要承担技术落地与配套服务功能。这些区域虽然产业集聚程度相对较低，但在产业链延伸和应用场景拓展方面发挥重要作用，为核心集聚区和边缘集聚组团提供配套支撑。

（三）数字经济集聚区土地类型

基于广州数字经济集聚区的用地数据分析（见表3），本报告发现不同用地类型与产业集聚程度之间存在一定的空间关联。

表3　广州数字经济集聚区各类用地占比情况

单位：%

序号	分类	名称	居住用地	工业用地	商业用地	公共服务设施用地
1	核心集聚区	环五山集聚区	9.74	—	2.71	57.06
2		天河智慧城集聚区	10.08	—	22.57	18.08
3		天河中央商务集聚区	25.08	—	27.84	5.63
4		北京路集聚区	21.59	—	22.73	16.10
5		黄花岗集聚区	20.96	—	17.09	29.83

续表

序号	分类	名称	居住用地	工业用地	商业用地	公共服务设施用地
6	边缘集聚组团	天河智谷集聚组团	15.33	7.75	21.36	7.15
7		知识城集聚组团	3.69	49.71	7.88	0.81
8		科学城集聚组团	2.08	20.13	21.04	4.76
9		萝岗集聚组团	8.68	9.06	28.42	11.30
10		黄埔临港集聚组团	19.50	—	21.05	12.77
11		海丝城集聚组团	18.69	—	47.06	4.41
12		白鹅潭集聚组团	9.75	—	31.19	8.89
13		琶洲集聚组团	7.50	—	21.73	20.33
14		嘉禾望岗集聚组团	21.61	—	19.97	9.04
15		设计之都集聚组团	19.97	5.39	14.16	7.28
16		白云新城集聚组团	11.15	—	33.35	2.41
17		国际科技创新城集聚组团	3.28	—	27.06	29.10
18		万博集聚组团	20.17	—	30.34	4.66
19		市桥集聚组团	20.90	—	22.54	7.81
20		南沙自贸区集聚组团	15.42	18.06	10.58	3.84
21	外围集聚点	花都中轴线 CBD 集聚点	18.85	26.49	17.73	2.93
22		增城挂绿新城集聚点	0.82	—	32.45	5.46
23		新塘官湖集聚点	15.02	—	29.51	7.36
24		从化河东旧城集聚点	16.40	—	31.82	11.27

在核心集聚区，用地结构表现出典型的综合性城市中心特征。核心集聚区用地主要为商业用地和公共服务设施用地，无工业用地，表明其已完成从传统制造业向数字经济的转型，体现了核心集聚区在数字经济时代的功能重构过程。其中，环五山集聚区公共服务设施用地占比为57.06%，依托其丰富的科教资源，为高端人才集聚和创新活动提供知识与人才支撑，成为智力驱动型产业集聚核心载体。

边缘集聚组团的用地结构显示出明显的专业化分工特征。知识城集聚组团、科学城集聚组团和南沙自贸区集聚组团的工业用地占比分别达到49.71%、20.13%和18.06%，承担了数字经济产业链中的制造环节，与核

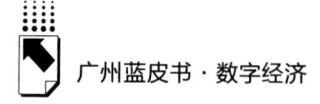

心集聚区形成研发与制造的空间分工体系。其他边缘集聚组团多以商业用地为主，已发展为区域性数字贸易枢纽，这种差异化布局反映了城市产业空间的专业化分工趋势。

外围集聚点的用地结构展现出明显的功能特征。商业用地占比普遍较大，凸显商业服务功能在外围集聚点发展中的重要地位。工业用地配置呈现局部集中的特点，花都中轴线CBD集聚点的工业用地占比达到26.49%。从居住用地比例来看，除增城挂绿新城集聚点仅为0.82%外，其他集聚点均维持在15%~20%，显示出相对均衡的居住功能布局。公服服务设施用地比例整体偏低，最低仅为2.93%，反映出公共服务设施配套仍存在提升空间。总体而言，外围集聚点形成以商业商务功能为核心、居住功能为支撑的用地格局，但在产业协调发展和公共服务配套方面还需要进一步完善。

整体来看，广州数字经济集聚区的用地配置呈现核心集聚区功能复合化、边缘集聚组团产业专业化、外围集聚点发展差异化的空间梯度特征。

（四）数字经济集聚区服务设施

广州数字经济集聚区的服务设施分布呈现显著的差异化特征（见表4），其空间配置模式与产业类型、区域功能定位及发展阶段具有高度的耦合性。其中，生活性服务设施主要包括餐饮、文化、商业、休闲、医疗、教育等设施，生产性服务设施主要包括服务平台、金融、保险、法律、中介等设施。

表4 广州数字经济集聚区各类服务设施密度情况

单位：个/公顷

序号	分类	名称	生产性服务设施	生活性服务设施
1	核心集聚区	环五山集聚区	0.86	4.99
2		天河智慧城集聚区	1.93	8.92
3		天河中央商务集聚区	9.56	43.43
4		北京路集聚区	6.69	31.72
5		黄花岗集聚区	3.49	14.59

续表

序号	分类	名称	生产性服务设施	生活性服务设施
6	边缘集聚组团	天河智谷集聚组团	1.48	4.41
7		知识城集聚组团	0.40	0.58
8		科学城集聚组团	1.82	2.70
9		萝岗集聚组团	2.23	6.36
10		黄埔临港集聚组团	1.28	7.71
11		海丝城集聚组团	1.29	8.46
12		白鹅潭集聚组团	2.32	9.97
13		琶洲集聚组团	1.98	7.52
14		嘉禾望岗集聚组团	1.89	7.75
15		设计之都集聚组团	3.14	10.19
16		白云新城集聚组团	2.09	14.71
17		国际科技创新城集聚组团	0.23	0.50
18		万博集聚组团	1.85	11.13
19		市桥集聚组团	2.24	14.07
20		南沙自贸区集聚组团	0.70	4.36
21	外围集聚点	花都中轴线 CBD 集聚点	0.98	2.77
22		增城挂绿新城集聚点	0.82	5.27
23		新塘官湖集聚点	2.41	7.89
24		从化河东旧城集聚点	1.75	8.68

核心集聚区作为城市数字经济发展的引擎，展现出高度集约化的特征。以天河中央商务集聚区为代表的成熟区域，其生产性服务设施密度、生活性服务设施密度均最高（生产性服务设施密度为9.56个/公顷，生活性服务设施密度为43.43个/公顷），形成产业、生活、交通"三位一体"的协调发展格局。北京路集聚区和黄花岗集聚区同样保持较高的发展水平，形成产业集聚、生活便利的综合优势。核心集聚区作为城市经济增长极发挥重要的引领作用。这一现象与人才密集型产业的空间需求特征相符，现代服务业与数字经济的发展依赖高素质人力资源的集聚，因而对生活配套的品质与多样性提出更高要求，促使此类区域形成产城融合程度较高的空间形态，而中心城区成熟的数字经济集聚区已进入功能复合化阶段，其服务设施的高密度布局

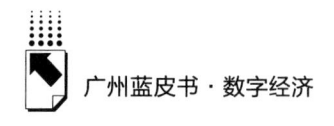

是市场机制与规划引导共同作用的结果。

边缘集聚组团则呈现显著的二元分化态势，既有海丝城集聚组团等生产性服务设施与生活性服务设施分布相对均衡（生产性服务设施密度为1.29个/公顷，生活性服务设施密度为8.46个/公顷）的过渡型区域，也存在知识城集聚组团（生产性服务设施密度为0.40个/公顷，生活性服务设施密度为0.58个/公顷）等设施短缺的新兴发展区。

外围集聚点的发展具有选择性特征。部分区位条件优越的节点如新塘官湖集聚点（生产性服务设施密度为2.41个/公顷，生活性服务设施密度为7.89个/公顷）已显现出较大的发展潜力，生产性服务设施与生活性服务设施相对完善，而花都中轴线CBD集聚点（生产性服务设施密度为0.98个/公顷，生活性服务设施密度为2.77个/公顷）等偏远区域仍处于发展初期，设施配置相对匮乏，暴露出外围集聚点在公共服务配套方面不足。

总体而言，广州数字经济集聚区的设施配置格局遵循了城市空间发展的普遍规律。核心集聚区的成熟发展、边缘集聚组团的转型探索以及外围集聚点的培育成长，共同构成了一个动态演进的城市空间系统。未来需要重点关注边缘集聚组团中的新兴区域和外围集聚点的发展短板，通过优化设施配置促进区域协调发展，从而提升整个城市数字经济发展质量和效益。

（五）产业类型、用地和服务设施对数字经济集聚区的影响分析

1. 变量和模型选择

随着数字经济的快速发展，产业类型、用地和服务设施对数字经济集聚区的影响越来越大。由上述分析可知，广州数字经济核心产业类型、用地和服务设施与数字经济集聚区存在关联，但各影响因素的影响排序和贡献度有待进一步明确。本报告使用以GBDT算法为主的机器学习方法探究产业类型、用地和服务设施对数字产业集聚度的影响。样本数据采用以500×500米的渔网网格覆盖广州市域，统计网格内数字经济总核密度值、各数字经济核心产业核密度值，并整合用地与服务设施数据，搭建数据集。考虑到原始

数据存在异方差性，为使误差项方差保持恒定，提升模型估计精度，本报告对数据进行对数化处理，相关变量及数据如表5所示。

表5 变量及数据描述性统计

	变量	单位	均值	标准差	最小值	最大值
Y_{it}	数字经济核密度：KDE_DEI	—	871855.70	3244204.38	1.19	64358996.00
	lnKDE_DEI	—	10.89	2.73	0.17	17.98
X_{it}	数字产品制造业核密度：KDE_DPM	—	1.98	3.34	0.00	26.91
	lnKDE_DPM	—	−0.49	2.07	−20.56	3.29
	数字产品服务业核密度：KDE_DPS	—	4.52	18.93	0.00	599.13
	lnKDE_DPS	—	−0.12	2.26	−17.99	6.40
	数字技术应用业核密度：KDE_DTA	—	41.37	171.24	0.00	3228.94
	lnKDE_DTA	—	1.22	2.55	−15.70	8.08
	数字要素驱动业核密度：KDE_DDI	—	29.65	97.87	0.00	1896.83
	lnKDE_DDI	—	1.17	2.44	−14.44	7.55
	工业用地面积占比：R_M	%	0.25	0.25	0.00	1.00
	lnR_M		−1.21	1.45	−3.22	3.04
	商业用地面积占比：R_B	%	0.12	0.13	0.00	0.98
	lnR_B		−0.53	1.92	−3.22	4.95
	居住用地面积占比：R_R	%	0.21	0.19	0.00	1.00
	lnR_R		−2.28	1.70	−15.22	0.00
	公共服务设施用地面积占比：R_A	%	0.13	0.17	0.00	1.00
	lnR_A		−2.36	1.99	−15.79	0.00
	生产性服务设施密度：D_PF	个/公顷	0.13	0.17	0.00	1.00
	lnD_PF		0.74	0.82	−8.52	2.31
	生活性服务设施密度：D_LF	个/公顷	0.79	1.25	0.04	20.92
	lnD_LF		−2.93	1.71	−16.71	−0.02

2. 实证结果分析

（1）参数选择

为达到最佳的模型估计效果并提高泛化能力，本报告对模型进行参数调整。首先，调整控制梯度提升的参数。设置"树的最大深度"为5，以避免初始模型的过度拟合。由于数字经济核密度训练样本数为16052，将"最小分裂样本数量"的初始值设置为30，"最小叶节点样本数量"的初始值设置为20，"最大特征数量"的初始值设置为2。"弱学习器数量"初始值在"学习率"默认值为0.1的情况下进行调整。使用网格搜索法，以10为增量，将值从20增加到80，根据交叉验证的平均值确定最优的"弱学习器数量"。其次，调整回归树的结构。"树的最大深度"和"最小分裂样本数量"参数应优先调整，它们直接决定了决策树的结构。本报告使用网格搜索方法探寻最优值，"树的最大深度"从5增加到10，"最小分裂样本数量"从10增加到100，增量为10。"最小叶节点样本数量"从10增加到100，"最大特征数量"从2调整到10。以上参数的最优值根据交叉验证结果确定，如表6所示。最终的模型将"学习率"设置为0.1，共1000棵树，"树的最大深度"为9。最后，基于5次交叉验证，以限制过度拟合和降低泛化误差。

表6 GBDT模型中参数的最优值

学习率	弱学习器数量	树的最大深度	最小分裂样本数量	最小叶节点样本数量	最大特征数量
0.1	20	9	30	20	2

（2）影响因素的相对重要性

表7和表8分别显示了各自变量预测数字经济核密度的相对重要性及排名情况。结果表明，在各类型数字经济核心产业核密度中，数字技术应用业核密度：KDE_DTA和数字要素驱动业核密度：KDE_DDI对数字经济核密度的预测起主导作用，相对重要性分别为47.87%和47.31%，排名分别位列第一、第二；数字产品服务业核密度：KDE_DPS和数字产品制造业核密度：KDE_DPM对数字经济核密度预测贡献度较低，相对重要性分别为2.50%和2.32%，排名分别位列第三和第四。

表7 各类型数字经济核心产业的相对重要性

单位：%

变量	排名	相对重要性
数字产品制造业核密度：KDE_DPM	4	2.32
数字产品服务业核密度：KDE_DPS	3	2.50
数字技术应用业核密度：KDE_DTA	1	47.87
数字要素驱动业核密度：KDE_DDI	2	47.31

注：与模型中其他变量相比，自变量的相对重要性表示其对改善平方误差的贡献，所有变量的相对重要性总计为100%。

表8 用地和服务设施的相对重要性

单位：%

变量	排名	相对重要性
用地比例	—	52.59
工业用地面积占比：R_M	6	0.50
居住用地面积占比：R_R	4	15.86
商业用地面积占比：R_B	5	11.33
公共服务设施用地面积占比：R_A	2	24.90
服务设施密度	—	47.41
生产性服务设施密度：D_PF	3	19.51
生活性服务设施密度：D_LF	1	27.90

注：与模型中其他变量相比，自变量的相对重要性表示其对改善平方误差的贡献，所有变量的相对重要性总计为100%。

在其他控制变量中，用地比例和服务设施密度总体贡献基本相当。在用地比例中，公共服务设施用地面积占比：R_A、居住用地面积占比：R_R 和商业用地面积占比：R_B 对数字经济核密度预测有较高的相关性，而工业用地面积占比：R_M 预测贡献度较低，它们的相对重要性分别为24.90%、15.86%、11.33%和0.50%，在控制变量中排名分别位列第二、第四、第五和第六。在服务设施密度中，生活性服务设施密度：D_LF 和生产性服务设施密度：D_PF 与数字经济核密度预测均有较强的相关性，相对重要性分别为27.90%、19.51%，排名分别位列第一、第三。

（3）影响因素与数字经济核密度的非线性关系

GBDT模型结果表明（见图1和图2），对于数字经济核密度而言，$lnKDE\_DTA$、$lnKDE\_DDI$ 与数字经济核密度整体呈正相关关系；$lnKDE\_DPM$ 在上升至-7后，与数字经济核密度整体呈正相关关系；$lnKDE\_DPS$ 在上升至-2后，与数字经济核密度整体呈正相关关系。

对于用地比例而言，lnR_R、lnR_B 和 lnR_A 与数字经济核密度整体呈正相关关系，其中 lnR_R 上升至-0.3后，数字经济核密度呈下降趋势；随着 lnR_M 上升，数字经济核密度整体呈先升后降的趋势。对于服务设施密度

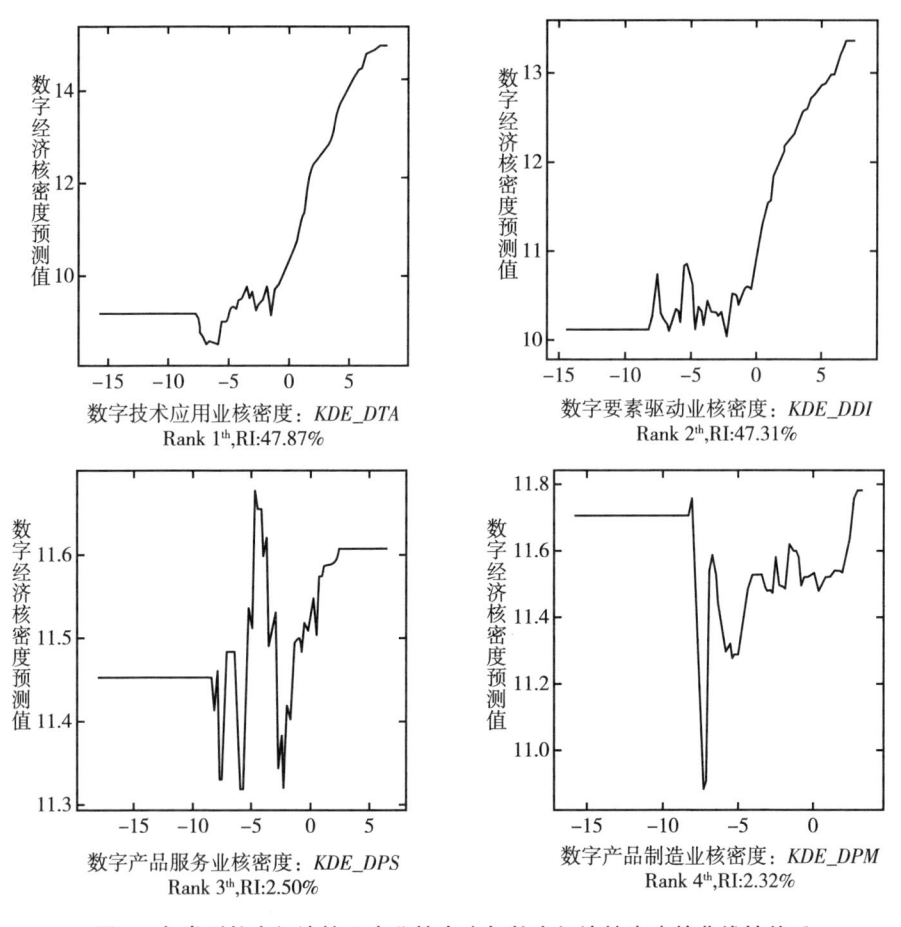

图1 各类型数字经济核心产业核密度与数字经济核密度的非线性关系

广州数字经济集聚区发展的特征与策略

图 2 用地和服务设施与数字经济核密度的非线性关系

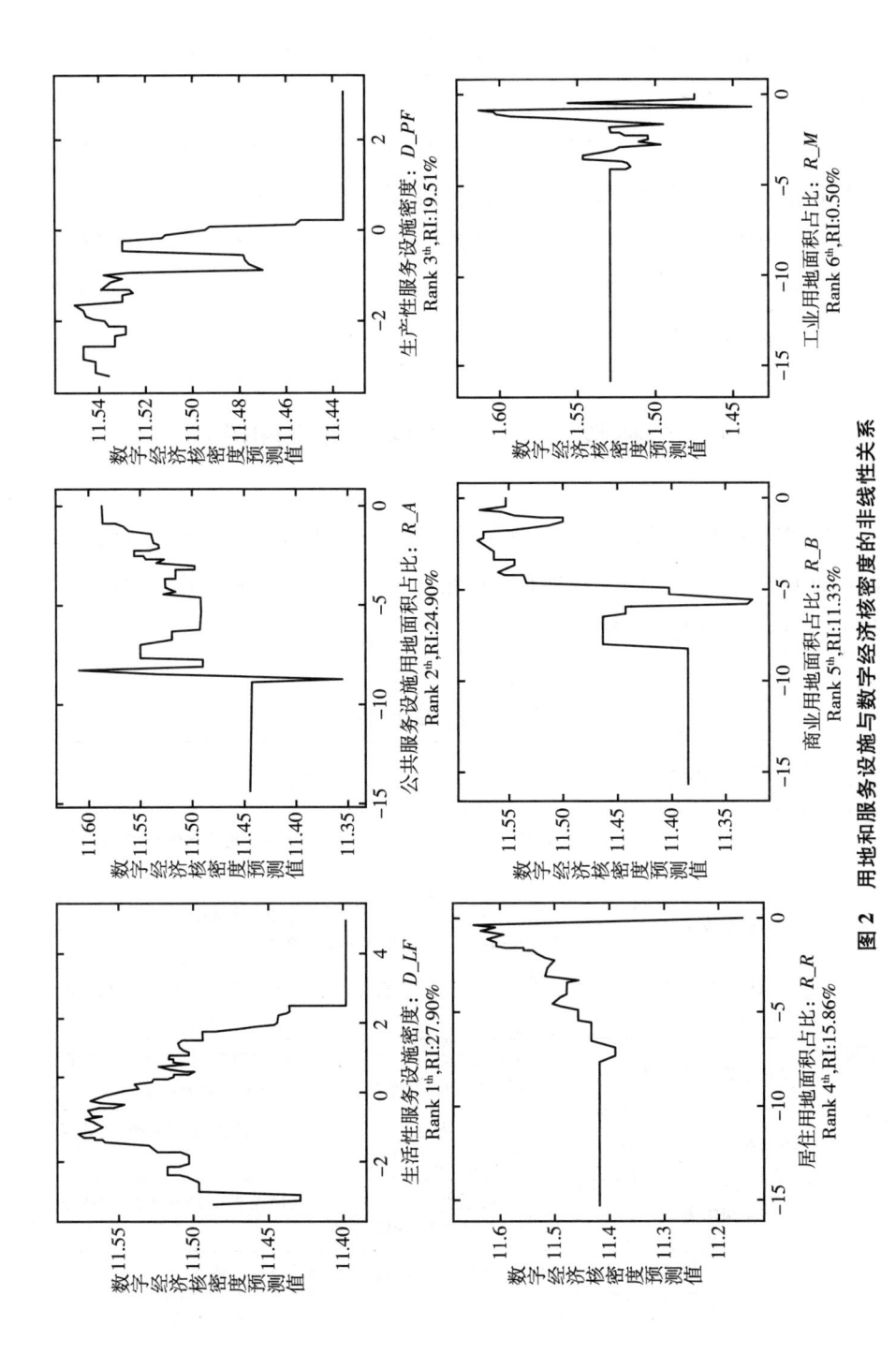

079

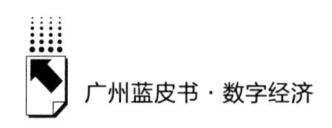

而言，随着 lnD_LF 上升，数字经济核密度整体呈先升后降的趋势；lnD_PF 与数字经济核密度整体呈负相关关系。

因此，提高数字技术应用业、数字要素驱动业、数字产品制造业和数字产品服务业的集聚程度均有利于数字经济的发展；提高公共服务设施用地面积占比、商业用地面积占比、居住用地面积占比、工业用地面积占比有利于数字经济发展；适当提高生活性服务设施密度，适当降低生产性服务设施密度有利于数字经济发展。

四 广州数字经济集聚区发展空间模式

广州数字经济集聚区的空间布局呈现簇团式、环绕式、连片式和沿线式四种典型模式（见表9），这四种空间模式相互渗透与补充，共同塑造了广州数字经济多样的空间格局。

表 9 广州数字经济集聚空间特征

空间模式	名称	说明
簇团式	天河智慧城集聚区	以网易、酷狗、UC、极飞科技等数字经济企业为核心,形成互联网与人工智能产业集聚区
	科学城集聚组团	以华为、百度 Apollo、京信通信等企业为核心,聚焦5G、人工智能、智能制造等数字经济硬科技领域
	国际科技创新城集聚组团	依托广州大学城高校资源,重点发展大数据、智能网联汽车等产业
	设计之都集聚组团	围绕中交第四航务工程勘察设计院有限公司、广东省建筑设计研究院有限公司,集聚数字建筑、虚拟设计等企业
	海丝城集聚组团	以 GE 生物科技、西门子等企业为核心,发展生物医药、工业互联网等知识密集型产业
	琶洲集聚组团	以腾讯、阿里巴巴、唯品会等互联网龙头企业为核心,形成电商、数字会展等数字经济集群
	天河智谷集聚组团	聚焦新一代信息技术、数字创意等新兴产业

续表

空间模式	名称	说明
环绕式	北京路集聚区	以北京路商圈为核心,形成数字文旅、电商直播等线上线下融合的新型商业形态
	天河中央商务集聚区	围绕珠江新城CBD布局,集聚金融科技、数字贸易等高端数字服务业态
	环五山集聚区	依托华南理工大学等高校资源,发展数字教育、科研大数据服务等
	黄花岗集聚区	围绕黄花岗科技园,重点发展数字文创、科技孵化等文化IP数字化产业
	花都中轴线CBD集聚点	以花都中轴线商务区为核心,布局数字经济、会展、文旅等数字化服务产业
	白云新城集聚组团	依托白云新城商圈智慧商业集聚区发展
连片式	南沙自贸区集聚组团	依托自贸区政策优势,集中发展自动驾驶、跨境数据服务等前沿数字产业
	知识城集聚组团	以LG Display等企业为核心,推动电子制造产业数字化(工业4.0)转型
	萝岗集聚组团	聚焦生物医药、精密制造等数字化生产领域
	嘉禾望岗集聚组团	发展物流数字化、智能制造等产业,依托地铁交通优势
	新塘官湖集聚点	推动服装产业数字化转型,发展跨境电商服装供应链
	市桥集聚组团	传统商贸区数字化转型,探索数字零售、智慧商业等新模式
	从化河东旧城集聚点	发展数字农业、文旅数字化等产业,推动传统产业升级
	增城挂绿新城集聚点	智能制造、数字农业产业园区
沿线式	黄埔临港集聚组团	沿珠江布局,发展智慧港口、数字航运及跨境电商等临港数字经济
	白鹅潭集聚组团	依托白鹅潭水域,聚焦数字文创、电商直播等
	万博集聚组团	沿番禺大道布局,服务跨境电商数据链

(一)簇团式:龙头引领,圈层聚合

簇团式发展以龙头企业或科研机构为内核,通过知识溢出和产业链协同效应,在特定区域形成专业化产业集群。以天河智慧城集聚区为例,网易、酷狗等头部企业的集聚不仅带动了上下游配套企业的空间集聚，更形成了具有显著规模效应的互联网产业生态圈。这种模式的空间结构呈现清晰的层级特征，核心企业占据关键位置，相关配套企业依产业链关系呈圈层分布，反映出数字经济时代产业组织的新型空间逻辑。

（二）环绕式：需求导向，点状渗透

环绕式布局以市场需求为导向，通过差异化配置数字服务节点，精准对接不同区域的核心客群需求。例如，在成熟商圈（北京路集聚区）重点培育数字消费新场景，在高校科研带（环五山集聚区）布局数字教育基础设施，在文化创意区（黄花岗集聚区）打造数字IP转化平台。通过将数字技术深度融入区域优势业态，该模式既保留了原有的空间功能，又实现了服务能级的跃升。这种"核心客群定位+数字技术赋能"的协同发展路径，不仅充分发挥了区域资源优势，更构建起功能互补、多元共生的数字服务生态系统。

（三）连片式：规划统筹，集约发展

连片式空间模式代表了政府主导下的数字经济生产模式。南沙自贸区集聚组团和知识城集聚组团等通过统一规划和整体开发，实现土地集约利用。与市场自发形成的集聚模式相比，连片式发展更强调规划的前瞻性和系统性，具有功能分区明确、基础设施完善的特征。

（四）沿线式：交通赋能，线性延伸

沿线式布局模式展现了交通基础设施对数字经济发展的引导作用。通过对万博集聚组团等案例进行研究可以发现，数字经济企业倾向于沿交通干线分布，形成产业走廊式的空间形态。这种布局模式具有双重优势，一方面，便于企业获取信息；另一方面，有利于形成产业发展的规模效应。

五　广州数字经济集聚区发展策略

（一）数字经济集聚区的发展格局构建策略

广州市国土空间总体规划提出构建"一带一轴、三核四极"空间格局，围绕这一框架，数字经济布局聚焦数字技术应用业、数字要素驱动业等核心产业，形成"核心引领、组团协同、外围特色"的梯度发展格局。

1. 核心集聚区

核心集聚区聚焦创新驱动与高端要素集聚，依托广州琶洲人工智能与数字经济试验区等重点区域，整合公共实验室、科技孵化平台等创新资源，吸引顶尖科研机构和企业总部入驻，强化人工智能、大数据、集成电路等关键技术攻关；推动数字经济与总部经济、金融、高端服务业深度融合，打造"数字+实体"融合示范高地，如琶洲片区推动数字经济与总部经济创新合作，广州国际金融城重点布局数字金融；同步完善交通、通信、教育、医疗等公共服务配套设施，增强高端人才吸引力，打造数字经济发展的核心引擎。

2. 边缘集聚组团

边缘集聚组团立足差异化资源禀赋，明确特色发展路径：如白云湖数字科技城聚焦新一代信息技术，聚龙湾科创总部经济区依托生态与历史文化资源发展高端商贸与生产性服务业。通过加强与核心集聚区及周边区域的产业协同，承接技术外溢与产业链配套环节，构建"核心研发—组团转化"的互补生态，推动产业链上下游联动发展；同时加大对创新型中小企业的扶持力度，提供创业孵化、融资支持、技术对接等服务，培育细分领域专精特新企业，形成特色鲜明、协同高效的产业集群。

3. 外围集聚点

外围集聚点以比较优势为导向，因地制宜发展差异化数字经济业态。例如，增城区依托产业基础布局发展新型显示产业，从化区利用生态资源发展绿色数据中心与智慧农业。积极承接核心区和次级组团转移的生产制造环

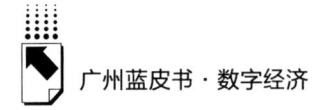

节，聚焦成本敏感型产业，加强区域配套协作以提升产业附加值；以数字化应用为突破口，推动农业、制造业、旅游业等传统产业智能化转型，通过引入大数据、物联网等技术优化生产流程、创新服务模式，培育"数字+传统产业"新增长点，形成核心辐射、外围协同的全域发展格局。

（二）数字经济集聚区的内部空间组织策略

广州数字经济发展需要科学的空间组织策略。首先，广州数字经济已进入高质量发展阶段，单纯依靠市场自发集聚难以实现产业升级；其次，各区域发展不平衡问题突出，亟须系统性优化资源配置；最后，粤港澳大湾区建设要求广州发挥核心引擎作用，提升数字经济辐射带动能力。基于此，本报告提出以下空间组织策略。

1. 簇团式空间组织策略：构建"功能复合、协同联动"的弹性单元

簇团式空间组织策略以功能复合与协同联动为核心特征，通过"核心企业引领+专业化集聚"的双轮驱动构建产业生态圈。该模式在广州多个重点产业区域展现出强大的适应性，通过产业链垂直整合与跨领域创新融合，形成特色鲜明的产业集群发展格局。以广州琶洲人工智能与数字经济试验区为例，腾讯、阿里巴巴等龙头企业带动数字贸易、数字技术等产业簇团发展，中小企业协同联动，共建联合实验室、数据中心等关键设施，并通过动态评估机制灵活调整簇团功能，将低效生产簇团转型为中试基地。

这种空间组织模式在广州具有广泛适用性，广州数字经济集聚区的发展可依托"核心产业+"的簇团模式，重点培育具有协同效应的产业组合，在多个潜力区域打造特色产业集群。在广州国际生物岛打造"生物医药+医疗AI"创新集群，充分发挥生物医药研发与人工智能技术的互补优势；在花都汽车城布局"智能网联+新能源"产业生态，顺应汽车产业转型升级趋势；在广州空港经济区围绕"航空物流+数字贸易"构建产业簇团，以跨境电商和智慧物流为核心，吸引平台企业和配套服务商集聚；中新广州知识城可打造"生物医药+数字医疗"和"集成电路+人工智能"双簇团，形成从研发到产业化的完整链条；南沙庆盛枢纽可聚焦"自动驾驶+车联网"产业簇团，依托粤港澳合作优势集聚算法研发和测试验证企业；增城开发区可培育"新型显示+智能终端"产业簇团，形成面板制造与终端应用的协同生态。未来应重点完善各簇团间的协同机制，建立人才流动和技术共享平台，推动形成更具活力的数字经济产业生态。

2. 环绕式空间组织策略：打造"核心引领、圈层辐射"的梯度协同体系

环绕式布局应采取"需求精准匹配"策略，通过构建差异化服务圈层实现数字经济服务的精准供给。在金融机构高度集聚的珠江新城片区，打造"金融科技服务圈"，重点布局区块链和大数据风控等共享服务平台，强化区域金融科技服务能力；广州南站商务区可构建"高铁枢纽+数字商务"的复合型生态，在核心区引入跨境电商区域总部，配套建设智慧物流中心和数据处理基地，形成完整的数字商贸服务链条；白鹅潭商务区宜采用数字文创圈层发展模式，内圈重点培育数字内容创作企业，外圈延伸发展数字营销、IP运营等配套服务，形成完整的数字文创产业链；番禺莲花湾片区可发挥大学城资源优势，构建"高校+数字教育"的格局，核心区集聚在线教育平台和数字教育科技企业，外围配套建设实训基地和创新创业空间。这种环绕式布局模式强调精准识别区域产业特征，差异化配置服务功能，同时构建资源共享平台，通过建立客户需求快速响应机制确保数字经济服务与区域发展需求高度契合，从而提升服务效能。

3. 连片式空间组织策略：形成"区域整合、产城融合"的规模化发展模式

连片式开发需要坚持"产城融合发展"策略，建议在东部中心、增城开发区等土地资源集中的区域建立"核心区+配套区"的空间架构，通过统筹规划实现功能复合与资源集聚，提升土地利用效率。具体实施可采取差异化布局策略：一是打造南沙庆盛枢纽数字合作示范区，依托政策优势和区位条件发展数字经济；二是构建广州国际生物岛生命健康集群，整合医疗机构和研发资源；三是打造知识城南部"新一代信息技术产业社区"，实现芯片设计、制造、封装等环节的全产业链空间集聚；四是升级花都汽车城智能网联园区，推动传统汽车产业数字化转型；五是白云神山物流基地可升级为"数字物流产业新城"，整合仓储、运输、信息等环节，打造智慧供应链枢

纽。通过统一规划建设，形成"15分钟产业生活圈"，集成生产、研发、居住、商业等功能，配套建设学校、医院等公共服务设施，并创新性打造工业邻里中心，实现专业服务共享。同时引入数字孪生技术监测用地与交通数据，推广无人接驳车、智能管网等智慧应用，全面提升产城融合水平和空间利用效率。

4. 沿线式空间组织策略：塑造"轴带串联、节点赋能"的产业经济走廊

沿线式发展宜以"轴线功能提升"为核心策略，充分发挥交通廊道的串联作用，重点培育特色产业带。具体可依托三大核心轴线构建差异化发展格局：一是打造"科韵路科技创新轴+广汕高铁创新带"的复合型走廊，整合天河区科韵路沿线科技企业集聚资源和广汕高铁沿线创新产业节点，形成贯通增城、黄埔、天河的东部数字创新走廊，重点布局智能制造、数字农业等特色产业；二是升级"珠江后航道数字航运产业带"，依托港口资源优势，集聚智慧港口、数字供应链等企业，构建完善的港航数字化生态体系；三是培育"地铁18号线南沙数字走廊"，以自动驾驶和跨境数据服务为突破口，打造连接中心城区与南沙新区的南北向数字经济动脉。同时，可着力发展临江大道文创产业带，充分挖掘沿线文化资源，形成特色鲜明的产业集聚区。这种多轴线协同发展模式，既能发挥交通廊道的经济纽带作用，又能促进区域产业差异化、特色化发展。

（三）数字经济集聚区的土地利用策略

1. 建立动态用地配置机制

依据用地比例与产业集聚的非线性关系，核心区域优先保障商业、公共服务及创新产业空间供给，通过"产业—用地"联动评估模型，科学调控居住用地比例，防止超过阈值引发负面效应；外围区域合理布局配套居住空间，确保居住与产业功能平衡。

2. 推进工业用地高效复合利用

推广"工业上楼"立体开发模式，提升土地利用效率；支持传统工业厂房向研发设计、中试孵化等高端功能转型，推动工业用地与办公、服务功能混合布局，避免低效制造业对数字经济空间的挤占。

3. 实施精细化空间管控

强化商业与公共服务用地协同规划，在核心集聚区增加科技服务、成果转化等功能载体；优化居住用地空间布局，配套建设紧凑型人才住房，结合"15分钟生活圈"均衡配置教育、医疗等公共服务设施，通过容积率弹性管理促进产城空间融合。

（四）数字经济集聚区的服务设施体系构建策略

1. 构建分层协同的生产性服务设施网络

基于产业集群发展规律与全产业链服务需求，在核心集聚区重点布局总部经济服务、产业金融中心、法律事务集聚区等高能级服务平台，形成辐射全域的产业服务核心；在外围产业组团及特色园区，结合主导产业定位，精准配置技术研发中试平台、检验检测认证中心、知识产权运营基地等专业化服务设施，引导科技中介、管理咨询等服务机构集聚。通过构建"核心枢纽—专业节点"的梯度服务网络，强化对产业创新链、供应链、价值链的全周期赋能，实现生产性服务与产业发展的深度耦合。

2. 梯度布局生活性服务设施

聚焦餐饮、文化、商业、休闲、医疗、教育等设施配置，依据产业人口规模与结构实施差异化布局。核心集聚区以"小而精"为导向，布局商务简餐、共享书吧、社区商业、口袋公园等设施，形成"5分钟活力服务圈"；外围组团按照职住平衡原则，配建人才公寓、邻里商业中心、社区卫生服务站、普惠幼儿园等设施，构建"15分钟生活圈"。通过"核心紧凑化、外围均衡化"布局，实现生活服务与产业人口需求精准匹配，提升集聚区宜居宜业水平。

六 结语

近年来，依托数字经济的空间集聚，广州数字经济规模持续扩大、创新活力显著增强，已成为引领粤港澳大湾区数字经济发展的重要增长极。本报告通过空间识别与计量分析，发现广州数字经济集聚区形成"核心集聚区、边缘集聚组团、外围集聚点"的三级梯度体系，产业构成以数字技术应用业、数字要素驱动业等核心产业为主导；土地利用呈现核心集聚区功能复合化、边缘集聚组团产业专业化、外围集聚点发展差异化的空间梯度特征；在服务设施配置方面，核心集聚区较为成熟、边缘集聚组团有待转型、外围集聚点有待培育。研究揭示了产业类型协同、土地要素优化及设施密度适配对集聚效能的非线性影响机制，形成簇团式圈层聚合、环绕式点状渗透、连片式集约发展、沿线式线性延伸等多元空间发展模式。基于此，本报告提出广州需以"核心引领、组团协同、外围特色"为导向，构建梯度联动的数字经济集聚区发展格局，通过空间组织模式创新、动态调整土地资源配置机制、构建多层级服务设施体系，持续提升数字经济集聚区的质量与创新效率。研究构建的"空间识别—机制解析—策略优化"框架，不仅为广州建设全球数字经济标杆城市提供可参考路径，亦为超大城市数字经济集聚区高质量发展及区域协同提供理论参考与实践范式，助力打造数字经济集聚发展的"广州样本"。

参考文献

《数字中国发展报告（2023年）》，数字中国建设峰会官网，2024年6月，https://www.szzg.gov.cn/2024/szzg/xyzx/202406/P020240630600725771219.pdf。

《2024年数字产业运行情况》，中国政府网，2025年3月18日，https://www.gov.cn/lianbo/bumen/202503/content_7014148.htm。

张华平、任园园：《高新技术产业集聚对数字经济发展的影响——基于空间计量模型的实证研究》，《南京财经大学学报》2023年第3期。

张跃国、伍庆主编《广州蓝皮书：广州数字经济发展报告（2024）》，社会科学文献出版社，2024。

赛迪顾问：《2024中国城市数字经济发展研究报告》，2024年11月27日。

王运喆、张国俊、周春山：《中国城市群产业协同集聚的时空特征及影响因素》，

《世界地理研究》2023年第2期。

张可云、朱春筱：《中国工业结对集聚和空间关联性分析》，《地理学报》2021年第4期。

张永姣、丁少斌、方创琳：《中国数字经济发展的时空分异及空间收敛性分析——基于企业大数据的考察》，《经济地理》2023年第3期。

李迎成、李金刚、涂曼娅：《城市创新空间分布式结构特征及形成机制》，《东南大学学报》（自然科学版）2025年第1期。

张平等：《基于改进DBSCAN空间聚类算法的北京市人工智能产业集聚格局研究》，《地理科学》2024年第2期。

《数字经济及其核心产业统计分类（2021）》，国家统计局网站，2021年6月3日，https://www.stats.gov.cn/sj/tjbz/gjtjbz/202302/t20230213_1902784.html。

C. C. Fan, A. J. Scott, "Industrial Agglomeration and Development: A Survey of Spatial Economic Issues in East Asia and a Statistical Analysis of Chinese Regions," *Economic Geography*, 2009.

Tao T., Wang J., Cao X., "Exploring the Non-linear Associations between Spatial Attributes and Walking Distance to Transit," *Journal of Transport Geography*, 2020.

Shao Q. et al., "Nonlinear and Interaction Effects of Land Use and Motorcycles-E-bikes on Car Ownership," *Transportation Research Part D: Transport and Environment*, 2022.

Guelman L., "Gradient Boosting Trees for Auto Insurance Loss Cost Modeling and Prediction," *Expert Systems with Applications*, 2012.

B.4 穗澳数字经济协同联动发展的目标思路与路径策略

广州市社会科学院、澳门思路智库和暨南大学联合课题组 *

摘　要：　穗澳经贸合作日趋紧密。在粤港澳大湾区中，澳门企业在广州的直接投资额仅次于珠海和香港，广州企业在澳门的直接投资额仅次于香港。两地在传统经贸领域的合作体制机制和合作模式已相对成熟稳定，但对新领域新赛道的协同探索仍有待加强。未来，穗澳两地可将数字经济作为新阶段开放合作的牵引，实施数字协同联动计划，共建标志性产业链创新链，构建"一核引领、多点支撑"的数字经济合作新格局，谋划建设跨境可信数据空间、离岸数据中心、"丝路电商"合作先行区、全球贸易数字化领航区等示范性项目，推进数字湾区和数字中国建设，更好地服务国家对外开放战略。

关键词：　数字经济　数据流动　数字湾区　广州　澳门

2024年12月，习近平总书记亲临澳门、横琴粤澳深度合作区（以下简称"横琴深合区"）视察并出席庆祝澳门回归祖国25周年系列活动，发表一系列重要讲话、做出一系列重要指示，为新时代"一国两制"实

---

* 课题组成员：覃剑，博士，广州市社会科学院区域发展研究所所长、广州城市战略研究院常务副院长，研究员，研究方向为城市与区域经济；葛志专，广州市社会科学院区域发展研究所副研究员，研究方向为区域经济、港澳经济、数字经济等；李雁玲，澳门思路智库理事长、教授；杨紫薇，澳门思路智库博士研究生；钟韵，暨南大学经济学院副院长、教授；贾善铭，暨南大学经济学院副研究员。

践和穗澳深化合作指明了前进方向、提供了根本遵循。广州与澳门在国家发展大局中的战略定位具有较强的互补性,在诸多领域已经形成较为稳定成熟的合作模式和机制。面向未来,把握数字时代新趋势新变化,将数字经济作为新的关键点和突破口,分析研判穗澳两地数字经济协同发展的思路方向和潜在领域,可为进一步拓展和深化穗澳经贸合作提供新视角和新选择;也可为粤港澳大湾区新时期探索建立高效、便利、安全的数据跨境流动机制,在更高层次更广领域开展制度探索创新、推进规则衔接机制对接提供新突破口。

一 穗澳数字经济协同联动发展的支撑条件与面临挑战

(一)支撑条件

1.穗澳经贸投资双向联系日趋紧密

随着《粤港澳大湾区发展规划纲要》的深入实施,穗澳经贸投资日趋活跃。根据澳门特别行政区政府统计暨普查局的统计,截至2017年,澳门在广州的直接投资额为15.03亿澳门元,而2023年,澳门在广州直接投资额达到64.89亿澳门元,规模仅次于珠海和香港,占澳门企业在粤港澳大湾区直接投资总额的8.6%(见表1)。总体来看,澳门企业在穗投资涵盖科技创新、金融服务、文化旅游、医疗健康和教育等领域。广州已成为澳门融入粤港澳大湾区建设、拓展自身发展空间乃至北上开拓内地市场的重要城市。《广州南沙深化面向世界的粤港澳全面合作总体方案》落地实施后,双方联动推进穗澳创新园、粤澳—葡语国家优质食品供应链中心、全球优品分拨中心等项目建设,成立广州南沙粤澳发展促进会,吸引澳门多家商协会机构进驻并在南沙开展实质性业务。澳星健康科技(广州)有限公司在南沙建设高新科技产业园、生物产业园及文旅商业综合区。港澳保险服务中心待国家批复后也将落地广州。

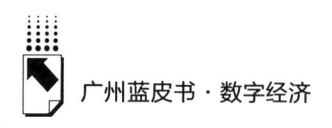

表 1 截至 2023 年底澳门企业在粤港澳大湾区其他城市直接投资情况

单位：家，亿澳门元

城市	企业数量	直接投资额
广州	61	64.89
深圳	32	1.97
珠海	1071	499.07
佛山	49	37.62
中山	150	37.02
江门	102	30.35
肇庆	10	11.08
香港	48	74.83
惠州	2	—
东莞	11	—

注：对外直接投资指在澳门注册的企业在澳门以外地区拥有 10%或以上股本的投资。
数据来源：澳门特别行政区政府统计暨普查局。

从对澳门的投资情况来看，截至 2017 年，已有 88 家广州企业在澳门直接投资，而 2023 年，直接投资的广州企业数量增长至 176 家，直接投资额达 20.51 亿澳门元（见表 2）。在粤港澳大湾区中，除了香港以外，广州已经成为在澳门直接投资规模最大的城市。总体来看，澳门市场对广州企业的吸引力在不断增强。穗澳通过投资合作实现资源共享与优势互补，可以帮助广州企业更好开拓国际市场。如广药集团在澳门成立广药集团（澳门）国际发展产业有限公司，并以此打造国际化业务的对外窗口。广州金域医学检验集团和南粤集团在澳门成立南粤金域医学实验室。此外，广州企业积极赴澳门参加中国（澳门）国际高品质消费博览会、澳门国际贸易投资展览会、中国—葡语国家经贸合作论坛等经贸活动，近距离触摸国际市场脉搏。

表 2 截至 2023 年底粤港澳大湾区其他城市企业在澳门直接投资情况

单位：家，亿澳门元

城市	企业数量	直接投资额
广州	176	20.51
深圳	91	10.14
珠海	728	14.25

续表

城市	企业数量	直接投资额
佛山	80	0.56
中山	146	0.15
江门	55	8.67
肇庆	3	—
香港	1814	1011.34
惠州	4	—
东莞	19	2.42

数据来源：澳门特别行政区政府统计暨普查局。

2. 穗澳推进经济多元化和数字化发展的目标高度契合

当前，澳门经济形势及就业市场持续向好，2024年澳门地区生产总值为4033亿澳门元，同比增长8.8%，整体经济规模恢复至2019年的86.4%，[1] 为未来继续推进经济多元化和数字化发展提供了良好的环境。事实上，澳门正进入传统产业转型升级、新兴产业起步发展的关键时期，其中，"四新"产业不断壮大。2023年，澳门博彩业增加值在地区生产总值中的占比降至37.2%，中医药产业、现代金融业、会展产业及文化产业四个重点产业的增加值在地区生产总值中的比重持续上升至10.2%。[2]

在数字经济领域，早在2017年澳门便开始建设"智慧城市"，与阿里巴巴合作扩建云计算中心，并于2018年公布《澳门智慧城市发展策略及重点领域建设（咨询文本）》，内容涉及智慧政务、智慧交通、智慧医疗、智慧旅游等多方面，推行"一户通""商社通"等数字化新平台。目前，澳门已经形成"政产学研"合作推进数字经济发展的模式，即依托模拟与混合信号超大规模集成电路国家重点实验室和智慧城市物联网国家重点实验室等战略科技力量，在集成电路、航天等方面的科研成果突出，具备创新策源的

---

[1] 数据来源：澳门特别行政区政府统计暨普查局。
[2] 数据来源：澳门特别行政区政府统计暨普查局。

功能；通过推动数字经济科研成果转化，在集成电路设计、人工智能、软件与信息服务业、网络安全产品开发与服务等细分领域具有一定竞争力。2024年11月，中国联通在澳门成立新公司，与澳门电讯、澳门科技大学、香港科技大学等10余家产业链合作伙伴共同启动粤港澳大湾区人工智能合作计划，通过构建"粤港澳联合运营机制"，深化算力网络、人工智能等领域的产学研用合作。2024年12月，澳门完成"数字澳门元"（e-MOP）原型系统构建，未来涉及数据化、电子化、智慧化的经济活动将更加普及。

广州正处在培育战略性新兴产业、推动产业结构多元化、以新质生产力引领新一轮经济高质量发展的关键时期。为加快实现更新旧动能、培育新动能，广州明确提出大力实施"广州数智创新计划"，建设数字经济引领型城市。加快建设"12218"现代化产业体系，数智化和绿色化"两化转型"是广州的主攻方向。可见，广州与澳门推进经济多元化和数字化发展的战略取向高度一致，为两地未来合作提供广阔空间。

3. 穗澳均有推进数字经济开放合作的使命担当和现实需求

在推进经济多元化和数字化发展的过程中，澳门面临的挑战是本地市场、空间、人力资源有限等问题。为此，澳门积极推进"琴澳一体化"，以"澳门平台+国际资源+横琴空间+成果共享"为导向构建产业链创新链，为澳门的技术成果转化提供关键载体，并带动上下游企业集聚，在建设粤港澳大湾区、融入国家发展大局中拓展发展新空间。截至2023年，共有6461家澳门企业在横琴深合区投资，投资额达到398.7亿澳门元，占其在中国内地投资额的比重为46.3%。2024年上半年，横琴深合区澳资产业增加值达18.8亿元。截至2024年9月，在横琴深合区生活居住的澳门居民达16539人，就业人数达5132人。[1] 横琴深合区相继建成粤澳集成电路设计产业园、琴澳数智跨境创新产业园、横琴跨境电商产业园（创新方）、横琴跨境电商

---

[1] 《澳门特别行政区政府2024年财政年度工作总结》，"澳门特区发布"微信公众号，2024年11月20日，https：//mp.weixin.qq.com/s？__biz=MzUyNTM2OTg5OQ==&mid=2247622867&idx=1&sn=106f993d8e0faaaed6d8ebe598e7364d&chksm=fbc808b9a4996546a7308b6ddb923eb0b62aac36f4f492044ac806f84d091c801e9fa5ff897e&scene=27。

及直播基地（华发）创新产业园等重要平台载体，以集成电路、数字技术等为代表的数字经济核心产业加速孵化落地。2024年1~7月，跨境电商进出口货值达5687万元，2024年集成电路企业营业收入达到40亿元。可以看出，以共建横琴深合区为重点，澳门已逐步探索出湾区合作发展数字经济的新模式。

广州要想加快从数字经济一线城市迈向数字经济引领型城市，应着力推动数字经济高水平开放。事实上，凭借优越的自然地理区位、完善高效的供应链体系、连接内外的门户枢纽和国际商贸中心，广州在数字贸易、跨境电商等领域走在前列。近年来，广州还相继建立了南沙（粤港澳）数据服务试验区、下一代互联网国家工程中心粤港澳大湾区创新中心、粤港澳大湾区数据保护和数据跨境服务平台、天河中央商务区国家数字服务出口基地等平台，在国家相关部门支持下积极探索数字经济开放合作新制度新规则。总体来看，加强与澳门合作，在支持横琴深合区建设中学习和探索新经验，既是贯彻落实国家支持澳门发展的决策部署，也是广州在数字经济开放中先行先试的重要突破口。

（二）面临挑战

1.穗澳经贸投资合作还不稳定

广州与澳门的双向经贸投资虽然整体保持较快增长态势，但是规模体量还有进一步提升的空间。截至2023年底，在对澳门的直接投资中，香港为1011.34亿澳门元，北京为758.9亿澳门元，上海为59.5亿澳门元，而广州仅为20.51亿澳门元，与上述城市还有一定的差距。近年来，澳门经济增长呈现一定的波动性，广州经济发展也在顶压前行，两地经贸双向直接投资同样出现较大波动。例如，2023年广州对澳门的直接投资流量和收益甚至为负值，澳门对广州直接投资流量和收益各年份也有较大差异（见表3）。两地经贸投资合作不稳定，将给两地未来推进数字经济合作带来一定的不确定性。

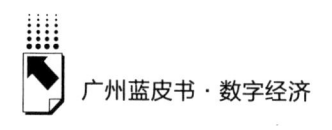

表 3　2017~2023 年广州与澳门双向直接投资流量及收益

单位：亿澳门元

年份	广州对澳门直接投资		澳门对广州直接投资	
	流量	收益	流量	收益
2017	1.71	1.96	14.53	0.02
2018	2.68	2.60	2.12	2.03
2019	2.53	2.22	20.48	6.28
2020	-0.63	2.93	6.81	6.20
2021	2.81	1.95	4.27	6.64
2022	8.47	2.24	4.50	4.80
2023	-3.65	-4.20	7.47	1.13

数据来源：澳门特别行政区政府统计暨普查局。

2. 穗澳产业结构和社会生产成本差异比较大

除了受宏观环境变化的影响外，穗澳之间经贸投资规模相对较小且有波动性的一个重要原因是两地产业结构差异较大。2023年，澳门博彩及博彩中介业产值占地区生产总值的比重达38.28%，其他占比较大的产业依次为不动产业（10.76%）、批发及零售业（8.15%）、银行业（6.32%）、酒店业（5.89%）、公共行政（5.69%）等（见表4）。在直接投资方面，博彩及博彩中介业最多但主要来自国外，银行业排在第二且主要来自北京和香港。除了批发及零售业外，其他行业均具有较为明显的地方属性，对外开放合作空间较小。此外，澳门人均地区生产总值、人员平均工资水平较高，就业、医疗、教育等社会保障制度与内地城市存在较大差别。受此影响，广州以及内地企业进驻澳门开展业务可能需要承担较高的社会成本、人力成本和经营成本。在澳门制造业中，小企业整体竞争力不够强，能够去广州开展业务的企业数量有限。

表 4　2023 年澳门各细分行业产值占地区生产总值的比重及累计利用外资占比

单位：%

行业	细分行业	占地区生产总值的比重	累计利用外资占比
第二产业（占地区生产总值比重为5.63%）	制造业	0.79	—
	水电及气体生产供应业	0.87	—
	建筑业	3.97	3.2

续表

行业	细分行业	占地区生产总值的比重	累计利用外资占比
第三产业(占地区生产总值比重为94.39%)	批发及零售业	8.15	11.1
	酒店业	5.89	—
	饮食业	2.05	—
	运输、仓储及通信业	2.89	—
	银行业	6.32	25.3
	保险及退休基金	3.72	8.7
	不动产业	10.76	6.7
	租赁及工商服务业	4.03	
	公共行政	5.69	—
	教育	2.66	—
	医疗卫生及社会福利	2.15	—
	博彩及博彩中介业	38.28	37.2
	其他服务业	1.80	—

数据来源：澳门特别行政区政府统计暨普查局。

总体来看，在传统经贸领域穗澳合作空间相对有限。与传统产业经济区域合作发展模式不同，数字经济以数据、算力、算法和网络为基础，合作形式包括数据共享、网络协同、平台共建等，合作主体更加多元化和分散化，更多依赖虚拟空间和数字化工具，受到的地理限制相对较小。因此，以数字经济合作为切入点，可为穗澳突破当前经贸合作固有格局、拓展合作新领域注入新动能。

3.穗澳发展数字经济的协同机制仍有待完善

在"一国两制"制度框架下，经过持续探索完善，穗澳已经形成多层次、全方位合作体制机制。目前，双方已经拥有较为稳固的战略合作思路、目标、任务、平台和机制，在科技、教育、医药、会展、金融等领域推动一系列重点项目合作。与此同时，也应看到穗澳两地合作具有明显的时代烙印，当前两地经贸投资合作更多面向传统优势产业。面向数字时代，数据流、信息流的畅通对经济数字化转型和社会智能化升级尤为重要。然而，受到基础设施、体制机制和规则标准等多重因素的制约，粤港澳大湾区数据市

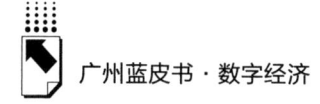

场一体化程度还有待提升，穗澳在数字经济、数字政府、数字社会等领域的协同机制仍不健全，数据共享和信息畅通度还有待进一步提升。在此背景下，穗澳经贸合作方式和领域需不断调整、优化和拓宽，以更好适应两地数字化转型的迫切需要。

二 穗澳数字经济协同联动发展的思路与方向

根据习近平总书记对粤港澳大湾区建设的要求，穗澳数字经济协同联动发展的出发点和落脚点是助力澳门推动经济适度多元化和打造更高水平对外开放平台，推进广州在中国式现代化建设中走在前列，提升粤港澳大湾区规则衔接机制对接水平。基于此，穗澳协同联动发展数字经济的三大目标方向：一是携手探索数字经济开放试点，服务国家高水平对外开放战略；二是携手推进数字湾区和数字中国建设，以数字经济协同联动加快融入国家发展大局；三是携手构建数字经济产业创新生态，共同增强跨越发展转型期的动能。

（一）共同探索数字经济高水平对外开放的新经验

积极参与数字经济国际合作已经成为提升我国对外开放能力、完善高水平对外开放体制机制的重要内容。习近平总书记多次强调要积极参与数字经济国际合作。[①] 澳门是中西文化融合交流地，在国际经贸联系和人文交流方面具有独特优势，被赋予打造国家高水平对外开放重要桥头堡的使命。广州是我国改革开放的排头兵、先行地、实验区，被赋予在扩大高水平对外开放等方面继续走在全国前列、在推进中国式现代化建设中走在前列的使命。在此背景下，顺应全球数字经济开放的新趋势新变化，响应国家推进数字经济开放的现实需求，穗澳可携手开展数字经济高水平对外开放试点，主动对接国际规则，参与全球数字经济治理，在推进"数字丝绸之

---

① 习近平：《不断做强做优做大我国数字经济》，《求是》2022年第1期。

路"建设、国际数字贸易发展、国际数据资源配置等重点领域率先探索经验，共同塑造我国数字经济高水平对外开放高地，为国家高水平对外开放战略提供支撑。

（二）共同探索推进数字湾区和数字中国建设的新路径

数字中国建设是数字时代实现中国式现代化、全面建成社会主义现代化强国的重要引擎。2023年，中共中央、国务院印发《数字中国建设整体布局规划》，对数字中国战略实施做出全面系统部署，旨在从全局推动数字化发展"一盘棋"加快形成，加速全国数据要素市场化配置改革和市场一体化进程，促进各地区和千行百业数字化发展。然而，受到历史条件、产业结构和体制差异等因素影响，澳门在融入数字中国战略进程中，面临一定的挑战。作为我国经济大市和数字经济一线城市，又与澳门地缘相近、人缘相亲、文化相融，广州与澳门以共建"数字湾区"为重点，通过推动数字规则衔接与机制对接、数据基础设施网络高效联通、数据资源跨境开放流动、数字空间共建共治，积极参与国家数据基础设施体系、数字安全体系、数字治理体系、数据基础制度体系、统一数据市场建设，通过参与数字中国建设，深度对接国家发展战略、加快融入国家发展大局，在构建新发展格局中更好发挥战略支点作用。

（三）共同探索以数字经济更新旧动能培育新动能的新机制

当前，数字创新技术持续涌现并应用，数字技术赋能千行百业，数字经济已成为全球经济发展的新兴力量和重要引擎。在此背景下，大力发展数字经济，推动数字经济与实体经济融合发展，可以有效促进产业转型升级、新兴产业发展和科技创新成果转化，加快形成新质生产力。因此，无论是澳门推动经济适度多元发展，还是广州扛起经济大市挑大梁的责任担当，都离不开现代化产业体系建设。事实上，澳门已经制定实施《澳门特别行政区经济适度多元发展规划（2024—2028年）》，提出"1+4"经济适度多元发展策略①，不仅直接明确数字经济核心产业未来重点发展的细分领域，同时明确重点产业的数字化转型方向。广州则围绕全面建设"12218"现代化产业体系，持续优化数字经济相关领域政策供给，统筹各类促进发展的资源要素，数字化产业和产业数字化发展水平均位居全国前列。未来，两地可充分发挥各自优势，聚焦数字经济前沿产业、产业数字化转型、数字技术创新、数字应用场景建设等战略交叉和互补领域，形成更加紧密的协同联动与战略合作机制，共同培育经济新增长点，增强产业发展内生动力。

三 穗澳数字经济协同联动发展的重点领域与推进策略

顺应两地数字经济开放合作的目标方向，未来广州可聚焦数据基础设施、数字产业链条、数据要素市场、数字创新生态等领域，不断创新优化政策供给，推动形成一批具有标志性、带动效应的合作项目。

（一）制订"全球化4.0"时代的穗澳数字协同联动计划

当前及未来一段时期将进入"全球化4.0"即数字驱动的全球化新时代，数字产品和服务成为主要输出品。②把握这一发展趋势，在谋划推进全市新一轮高水平对外开放战略和开辟穗澳全面深化合作新领域的过程中，可将深入推进与港澳数字经济协同联动作为重点任务，进一步明确穗澳数据基础设施互联互通、数据要素跨境流动、数字创新技术研发和产业化、数字贸易与投资、数字规则标准衔接等重点领域合作的目标，共同探索相关标准对接和风险防范，提升数字经济开放发展的韧性。持续加强与澳门经济招商相关部门合作，推动粤港澳大湾区数字产业大脑建设，争取各方支持，共同绘

---

① "1"就是按照建设世界旅游休闲中心的目标要求，促进综合旅游休闲多元发展，做优做精做强综合旅游休闲业；"4"就是持续推动中医药大健康、现代金融、高新技术、会展商贸及文化体育四大重点产业发展，着力构建符合澳门实际且可持续发展的产业结构。

② 世界经济论坛2019年发布"A Brief History of Globalization"报告提出"全球化4.0"概念。

制粤港澳大湾区数字经济产业链、创新链、供应链全景图和空间布局图，帮助各类市场主体更加精准掌握产业发展信息。积极探索建立穗澳产业链协同招商模式，依托穗澳创新园等重点平台整合招商政策，组建招商引资共同体，推动重大项目和关联企业多地布局。

（二）共建标志性产业链创新链

充分发挥澳门数字经济领域的战略科技力量，立足广州综合创新能力和产业发展承载能力强的特点，两地可协同打造贯通基础研究、技术研发、商业应用的数字经济产业创新链。一是聚焦数字基础设施，鼓励两地国家重大科研设施、国家重点实验室与高校和科研院所开展深度合作，共建数字基础学科研究中心，开展国家重大数字科技项目研究。进一步推动两地共建超算中心、智算中心等新型基础设施，服务实体经济发展。二是聚焦数字技术创新，鼓励澳门科研力量与广州龙头企业共同组建数字技术实验室、产业创新中心和技术创新中心，以满足市场需求为导向促进产学研用深度融合，突破重点行业、重点领域共性关键核心技术。三是聚焦数字商业应用创新，探索建立粤港澳大湾区数字应用场景建设机制、储备机制、开放机制和推广机制，强化澳门创新主体和广州市场主体横向合作，通过多主体参与、多城市协同，打通数字新技术新业态从实验室创新到试验场景提供再到最终产业化之路。

（三）构建"一核引领、多点支撑"数字经济合作新格局

支持横琴深合区持续提升在粤港澳大湾区中的数字经济首位度，打造具有国际影响力的数字岛。围绕人工智能、集成电路、数字贸易、跨境电商、具身智能、物联网、数据产业等数字经济前沿产业，鼓励广州相关企业和科研院所到横琴深合区共建一批产业集聚区、公共实验室、科技孵化平台、知识产权保护中心和科技成果转化基地，搭建广州与澳门乃至全球数字经济合作的桥梁纽带和前沿阵地。

积极响应我国高质量共建"一带一路"的行动倡议，依托粤港澳大湾区制度创新、产业发展和综合服务等方面的优势，借鉴上海经验，推动粤港

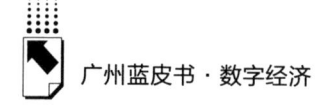

澳大湾区积极创建"丝路电商"合作先行区、《数字经济伙伴关系协定》（DEPA）合作区和全球贸易数字化领航区，在积极推进"数字丝绸之路"建设、拓展"丝路电商"全球布局和数字贸易创新发展中积累经验。

引导全市各区立足自身资源禀赋、产业基础和比较优势，与澳门共建特色突出的跨境数字经济集聚区、创新创业基地和飞地经济平台，与横琴深合区形成核心引领、多点联动、穗澳共享的数字经济发展新局面。

（四）积极探索穗澳跨境可信数据空间建设

根据国家数据局发布的《可信数据空间发展行动计划（2024—2028年）》，我国将以推动数据要素畅通流动和数据资源高效配置为目标，以建设可信可管、互联互通、价值共创的数据空间为重点，分类施策推进企业、行业、城市、个人、跨境可信数据空间建设运营。以此为契机，未来在落实落细《粤港澳大湾区（内地、香港）个人信息跨境流动标准合同实施指引》《关于促进粤港澳大湾区数据跨境流动的合作备忘录》等数据跨境流动政策的基础上，广州与澳门可率先从科研教育、医疗卫生、旅游会展、金融保险等领域入手，携手试点建设跨境行业级数据可信流通基础平台，由点及面、先易后难，有序推动相关数据的安全流动和创新应用。

（五）加快推进广州数据交易所设置港澳专区

在构建全国一体化数据市场和推进数据要素市场化配置改革的过程中，数据交易所发挥着极其重要的作用。[1] 未来，在国家的政策框架下，穗澳可积极推动粤港澳大湾区构建"南数北上、北数南下"评估流程和审核机制，为我国探索数据跨境双向流动及数据出境的方式与机制提供先行经验。在此基础上，重点鼓励引导广州数据交易所赴港澳设立合作基地或分支机构，探

---

[1] 根据国家数据局发布的数据，2024年全国数据市场交易规模预计超过1600亿元，场内市场数据交易（含备案交易）规模预计超过300亿元，同比实现翻番。国家发展改革委数据显示，截至2024年10月，全国共计成立53家数据交易场所，广州数据交易所交易规模位居全国前列。

索引进港澳力量作为战略合作方或参与运营，适时设立港澳专区，积极引入港澳数商企业、业务产品和数据源，建立多元共治、多方协同的粤港澳跨境数据交易合规体系，打造我国数据进出口市场战略枢纽。

（六）依托南沙（粤港澳）数据服务试验区共建离岸数据中心

随着我国高水平对外开放的推进及数据安全法律法规的不断完善，离岸数据中心逐渐从概念的提出、规划文件的提及迈向落地探索阶段。[①] 未来可充分发挥南沙（粤港澳）数据服务试验区作为国际数据传输枢纽的优势，率先面向共建"一带一路"国家和地区以及葡语国家，与澳门探索共建离岸数据中心。重点是支持通信运营商和相关企业建立直连港澳地区的数据跨境传输专用通道，建设数据跨境服务中心和数据保税区，加强国际数据服务企业引进和培育，支持境内外企业建设数据运营中心、技术研发中心，面向境外提供算力算法、数据存储、数据加工、数据计算、数据交易、数据安全等国际数据服务，带动跨境数字贸易、国际金融、离岸数据服务外包、互联网创新孵化等关联业态发展，协同打造国际数据产业发展集聚区，增强其国内示范引领作用和全球辐射效应。

（七）共担数字人民币跨境应用及出海的"试验田"角色

法定数字货币是具有跨时代意义的全球性金融科技成果。澳门已经完成"数字澳门元"（e-MOP）原型系统构建。未来广州与澳门可携手担当数字人民币跨境应用及出海的"试验田"角色，利用澳门离岸市场与自由市场的优势，共同拓展人民币离岸业务应用场景，提升数字人民币在"离岸市场"的普惠性和可得性，引领我国法定数字货币绘制"在岸+离岸"使用新蓝图。共同推动区域数字金融合作，积极参与数字澳门元与数字人民币及数码港元的对接工作，通过限定条件、有限空间、全程监控的创新测试，共同

[①] 海南省已于2024年12月1日正式实行《海南自由贸易港国际数据中心发展规定》，支持开展国际数据中心业务。《"数字湾区"建设三年行动方案》明确提出探索在特定区域建设离岸数据中心。深圳正谋划推动前海、河套特定区域建立离岸数据中心。

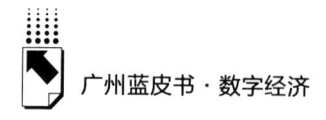

探索"监管沙盒"落地的相关制度和实施路径,并在资金回流、汇款和兑换额度等方面进行尝试。在经贸往来中,两地协同推动数字人民币在葡语系国家及共建"一带一路"国家和地区的使用,提升国际社会对法定数字人民币跨境使用的认可度,助力国家重塑国际结算体系及加强人民币国际化使用。

参考文献

《广东省人民政府办公厅关于印发"数字湾区"建设三年行动方案的通知》,广东省人民政府发展研究中心网站,2023年11月21日,http://gdyjzx.gd.gov.cn/gkmlpt/content/4/4287/post_4287849.html#542。

刘雪菲:《澳门:小城市大开放的机制探索——基于在国家对外开放中更好发挥作用视角》,《开放导报》2024年第6期。

覃剑:《三维度视角下的大湾区产业高水平协同发展》,《开放导报》2023年第3期。

申明浩、姚凯辛、沈晓娟:《数据自主权、数据保护与数据流动的不可能三角问题——以粤港澳大湾区跨境数据治理为例》,《南方经济》2024年第9期。

袁达松、梁竞霆:《论数字经济规则建构下的区域协同立法——以粤港澳大湾区为例》,《网络安全与数据治理》2025年第1期。

B.5
广州未来产业支撑新质生产力发展的路径策略

林柳琳*

摘　要： 随着新一轮科技革命和产业变革深入推进，未来产业作为新兴产业中最具前瞻性和引领性的部分，正成为培育新质生产力的重要载体。本报告以广州为例，探讨了未来产业支撑新质生产力发展的实施路径。研究发现，广州在科技创新资源、产业基础、创新生态系统等方面具有良好基础，但在战略谋划、原始创新能力、产业生态完善度等方面仍存在短板。基于此，本报告提出强化顶层设计、加强创新驱动、培育创新主体、构建政策体系、布局六大重点领域、创新运营模式等系统性实施路径。本报告认为，广州应抓住机遇，前瞻布局未来产业，构建有利于未来产业发展和新质生产力培育的生态系统，打造未来产业发展高地。这不仅有助于培育经济增长新动能、提升产业链现代化水平，还有助于增强区域国际竞争力，为应对重大挑战提供新路径。

关键词： 未来产业　新质生产力　广州

党的二十大报告明确提出，要前瞻布局战略性新兴产业，培育发展未来产业。2024年1月，《工业和信息化部等七部门关于推动未来产业创新发展的实施意见》发布，为未来产业发展指明方向。未来产业，作为当前科技

---

* 林柳琳，中共广州市委党校习近平新时代中国特色社会主义思想研究中心副教授，研究方向为产业经济、数字经济。

革命与产业变革深化进程中的战略前沿,成为催生与发展新质生产力的核心载体。新质生产力本质上是一种以创新为根本驱动力的高阶生产力形态,它不仅在发展路径上显著区别于传统的经济增长模式,更在要素投入结构上摆脱了对传统生产要素的依赖。其核心特征在于,技术体系的完善、自主创新能力的持续提升以及知识资本的有效积累与应用,共同对生产效率的提升和经济价值创造能力的增强发挥重要作用。

广州作为中国重要的科技创新中心和产业基地,在发展未来产业、培育新质生产力方面具有独特优势和重要责任。然而,广州在未来产业布局方面还处于起步阶段,系统性规划尚未形成。如何科学布局未来产业,构建有效的实施路径,对广州抢占未来产业发展制高点、培育新质生产力具有重要意义。

一 未来产业支撑新质生产力发展的理论基础与现实意义

(一)理论基础

1. 内生经济增长理论

内生经济增长理论的核心观点在于,经济体长期增长的根本动力源自系统内部的技术进步与知识的持续积累。保罗·罗默将知识作为一种生产要素引入生产函数,认为知识积累可以带来规模收益,从而推动经济持续增长。未来产业作为知识密集型产业,其发展过程中产生的技术创新和知识溢出效应,正是推动新质生产力形成的重要动力。

2. 创新驱动发展理论

熊彼特的创新理论强调创新是经济发展的根本动力。他认为,企业家通过创造新产品、开发新技术、探索新市场和改进生产方式来推动创新发展。未来产业作为新一轮科技革命和产业变革的产物,其发展过程本质上就是一个不断创新的过程,这与新质生产力强调创新驱动的特征高度契合。

3.产业生命周期理论

产业生命周期理论认为,产业发展可被概括为四个时期:导入、成长、成熟与衰退。未来产业大多处于导入期或早期成长期,具有高风险、高投入但同时蕴含巨大发展潜力的特征。培育和发展未来产业,实际上是在为经济发展培育新的增长点,这与新质生产力追求高质量发展的目标一致。

4.产业集群理论

迈克尔·波特的产业集群理论指出,地理上集中的相关企业、专业化供应商、服务提供商、相关产业的企业和相关机构(大学、标准化机构和行业协会)形成的集群可以提高生产力和创新能力。未来产业的发展往往需要多学科、多领域的交叉融合,产业集群为这种融合提供了良好的环境,有利于新质生产力的形成和提升。

(二)现实意义

一是培育经济增长新动能。未来产业作为新兴产业中最具前瞻性和引领性的部分,代表了未来技术和产业发展的方向。发展未来产业有助于培育新的经济增长点,推动产业结构优化升级,为经济高质量发展注入新动能。这与新质生产力追求的高效率、高质量、可持续发展目标高度契合。

二是提升产业链现代化水平。未来产业大多建立在前沿科技基础之上,其发展将带动相关产业链的升级和重构。发展未来产业,可以推动传统产业实现数字化、网络化、智能化转型,提升产业链的现代化水平,这是新质生产力形成的重要体现。

三是增强国际竞争新优势。在新一轮科技革命和产业变革背景下,未来产业正成为各国竞争的新焦点。抢占未来产业发展制高点,有利于增强国家和地区的国际竞争力。这种基于创新驱动的竞争优势,正是新质生产力的重要特征。

四是应对重大挑战的新途径。未来产业的发展为解决人类面临的健康、环境、能源等重大挑战提供了新的技术路径。例如,未来健康产业有望为应对人口老龄化、重大疾病防控等问题提供解决方案;未来能源产业则为应对

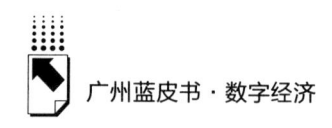

气候变化、能源安全等挑战提供新的选择。这种面向重大需求的创新发展，体现了新质生产力的社会价值导向。

二 广州未来产业发展的基础条件与优势分析

（一）基础条件

1.科技创新资源丰富

广州科技创新资源丰富，投入强度持续提升，空间布局逐步优化，已成为支撑广州高质量发展的核心要素，为建设国际科技创新中心奠定了坚实基础。2023年，广州研究与试验发展（R&D）经费投入突破千亿元，研发投入强度达3.44%，高于全国平均水平0.79个百分点，反映了广州科技创新投入的规模和强度均处于国内领先水平。从投入结构分析，广州基础研究与试验发展经费均呈现快速增长态势，分别占R&D总经费的13.0%和73.5%。这种结构表明广州既重视基础理论探索，又注重技术转化应用，构建了较为完整的科技创新链条。在空间分布方面，广州科技创新资源呈现多区域协同发展特征。黄埔区、天河区、南沙区和番禺区R&D经费投入超百亿元，黄埔区、南沙区、番禺区和海珠区研发投入强度超过全市平均水平，这表明广州已形成多区域协同的创新空间格局。广州科技创新资源积累表现出持续性与稳定性。全市R&D经费连续15年保持两位数增长，构建了稳定的科技投入增长机制。这种持续稳定的投入为产业转型升级提供了有力支撑，促进战略性新兴产业发展与传统产业转型升级。[1]

2.产业基础扎实

广州已形成汽车、电子信息、石化等支柱产业，以及智能装备、新材料、生物医药等新兴产业集群。2024年，广州"3+5"战略性新兴产业实

---

[1] 《2023年广州市主要科技活动情况公报》，广州市统计局网站，2024年11月25日，http://tjj.gz.gov.cn/stats_newtjyw/tjsj/tjgb/qtgb/content/post_9991466.html。

现增加值超万亿元，占全市地区生产总值的比重提升到32.3%。[1] 其中，新一代信息技术、智能与新能源汽车、生物医药与健康等新兴产业快速发展。例如，2024年，广州航空航天器及设备制造业增加值同比增长16.3%，无人机产量增长2.9倍。[2] 此外，2024年绿色石化与新材料产业产值超4000亿元[3]，成为广州"12218"现代化产业体系的重要支柱。这些产业的蓬勃发展为广州布局未来产业奠定了坚实的基础。

3. 创新生态系统日趋完善

广州创新生态系统建设呈现全方位推进、多元协同发展的态势。在创新主体培育方面，全市已拥有全球独角兽上榜企业24家，数量居全国第四、全球第九，科技创新综合水平已迈入全球"第一方阵"。为优化科技成果转化环境，广州持续完善"1+N"政策体系，建立"一区一机构"成果转化服务体系。同时，广州通过深化科研经费"包干制"改革，完善符合基础研究和人才成长规律的培育体系，实施"启航""续航""领航"人才计划，支持超过1700名青年博士开展基础研究。创新生态的优化已取得显著成效，2024年广州在国家科学技术奖励大会上获26个奖项，其中牵头11项，占全省近八成；在央视年度国内、国际十大科技新闻中，广州有3项成果上榜；在央视"科技春晚"中，涉及广州的科技创新成果达4个，广州创新生态系统取得显著成效。[4]

（二）优势分析

1. 未来健康产业优势

广州在生物医药、医疗器械和健康服务等方面已具有了深厚的产业基础

---

[1] 《抖音集团落子广州，12.14亿竞得海珠区琶洲地块建华南创新基地》，腾讯网，2025年4月3日，https://news.qq.com/rain/a/20250403A05F7C00。

[2] 《2024年广州经济运行情况》，广州市统计局网站，2025年1月27日，https://tjj.gz.gov.cn/stats_newtjyw/sjjd/content/post_10096827.html。

[3] 《聚焦广州"12218"现代化产业体系向"新"再出发｜以科技创新铸栋梁之"材"》，腾讯网，2025年3月31日，https://news.qq.com/rain/a/20250331A018SI00。

[4] 《2024顶尖科技创新因何"含穗量"十足》，广州市人民政府网站，2024年12月31日，https://www.gz.gov.cn/zt/gzlfzgzld/gzld/content/post_10053175.html。

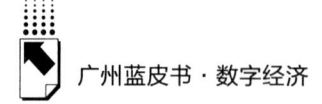

和强大的创新实力。截至2024年末，广州累计拥有生物医药企业2744家，其中生物制品企业有87家，医疗器械企业有2230家，涵盖从基础研究到产品开发的完整产业链。广州在合成生物学等前沿领域也取得显著进展，2024年发布全国首个生物医药产业地图，推动企业与产业园区双向匹配，构建"选赛道+建园区+引项目+配要素"的全链条发展路径。[1]

2. 未来信息产业优势

广州在5G通信、人工智能、区块链等领域已经取得显著成果。截至2024年7月，广州累计建成5G基站超10万座，建设总量排名始终位居广东省第一；全市5G用户超1900万户，率先建成全国领先的"千兆城市"。[2] 广州超级计算中心的"天河二号"实现全球Top500超算六连冠，彰显了广州在高性能计算领域的领先地位。在人工智能方面，广州正在构建"一江两岸三片区"的空间格局，以琶洲为核心，打造广州琶洲人工智能与数字经济试验区。2023年，广州琶洲人工智能与数字经济试验区实现营业收入4479.17亿元，同比增速达6.3%，带动近3年全区新一代信息技术产业服务业营业收入年均增长22.8%。[3] 广州还先后获批创建区块链发展先行示范区和国家区块链创新应用综合性试点城市，获评国家区块链创新应用综合性试点优秀地区。

3. 未来制造业优势

广州在智能制造、工业互联网、柔性制造等领域已经取得显著进展。2024年，广州服务机器人产量同比增长22%，无人机产量增长2.3倍。[4] 此外，广州在工业互联网领域也展现出强大的发展势头，区位优势明显，人才

---

[1] 《广州发布全国首个生物医药产业地图》，广州市人民政府网站，2025年3月30日，https://www.gz.gov.cn/ysgz/xwdt/ysdt/content/post_10189847.html。

[2] 《截至今年7月广州累计建成5G基站超10万座，排名广东第一》，腾讯网，2024年9月2日，https://news.qq.com/rain/a/20240902A08I7V00。

[3] 《城市全域数字化转型典型案例集之二十八｜广州：数产城创融合 建设琶洲人工智能与数字经济试验区》，国家数据局网站，2025年1月13日，https://www.nda.gov.cn/sjj/ywpd/szsh/0109/20250109113547618448454_pc.html。

[4] 《2024年广州制造业崛起：服务机器人增22% 无人机激增2.3倍》，搜狐网，2025年2月20日，https://www.sohu.com/a/861379212_122006510。

资源充足，产业门类齐全，工业基础雄厚，先进技术布局广泛，新兴产业发达，经济发展韧性强，营商环境良好，政策引导性强，财政投入力度大。在柔性制造方面，广州正积极推动制造业的数字化、网络化、智能化转型，以适应市场多样化、个性化的需求。广汽埃安的"灯塔工厂"项目是广州从"制造"迈向"智造"的一个缩影，该项目凭借钢铝车身柔性生产、数字化自主决策、互动式定制、能源综合利用等优势，助力广州汽车工业的技术创新和产业链优化。

4. 未来材料产业优势

广州在纳米材料、仿生智能材料、高性能复合材料和新型显示材料等领域已经取得显著成果。以广东粤港澳大湾区国家纳米科技创新研究院（以下简称"广纳院"）为核心，广州已构建起完整的纳米科技创新全链条。广州在新材料领域拥有17个国家级创新平台，包括5个国家重点实验室、5个国家工程技术研究中心、3个国家企业技术中心、1个制造业创新中心，主要涵盖先进高分子材料、光电材料、金属粉末材料、医用材料领域。[1] 这些优势为广州布局未来产业奠定了坚实的基础。广州正加速构建"2+2+N"科技创新平台体系，以国家战略需求为引领，以国家重大科技基础设施为骨干，体现其作为国家重要中心城市的"国之担当"。

5. 未来能源产业优势

广州在新能源汽车、智能电网、氢能等领域已经取得显著成果。广州新能源汽车零售量、渗透率等指标均高于全国平均水平。[2] 截至2024年底，广州已建成一批电化学储能电站、动力电池和储能关键零部件装备制造项目，并涌现出鹏辉能源、智光电气等优势企业。广州还发布《广州市推进新型储能产业园区建设实施方案》，提出到2025年新型储能产业营业收入达

---

[1]《广州打造高质量绿色石化和新材料产业链》，广州市人民政府网站，2025年3月1日，https://www.gz.gov.cn/zt/js12218mmhjgzxdhcyxlt/jsxdhcytxgzzyg/content/post_10189962.html。

[2]《广州新能源汽车渗透率超50%》，广州日报网站，2024年3月25日，https://gzdaily.dayoo.com/h5/html5/2024-03/25/content_875_853527.htm。

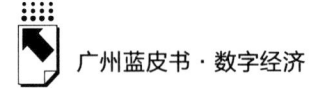

600亿元以上，到2027年形成千亿级产业集群。① 在氢能领域，广州规划新建和改扩建加氢站88座，并发布18项措施支持氢能产业高质量发展。②

6. 未来空间产业优势

广州在低空经济、商业航天、深海探测等领域已经取得显著成果。截至2024年底，广州低空经济产业链相关企业达到4200多家，数量位居全国第二，形成涵盖研发制造、飞行运营和服务保障的完整产业链。广州计划到2027年低空经济整体规模达到1500亿元，成为国内首个载人飞行商业化运营城市。③ 在商业航天领域，广州已形成"以南沙为主的商业航天产业＋以黄埔为主的北斗产业"的协同发展格局，吸引了中科宇航、吉利科技集团等知名企业落户，推动国内首个商业航天产业化基地投产运营。④ 此外，广州在深海探测领域也取得了技术突破，多家企业专注于新型材料和设备的研发。

三 推动广州未来产业发展的政策建议

广州提出建设"12218"现代化产业体系，明确发展智能无人系统、深海深空等六大未来产业，并在实践中取得了一定的进展。但发展未来产业仍面临多重挑战，如战略谋划缺乏系统性，需尽快研究制定明确的未来产业发展战略规划；原始创新能力有待提升，与其他一线城市有一定的差距；产业生态不够完善，缺乏具有全球影响力的龙头企业；资源要素保障不足，高质量产业空间和高端人才供给存在缺口；政策支持力度有待加大，专项措施有

---

① 《广州：打造百亿级氢储能产业集群》，雪球，2024年11月6日，https://xueqiu.com/1431647517/311452655？md5__1038＝GqfhYvgY0KYKDsD7Gt0%3DD8DuWtUhIpPTpD。
② 《氢能产业利好来了！广州，重磅政策！》，新浪财经，2024年12月4日，https://finance.sina.com.cn/jjxw/2024-12-04/doc-incyhynr0618049.shtml。
③ 《广州低空经济催生更多消费新场景新业态 打开空中新"蓝海"》，广州市人民政府网站，2025年2月12日，https://www.gz.gov.cn/zt/gzlfzgzld/gzgzlfz/content/post_10111871.html。
④ 《四城联动 广东剑指3000亿商业航天产业》，网易，2024年10月20日，https://www.163.com/dy/article/JEUNCG210550B1DU.html。

待完善。这些短板制约了广州未来产业发展，亟须出台系统性的解决方案，增强产业竞争力。为加快未来产业发展、抢占未来产业发展制高点，广州需要从多个方面采取系统性举措，构建有利于未来产业发展和新质生产力培育的生态系统。

（一）强化顶层设计，制定系统性的未来产业发展规划

由市政府牵头，协调相关部门和区政府，制定广州未来产业发展总体规划，明确未来产业重点发展方向和空间布局，为全市未来产业发展提供指引。

一是建立健全未来产业发展领导机制。成立广州未来产业发展领导小组，统筹推进全市未来产业发展工作。同时，组建广州未来产业发展专家咨询委员会，聘请国内外未来产业领域权威专家，为广州未来产业发展提供智力支持。

二是制定系统性的未来产业发展规划。建议编制《广州市未来产业发展规划（2025—2035年）》，明确未来10年广州未来产业重点发展领域、空间布局、发展目标和主要任务。规划应聚焦未来健康、未来信息、未来制造、未来材料、未来能源、未来空间六大方向，并结合广州实际，确定优先发展的细分领域。重点布局具有前沿性、引领性的技术和产业，如细胞和基因治疗、脑科学与脑机接口、仿生智能材料、量子精密测量等。

三是出台未来产业发展专项政策。制定《广州市促进未来产业发展若干措施》，在人才培养引进、财税支持、科技金融、用地保障等方面提供全方位政策支持。例如，在人才培养引进方面，实施"未来产业领军人才计划"，给予高层次人才更大力度的支持奖励；在财税支持方面，对未来产业领域的高新技术企业，在研发费用加计扣除、固定资产加速折旧等方面给予更大力度的支持；在科技金融方面，设立未来产业创新创业投资引导基金，吸引社会资本投入未来产业；在用地保障方面，将未来产业重点项目用地纳入年度用地计划优先保障范围。

四是建立未来产业预见和动态调整机制。构建"科学家+企业家+投资

人"协同的技术挖掘与甄别机制，定期开展未来产业方向预测研判，强化技术"奇点"和市场引爆点识别能力。绘制未来产业技术路线图，定期更新和完善。组织开展未来产业发展趋势研究，每年发布《广州未来产业发展展望报告》。建立未来产业重点项目库，对具有重大潜力的项目给予持续跟踪和支持。

（二）强化创新驱动，加快科技成果转化

一是加强基础研究和原始创新。深入实施基础研究十年"卓粤"计划，依托国家应用数学中心、粤港澳大湾区（广东）量子科学中心等重大科研平台，开展基础与应用基础研究。加强广东省自然科学基金对未来产业相关领域的支持，重点鼓励前沿原创探索和非共识创新。围绕重点领域实施前沿技术和颠覆性技术研发专项，推动前沿技术和颠覆性技术创新突破。支持高校和科研院所围绕未来产业重点领域设立交叉学科和新兴学科。

二是构建产学研协同创新机制。组建广州未来产业研究院，采取"一院多中心"的组织模式，下设人工智能、量子科技、合成生物等研究中心。依托广州国际创新创业中心、广州科技成果产业化基地等平台，搭建未来产业产学研协同创新平台。建立未来产业产学研对接机制，定期组织对接活动。加快推进合成生物研究设施、脑认知与脑疾病研究设施等项目建设，争取在量子信息、类脑智能等领域布局新的国家重大科技基础设施。

三是推动关键核心技术攻关。聚焦未来产业重点领域，组织实施重大科技专项和重点研发计划。建立产学研用协同的技术攻关机制，集中优势资源，组建联合攻关团队。支持建设一批未来产业重点实验室、工程研究中心等创新平台。鼓励跨领域技术交叉融合创新，加快颠覆性技术突破。

四是加快科技成果转化和产业化。实施高校、科研院所未来产业科技成果转化专项行动，支持设立未来产业技术转移机构。建立专业化的未来产业概念验证中心，提供早期科技成果评估、技术可行性评价等服务。支持科技成果中试熟化与产业化基地建设。完善科技成果转化服务体系，培育专业化技术转移机构和技术经理人。

（三）培育创新主体，构建未来产业创新生态体系

一是实施未来产业优质企业梯度培育计划。鼓励科技领军企业勇闯科技前沿的"无人区"。聚焦未来产业重点领域，培育创新能力突出、核心竞争力强、行业影响力大的骨干企业。支持龙头企业建立未来产业创新中心。到2027年，培育5家以上未来产业生态主导型、平台引领型企业，50家以上具有核心技术优势的细分行业骨干企业。

二是实施未来产业"独角兽"培育计划。建立未来产业企业成长数据库，建立动态跟踪和培育机制。通过股权投资、政府采购等方式，重点扶持成长性好的未来产业企业，力争到2027年培育15家以上未来产业独角兽企业。同时，加大对未来产业中小企业的培育力度，实施未来产业专精特新中小企业培育工程，培育50家以上未来产业领域的专精特新中小企业。

三是打造未来产业创新创业平台。建设未来产业创新型中小企业孵化基地和未来产业创新创业基地。支持高层次人才以科技成果作价入股方式创办企业。到2027年，建成10家以上未来产业孵化载体，构建"众创空间—孵化器—加速器—科技园"未来产业全链条孵化体系。支持新型研发机构快速发展，鼓励社会力量以市场化方式建设新型研发机构。

四是营造一个完善的未来产业生态系统。充分发挥行业领军企业的带动作用，建立未来产业的完整价值链条，并同步构建前沿的技术支撑体系。结合先前规划的未来产业先行试验区（先导区），引导各区域形成特色鲜明、优势互补的产业集群，促进专业化、集约化发展。同时，需要革新产业管理与服务模式，积极部署和应用数字化工具，以提升供应链与产业链的协同效率和韧性。此外，将重点建设若干未来产业创新核心承载区，例如，将南沙科学城定位为全市未来产业创新的主要发源地与驱动核，推动黄埔区发展成为下一代电子信息技术及先进材料产业的重要基地，并将天河智慧城建设成未来网络通信技术与人工智能应用的高地。

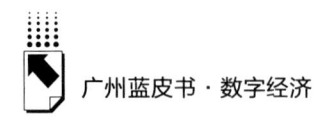

（四）构建政策体系，强化未来产业发展要素保障

一是构建全方位未来产业人才培养引进体系。实施全球招才引智工程，面向未来产业战略急需技术领域，招引具有世界影响力的战略科学家、青年科技人才、一流科技领军人才和卓越工程师。制订"广州未来产业领军人才"计划，采取"一人一策、一事一议"方式给予支持。建立未来产业核心人才库和绘制紧缺人才图谱，加快探索校企双进人才培养机制，建设"科学家社群"和"企业家社群"。探索"从0到1"驱动的创新型人才培养模式，构建以挑战性问题为导向的开放平台，支持高校、科研院所与科技企业联合设立"创投学院"。

二是创新资金支持模式，构建多元化投融资体系。设立未来产业发展专项资金，采取股权投资、贷款贴息、研发补助等多种方式，精准支持未来产业发展的不同环节和阶段。采取市场化方式设立未来产业投资基金，引导社会资本投向未来产业领域的种子期、初创期企业，以及产业化前景好的科技成果转化项目。鼓励银行机构开发符合未来产业特点的金融产品，加大科技信贷投放力度。支持融资担保机构为企业提供融资担保服务。建立健全多层次科技金融服务网络，打造一批未来产业领域"产学研招投"协同创新平台，探索搭建集聚天使投资人、高成长科创项目、初创科技型企业的天使投资专业化服务平台，强化对早期项目的发现及投资。

三是设立并培育未来产业先导区，以此驱动产业集群化、规模化发展。深度整合并利用广州现有国家级高新技术产业开发区、自由贸易试验区的制度创新与开放政策优势，以及区域内重点高校的雄厚科研实力和丰富人才储备。通过严谨评估与科学论证，择优选取如黄埔、天河、南沙、番禺等区位条件突出、创新要素密集、基础设施完善且具备广阔发展潜力的区域，进行未来产业先导区的系统性规划布局与高标准建设实施。其核心任务在于精心构筑一个覆盖未来健康、未来信息、未来制造、未来材料、未来能源以及未来空间的前瞻性产业发展框架，明确未来经济社会发展的关键技术和产业方向。例如，在未来健康领域探索精准医疗与智慧康养新模式，在未来信息领域抢占下一代通信、人工智能和量子计算高地,在未来制造领域推动智能装备与柔性生产普及,在未来材料领域研发颠覆性新材料,在未来能源领域聚焦清洁能源与高效储能技术,在未来空间领域实现空天资源的商业化与深度应用。

(五)布局六大重点领域,打造未来产业发展高地

一是优先发展未来健康产业。重点发展精准医疗、细胞和基因治疗、脑科学与脑机接口、合成生物学、高端医疗器械和数字健康等领域。依托广州国际生物岛、南沙科学城、中新广州知识城等载体,打造生命健康未来产业集群。建设广州合成生物学研究院、广州脑科学研究院等重大科技基础设施。实施"生物医药人才高地计划",吸引全球顶尖科学家和创新团队。在广州国际生物岛设立生物医药成果转化中心,为科研成果产业化提供全方位服务。支持新技术、新产品在医疗机构、社区卫生服务中心等场所的示范应用。

二是积极布局未来信息产业。重点发展新一代信息网络技术、人工智能与区块链、新型显示技术、超级计算、量子信息等领域。以广州琶洲人工智能与数字经济试验区、天河智慧城、国家超级计算广州中心为核心载体,打造未来信息产业高地。设立未来信息技术创新基金,支持6G、量子通信等前沿领域研究。组建广州量子科学研究院,打造世界一流的量子科技创新平台。在广州科学城或中新广州知识城规划建设"量子谷",打造量子科技产业集聚区。实施未来信息产业链补链工程,完善产业生态。

三是大力发展未来制造产业。重点发展智能制造、工业互联网、智能网联汽车、人形机器人、低空智能装备、增材制造等领域。依托广州科学城、南沙智能网联汽车示范区、黄埔区等载体,构建未来制造产业体系。建设广州智能制造创新中心,整合产学研资源,推动前沿技术突破。组建智能机器人和智能飞行器新型研究机构,开展关键技术攻关。在广州南沙、黄埔等区建设智能网联汽车测试示范区。建设低空智能装备试飞基地,支持新型智能飞行器的研发和测试。

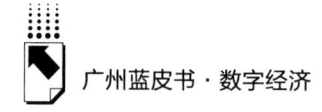

四是积极布局未来材料产业。重点发展纳米材料、仿生智能材料、高性能复合材料、新型显示材料、前沿新材料等领域。以广州开发区、中国纳米谷、广州民营科技园、增城区为核心载体，打造未来材料产业集群。建设广州未来材料研究院，整合全市材料科学研究资源。加快建设中国纳米谷等重大平台，推动纳米材料产业化。支持广州开发区打造新材料产业国家高技术产业基地。实施未来材料产业链培育工程，构建完整的产业链。

五是积极发展未来能源产业。重点发展新型储能技术、氢能技术、智能电网技术、新能源汽车技术、能源互联网技术、可控核聚变技术等。依托广州科学城、南沙区、黄埔区、广州民营科技园、增城区等载体，构建未来能源产业体系。加快建设广东省新型储能创新中心，打造集技术研发、检测认证、中试孵化于一体的创新平台。在广州国际生物岛设立未来能源产业孵化基地，吸引全球顶尖能源科技企业和团队。在南沙科学城布局氢能产业链，支持氢燃料电池技术研发和产业化。在广州白云机场建设"零碳机场"示范工程，推广氢能、光伏等清洁能源应用。

六是积极发展未来空间产业。重点发展低空经济、商业航天、深海探测与开发、空间信息服务、智能无人系统、空天地一体化信息网络等领域。以南沙科学城、广州国际生物岛、黄埔区、广州低空经济示范区为核心载体，打造未来空间产业高地。建设广州未来空间技术创新中心，整合产学研资源，打造开放式创新平台。建设广州低空经济示范区，为智能飞行器提供试飞和应用环境。建立智能遥感监测网"天眼"试点，构建全方位、立体化、智能化的低空遥感监测网。

（六）创新运营模式，打造未来产业应用场景

一是构建未来产业示范应用场景。建立一条从"构想未来情景"到"开展试点验证"，再到"普及推广实践"的完整场景开发路径。每年将面向社会征集并公布对未来产业应用场景的具体需求。优先选择智慧城市、先进制造、数字化医疗服务以及低空经济等前沿领域进先行示范。具体而言，计划优先打造广州国际金融城、琶洲粤港澳深度合作示范区等，运用5G通

信、人工智能、区块链等先进技术，建设标杆性的智慧城市体验区。

二是着力挖掘并拓展未来产业的新应用情景。聚焦装备制造、基础材料、日用消费品等关键行业，针对设计、制造、质检及后期维护等不同阶段，构建应用测试平台。通过新一代信息技术与制造业的融合，加快产业链在结构布局、运作流程及商业模式上的革新重塑，从而孕育面向未来的制造新业态。同时，要充分利用大型国有企业拥有的良好环境，促进多元化的前瞻性制造应用场景加速落地。

三是构建跨行业、跨领域的集成应用场景。借助举办大型活动或参与重要项目的契机，推动尖端技术与创新产品在不同领域进行全面部署。利用诸如载人航天工程、深海探测及地球深部探索等国家级重大工程提供的独特平台，加快科技成果转化与创新实践。结合城市群与都市圈的发展规划，创建环保、高效的产业与城市协同发展模式。此外，要积极打造信息服务新形态，促进形成覆盖广泛、机会均等、操作简便且高度智能化的信息服务新标准。

四是政府引领未来产业技术应用。在政务服务、城市管理、公共安全等领域，率先应用人工智能、区块链、量子通信等未来产业技术。设立未来产业创新产品与服务推荐目录，对列入目录的产品在政府采购中给予优先考虑。落实政府采购支持首台（套）相关政策，鼓励首购、订购新技术、新产品、新服务。

参考文献

沈梓鑫、江飞涛：《未来产业与战略性新兴产业的创新与新质生产力：理论逻辑和实践路径》，《暨南学报》（哲学社会科学版）2024年第6期。

石先梅：《新质生产力的系统性特征与演进逻辑》，《宁夏社会科学》2024年第4期。

黄庆礼等：《依托创新基础设施集群培育未来产业的思考》，《中国科学院院刊》2024年第7期。

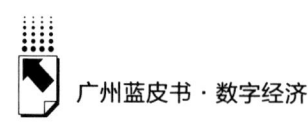

邱斌、吴可心：《以未来产业支撑新质生产力发展：理论逻辑与实践路径》，《江海学刊》2024年第4期。

谢芬、杜坤伦：《未来产业高质量发展的生命周期演化与政策体系构建》，《江海学刊》2024年第4期。

史占中：《"数字+算法"驱动未来产业生态演进与培育研究》，《人民论坛·学术前沿》2024年第12期。

宋宪萍：《从赋能到使能：人工智能驱动下的未来产业培育》，《人民论坛·学术前沿》2024年第12期。

龙海波：《未来产业创新生态：框架、实践与动能》，《人民论坛·学术前沿》2024年第12期。

数字产业篇

B.6
广州构筑人形机器人产业新支柱的战略重点和行动策略

广州市社会科学院课题组[*]

摘　要： 人形机器人集人工智能、高端制造、新材料等先进技术于一体，有望成为继计算机、智能手机、新能源汽车后带动千行百业、走进千家万户的新型终端产品，是国际科技和产业竞争的前沿领域之一，其市场规模可达万亿级。当前，人形机器人产业发展仍处于初期，技术持续迭代升级，产业链条加速布局重构，中美两国引领全球技术创新，中国企业加速追赶，并正以全产业链模式加速国产替代。广州人形机器人产业总体处于"跟跑"状态。未来广州可发

---

[*] 课题组成员：张跃国，广州市社会科学院党组书记、院长、研究员，研究方向为城市发展战略、创新发展、传统文化；葛志专，广州市社会科学院区域发展研究所研究员，研究方向为区域经济、港澳经济、数字经济等；程风雨，博士，广州市社会科学院区域发展研究所副所长、研究员，研究方向为城市与国际经济；覃剑，博士，广州市社会科学院区域发展研究所所长、广州城市战略研究院常务副院长，研究员，研究方向为城市与区域经济；邹小华，博士，广州市社会科学院区域发展研究所副研究员，研究方向为全球城市；王翔宇，广州市社会科学院区域发展研究所博士研究生，研究方向为城市与区域经济、产业地理；秦一博，广州市社会科学院博士后，研究方向为区域经济。

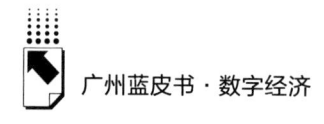

挥其科研创新能力较强、现代化产业体系完备和商业应用场景丰富的优势，以数实融合为导向，以人形机器人终端产品"研发+制造+应用"为重点，形成"政策牵引+基础科研+引育联动+场景应用"的"广州路径"，打造具有国际影响力的人形机器人创新中心、制造中心和赋能中心，助力"12218"现代化产业体系做大做强。以打造人形机器人整机品牌为牵引，强化政策和要素供给，构建环节完备、实力领先的产业链条。发挥国资国企、科技资本企业、中小科技企业三类企业的筑链强链功能，培育扎根性强、成长性高的产业主体。聚力打造"1+1+3"空间布局，加快形成上下贯通、互促互进的产业生态。

关键词： 人形机器人　新质生产力　广州

人形机器人集人工智能、高端制造、新材料等先进技术于一体，有望成为继计算机、智能手机、新能源汽车后带动千行百业、走进千家万户的新型终端产品，是国际科技和产业竞争的前沿领域之一，其市场规模可达万亿级。当前，机器人产业发展总体处于初期，我国已明确将其作为九大未来产业之一，并加大力度统筹推进。各地纷纷抢占这一赛道，以北京、上海、深圳、杭州、合肥、无锡等城市为第一梯队的产业高地加速崛起，集聚大约70%的国内代表性人形机器人整机企业。广州具备工业机器人产业链成形，芯片产业初步集群，电子信息、软件和信息业稳固，国资国企家底厚实的基础条件和优势，需牢牢把握我国机器人产业自立自强、换代跨越的战略机遇期，加快解决技术实力不强、产业基础薄弱、高端供给匮乏、要素支撑不足等问题，推动人形机器人产业聚链成势、新质生产力加快培育，助力"12218"现代化产业体系做大做强。

一　人形机器人产业链构成与企业分布

（一）感知系统、控制系统、执行系统构成产业链核心部分

人形机器人还没有明确的定义，从其功能角度来看，是具有与人类似的

身体结构和运动方式的智能机器人,包括头、躯干和四肢,使用双足行走,用多指手执行各种操作,并具有智能认知和决策功能。从产业链构成来看,人形机器人产业链主要包括上游的零部件及系统、中游的研发及生产、下游的场景应用(见表1)。

表1 人形机器人产业链构成

\multicolumn{3}{c}{上游:零部件及系统}		
执行系统	旋转执行器	减速器(谐波减速器、RV减速器、行星减速器) 无框力矩电机 力矩传感器
	线性执行器	丝杠(滑动丝杠、滚珠丝杠和行星滚柱丝杠) 空心杯电机 轴承
	灵巧手	伺服电机 红外探测 步进电机
感知系统	力传感器	压力传感器、应变传感器、磁电传感器、压电传感器、扭转传感器等
	视觉传感器	图像传感器、相机、摄像头、雷达等
	编码器	磁编码器、光编码器、电感编码器
	\multicolumn{2}{l}{感知软件(语音识别、视觉识别、位置识别、运动识别)、认知软件(语言处理、深度语义、知识图谱)、决策软件(路径规划、行为决策)等}	
控制与交互系统	算法与系统	步态规划、人机交互、手眼协调、视觉与导航、语言交互、IoT物联网
	芯片	GPU、CPU
动力系统	\multicolumn{2}{l}{电池、充电装置}	
结构件	\multicolumn{2}{l}{机体骨架、玻璃面罩、触摸屏等}	
热管理系统	\multicolumn{2}{l}{散热片与导热材料,风冷组件,液冷循环系统,液冷管道,冷却泵及散热器,相变材料,温度传感器,热管理控制器}	
\multicolumn{3}{c}{中游:研发及生产}		
研发	本体生产	系统集成
硬件	组装	软件系统
软件	测试	场景训练

续表

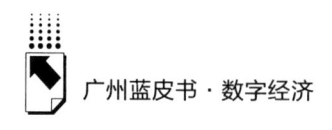

	下游：场景应用
服务	家庭服务、商业服务、公共服务、医疗护理等
工业	汽车制造、电子组装、矿藏开采、化工生产、食品生产加工、屠宰业等
军事	—

数据来源：课题组整理。

（二）产业生态加速构建，但规模化应用仍处于早期阶段

国外以特斯拉人形机器人为代表，加快实现从"专用"到"通用"的升级，特定场景率先落地。近十年国内企业积极布局人形机器人产业，正在以全产业链模式加速国产替代：在上游核心零部件、软件与控制系统领域取得技术突破，实现国产替代；在中游、下游环节，头部企业往往选择"核心零部件生产+本体生产+系统集成"的全产业链模式，以获得整体竞争优势。尽管产业生态加速构建，但人形机器人尚未在下游终端应用领域实现规模化商业应用，且部分核心零部件在人形机器人领域的应用尚未得到充分验证。各参与方仍以研发为主，将其定位为基础研究平台。标杆企业针对特定任务和环境设计人形机器人，推进数据采集、产品迭代和商业化落地，小批量应用于汽车、物流等"流水线"场景。

（三）科技领军企业成为产业发展的重要推动者

当前，布局人工智能、人形机器人等新赛道的企业主要有三种类型。第一类是在信息科技领域已有一定基础的企业，以自主研发、并购投资等方式布局人工智能产业（含人形机器人）新赛道，这类企业具有较大的影响力。在2024年《财富》世界500强企业中，高科技企业共33家，其中28家已经参与具身智能（含人形机器人）布局，代表全球科技和产业的演进方向和新赛道，另外5家是零部件或关键环节的供应商（见表2）。第二类是跨行业的科技领军企业，如汽车行业的宝马、通用、比亚迪，家电行业的松下、美的等，推动人形机器人与所在主导行业的生产流程相结合，在车间、物流、产线等场景的应用,为行业降本增效。第三类是行业新势力,主要是从零做起的小微型科创企业或团队,依靠科技风投融资进军新赛道。

表2 世界500强中的33家高科技企业布局具身智能的情况

企业名称	有无布局	企业名称	有无布局	企业名称	有无布局
苹果	有	西门子	有	三星电子	有
谷歌	有	施耐德电气	无	LG电子	有
微软	有	霍尼韦尔	无	华为	有
英伟达	有	博世集团	无	腾讯	有
亚马逊	有	松下电器	有	阿里巴巴	有
Facebook	有	三菱电机	无	京东	有
IBM	有	东芝	有	拼多多	有
英特尔	有	富士通	有	美团	有
高通	有	夏普	有	字节跳动	有
甲骨文	有	佳能	无	小米集团	有
赛默飞	有	日立	有	特斯拉	有

数据来源:《财富》世界500强企业榜单,2024年8月发布;课题组整理。

(四)美日欧企业技术优势明显,中国企业加速追赶

2025年2月,美国摩根士丹利公司发布《人形机器人100:绘制人形机器人价值链图谱》报告,梳理了全球人形机器人领域上市公司的100强名单[1],表3显示绝大部分为中美两国公司,在已确认涉足人形机器人领域的公司中,73%位于亚洲,其中56%来自中国。大脑领域的公司主要集中在北美地区,中国大陆仅有百度、地平线机器人2家公司;身体领域的中国大陆公司较多,是中国企业的强项;在集成商中,有77%来自亚洲。当然,该报告梳理的公司为上市公司,部分具备创新实力的科技型中小公司并未被列出。

---

[1] 该报告中52%的公司已有公开报道称参与人形机器人产业链,48%的公司暂未有明确报道,但摩根士丹利公司研究认为这些公司最终参与其中的可能性很大;部分公司在两个领域均有布局。

125

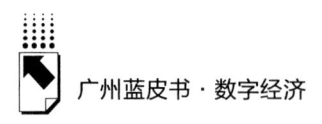

表3　全球人形机器人价值链上100家上市公司的分布情况

三大核心环节	细分领域	上市公司	
		其他国家和地区	中国大陆
大脑	基础模型	Alphabet（美国）、Meta（美国）、微软（美国）、英伟达（美国）	百度（北京）
	数据科学与分析	甲骨文（美国）、帕兰提尔（美国）	
	模拟与视觉软件	Alphabet（美国）、达索系统（法国）、海克斯康（瑞典）、Meta（美国）、英伟达（美国）、西门子（德国）	
	视觉与计算半导体	安霸（美国）、英特尔（美国）、Mobileye（以色列）、英伟达（美国）、高通（美国）	地平线机器人（北京）
	内存	美光（美国）、SK海力士（韩国）、三星电子（韩国）	
	半导体设计商	安谋国际科技（英国）、楷登电子（美国）、新思科技（美国）	
	半导体制造	英特尔（美国）、三星电子（韩国）、台积电（中国台湾）	
身体	执行器部件	轴承公司：NSK（日本）、RBC轴承（美国）、Regal Rexnord（美国）、舍弗勒（德国）、铁姆肯（美国）	
		螺丝公司：上银科技（中国台湾）、NSK（日本）、斯凯孚（瑞典）、THK（日本）	恒立（常州）、上海贝铁（上海）
		齿轮与减速器公司：谐波传动系统（日本）、上银科技（中国台湾）、和大工业（中国台湾）、纳博特斯克（日本）、Regal Rexnord（美国）、铁姆肯（美国）	LeaderDrive（苏州）、双环传动（杭州）、中大力德（宁波）
		电机公司：日本电产（日本）、Regal Rexnord（美国）、森萨塔（美国） 稀土磁体公司：莱纳斯稀土（澳大利亚）、MP Materials（美国）	埃斯顿（南京）、雷赛智能（深圳）、鸣志电器（上海）、深圳汇川技术（深圳）、兆威机电（深圳）、中大力德（宁波）、北方稀土（包头）、金力永磁（赣州）
		编码器公司：日本电产（日本）、诺凡特（美国）、森萨塔（美国）	

续表

三大核心环节	细分领域	上市公司	
		其他国家和地区	中国大陆
身体	传感器	摄像头与视觉传感公司：亚德诺半导体、海克斯康、英特尔（美国）、基恩士（日本）、安森美半导体（美国）、索尼集团（日本）、泰科电子（爱尔兰）、Teledyne Technologies（日本）	速腾聚创（深圳）、韦尔股份（上海）
		雷达与激光雷达公司：安波福（爱尔兰）、英特尔（美国）、麦格纳（加拿大）、Teledyne Technologies（日本）、法雷奥（法国）	速腾聚创（深圳）
		磁传感器公司：亚德诺微系统（美国）、迈来芯（比利时）	
		力与扭矩传感器公司：诺凡特（美国）、森萨塔（美国）、泰科电子（爱尔兰）	柯力传感（宁波）
	电池	LG新能源（韩国）、三星SDI（韩国）	宁德时代（宁德）、亿纬锂能（惠州）
	模拟半导体	亚德诺微系统（美国）、英飞凌（德国）、迈来芯（比利时）、恩智浦（荷兰）、安森美半导体（美国）、瑞萨电子（日本）、意法半导体（瑞士）、德州仪器（美国）	韦尔股份（上海）
	机身、布线、散热	安费诺（美国）、安波福（爱尔兰）、麦格纳（加拿大）、泰科电子（爱尔兰）	旭升集团（宁波）、三花智控（绍兴）、拓普集团（宁波）
	多元化自动化	鸿海精密/富士康（中国台湾）、霍尼韦尔（美国）、罗克韦尔自动化（美国）、西门子（德国）	
集成商	汽车行业	现代/波士顿动力（韩国）、特斯拉（美国）、丰田（日本）	比亚迪（深圳）、广汽集团（广州）、小鹏汽车（广州）
	消费电子行业	苹果（美国）、鸿海精密/富士康（中国台湾）、LG电子（韩国）、三星电子（韩国）、索尼集团（日本）	小米（北京）
	互联网行业	亚马逊（美国）、Naver（韩国）	阿里巴巴（杭州）、腾讯（深圳）
	传统机器人公司	泰瑞达（美国）、ABB（瑞士）	美的/库卡（佛山）
	类人形机器人专业公司	彩虹机器人（韩国）	优必选（深圳）

数据来源：摩根士丹利《人形机器人100：绘制人形机器人价值链图谱》，2025年2月；课题组整理。

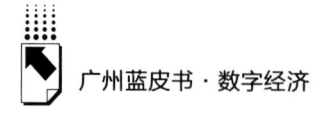

综合来看，在竞争力对比上，虽然中国已经在供应链部分环节取得了数量优势，但在技术、市场竞争力方面仍处于落后或加速追赶阶段。在基础模型方面，DeepSeek 一枝独秀，但还没有形成与 OpenAI、英伟达等企业相媲美的生成式人工智能（AIGC）、芯片集群式竞争力；在市场份额上，绝大部分均被美国、日本、欧洲公司占据，这些国家和地区的企业均在中国布局多年，而中国企业尚未形成海外布局。在减速器方面，日本企业哈默纳科、纳博特斯克、住友占据谐波减速器、RV 减速器市场的主导地位，德国企业纽卡特、威腾斯坦、赛威传动等占据行星减速器领域的领先地位；在电机方面，日系企业安川、三菱、三洋、欧姆龙、松下等公司主导小型功率和中型功率产品市场，欧洲的西门子、博世力士乐、施耐德等公司占据大伺服电机优势地位。全球空心杯电机市场高度集中，瑞士 Maxon、德国 Faulhaber 等企业掌握线圈关键技术，叠加 Portescap、Allied Motion Technologies，这几家头部厂商合计占据全球约 65% 的市场份额。在传感器方面，国外六维力矩传感器厂商主要有 ADI、ST 以及 TDK 等，柔性传感器技术全球领先的三大厂商包括 Novasentis、Tekscan、JDI，而国内柔性传感器主要应用于消费电子领域，人形机器人领域的应用目前尚处于验证和测试阶段。

二　人形机器人产业发展趋势

（一）技术持续迭代升级，人工智能成为关键动力

人形机器人是科技创新实力的综合体现和技术水平进步的重要标志，至今大致经历了四个阶段（见表4）。第一阶段（1969~1995 年）为早期试验探索阶段，以简单结构驱动为主；第二阶段（1996~2015 年）实现了关节驱动，可以连续行走，但还未实现具体场景应用；第三阶段（2016~2020 年）实现了跑步、转弯、识别特定人群面孔系统的高度集成，已经可以用于科学展示与教育培训等方面，但依然处于机械运动阶段。第四阶段（2021 年至今）是当前"人工智能+机器人"融合阶段，得益于人工智能大

模型的使用，人形机器人成为 AIGC 实现具身智能最合适的形态，AI 芯片、电机、传感器等关键硬件设备技术逐步被攻克，人形机器人向能够发挥自主决策等功能的高动态运动阶段迈进，实现多场景作业。

表4 人形机器人技术阶段划分

技术阶段	技术类型	技术功能表现	代表性产品
第一阶段(1969~1995年)	机械型	机器人运动是一个缓慢行走的过程	日本早稻田大学的人形机器人 WABOT
第二阶段(1996~2015年)		可以连续行走,更多考虑机器人的质心惯量以及质心加速度等因素	日本本田公司的人形机器人 ASIMO
第三阶段(2016~2020年)		高动态的运动性能	美国波士顿动力的 Atlas 机器人
第四阶段(2021年至今)	智能型	人工智能技术融合应用,具备简单的自我控制和决策功能。部分特定功能的人形机器人开始进入生产车间,进入商业化落地的初始阶段	特斯拉的 Optimus、亚马逊的 Digit、优必选的 Walker 系列

数据来源：课题组整理。

从全球人形机器人技术创新趋势来看，各项硬件技术和智能系统加速迭代研发，"大脑、小脑、肢体"等一批关键技术不断突破。未来技术突破的重点将集中在硬件和材料系统的稳定性、多模态大模型的场景适应性提升、机器人本体的更新换代、产业链上下游的联通、道德伦理安全和法规制定等方面，特别是人工智能技术的快速演变和在全环节的渗透，将加速人形机器人的技术升级乃至理念更新。

（二）产业投融资空前活跃，市场推动力持续增强

在前期发展过程中，受到技术瓶颈、成本高企、商业化较难等因素的影响，人形机器人并未引发投资热潮。随着以 ChatGPT 为代表的通用人工智能大模型出现，人形机器人逐步成为资本投资热点领域，被赋予更高的商业价值。投资界普遍视人形机器人是具身智能的未来，可作为天然的商业入口。

从行业动态来看，近两年几乎每个月都有新的人形机器人企业成立，每个月都有人形机器人新产品或新技术面世。据不完全统计，2024年1~10月全球人形机器人行业共发生69起融资事件，公布金额的融资事件总额超过110亿元，融资大部分集中在人形机器人本体领域，以及通用具身大模型、关节模组、传感器、灵巧手等领域。

从融资区域来看，美国、欧洲、日本和中国等主要市场均有分布，"投早、投小"成行业共性。中国企业与美国企业的融资占到总体的86.96%。2024年1~10月，我国融资事件数量和金额全球领先，共发生了56起融资事件，总额超过50亿元（见表5）。完成融资的企业普遍是新生代势力，处于发展的早期阶段，成立时间基本在2022年之后，且融资主要集中在A轮之前。同时，国内机器人企业加快融入资本市场。2015~2023年，上市的国内机器人企业达到118家，其中有16家在主板上市。

表5　2022~2024年（1~10月）我国人形机器人融资情况

单位：起，亿元

时间	融资事件数量	融资金额	平均单笔融资额
2022年	2	4.80	2.40
2023年	19	25.95	1.37
2024年（1~10月）	56	超50	1.00

数据来源：课题组整理。

（三）万亿级市场加速开启，中国市场备受青睐

人形机器人具备技术含量高、产业链条长、带动作用大、市场需求广的特点。随着生成式人工智能、执行器与机械、电池存储这三个关键技术领域的不断突破，生产成本将大幅降低，商业化可能性大大提高，未来将成为面向大众的消费品。国内外多家行业权威机构均认为人形机器人将开启万亿级市场，从特定工业场景到城市公共空间再到家庭生活，其泛化应用将加速实现。中国市场更是备受关注（见表6），获得国内外机构的一致认可。总体

来看，随着技术进步和社会需求的变化，人形机器人将打破工厂、商用和家用壁垒成为真正通用的产品，其市场将保持强劲的增长态势。

表6 部分机构（个人）关于人形机器人及中国人形机器人市场的预测

机构（个人）	发布时间	预测内容
Markets and Markets	2023年7月	预计2028年全球人形机器人市场规模将增长至138亿美元，5年内年均复合增长率将达到50.29%
高盛全球研究所	2024年1月	2035年，人形机器人市场规模将达到1540亿美元，与电动汽车市场相当，相当于2021年智能手机市场规模的1/3，并能在很大程度上解决制造业和老年护理等领域劳动力短缺的问题。2024~2035年，人形机器人出货量增长率预计在75%~389%，并有望于2031年提前达到100万台，将能够取代10%~15%的危险、有害以及汽车制造相关工作
赛迪研究院	2024年初	预计2026年我国人形机器人产业规模将突破200亿元
深圳市高工机器人有限公司	2024年初	中国在人形机器人赛道的年均增速将高于全球平均水平，到2030年将达到近380亿元，销量将从0.40万台左右增长至27.12万台
2024世界人工智能大会上发布的《人形机器人产业研究报告》	2024年7月	2024年，中国人形机器人市场规模将达到27.6亿元。到2029年，该市场规模有望扩大至750亿元，占据全球市场的32.7%。此外，该报告还进一步展望，到2035年，中国人形机器人市场规模有望达到3000亿元
特斯拉总裁埃隆·马斯克	2024年10月	预言2040年人形机器人与人口的比例是1∶1甚至2∶1，全球将有100亿个人形机器人投入使用，其数量将远大于人类总人口，对应的市场需求空间将达到百万亿美元规模
中国信息通信研究院	2024年12月	2028~2035年，我国整机市场规模达到50亿~500亿元；2035~2040年，我国整机市场规模达到1000亿~3000亿元；2040~2045年，我国整机市场规模达到5000亿~10000亿元；2045年后，我国整机市场规模达到10万亿元级别
摩根士丹利	2025年2月	收集了831个美国民用职业，发现约75%的职业和约40%的员工具有一定程度的"人形机器人可替代性"，预计潜在市场规模约为3万亿美元，或约6300万台人形机器人，若基于全球劳动力市场，潜在市场规模可能会大得多。就中国而言，预计到2050年，人形机器人市场规模将达到6万亿元，人形机器人总量将达到5900万台

数据来源：课题组整理。

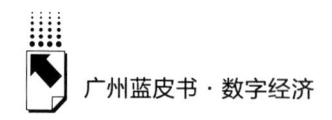

（四）竞争格局将从分化走向集中、从零散走向整合

随着软件算法加速迭代、核心部件国产化加速、应用场景大规模开放和各地的积极推动，人形机器人成本将逐步降低，功能越来越丰富，有望实现量产。同时，人形机器人作为全球产业新领域新赛道，在产业发展初期，行业发展模式、技术路径、规则制度等都还在探索中，往往成为科技创新、资本投资、商业竞争乃至国家博弈的热点，大批企业与创新主体竞相涌入。然而，人形机器人作为一个复杂的系统，涉及人工智能大模型、强大的算力、高精尖的芯片等，需要大规模、长期的资本投资以及大批科技和商业人才的支撑。与汽车、电脑、手机等发展历程和行业竞争规律类似，人形机器人将从当前的高度分散、零散布局的竞争格局走向集中和整合，从百花齐放走向寡头竞争。

三 广州发展人形机器人产业具备良好的条件

广州具备良好的制造业基础和工业体系、国资国企家底厚实、应用市场广阔，虽然人形机器人产业起步慢、积累少、链条短，但已实现零的突破[1]。未来，可以主动把握和利用产业支撑基础与生态优势，积极抢占人形机器人新赛道，加快形成产业新优势。

（一）工业机器人产业链基本建立，为发展人形机器人提供了新路径

工业机器人与人形机器人属于机器人产业发展的不同形态、不同阶段，硬件软件都具有较大差异，但在产业链组成和生产制造等环节具有一定的相似性，为发展人形机器人提供了借鉴和参照。当前，广州机器人产业链以工业机器人为主，工业机器人与人形机器人在部分技术环节具有一定的共性。

---

[1] 截至2025年2月，广州本地成长的人形机器人整机有3家，包括广州里工实业有限公司的"里工D1"、广汽集团的"GoMate"和小鹏汽车的"Iron"。

在上游环节，部分关键零部件实现本土化生产，如昊志机电的谐波减速器、广州数控的数控系统和伺服电机等，对国内供应链具有较强的支撑能力。在中游环节，人形机器人整机实现突破，小鹏汽车、广汽集团、广州里工实业有限公司都已经推出整机产品。在下游环节，广州数控、广州瑞松科技等代表性企业的自动化装备已经进入生产线。但广州人形机器人总体上还处于试验应用、模拟应用的阶段。

（二）芯片等产业初步形成链式集群，为发展人形机器人提供了必要的硬件支撑

经过多年积累，广州新一代信息技术产业集聚优势显现，超高清视频及新型显示产业、服务机器人、模拟芯片、集成电路圆片、液晶显示屏等细分领域具备较强竞争力。在集成电路领域，已基本形成包含多环节的产业生态、"一核两极多点"的产业格局，在晶圆制造、第三代半导体以及封装方面已经拥有较为先进的生产线。如粤芯的芯片与本地及全国的下游工业市场需求契合，可为物联网、大数据、云计算等科技产业提供有力支撑。增芯则重点发展智能传感器产业，其12英寸MEMS生产线生产的芯片相比其他同行8英寸、6英寸生产线的产品稳定性更佳。这些行业的不断延伸发展和技术进步，可为人形机器人研发创新提供良好的硬件支撑。

（三）软件和信息业基础稳固，为发展人形机器人提供了必要的软件支撑

作为中国软件名城，广州的集成电路设计、互联网信息服务、运行维护服务、信息系统集成和物联网技术服务、信息技术咨询服务等持续保持较快增长态势。截至2023年底，广州人工智能产业链相关企业总数超过2100家。截至2024年底，广州备案的大模型达到14个，这些行业的持续发展为人形机器人发展提供了所需的软件支撑。

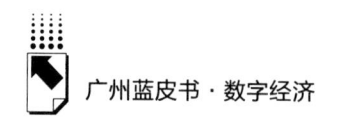

（四）国资国企家底厚实，为发展人形机器人等新产业新赛道提供了资源支撑

国家明确提出要推动国资成为更有担当的长期资本、耐心资本，完善国有资金出资、考核、容错、退出相关政策措施。国有资金已成为我国创投市场的重要资金来源，在解决市场募资难、投资难等问题，引导社会资本投早、投小、投硬科技等方面发挥了积极作用。以深圳、合肥为代表的地方国资更是主动进军风投圈和资本市场，有力促进新兴产业、科创企业的可持续发展。2024年上半年，国有控股和国有参股LP（有限合伙人）的合计披露出资金额占比达81.2%。广州国资总额已超7万亿元，稳居地市级（含副省级城市）地方国资实力第一，市国资委拥有控股上市公司37家，且多集中于实体产业领域，一方面为投资发展包括人形机器人在内的新兴产业积累了资源，另一方面为率先推动人形机器人产品应用提供了广阔市场。同时，广州较早设立新兴产业发展引导基金，其子基金投资领域聚焦新一代信息技术、智能装备与机器人等新兴产业。

四 广州加快发展人形机器人产业的策略与重点

机器人产业是广州"12218"现代化产业体系明确发展的重点新兴产业。未来，可充分发挥广州科研创新能力较强、现代化产业体系完备和商业应用场景丰富的优势，以数实融合为导向，以人形机器人终端产品"研发+制造+应用"为重点，全面构建人形机器人产业链群生态，加速实现从"跟跑"到"领跑"的跨越，打造具有国际影响力的人形机器人创新中心、制造中心和赋能中心。

（一）紧抓产业发展关键期，加快追赶北京、深圳、上海、杭州，抢占第一梯队

1. 加快推出产业发展具体行动计划

当前正值以人形机器人为代表的具身智能发展的前期攻关阶段，技术

进步、大规模商用、下游渗透正处于积极探索中。广州作为我国重要的中心城市、科技教育文化中心，十分有必要抓住这一窗口期，加快组建专职专班机构，制定中长期政策和近期行动计划，对人形机器人产业发展的基础条件、规划布局、未来方向进行深入分析研判，结合自身优势确定产业发展重点，布局相对完整的产业链条，带动包括信息技术、材料技术、工程技术等多个相关行业的发展，形成具有区域辐射力、国际影响力的"智能制造生态圈"。

2. 形成"政策牵引+基础科研+引育联动+场景应用"的"广州路径"

当前，头部城市基本形成各自的发展路径。北京形成"学术科研+政策中枢"路径，依托清华大学、北京理工大学等高校以及首都优势，贡献了全国近1/3的人形机器人专利；深圳形成"企业创新+市场驱动"的路径，依托强大的电子信息产业链以及华为、腾讯等在人工智能领域的优势，带动一批新兴企业发展；上海形成"产业生态+标准体系"的建设路径，依托张江科技园等高水平创新区，形成国内首个较为完善的人工智能产业生态，并率先制定人形机器人安全性能、技术规范等地方标准，构建产品质量认证体系；杭州形成"政策支持+数据支撑"的推进路径，2025年市级财政增至502亿元，15.7%投向新质生产力领域，设立最高5000万元算力券支持人工智能技术研发。借鉴先进城市经验，结合自身优势，广州可走"政策牵引+基础科研+引育联动+场景应用"的复合路径，用3~5年时间培育形成比较稳固的人形机器人产业基础和优势。

3. 面向市场需求实施分阶段分场景的可持续发展策略

人形机器人短期内大规模落地应用仍面临多重挑战，广州需以市场需求和场景适配为导向，不断完善产业可持续发展生态，分阶段推进技术突破与商业化落地。近期，优先推动以工业机器人为主，少量人形机器人在汽车、电子工业制造领域的协同应用，在场景应用中促进技术迭代，形成基础创新优势；中期，发挥广州作为国际商贸中心的优势，推动服务型机器人、特种机器人、人形机器人批量应用于现代服务业场景，做大应用市场，形成核心

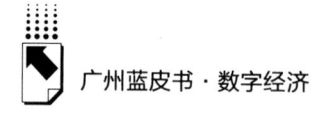

竞争力和地方特色；中远期，围绕居家养老、工业制造、商业服务、教育科研、特种作业等多样化场景需求，推动人形机器人在千行百业、千家万户的广泛运用，形成规模化品牌化优势。

（二）以打造人形机器人整机品牌为牵引，构建环节完备、实力强劲的产业链条

1. 打造高水平人形机器人整机品牌

以强大的整机（终端）品牌带动产业链供应链集群发展，是广州快速形成较强产业优势的制胜之道。目前，广州已有3家人形机器人整机企业，但都处于中试阶段，总体竞争力还不强。鉴于现阶段面临的技术门槛、成本居高，大规模商业化还需时日等挑战，广州需充分发挥自身创新链、产业链、人才链的优势，以科创型国企、专精特新企业为主导，在支持广汽集团、小鹏汽车、广州里工实业有限公司等企业做强做大的同时，培育形成若干自主创新能力、集成能力强的终端企业，最终形成1~2家行业顶尖人形机器人整机企业，提高产业链控制力、整体竞争力和韧性。鼓励总部及研发在外地的整机企业通过打造工业互联网平台，在广州建设"母子工厂"、生产基地。

2. 支持产业链关键环节攻关

围绕人形机器人感知系统、认知系统、执行系统等方面的人工智能系统、控制技术、电机技术、仿生技术、传感技术等开展技术攻关，尽快摸清技术"家底"，对有技术基础的机构，结合自身优势加速开展研发攻关；对于技术空白和缺口较大的环节，尽快开展与国内外机构的协同攻关。发挥海珠、黄埔、天河等区域内的数字产业企业集聚优势，支持以企业为创新主体，成立人形机器人技术研发集聚区，整合华南理工大学、中山大学、香港科技大学、中国科学院在穗机构等高校、科研院所以及粤港澳大湾区国家技术创新中心等重大创新平台资源，协同开展技术创新和工程制造攻关，加快实现人形机器人关键零部件研发制造的本土化。

（三）发挥三类企业的筑链强链延链功能，培育扎根性强、成长性高的产业主体

1. 增强国企国资筑链功能

借鉴北京、上海等城市以及世界500强企业的经验，支持广州相关国有企业利用自身人才、技术、资金优势，通过资源整合和战略调整，发挥技术引领、产业链整合、场景示范、资本赋能等多样化功能，进入人形机器人发展主赛道。鼓励广州汽车、电子、电器、电气、轻工类企业跨界投资人形机器人领域，支持广汽集团、广州数控、广州数科等龙头企业牵头组建创新联合体，形成"链主"优势。自主创新与引育合作相结合，构建"研发—转化—应用—反哺"的闭环生态，以集聚处于快速成长期的行业中小企业为目标，组建"整机企业+零部件商+场景用户"联盟，吸引产业链、供应链上下游企业扎根广州，协同发展。

2. 提升科技资本企业强链延链功能

借鉴学习深圳、合肥等地国资科技投资平台经验，优化产投、创投、天使母基金运作机制，加快提高广州科技金融投资新领域新赛道质效，注重投早、投小、投硬科技，加速构建市场、资金、政策、渠道一体化的政府支持、基金支撑、企业创新的联动发展模式，吸引人形机器人企业集聚发展，不断壮大产业规模。梳理人形机器人关键环节企业名单，通过参股、控股、债权融资等方式支持人形机器人潜力企业、科创企业发展，增强企业间资源流通和协作。开展"本地优供"供应链支持行动，为创新企业提供数据、空间、场景、资本等配套支持，实现典型场景示范应用，提高企业的技术研发和市场拓展等能力，推动其逐步成长为具备强竞争力、可持续发展的本土企业，实现产业链自主化。

3. 助推中小科技企业育链成链

目前，人形机器人产业主要由中小科技企业、青年创新团队推动，其发展在很大程度上得益于大企业的投资或技术加持。针对人形机器人核心技术不成熟、产业链生态不完善、应用场景落地难、法律法规和标准体系尚不完

善的阶段特点，可围绕"小而美"的中小科技企业、青年创新团队、技术发明专家，充分挖掘和寻找产业链上的创新型企业，以资金支持、技术创新与合作、市场应用推广、人才培养与引进等各种方式，支持初创企业、中小企业、创新团队技术攻关和成长壮大，打造创新沃土、人才摇篮，为人形机器人产业发展奠定基础。大力强化供应链协同创新，成立人形机器人产业联盟，促进整机厂商与零部件供应商的合作，鼓励下游企业积极试用联盟成员企业研制的机器人产品。

（四）聚力打造"1+1+3"空间布局，加快形成上下贯通、互促互进的产业生态

1. 打造1个人形机器人研发制造示范带

以纵贯南北的活力创新轴为廊道，以黄埔、番禺、南沙为重点区，对接深圳、东莞，大力发展人形机器人整机以及直驱电机、传感器、灵巧手等细分领域，打造国内一流的人形机器人研发制造示范带，带动人工智能、集成电路、新材料、新能源等上下游企业的集聚发展，促进产业转型升级。以广泛应用促进升级迭代，加强信息反馈和交流，着力设计研发适应性更强、功能更丰富的人形机器人新产品，促进其逐步赋能千行百业、走进千家万户。

2. 打造1个人形机器人应用示范区

借鉴北京、上海、深圳、杭州人形机器人产业集聚区建设经验，着力打造广州人形机器人标志性承载区、示范区，加快形成集聚效应、品牌效应。以广州琶洲人工智能与数字经济试验区、广州天河软件园、中大和华工国家科学园、广州大学城为主要承载区，创建人形机器人应用示范区。在示范区内打造多个"机器人+"应用示范场景，面向交通、应急、医疗、商贸物流、文旅、康养、楼宇服务、先进制造等领域，特别是面向车站、码头、医院、商超、景区等公共场所，开展一批"机器人+"应用示范，加快形成标志性场景、标志性服务、标志性业态，提高全社会对人形机器人发展的认知度和认可度。

3.打造3个人形机器人产业共性平台

广州围绕技术创新、中试训练等行业共性环节,重点打造3个产业共性平台。一是组建1个产业技术创新中心,由头部企业、高校和科研院所共建,向全行业开源开放,推动技术交流和资源共享,减少技术研发的重复投入。采用"企业出题、创新中心答题"模式,聚焦关键共性技术研发和生态建设,面向人工智能大模型、新材料、传感器、芯片、整机产品、关键零部件技术攻关和工程化等重点领域,突破一批"卡脖子""补短板"技术。

二是打造1个人形机器人专业训练场。人形机器人要实现商业化,必然需要海量数据、多元场景来进行训练和算法优化。2025年初,上海建设了全国首个虚实融合具身智能训练场,并形成"1+N+X"[①]的布局。为助力机器人企业攻克数据和场景方面的技术难题,降低量产成本,加速规模化应用,广州可选择两种方案。其一,主动对接上海人形机器人训练场,吸引其到广州建立训练场分部,服务广州人形机器人试验与应用。其二,由广州国企牵头,积极寻求相关央企支持,联合高校和科研院所、粤港澳大湾区人形机器人企业、科技企业自主建设训练场。

三是打造1个通用具身智能平台。依托产业技术创新中心,着力打造包括软件和硬件的广州版通用人形机器人母平台,支撑行业迭代升级和垂直化应用。开发覆盖"大脑""小脑"的底层软件平台,建设行业标准化通用具身智能数据集,提供具身大小脑综合解决方案,便于多模态多场景的模型迭代升级和垂直应用,推动智能机器人从单一任务执行向复杂环境下的自主决策转变。

(五)大力开展三项行动,加快形成要素充分、政策健全的良好局面

1.开展政策支持行动

梳理其他城市的支持政策,发挥产业空间充足、营商环境优越等比较优

[①] "1"即上海国家地方共建人形机器人创新中心的上海市级通用训练场,"N"即上海人形机器人企业数据训练分部,"X"即国内各省市训练场分部。

势，推出富有竞争力的资金支持、人才支持、平台支持政策，促进创新载体建设、创新产品研制、应用场景示范等，推动人才、科技、土地、资金等要素资源向人形机器人产业创新企业、创新项目和创新平台集聚。综合运用政府购买、财政贴息、政府基金联合社会资本等方式，支持广州机器人企业创新成果孵化和产业化应用。引导金融机构为人形机器人企业提供个性化信贷和融资服务。支持开展技术创新协作，场景应用推广，举办展会、论坛、竞赛等活动，推动企业成长壮大、蓬勃发展。发放"算力券"支持中小企业发展人工智能技术。

2. 开展补链强链行动

梳理产业链图谱、重点企业、潜在企业，由相关部门牵头组建由企业家、科学家、金融家、投资家等组成的复合型人形机器人招商专职团队，加快推进补链强链计划，积极参与广东省"十百千万"企业培育计划，围绕产业链上下游头部企业、中小科技企业、专精特新企业重点招商，支持其在穗设立分支分部、新型研发机构、生产应用车间，鼓励广汽集团、小鹏汽车、广州数控、广州数科等龙头企业以企引企，协同打造产业链、供应链、创新链。发挥广州会展经济优势，积极举办人形机器人国际展会，宣传广州产业基础和政策优势，促成企业项目在广州落地。

3. 实施引才育才工程

落实广东省"百万英才汇南粤行动计划"，实施"广聚英才"人才工程和重点产业人才开发培育工程，支持企业家、科学家、青年创新团队发展，对技术型产业工人、高校毕业生采取一次性奖励等综合支持措施，打造各类人才的汇聚之地、成就之地。借鉴深圳经验，设立引才引技专项基金，引进顶尖科研团队、国际高端人才，带动本地创新能力提升。支持国际人才孵化基地、国际化人才特区建设，集中引进人工智能、仿生学、材料学等领域的高级专家。鼓励知名大型人形机器人研发企业和机构在广州建立人才培养分支机构，引导本地企业与国际一流技术企业对接，引入全球最新的技术理念，培育储备一批专业人才。鼓励华南理工大学、中山大学、香港科技大学等本地高校开设机器人工程、人工智能等相关专业，构建人工智能及机器人本地高素质人才培养体系。推动校企合作，建立机器人专业人才培训基地，设立实习岗位和提供项目研发机会，为人形机器人产业的长远发展储备人才，增强产业可持续发展能力。

参考文献

　　李自钦：《国产人形机器人不断出新　未来发展空间广阔》，《金融时报》2025 年 4 月。

　　钮钦：《生成式人工智能对就业的影响及应对》，《中国就业》2025 年第 3 期。

　　刘云、张心同：《基于创新生态系统视角的未来产业培育模式——以人形机器人产业为例》，《科技进步与对策》2025 年 3 月 11 日。

　　刘伟：《人形机器人发展面临的挑战及未来趋势研判》，《人民论坛》2025 年第 4 期。

　　徐程浩等：《人形机器人技术与产业发展研究》，《中国工程科学》2025 年第 1 期。

B.7
粤港澳大湾区低空经济产业调查报告

普华永道"数字湾区"课题组*

摘　要： 自2024年作为未来产业写入国务院《政府工作报告》后，低空经济加速腾飞，我国与欧美形成新的产业竞争格局。预计到2026年低空经济产值将突破万亿元，成为我国新一个万亿级产业赛道，是新质生产力的重要支撑。目前，国内多个城市及城市群都在加码争抢低空经济"蛋糕"。粤港澳大湾区作为我国开放程度最高、经济活力最强的区域之一，在低空经济发展上具有综合优势。本报告通过对广东省及香港、澳门地区低空经济产业基础、政策支持、科技条件、企业画像进行分析，找准粤港澳大湾区发展低空经济的优势与不足，并提出相关建议。

关键词： 新质生产力　低空经济　粤港澳大湾区

全球低空经济正迎来快速发展的机遇期，世界主要经济体和全球头部企业在低空赛道上加紧布局、争夺"蛋糕"、制定标准。作为新质生产力发展的重要方向，我国加快布局低空经济产业，预计到2026年产业规模将超万亿元。粤港澳大湾区低空经济发展较早，具有良好的产业基础和条件，必然需要抢抓时代机遇。

＊ 课题组负责人：王斌，普华永道广东市场主管合伙人。课题组成员：赵安然、张艳、庞静怡、陈昊扬。

一　全球低空经济产业迎来快速发展期

（一）低空经济迎快速增长机遇期

据罗兰贝格研究机构的预测，到2050年，全球低空经济市场规模预计将超过60万亿元，这一数字足以彰显其巨大的发展潜力和对全球经济的重要影响。从规模来看，摩根士丹利预测全球空中城市交通（UAM）市场规模将在2040年达到1万亿美元，2050年达9万亿美元。

从全球主要经济体来看，美国eVTOL（电动垂直起降飞行器）市场和工业级无人机占据优势，中国约占全球30%的市场份额。此外，欧洲、日本低空经济产业规模也在迅速扩大，各经济体涌现出一批具有全球影响力的低空企业"头号玩家"。例如，总部位于美国的Alaka'i Technologies公司，生产依靠氢燃料动力电池驱动的eVTOL，目前已正式开启美国联邦航空管理局型号认证流程，计划于2025年推出首批eVTOL空中出租车；生产世界上第一架纯电动两座直升机的德国飞行制造商Volocopter，其核心产品电动空中出租车VoloCity已获得商业运营牌照，并完成超2000次试飞（见表1）。

表1　全球低空经济发展情况

国家/地区	基础配套	应用场景	市场规模	代表企业
美国	美国联邦航空管理局（FAA）首次提出城市空中交通的管理框架，发布针对eVTOL的适航审定专用条件等	2023年美国通用飞机数量为21.3万架，服务于多样化的民用需求，如公务飞行、出租飞行、空中旅游、医疗救援等	工业级无人机最大的市场，投资最活跃；eVTOL市场份额为35%，全球第一，预计2040年达177亿美元	Joby、Archer、Terrafugia、Honeywel

续表

国家/地区	基础配套	应用场景	市场规模	代表企业
欧洲	欧盟航空安全局（EASA）提出飞行器运行要求等；制定统一的空中交通管理规划和无人机交通管理规划；对无人机收集、存储和处理的个人数据进行严格规范和限制	欧盟提出"数字天空""无人机2.0"等概念，计划到2030年使无人机服务成为欧洲公民生活的一部分，包括紧急服务、测绘、成像和检测等	欧洲和中东地区eVTOL市场份额合计在30%以上；预计到2035年和2050年，无人机产业将创造1400亿欧元和3500亿欧元的产值	Lilium、Volocopter、Vertical
日本	日本经济产业省和新能源产业技术综合开发机构（NEDO）提出在5年内扩大无人机应用范围	石油海上平台飞行、港口直升机引航、观光娱乐、跨境飞行、城际飞行、医疗救护、山区搜救等	2024年日本无人机市场规模有望达到5073亿日元，预计2030年实现eVTOL空中出租车及重型货运无人机业务全面商业化	SkyDrive、本田、丰田等
中国	中国民用航空局（CAAC）印发《通用航空装备创新应用实施方案（2024—2030年）》《无人驾驶航空器飞行管理暂行条例》等	应急救援、农业植保、安防巡检、城市交通等	2026年低空经济市场规模有望突破万亿元，达到10644.6亿元	大疆、亿航、极飞、峰飞等

数据来源：腾讯研究院、前瞻产业研究院、中国信息通信研究院、美国航空制造商协会、赛迪研究院及普华永道分析。

（二）国际标准逐步健全

低空经济行业区别于地面交通、水面交通方式，其涉及的技术标准、管理标准、法律法规等还有待完善，国内外低空经济的规范化、可持续发展还在不断探索中。国际层面，美国率先构建低空基础设施标准体系，美国联邦航空管理局制定垂直起降场建设规范，涵盖场地几何参数、照明标识系统、充电设施布局等核心要素；美国国家航空航天局（NASA）推出技术成熟度分级体系（TCL1-TCL4），逐步实现从农业、消防和基础设施应用监控到高人口密度城市地区上空无人机运行任务的技术测试和实施等。欧盟委员会与欧洲航空安全局共同构建覆盖无人机全生命周期的管理框架，从研发设计阶段到运营环节实施动态监管，形成贯穿整条产业链的规范化发展路径。

我国虽已形成涵盖制造、运行、安全等环节的标准体系，但仍面临标准交叉重复、系统整合不足等问题。2025年2月，中国低空经济联盟启动"全国低空交通一张网"项目，旨在实现全国各地低空交通网络指挥平台和地面若干飞行服务设施、管理规则、接口等标准统一，从而为各地低空交通网络建设提供支撑。未来，随着政府、行业协会、企业等各方协同合作，我国积极参与国际标准和规范制定，低空经济有望迎来更加广阔的发展空间。

二 粤苏湘浙等省份汇聚超六成企业资源

（一）政策支持

低空经济的活动范围通常指1000米以内的空域，根据不同地点最高可延伸到3000米。低空经济最常见的产品包括无人机、eVTOL、直升机、传统固定翼飞机等。低空经济常见的众多应用场景包括但不限于城市空中交通（UAM）、物流运输、空中游览、应急救援、科研教育、城市管理、设施巡检等。同时催生了大量新兴产业，如低空飞行器的研发制造、低空业务运营、低空基础设施建设与运营、低空飞行服务、低空空域运营、低空金融与保险业等。

近年来我国持续加大政策供给力度，为低空经济发展护航（见表2）。自2017年以来，民用无人机制造和驾驶标准、空中交通管理逐步规范。在2023年底的中央经济工作会议上和《2024年政府工作报告》中，低空经济作为新质生产力的代表性产业，与生物制造、商业航天等行业一起，被列为要积极打造的"战略性新兴产业"和"新增长引擎"，标志着我国低空经济元年到来。

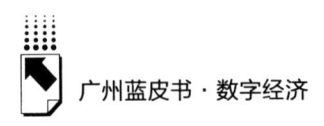

表2 2017~2024年低空经济产业发展的相关政策

时间	相关政策
2017年12月	工业和信息化部发布的《关于促进和规范民用无人机制造业发展的指导意见》实施
2019年5月	中国民用航空局空管行业管理办公室出台《关于促进民用无人驾驶航空发展的指导意见(征求意见稿)》,提升民用无人驾驶航空管理与服务质量
2021年2月	中共中央、国务院印发《国家综合立体交通网规划纲要》,发展交通运输平台经济、枢纽经济、通道经济、低空经济。低空经济首次被纳入国家规划纲要
2023年5月	国务院、中央军委公布《无人驾驶航空器飞行管理暂行条例》(自2024年1月1日起施行),对在中华人民共和国境内从事无人驾驶航空器飞行以及有关活动进行规范,也标志着低空经济元年的到来
2023年11月	《中华人民共和国空域管理条例(征求意见稿)》公布,旨在加强和规范空域资源管理,维护国家安全、公共安全和航空安全,促进经济社会发展和国防军队建设
2023年12月	中央经济工作会议提出,打造生物制造、商业航天、低空经济等若干战略性新兴产业
2023年12月	中国民用航空局发布实施《国家空域基础分类方法》,为充分利用国家空域资源,规范空域划设和管理使用提供规范和指引
2024年3月	《2024年政府工作报告》提出,积极打造生物制造、商业航天、低空经济等新增长引擎
2024年3月	工业和信息化部、科学技术部、财政部、中国民用航空局印发《通用航空装备创新应用实施方案(2024—2030年)》,提出到2030年低空经济形成万亿级市场规模
2024年7月	中国共产党第二十届中央委员会第三次全体会议通过《中共中央关于进一步全面深化改革 推进中国式现代化的决定》,明确指出要建立未来产业投入增长机制,发展通用航空和低空经济
2024年11月	据媒体报道,中央空中交通管理委员会即将在合肥、杭州、深圳、苏州、成都、重庆6个城市开展eVTOL试点
2024年12月	国家发展改革委成立低空经济发展司,负责拟订并组织实施低空经济发展战略、中长期发展规划,提出有关政策建议,协调有关重大问题等

全国各地相继出台支持低空经济高质量发展的措施，并围绕低空经济全流程监管进行立法。截至2023年底，全国已有18个省份将低空经济写入2024年地方政府工作报告，26个省（区、市）发布低空经济相关政策。

（二）产业规模迈向万亿级

根据赛迪研究院发布的《中国低空经济发展研究报告（2024）》，2023年中国低空经济规模已达5059.5亿元，增速达33.8%，到2026年有望突破万亿元，达到10644.6亿元（见图1）。

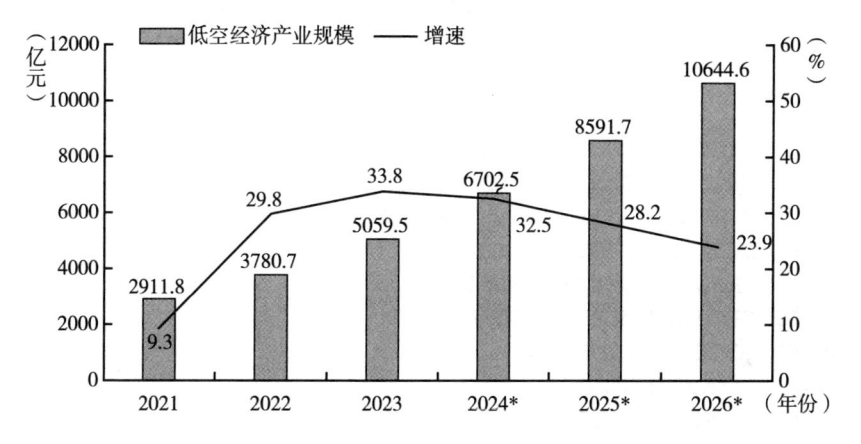

图1 2021~2026年中国低空经济产业规模及增速

说明：*代表预测数据。
数据来源：中国民用航空局、赛迪研究院、摩根士丹利及普华永道。

从区域分布情况来看，低空经济超六成企业分布在中南地区和华东地区，主要集中在广东、江苏、湖南、浙江、山东等省份，华北地区占比为12.3%（见图2），主要集中在京津冀地区。低空经济企业资源的区域分布与当地制造业基础及数字经济发展程度密切相关，以上省份的专精特新"小巨人"企业数量同样位居全国前列。

从企业数量来看，截至2024年2月中国低空经济领域共有企业5.7万家，近10年成立的企业数占比接近80%。从具体城市来看，深圳、广州低空经济企业注册数量分别达到4739家和4197家（见图3）。

广州蓝皮书·数字经济

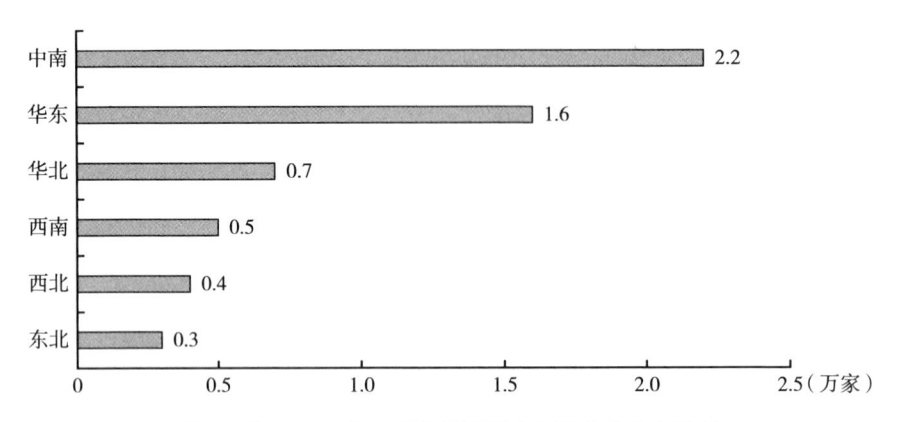

地区	数值(万家)
中南	2.2
华东	1.6
华北	0.7
西南	0.5
西北	0.4
东北	0.3

图2　截至2024年2月各地区低空经济企业分布情况

数据来源：赛迪研究院。

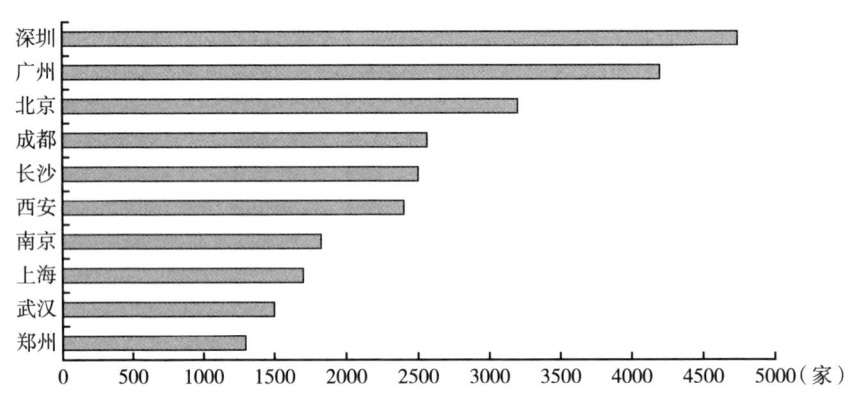

城市	数值(家)
深圳	~4700
广州	~4200
北京	~3200
成都	~2600
长沙	~2500
西安	~2400
南京	~1900
上海	~1800
武汉	~1500
郑州	~1400

图3　部分城市低空经济企业注册数量

数据来源：赛迪研究院。

三　广东省先行布局，头部引领效应显现

（一）基本形成"三核联动、多点支撑"的产业布局

广东省高度重视低空经济的发展，将其视为激活立体空间资源、提供高效公共服务、催生跨界融合新生态、打造经济增长新引擎的重要途径。2024

148

年5月，广东省人民政府办公厅出台《广东省推动低空经济高质量发展行动方案（2024—2026年）》（以下简称为《行动方案》），打造具有全球竞争力的低空经济产业集群。《行动方案》提出明确目标，到2026年，低空经济规模超过3000亿元，基本形成广州、深圳、珠海三核联动、多点支撑、成片发展的低空经济产业格局，培育一批龙头企业和专精特新企业（见表3）。

表3 珠三角地区城市低空经济企业情况

城市	产业特点	代表性企业
广州市	注册企业数量为4197家，专精特新低空经济企业有35家，产业规模超900亿元	极飞科技、亿航智能、小鹏汇天
佛山市	专精特新低空经济企业有4家	能飞航空
中山市	专精特新低空经济企业有2家	诚进、景呈电力
珠海市	专精特新低空经济企业有8家，产业规模达42亿元	航宇微科技、海鸥飞行汽车、紫燕无人机
东莞市	专精特新低空经济企业有10家	极飞无人机、博德新能源
深圳市	注册企业数量为4739家，专精特新低空经济企业有86家	大疆创新、丰翼科技、全球鹰
惠州市	专精特新低空经济企业有4家	翼飞智能、泊锐数创

数据来源：企查查及普华永道。

其中，"三核"[①]的示范带动任务十分清晰，譬如在广州、深圳创建国家低空经济产业综合示范区，珠海发展市内和城际低空客运航线等。而"三核"不论是产业基础、应用场景，还是商业化模式都不同。例如，深圳有特区立法权，出台全国首部低空经济法——《深圳经济特区低空经济产业促进条例》，为低空经济加速发展提供法律保障，其低空物流配送、跨城飞行等服务的市场化程度较高；广州在载人飞行器研发生产及飞行观光两个领域具备优势，着重推动应用场景的开发；珠海是中国国际航空航天博览会、亚洲通用航空展的举办地，同时发挥文旅资源优势，打造"低空经济+文旅会展"模式。

---

① "三核"指广州、深圳和珠海。

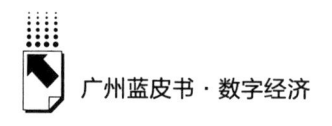

（二）产业链分布完整、头部企业集聚

课题组依托过去几年对专精特新、独角兽企业的研究，对广东省151家专精特新低空经济企业进行分析。

从产业链布局来看，上游包括基础设施及软件系统，共有28家专精特新企业。如芯片领域的华芯信息、合川兴科，技术与操作系统领域的优飞科技、中科云图。中游作为低空经济的核心部分，主要包含零部件及整机制造，共有30家专精特新企业，如广州市艾威航空科技股份有限公司、深圳市赛为智能股份有限公司等。下游集聚的专精特新企业众多，共有98家，主要涉及应用场景和运营服务商，如亿航智能、鼎飞航空、特视能等。

从区域分布情况来看，在广州、深圳、珠海三个核心城市的带动下，广东省低空经济形成各具特色、相互补充的产业布局。深圳依托强大的无人机产业集群，其低空经济发展在全球市场占据领先地位，特别是在产业链中上游表现良好。深圳拥有低空经济领域专精特新企业86家，其中上游有19家，全面覆盖动力、运营管理、技术与操作以及芯片与控制系统，占比为22%；下游有53家，占比为62%。可见，深圳的低空经济产业链相对较为完整。深圳的低空经济商业化进程走在市场前列，除传统测绘勘探、农业植保领域外，也涌现出一批专注于文化旅游、物流配送、城市交通等消费场景的企业。

广州凭借其在整车和零部件制造业的良好基础，在核心零部件、研发制造以及eVTOL领域表现突出。低空经济领域专精特新企业共35家，其中下游共27家，占比为77%。大多数企业聚焦在测绘勘探和安防巡检场景，也有少数龙头企业开始探索物流配送、城市交通等商业化场景，如亿航智能、小鹏汇天等。南沙集聚了5家低空经济领域的专精特新企业，企业已在城市智慧治理、服务"百千万工程"等方面取得一定成效。

珠海利用其航展平台和地理优势，专注于通用航空整机研制和低空旅游等应用场景的拓展，推动产业链中下游快速发展。但专精特新企业数量较少，共8家，且以上游和下游为主，其中下游以农业植保、安防巡检等场景为主，商业化应用场景有待进一步拓展。

在生态构建方面，普华永道关注到低空经济产业链上企业正通过在技术和应用领域的深入合作，为低空经济低成本、大规模、高效率的商业运营奠定坚实基础。例如，广汽集团是广州汽车产业链链主，目前也在研发飞行汽车，其旗下的超快充电企业巨湾技研与亿航智能在近期达成战略合作，共同研发 eVTOL 航空器的超快充电池。同时，头部企业的产业投资表现十分亮眼，如无人机领军企业大疆早在 2015 年就成立了 1000 万美元规模的 Sky Fund，以产业投资人的角色不断孵化和培育上下游企业。

在企业方面，普华永道课题组以专精特新"小巨人"、企业规模、融资情况等多个维度，从广东省专精特新企业数据库中筛选出 20 家低空经济赛道的企业（见表4）。例如，顺丰物流孵化的企业丰翼科技（深圳）有限公司，是国内首家获得无人机运营（试点）许可证的企业，在物流无人机领域占据领先地位，并积极参与快递、医疗、巡检、应急任务等赛道。位于广州南沙的广州鼎飞航空科技有限公司专注于公安行业警用无人机系统解决方案，其无人机主要用于"黄金救援5分钟"应急场景，是广州市应急管理局 22 支社会救援力量之一。

表4 广东省低空经济潜力企业基本情况

城市	企业名称	主营业务	企业资质
深圳	广东容祺智能科技有限公司	无人机驾驶培训	专精特新"小巨人"
深圳	深圳大漠大智控技术有限公司	无人机编队、表演	专精特新"小巨人"
深圳	深圳飞马机器人股份有限公司	为泛测绘行业用户提供无人机航飞、数据处理、空域咨询等服务	专精特新"小巨人"
深圳	深圳市阿拉丁无人机有限公司	农药喷洒、水域海洋、消防应急等	专精特新"小巨人"
深圳	深圳市高巨创新科技开发有限公司	无人机制造生产,应用于无人机表演等	专精特新"小巨人"
深圳	深圳市浩瀚卓越科技有限公司	无人机飞行控制系统和影像稳定系统	专精特新"小巨人"
深圳	深圳市南航电子工业有限公司	无人飞行器设备制造	专精特新"小巨人"

续表

城市	企业名称	主营业务	企业资质
深圳	深圳智航无人机有限公司	安防监控与应急响应无人机	专精特新"小巨人"
深圳	丰翼科技(深圳)有限公司	物流无人机	专精特新中小企业
深圳	哈瓦国际航空技术(深圳)有限公司	民用无人机及表演	专精特新中小企业
深圳	深圳市多翼创新科技有限公司	低空巡检、应急响应等	专精特新中小企业
深圳	深圳智空未来信息技术有限公司	安全保卫无人机	专精特新中小企业
广州	广州草木蕃环境科技有限公司	智能无人飞行器销售,林业、大气污染环境检测、水污染防治	专精特新"小巨人"
广州	广州成至智能机器科技有限公司	无人机防火巡查、河道测绘、应急救援	专精特新"小巨人"
广州	广州科易光电技术有限公司	无人机零部件	专精特新"小巨人"
广州	广州飒特红外股份有限公司	无人机软件	专精特新"小巨人"
广州	广州中科云图智能科技有限公司	无人机遥感技术,多应用于电力巡检、智慧城市等领域	专精特新"小巨人"
珠海	珠海隆华直升机科技有限公司	农业植保、警用安防	专精特新中小企业
珠海	珠海璇玑科技有限公司	微小型共轴双旋翼无人直升机	专精特新中小企业
中山	广东诚进科技股份有限公司	应急救援、消防巡检、环保监测	专精特新中小企业

数据来源:普华永道。

(三)应用前景广阔,但缺少商业化"钱"景

根据《行动方案》,低空经济的应用场景分为智慧物流、空中交通、应急救援、"百千万工程"和新兴消费五大类。普华永道从市场前景、行业竞争、盈利模式和场景开放四个维度进行分析发现,低空经济的发展主要得益于政策支持力度加大、城市基础设施完善和航空器研制提速等方面,但目前产业赛道偏窄,商业化场景仍有待开发和变现,即产业"蓝海"广阔但缺少商业化"钱"景。

具体而言,物流配送和空中交通的头部企业数量较多,行业竞争激

烈，京东、顺丰、美团等企业均已开始布局无人机物流配送业务。如美团无人机在北京、深圳、上海、广州等城市开通53条外卖配送航线，广州港集团旗下广州黄沙水产供应链有限公司与珠江实业集团旗下广东珠江商业地产经营管理有限公司开通生鲜配送的低空航线；盛世龙①实现深圳至珠海往返点对点摆渡，规模化运营后价格预估为每人200~300元。然而，该领域仍需克服规模化和常态化运营难题。

目前，已有众多优质企业想从政府场景中分一杯羹，导致蛋糕不大竞争却异常激烈。文旅观光属于TOC场景，亿航智能公布的文旅体验收费标准价为300元/人，因其价格对消费者而言仍旧偏高，于景区而言投入成本较大，目前各方买单的意愿并不强。

四 港澳低空经济加速布局

（一）政府政策支持

香港正以试点先行和法规创新为抓手，加速建设"低空经济之城"。根据《行政长官2024年施政报告》，港府从四大方向发力，包括开拓低空飞行应用场景、修订相关法规、与内地对接、研究部署低空基础设施。为快速推进低空经济，政府专门成立工作组，首批试点项目现已启动，重点测试外卖配送、药品运输等轻型物流场景，探索商业化落地路径。

澳门考虑将低空经济融入"1+4"产业多元布局，旅游业推出直升机观光、跨境低空游（如横琴联动机场快线），同时与珠海共建无人机跨境监控平台，实时追踪飞行数据。澳门特区政府还计划推出税收减免等政策，以降低企业初期成本。

（二）产业布局与资本动向

香港凭借航空枢纽与电子零部件贸易，在低空经济领域优势显著。作为

---

① 上海峰飞航空科技有限公司自主研制的电动垂直起降航空器。

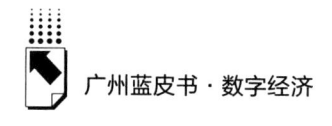

国际金融中心，香港能够为低空经济相关产业企业投融资对接搭建平台，吸引企业集聚，推动技术市场化。

澳门聚焦文旅观光与跨境低空交通，开发短途航线（如港澳直升机航线），利用自主立法权探索灵活监管（如横琴空域试点），并发挥对葡语国家的纽带作用，推动技术标准国际化。

（三）在港澳地区的部分知名企业或全球化企业

中国航空科技工业股份有限公司（以下简称"中航科工"）作为香港资本市场唯一的航空高科技军民通用产品及服务旗舰公司，依托全产业链优势深度布局低空经济。旗下子公司在各自的细分领域中均为龙头企业，其中中直股份主营直升机、eVTOL整机制造，现已发布2.6吨级eVTOL飞行器（AR-E3000），广泛运用于城市空中交通、航空物流运输、医疗救护等场景。

高乐智能科技（南通）有限公司是澳门特别行政区经济及科技发展局认证的科技企业，2021年得到澳门科学技术发展基金支持，公司主要研发无人机调度云平台及巡检机器人，产品已落地内地并出口欧洲，2024年计划在粤港澳大湾区20个景点推广"共享无人机系统"，推动低空经济与文旅产业融合发展。

五 粤港澳大湾区低空经济发展面临三重挑战

（一）运营成本高，依靠补贴和投资

相比于传统模式，低空物流、低空交通具备高效便捷、受时空限制小、调度灵活等特点，但同时面临规模化运营和成本高等痛点，以C端买方为主，如城市夜间无人机表演或文旅景区无人机体验。但B端和C端买方不足，即市场流量和容量仍需提高。如低空物流，深圳同城物流补贴价为12元，跨城急送限时补贴价为40元。而生鲜、食品等需要配送人员从餐厅或物流场所把货物送到指定起降点，交由无人机运送至目的地附近的起降点，

再由收件人提取或者放入货柜，由于程序复杂和成本较高，目前只适用于货值高的或需短时间冷链运输的生鲜、药物等。又如空中交通，eVTOL飞行汽车的市场前景十分广阔，但生产端的制造尚未实现规模化，生产成本高于普通汽车，一家企业每年交付量约为数百台。

（二）软硬件配套不足，企业"想飞却不能飞"

随着低空经济的发展，空中飞行具有高密度、高频次和高复杂度的特点，将产生更多安全问题，为空域治理和城市交通治理带来更大的挑战。例如，低空飞行需要多种条件的适配，涉及空域资源配置、气象与地面环境适应、无人驾驶智能管控水平、社会治理安全、应急救援、保险赔偿等多个环节，且需要一套综合性的保障方案及政策体系支持。目前，地方条例、发展促进办法陆续出台，但对低空空域的监管仍有待加强，应进一步推进军民航协同、空中与地面协同。同时，在硬件方面，城市级起降设施和通信设备还不完善，布局范围有限，试飞范围和航线覆盖面较小，飞行申请流程有待优化，这导致不少企业"想飞却不能飞"。

（三）资本在寻找优质企业，优质企业却未被"看见"

课题组通过对低空经济企业及投资机构的调研了解到，一是低空经济企业早期商业化水平不高，主要处于集团内部孵化的阶段。一方面，企业自身不希望过早接受外部投资稀释股权；另一方面，政府性基金或国有资本对低空经济早期项目的投资也较为谨慎，直到国家层面明确低空经济为新兴产业之一，各地政府性基金或国有资本才开始布局。二是目前仅有少数头部企业被市场关注到，而产业链中大部分是中小民营企业，只专注于技术研发和市场开拓，缺乏资本化运作，也没有主动寻求融资。因此，当前很多投资机构都在寻找低空经济优质企业资源，但不少优质企业仍未被"看见"，政府性基金或国有资本大多是在A+轮甚至B轮才开始进入低空经济企业，未能发挥科技母基金或产业资本"投早、投小"的作用。

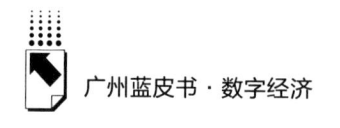

六 推动粤港澳大湾区低空经济产业发展的建议

(一)以粤港澳大湾区为整体发展低空经济

粤港澳大湾区与其他区域相比,具有制度优势和产业优势,建议以粤港澳大湾区为整体部署低空经济产业。广东省积极与港澳对接,在政策法规及空域管理标准等规则衔接方面先行先试;在保障安全的前提下,推进粤港澳三地低空空域资源和数据共治共享,依托移动通信网络、物联网、云计算等基础设施,构建通信、感知、计算一体化的智能互联低空服务体系;在广东省选取试点,加快推进航线规划,布局起降点和跨境飞行服务中心。

(二)加快低空经济发展所需公共数据和场景开放

与地面的自动驾驶类似,低空经济发展也需要大量公共数据的支撑。建议政府除了"给补贴""给订单"以外,还要"给数据""给场景"。在"给数据"方面,政府应在确保安全的情况下,为低空经济产业企业提供飞行所需数据,而企业在飞行过程中获得的新数据也能服务于城市勘测与安全监控。例如,极飞科技的植保无人机收集了大量气象和地理数据,既能用于公共服务,也能成为企业有价值的数据资产。在"给场景"方面,广东省可重点推动"百千万工程"、文旅体育等场景的开放,鼓励商业化模式创新,为具有发展"钱"景的模式提供市场推广平台。

(三)发挥制造优势,助推飞行器生产

建议广东省依托其在汽车制造和新能源储能等领域的领先优势,扩大低空飞行器的生产规模。一方面,鼓励新能源汽车产能过剩或闲置的车企积极与低空经济企业合作,改造升级飞行汽车、eVTOL 生产线,为广东省和港澳地区的载人飞行器量产提供生产线和供应链。另一方面,加快生产应用于

低空载人飞行器的电力系统，为载人飞行拓展范围，保障其在粤港澳大湾区内的安全飞行。

（四）加快完善产业生态，积极培育优质企业

在无人机、eVTOL 载人飞行器领域已涌现出一批头部企业，上下游更多优质潜力企业亟待挖掘和培育，以形成更具规模和韧性的产业链。首先，建立低空产业重点企业培育库，包括高新技术企业、专精特新中小企业及"小巨人"企业，进行精准"企业画像"，并按需供给市场要素。其次，鼓励这个赛道的头部企业发挥"链主效应"，与粤港澳大湾区的高校、研发机构共建实验室，围绕产业前沿技术进行攻关，同时作为产业投资人为上下游伙伴提供市场、资本等更多资源。最后，强化资本对优质企业的孵化和招引作用，利用粤港澳大湾区的各类低空经济专项政府性母基金或产业投资基金，以及港澳的国际化资本，为低空经济产业的优质企业提供"源头活水"，并实现"以投促引""以投促产"，助力企业开拓海外市场。

参考文献

《低空经济发展白皮书（3.0）安全体系-IDEA 研究院》，搜狐网，2025 年 1 月 10 日，https：//business.sohu.com/a/847155085_121757514。
《中国低空经济发展研究报告（2024）》，"川科云服"微信公众号，2025 年 1 月 19 日，https：//mp.weixin.qq.com/s?__biz=MzU3NTQ4MDg0Nw==&mid=2247696393&idx=8&sn=f5161c85b03f3dc620ae8949eaf1646e&chksm=fcf72a9cedf23df598812df075d3f7c9ac5f8d2c5dac2739bd05a91d380f1fb3b1871e74df6a&scene=27。
《2024 年广东省政府工作报告（全文）》，广东省财政厅网站，2024 年 1 月 29 日，http：//czt.gd.gov.cn/ztjj/2024gdslh/lhsd/content/post_4357823.html。
《广东省人民政府办公厅关于印发广东省推动低空经济高质量发展行动方案（2024—2026 年）的通知》，广东省人民政府网站，2024 年 5 月 22 日，http：//www.gd.gov.cn/zzzq/zxzc/content/post_4427815.html。
《深圳经济特区低空经济产业促进条例》，深圳市司法局网站，2025 年 3 月 21 日，http：//sf.sz.gov.cn/ztzl/yhyshj/yhyshjzcwj/content/post_12080392.html。

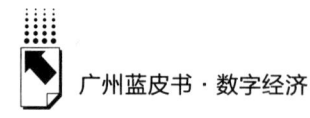

《李家超发表2024年施政报告：齐改革同发展　惠民生建未来》，中国政府网，2024年10月16日，https：//www.gov.cn/yaowen/liebiao/202410/content_6980779.htm。

《〈澳门特别行政区经济适度多元发展规划（2024-2028年）〉公开咨询获普遍支持》，中央人民政府驻澳门特别行政区联络办公室网站，2023年10月16日，http：//www.zlb.gov.cn/2023-10/16/c_1212289159.htm。

普华永道：《广东专精特新"小巨人"成长手册》，2024年1月。

B.8 广州发展人形机器人和具身智能产业的路径与策略

姜 涵[*]

摘 要： 以人形机器人为代表的具身智能正在成为全球经济增长的新引擎和大国科技竞争的战略制高点。广州作为广东省会城市和粤港澳大湾区中心城市，具备发展人形机器人和具身智能产业的良好条件，有潜力成为产业发展的引领型城市。广州在相关领域的发展存在一些不足，主要表现在以下几个方面。一是缺乏行业领军企业；二是产业链不完善，上下游结合不紧密；三是应用场景不足，商业化落地较少；四是车企"跨界"速度慢，降本增效难度大；五是企业融资难，非"明星"企业难以获得投资；六是高端人才缺口较大，创新团队力量不足。建议积极打造"广州品牌"；充分利用粤港澳大湾区发展机遇，持续完善产业链；以应用为导向，牵引共性技术迅速落地；鼓励汽车厂商"跨界""移植"，释放更大的产业潜力；充分发挥政府引导作用，积极引入各类投资；加强专业人才引进和培育，做好社会伦理指导工作。

关键词： 人形机器人 具身智能 未来产业 广州

机器人被誉为"制造业皇冠顶端的明珠"，其研发、制造和应用是衡量一个国家或地区科技创新和高端制造业水平的重要标志。广东正以走在时代前列的担当抢抓机遇、乘势而上，推动人工智能与机器人产业发展加力提

---

[*] 姜涵，博士，广州粤港澳大湾区研究院研究员，研究方向为科技政策与产业发展。

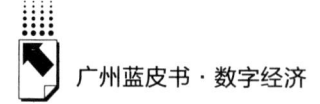

速、成群成势，加快构筑高技术、高成长、大体量的产业新支柱，并提出要深入实施"人工智能+""机器人+"行动，加快赋能千行百业。当前，以人形机器人为代表的具身智能领域显示出强劲的发展势头，正在成为全球经济增长的新引擎和大国科技竞争的战略制高点。随着人工智能通用大模型的加速发展和产业化的快速推进，人形机器人和具身智能将迎来高速发展期。广州作为广东省会城市和粤港澳大湾区核心城市，具备发展人形机器人和具身智能产业的良好条件，应牢牢抓住这一未来产业新赛道，努力成为相关产业发展的引领型城市。

一 人形机器人和具身智能产业的发展现状

（一）以人形机器人为代表的具身智能产业市场潜力巨大

具身智能（Embodied Artificial Intelligence，EAI）是指一种基于物理身体进行感知和行动的智能系统，通过智能体与环境的交互获取信息、理解问题、做出决策并实现行动，从而产生智能行为和适应性。[1] 具身智能机器人可与环境交互感知，能自主规划、决策、行动，具有执行能力。[2] 具身智能的形式和载体很多，并不仅指人形机器人。但国内外不少专家认为，人形机器人是通用人工智能最为理想的身体形式，可以更好适应人类的各种环境，甚至可以重塑人类社会形态。因此，人形机器人一直是科技圈热点话题，也始终受到大众瞩目。

人形机器人是国际公认的机器人技术集大成者和技术竞争制高点，具有系统研制难、稳定控制难和通用智能难等特点。人形机器人技术的发展始于20世纪70年代的日本。为支持人形机器人技术研发、场景应用和产业发

---

[1] 《具身智能 | CCF 专家谈术语》，中国计算机学会网站，2023 年 7 月 22 日，https://www.ccf.org.cn/Media_list/gzwyh/jsjsysdwyh/2023-07-22/794317.shtml。
[2] 《深度 一文带你读懂"具身智能"》，腾讯网，2023 年 11 月 6 日，https://new.qq.com/rain/a/20231106A01ML300。

展，其他国家也积极发布相关政策。例如，20世纪80年代，美国出台了一系列政策法规，积极推动机器人相关研究成果的转移转化，扶持相关产业发展。

随着人工智能、制造技术、互联网技术和智能技术的快速进步，人形机器人已经能够模仿人类的行为和外观，甚至具有与人类相似的肌体结构。ChatGPT等人工智能通用大模型技术的加速发展，为人形机器人产业的进一步发展带来新的机遇。

当前，人形机器人产业在全球范围内的市场期待较高。有研究机构预测，到2025年和2030年，全球人形机器人市场规模分别达到3908亿元和1.9万亿元。①还有机构预测，到2035年，全球人形机器人的需求量将达到约177万台，市场空间有望达到1540亿美元，年均复合增长率高达25%。②据不完全统计，仅2024年上半年，人形机器人产业全球融资事件超过22起，融资金额超过70亿元。美国人形机器人初创公司Figure AI以6.75亿美元（折合人民币约49亿元）的融资额领跑全球。分领域来看，整机企业最受资本青睐，融资事件达15起，占融资总数的68%；占人形机器人整机成本的比重较大且技术门槛较高的灵巧手、伺服电机、减速器、传感器等关键零部件企业也较受资本关注。③

摩根士丹利发布的《人形机器人100：绘制人形机器人价值链图谱》显示，中国在人形机器人供应链中占据全球63%的份额，预计到2050年，中国人形机器人市场规模将达到6万亿元，人形机器人总量将达到5900万台。④另外，中国在人形机器人领域的专利申请量和有效发明专利数量方面

---

① 《市场潜力巨大　人形机器人赛道风起》，中国证券报网站，2022年8月13日，https：//epaper.cs.com.cn/zgzqb/html/2022-08/13/nw.D110000zgzqb_20220813_2-A04.htm。
② 《工信部印发人形机器人重磅文件　人形机器人产业化提速》，财联社，2023年11月3日，https：//www.cls.cn/detail/1506336。
③ 《人形机器人持续升温　上半年投融资总额超70亿元》，中国电子报网站，2024年7月5日，https：//epaper.cena.com.cn/pc/content/202407/05/content_10729.html。
④ 《南财观察｜6万亿人形机器人产业链暗战：北京"造脑"，广东"造身"》，21财经，2025年2月14日，https：//m.21jingji.com/article/20250214/herald/36088404e3a2085a085626ac416cab69.html。

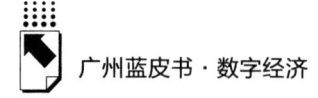

均位居全球前列，以宇树科技为代表的企业受到国际市场的追捧。而中国完整的工业机器人产业链和成熟的供应链体系，可以为人形机器人和具身智能的大规模生产与应用提供有力支撑。因此，中国的人形机器人和具身智能产业发展拥有十分广阔的前景。

（二）国内人形机器人和具身智能产业竞争日益激烈

近年来，中国政府高度重视人形机器人产业发展，先后出台了一系列政策措施支持相关产业的技术研发和成果应用，涵盖政策引导、资金支持、技术创新、产业生态建设等多个方面。这些政策有力推动了人形机器人和具身智能产业的快速发展，不断拓展了相关技术和产品在智能制造、医疗健康、服务消费等领域的应用。未来，随着关键技术的持续突破和产业环境的进一步优化，人形机器人和具身智能产业将进一步成为推动经济高质量发展的重要力量。

在各类政策的支持下，国内不少城市已经成立人形机器人领域的创新中心。例如，2023年11月，国内首家省级人形机器人创新中心——北京人形机器人创新中心有限公司在北京经济技术开发区（北京亦庄）正式注册，该中心将打造全球首个通用人形机器人"硬件母平台"以及首个"大模型+开源运控系统"的"软件母平台"。[①] 2024年3月，浙江人形机器人创新中心在宁波建立。4月，广东具身智能机器人创新中心在深圳南山区举行启动仪式。5月，人形机器人领域的国家首个公共平台在上海揭牌，上海人形机器人创新中心也是国家与地方共建的机构。此外，四川和安徽也都成立了人形机器人创新中心。这些创新中心都表示将充分发挥科研机构和企业优势，以更好支持相关技术研发和场景落地。此外，这些创新中心也都在全力争取成为"国家级制造业创新中心"。但从现有各类国家级制造业创新中心来看，原则上每个行业只设一个名额。因此，未来各省市的人形机器人和具身

---

① 《北京人形机器人创新中心成立，将打造全球首个通用人形机器人"硬件母平台"》，"青瞳视角"百家号，2023年11月3日，https://baijiahao.baidu.com/s?id=1781552365737175129&wfr=spider&for=pc。

智能领域竞争将会十分激烈。

广州强大的工业和制造业基础为机器人产业发展提供了重要支撑。数据显示，2023年，广州智能装备与机器人产业实现增加值532.67亿元，同比增长3.4%。工业机器人产量近1.5万套，同比增长47.0%。① 截至2023年，广州拥有智能装备与机器人企业3000余家，其中规模以上企业近400家，产业规模已达1600亿元；广州机器人生产量在全国各城市中排前3位，机器人及智能装备产业支撑了广州5万亿元的工业产值。② 同时，粤港澳大湾区各城市几乎都具备独特的机器人产业功能，如深圳正在打造服务机器人集群，东莞主攻机器人核心零部件，佛山加速布局产业链中下游，广州引领机器人研发制造。③ 粤港澳大湾区的人形机器人和具身智能产业可以与广州形成相互成就的关系。由此可以判断，在愈演愈烈的人形机器人和具身智能产业竞争中，广州有望凭借自身的综合实力实现新的突破。

二 广州人形机器人和具身智能产业面临的挑战

当前，广州已构建起较为完整的机器人产业链，涵盖上游的减速器、控制器、伺服电机等关键零部件，中游的本体整机组装，以及下游的系统集成。从区域布局来看，广州逐步形成"一主多核"的发展格局：黄埔区具备从上游关键零部件、中游整机到下游集成应用的完整产业链；增城区着力发展特色智能装备及工业机器人产业；南沙区、花都区在自动导引车搬运机器人领域取得较大突破。另外，以黄埔区智能制造产业为枢纽的广州机器人产业集群，与深圳、东莞、佛山的产业链以及香港的销售渠道形成闭环系

---

① 《机器人总动员不止于车间》，广州日报网站，2024年6月20日，https://gzdaily.dayoo.com/pc/html/2024-06/20/node_871.htm。

② 《机器人总动员不止于车间》，广州日报网站，2024年6月20日，https://gzdaily.dayoo.com/pc/html/2024-06/20/node_871.htm。

③ 《大湾区人形机器人产业迎爆发拐点》，深圳新闻网，2024年1月14日，https://www.sznews.com/news/content/2024-01/04/content_30682569.htm。

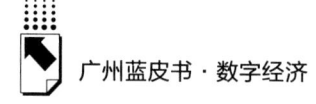

统，构建起辐射全国的产业大集群，起到带动和示范作用。① 与此同时，也要看到广州在人形机器人和具身智能产业发展方面面临的困难。除算法、工程技术、数据、复杂软硬件等行业普遍面临的共同挑战外，调研还发现广州面临其他挑战。

（一）缺乏行业领军企业

广州虽然已经集聚了一些机器人行业的大型企业，如广州数控、昊志电机、瑞松科技等，但其影响力主要集中在工业领域，在人形机器人和具身智能领域，这些企业的高端要素配置能力仍不足。更为重要的是，广州缺乏能够引领整个产业链发展的龙头企业，目前还没有资产规模在50亿~100亿元的大型领军企业。

2024年7月4日，2024世界人工智能大会在上海开幕，15款18台人形机器人组成了迎宾队（见表1）。这15款机器人几乎涵盖国内人形机器人领域的代表企业，然而，如果逐一分析背后的研发团队和公司情况，会发现其中并没有来自广州的企业。

表1 2024世界人工智能大会人形机器人迎宾队

序号	名称	研发机构	地点
1	OpenLoong-Healthy Loong 青龙	国家地方共建人形机器人创新中心自主研发	上海
2	X02-lite 卓益得-行者二号	上海卓益得机器人有限公司	上海
3	清宝	上海清宝引擎机器人有限公司	上海
4	智元远征 A2	上海智元新创技术有限公司	上海
5	傅利叶 GR-1	上海傅利叶智能科技有限公司	上海
6	电科机器人一号	中国电子科技集团公司第二十一研究所	上海
7	XBOT 星动纪元-星动一号	北京星动纪元科技有限公司（Robot Era）	北京

---

① 《机器人总动员不止于车间》，广州日报网站，2024年6月20日，https：//gzdaily.dayoo.com/pc/html/2024-06/20/node_871.htm。

续表

序号	名称	研发机构	地点
8	开普勒先行者 K1	上海开普勒探索机器人有限公司	上海
9	小蟹	无锡巨蟹智能驱动科技有限公司	无锡
10	乐聚-夸父 4 代	乐聚（深圳）机器人技术有限公司	深圳
11	达闼-XR4"七仙女"小紫	达闼机器人股份有限公司	上海
12	宇树-H1	杭州宇树科技有限公司	杭州
13	松延动力-Song	松延动力 Noetix	北京
14	光华一号 Guanghua No. 1	复旦大学工程与应用技术研究院智能机器人研究院	上海
15	钛虎瑶光 T170A	钛虎机器人科技（上海）有限公司	上海

数据来源：根据网络资料整理。

需要注意的是，广州现阶段缺乏龙头企业，并不代表广州实力弱。调研中有不少企业反馈，广州完全具备条件打造出具有自身特色和品牌的行业领军企业。理由之一是人形机器人和具身智能属于未来产业，当前不同城市和企业之间的技术壁垒还不构成绝对排他的竞争。广州在高校和科研院所的研究、人才培养、工业制造、装备制造等领域都具有优势，但很多潜力未有效释放。

（二）产业链不完善，上下游结合不紧密

人形机器人和具身智能产业链条长且较为复杂，涉及多个技术领域的紧密结合以及产学研用的协同机制。人形机器人比一般机器人拥有更多的关节与硬件，其零部件总数可达 7000 多个。如果把人形机器人这条产业链平铺开来，包含伺服电机、传感器、控制系统、人工智能、新材料等，因此，它常常被认为是继新能源汽车后，产业链最长的产品。[1] 目前，广州的一些辖

---

[1] 《角逐人形机器人产业，粤港澳大湾区的优势在哪？|广东向"新"力②》，21 财经，2024 年 3 月 27 日，https://m.21jingji.com/article/20240327/herald/0d94a7ff3f92413394e91c2e8c4f67e4.html。

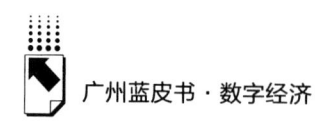

区已经布局了相关产业，但不同区域之间的不同特色产业之间还没有形成很好的合力。

人形机器人当前还处于非标准化的生产阶段，广州在产品整合能力方面还有不足。比如，上游的核心零部件供应商和软件系统提供商是否可以将产品直接应用于人形机器人，并且保证良好的性能和稳定性，还需要进一步观察。在中游的本体制造环节，如高端传感器、高精度伺服电机等关键零部件是否具备完全自主可控性，也需要进一步验证。另外，在终端应用上，人形机器人在迎宾接待、医疗协助、安防巡检等领域的应用，暂时还没有形成非常成熟的商业应用模式，相应的产业生态和配套支撑体系还不完善。

此外，广州在相关产业链零部件企业的引进和培育方面还存在不足之处。调研组在杭州调研发现，近年来从异地迁入杭州的机器人零部件企业中，不乏曾经考虑过搬迁至广州的企业，他们也表示广州产业链布局更有优势。但最终还是因为政府服务、人才居住等问题而放弃广州。

（三）应用场景不足，商业化落地较少

广州的工业机器人应用情况较好，尤其在自动化制造方面，这与广州本身的制造业基础雄厚及近年来制造业的转型升级密切相关。但调研中也发现一些不足之处，主要表现为当前广州的工业机器人在高端核心零部件的自主研发和生产能力上仍需进一步提升，如何应对更为复杂的制造业场景还需要解决不少工程问题。从实际产线来看，不少制造业企业的最后装配环节很难真正使用机器人操作。另外，相较于工业场景，广州的服务机器人、特种机器人等还需要进一步丰富应用场景。

调研发现，很多企业十分重视应用场景问题，认为这直接影响企业的营收平衡。在人形机器人领域，科研与商业之间存在巨大差异，实验室的产品研发样机不同于商业中的大规模生产应用，甚至不能直接过渡和交付使用。在技术突破之前，企业要优先考虑营收问题。然而，由于场景应用有限，尤其是需要政府配合推广的大规模应用场景不足，不少企业不敢贸然加大研发

投入力度，使得企业很难在短期内迅速扩大生产规模。

此外，成本问题也影响市场拓展。调研中不少企业表示，机器人尤其是人形机器人，对生产制造工艺有很高的要求，在保证稳定、可靠、安全的同时，要想进入家庭等应用场景，必须考虑成本问题。当前全球顶级机器人，包括波士顿动力 ATLAS 和本田 ASIMO 等在内，价格昂贵且实际应用场景不多。但特斯拉 Tesla Bot 宣布未来量产成本不超过 2.5 万美元/台，这可能是未来行业价格趋势。中国的宇树人形机器人售价低至 9.9 万元/台，而且据称早就已实现盈利。但一些企业表示，这在目前的行业市场只是个例。

（四）车企"跨界"速度慢，降本增效难度大

汽车生产制造与人形机器人和具身智能产业发展密切相关。尽管智能汽车与人形机器人在外表和作用上大相径庭，但从本质上看，任何由计算机驱动的物体都是机器人。据调研中的业内专家反馈，人形机器人和具身智能领域 80%的供应链与智能汽车重合，比如汽车的激光、雷达、传感器、摄像头等也可以应用在机器人身上。如果双方能够合作，则有利于进一步探索人工智能、机器人控制、机器人集成和虚拟制造等先进技术。此外，人形机器人的使用有利于改善汽车生产环境、提高生产效率、降低成本。当前，全球车企都在寻求与人形机器人企业的合作。

广州是汽车之都，在汽车生产制造方面具备独特优势。然而，在全球车企大规模"跨界"和"移植"产业链供应链的当下，广州仍显落后。广州也曾有车企布局人形机器人，但由于多种原因而遗憾流往异地。比如，2023年10月，小鹏发布自研人形机器人 PX5，但其研发厂商是一家深圳公司（鹏行智能）。后来该公司的原总经理创办了众擎机器人公司，该公司也位于深圳。

据公开报道，广汽埃安第一智造中心正在探索人形机器人在生产线上的应用，人形机器人已经可以独立完成安装前车灯的工作。据称，该中心总装车间自动化率有望从 25%提升到 30%。但是，由于当前人形机器人的生产效率低于人类，且生产线工人需要调整自己的节奏、流程和强度，以适应人

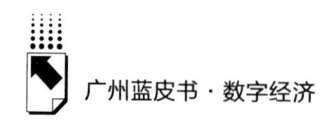

形机器人，其带来的成本增加要高于其产生的效益，短期内还做不到降本增效。[1]

（五）企业融资难，非"明星"企业难以获得投资

在以人形机器人为代表的具身智能领域，"老牌四小龙"和"新四小龙"[2]囊括市场上绝大部分融资，亿元量级以上的大额融资几乎都围绕这8家公司展开。2024年第一季度，机器人领域合计发生融资案例59起，涉及融资金额45.22亿元。其中，宇树科技在2月获得10亿元的B2轮融资；智元机器人在3月完成A++++轮融资，融资金额超过10亿元；5月，有鹿机器人宣布完成超1亿元融资；6月，银河通用一轮融资7亿元，被誉为2024年最大一笔天使轮。[3]而广州还缺少富有自主创新力的"明星"企业。

调研中有企业反馈，虽然相关投资并不会特别看重地域和城市，但"明星"项目的带动效应是存在的。一些企业表示，尽管当前国内的投资领域总体乏力，但在机器人赛道并不缺少资金。然而，一些期待资本投资的本地相关企业也坦陈，的确存在投资机构"看得多，投得少"的现象。这与广州缺乏"明星"项目，难以形成投资带动效应有关。

调研中走访的投资机构表示，不愿意投资人形机器人的主要原因之一是估值不匹配。当前国内人形机器人和具身智能领域的投资总体价格贵、估值高，从商业的角度出发，不少公司的当前估值可能存在巨大泡沫。当前机构投资存在"退出难"的问题。项目退出难，机构资金无法回流，就会影响到募资端，出资人出资意愿降低，进而导致决策更为谨慎。人形机器人这种短期难以看到回报的领域往往不在投资考虑范围内。

---

[1] 《人形机器人进厂打工：噱头还是降本？》，广州日报网站，2024年4月19日，https://gzdaily.dayoo.com/h5/html5/2024-04/19/content_872_855952.htm。

[2] "老牌四小龙"为优必选、达闼机器人、非夕科技、宇树科技，"新四小龙"为智元机器人、有鹿机器人、逐际动力和银河通用。

[3] 《一家人形机器人公司，一个月拒了30家VC》，"小饭桌"微信公众号，2024年7月1日，https://mp.weixin.qq.com/s/BZRSuNoIql4nkiAQABk1zQ。

（六）高端人才缺口较大，创新团队力量不足

人形机器人集电子、计算机、机械、自动化、材料等多门学科于一体，研发团队需要具备跨学科知识和技能的人才。因此，是否能够汇聚高水平人才，并且打造出优秀的创新团队成为很多初创企业能否成功的关键因素。

调研显示，广州在人形机器人和具身智能领域的高端研发人才方面存在较大缺口。实际上，广州有众多高校，包括中山大学、华南理工大学、广东工业大学等，这些高校能够为人形机器人和具身智能领域培育不少专业人才，但因为受就业市场的薪资和岗位所限，以及考虑到更长远的职业发展，很多人才并没有留在广州，而是选择去深圳、北京或上海。另外，虽然广州部分双非普通高校和职业院校开设了机器人专业，但是从当前的就业情况来看，这些高校培养的学生并不能快速匹配企业需求，其中一个重要原因是产教融合不到位，在校生普遍缺乏实践经验。此外，调研中部分国企，或者正处于混改转制过程中的企业，尤其是涉及军工的企业表示，在招聘海外背景人才时会受到一些限制，这也在一定程度上影响了企业对专业高端人才的吸纳。

三 广州人形机器人和具身智能产业发展的对策建议

（一）积极打造"广州品牌"

1. 加紧出台支持产业发展的政策

制定人形机器人和具身智能产业专项政策，统筹政策、资金、资源等方面的支持，积极引导政府、企业和社会力量投入。当前，"杭州六小龙"热度不减，各地政府部门和市场机构都对人工智能、机器人等领域高度重视，广州应该趁此大力挖掘和扶持本土企业，通过集聚和带动一批中小企业发展，逐步形成人形机器人和具身智能产业基地。

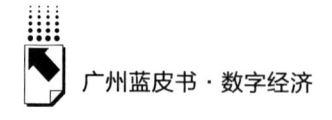

2.通过集群效应激发企业活力

鉴于广州丰富的制造业生态和科研力量储备，可考虑优先支持人形机器人和具身智能领域的上下游企业集群发展，而非一定要全力支持人形机器人的本体制造企业或全栈技术企业。通过上下游企业的不断集聚，形成集群效应，既可以持续激发现有企业活力，也可以吸引更多优质企业进驻。

（二）充分利用粤港澳大湾区发展机遇，持续完善产业链

1.持续完善人形机器人和具身智能领域产业链

粤港澳大湾区是全球人形机器人供应链的重要集聚区，具有工业体系全面、产业基础坚实、应用场景丰富等特点。据统计，全球人形机器人约38%的供应链企业在中国，而中国约57%的供应链企业在粤港澳大湾区。[①]广州在汽车制造业、生物制造、医疗健康等领域优势明显，可优先考虑汽车制造、生物制造和医疗健康相关的机器人产业链。

2.着力构建协同发展的产业生态

在推进关键核心技术协同攻关的过程中不断完善产业链供应链。持续完善"链长+链主"的工作推进体系，组建产业创新联合体，推动相关企业跨领域合作。发挥现有企业工信大数据平台优势，积极开展人形机器人和具身智能领域的企业、人才、技术、项目等产业链数据标签匹配，不断探索延伸产业链供应链的路径和合作模式。

（三）以应用为导向，牵引共性技术迅速落地

1.结合广州工业制造业优势，优先选择以应用为导向的发展路径

在大型或头部制造业企业及相关行业推广应用人形机器人和具身智能产品，先行落地一批应用场景，快速推进共性技术转移，率先在汽车、医疗、

---

① 《广东省具身智能机器人创新中心落地深圳南山 将布局电力、制造、医疗等场景》，21财经，2024年4月17日，https://m.21jingji.com/article/20240417/herald/761dc5335884328d0f76dd5ceb963573.html。

服务、教育、物流、环卫等广州优势行业领域推广使用。

2. 考虑组建人形机器人和具身智能应用供需对接平台

通过信息互通、资源共享、"揭榜挂帅"等方式征集和对接应用需求和应用场景，形成需求牵引供给、供给创造需求的互动反馈机制。在成熟应用领域，遴选一批成效突出、影响力较强的标杆企业和典型应用场景，积极打造标杆示范单位，不断拓展人形机器人和具身智能的应用深度和广度。

3. 进行有组织的科研攻关

可考虑成立人形机器人和具身智能专家智库，汇聚相关领域内有代表性的科学家和企业家，组织讨论前瞻性、战略性重大研究选题。匹配专门的研究中心，制订专项研发计划，针对人形机器人和具身智能领域的关键技术，包括人工智能、大模型、伺服控制、运动控制和芯片等资金投入大、攻关时间长的领域，有组织地投入人力、物力和资金等开展研究和科技成果转化。另外，要建立和完善公共服务平台，加快广州人工智能公共算力中心等基础设施建设。

（四）鼓励汽车厂商"跨界""移植"，释放更大的产业潜力

1. 鼓励车企跨界进入人形机器人和具身智能产业，移植现有技术及产品

在硬件层面，新能源汽车使用的算力芯片、控制板、视觉传感器、高性能电池和能源管理系统、汽车零部件轻量化设计和生产经验等都可以移植到人形机器人和具身智能产品；在软件层面，人形机器人和具身智能产品具备的环境感知、目标识别、路径规划、安全防护等算法也可以运用到新能源汽车。[①] 比如，比亚迪已经是科沃斯等机器人品牌的主要供应商，特斯拉也将一些汽车技术运用到人形机器人擎天柱上。此外，人形机器人和具身智能的技术及产品也可移植到智慧城市建设。当前，广州一些车企和汽车

---

① 《车企加速"驶入"人形机器人赛道》，中国电子报网站，2023年12月1日，https://epaper.cena.com.cn/pc/content/202312/01/content_8854.html。

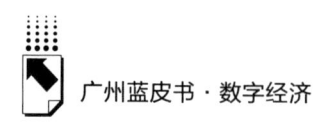

零部件企业营收不佳，也可做类似谋划，充分利用现有汽车产业优势赋能人形机器人和具身智能产业。

2. 积极推动汽车产业与人形机器人和具身智能产业融合发展

共同的技术基础决定了两大领域的融合发展存在创新空间。通过车联网、物联网等技术，新能源汽车可能与各种类型的机器人实现协同作业。同时，智能网联技术的发展也将为两大领域的信息交互提供支持。比如，智能网联可以为人形机器人和具身智能提供传感器、芯片、通信模组和云计算资源等，促进其在多模态数据交互中的应用。当前，工业和信息化部等五部门正在联合开展智能网联汽车"车路云一体化"应用试点工作，广州的汽车产业基础好、产业链完善、产业生态良好，应借此机会加快智能网联技术突破和产业化发展。

（五）充分发挥政府引导作用，积极引入各类投资

1. 鼓励各类基金投入

2023年，广州就已成立总规模1500亿元的产业投资母基金和500亿元的创新投资母基金，未来投资可以适度向人形机器人和具身智能领域倾斜，通过"以投促引、以投促产、以投促创"，重点支持具有成长潜力的人形机器人上下游产业链创新型企业，推动更多项目落地广州。同时，还可以设立人形机器人和具身智能产业基金，由基金投资带动社会资本跟投，重点支持初创企业和专精特新中小企业。

2. 增强银行信贷支持和政府购买服务支持

一方面，积极引导各类银行机构对优势明显、技术先进的团队项目和企业给予优先信贷支持，支持金融机构为人形机器人企业提供个性化信贷和融资服务。另一方面，适度扩大政府购买服务，加速人形机器人和具身智能产业相关产品在公共服务、教育、医疗等领域的应用推广，以政府示范作用增强市场信心，吸引更多社会资本投入。

3. 正面培育和正确引入"耐心资本"

人形机器人和具身智能属于未来产业，适度允许投资失败，避免对耐心

资本进行"道德绑架",需要给予足够的耐心才有可能获得丰厚回报。2024年6月,江苏省成立500亿元规模的战略性新兴产业母基金,该母基金定位为耐心资本,明确退出期延长到15年。相较于目前市场中10年左右的母基金退出期,这对于投资人和基金管理机构是一种利好。广州可以学习借鉴这一做法。

(六)加强专业人才引进和培育,做好社会伦理指导工作

1. 要做好本地人才的长期培养工作

一是创新以高校为主体的人才培养机制。比如,华南理工大学与超级机器人研究院(黄埔)联合设立了"超级机器人珠峰班",专门培养人形机器人领域人才。这类小规模探索创新值得继续观察和支持,其中的经验教训也要及时予以总结和推广。二是鼓励高校组织学生参加国内外各类大型机器人技能比赛,同时,广州要积极引进各类大型赛事,通过比赛培养和选拔后备人才。调研发现,不少具身智能领域的初创企业关键人才都曾或多或少参与过国内外的各类比赛,他们认为这是快速提升专业技能,且迅速接触和了解先进团队的重要途径。三是鼓励支持校企联合人才培养。鼓励支持人形机器人和具身智能领域相关企业与各类高校和科研院所共建实训基地,开展联合科研,紧密对接企业实际需求,培养企业急需人才。课题组在前期调研发现,包括宇树机器人在内的很多机器人公司招聘的人才并非只注重专业知识,还强调动手和实践能力。高校与企业共建实训基地有利于培养人才的动手和实践能力。

2. 做好人才引进工作

一是做好人才引进的各类政策和资金保障工作。确保引进的企业能够及时、有效享受到财政补贴、税收优惠、科技创新奖励等方面的政策。二是畅通人才引进渠道。尤其是加强海外高端人才和团队引进,持续优化海外人才居住、社保、医疗、出入境等服务体系。三是做好人才配套服务工作。针对当前人形机器人和具身智能领域从业人员相对年轻的特点,重点做好子女教育配套服务工作。可参考杭州经验,下放子女就读优先选择权给重点企业。

3. 加强人形机器人和具身智能的伦理研究

新技术新发明的使用必然对当前社会发展产生某些正面或负面影响，尤其是人形机器人的使用很可能会对人的就业产生直接冲击。例如，武汉的无人驾驶出租车已经引起真人司机的不满。未来随着各类机器人的普及，很多技术工种都将面临转型和重塑，这需要有关部门及时跟进技术发展，并适时开展调研评估，及时出台劳动者保护措施，以及引导劳动者转岗就业。应有组织、有意识地建立相应的法律法规和伦理指导原则，确保技术发展符合社会伦理标准。

参考文献

陈黎、盛秀婷、吴岩：《区域产业协同视角下广深人工智能产业发展研究》，《科技管理研究》2022年第19期。

李舒瑜：《建设错位发展的人形机器人产业》，《深圳特区报》2024年1月25日。

刘少山、丁宁：《具身智能标准体系发展研究》，《人民论坛·学术前沿》2025年1月21日。

刘云、张心同：《基于创新生态系统视角的未来产业培育模式——以人形机器人产业为例》，《科技进步与对策》2025年3月11日。

吕冬等：《国际对比视角下广州发展人形机器人的对策建议》，《科技和产业》2025年第3期。

叶青：《广州：构建现代化产业体系培育壮大新质生产力》，《科技日报》2025年2月10日。

B.9 低空经济应用场景发展趋势与广州策略

广州市现代城市更新产业发展中心课题组[*]

摘 要： 低空经济作为一种新型的综合性经济形态，正逐渐成为驱动经济高质量发展的新引擎。本报告通过分析当前低空经济应用场景发展趋势，对低空经济应用场景进行分类，对比广州与深圳、成都等城市在经济、政治、文化、社会、生态五个维度低空经济应用场景的侧重点，并结合广州的现实情况，提出创新应用场景对接形式、落地实践"低空+物流""低空+文旅""低空+医疗"等多元应用场景的对策建议。

关键词： 低空经济 应用场景 广州

低空经济能够带动低空基础设施、低空飞行器制造、低空运营服务和低空飞行保障等相关领域融合发展，是一种新兴的综合经济形态，正成为我国经济发展中具有活力与潜力的新兴力量。2024年，低空经济首次被写进《政府工作报告》，标志着我国正式迈入低空经济发展新纪元。根据赛迪智库发布的《2025年我国低空经济发展形势展望报告》，2025年我国低空经济规模将达到8591.7亿元。2025年，广州把低空经济与航空航天产业纳入"12218"现代化产业体系的战略性新兴产业，正加速打开空中经济新"蓝海"。

---

[*] 课题组成员：魏慧丽，广州市现代城市更新产业发展中心执行院长，研究方向为城市更新、国土空间规划及政策；苏琳婷，广州市现代城市更新产业发展中心研究谋划事业部部长，研究方向为土地制度、经济地理、产业政策；陈穗，广州市现代城市更新产业发展中心高级研究员，研究方向为产业经济、产业政策；周倩儿，广州市现代城市更新产业发展中心研究员，研究方向为产业政策。

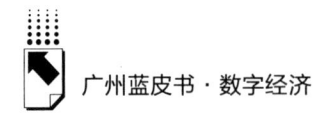

一 低空经济应用场景的分类

关于低空经济应用场景的学术讨论，不同学者从多维度进行理论建构。张倩从应用场景的基础理论出发，提出应用场景本质上是一个应用（通常是产品）被使用的时候，用户最可能的所处场景。[①] 在此理论基础上，沈占胜等将研究对象聚焦于低空经济领域，强调其作为新技术、新装备与商业模式融合载体的特殊性，具体包括载运装备、作业装备、关键技术、行业分类、实现功能五个基本要素。[②] 基于此，可以认为低空经济应用场景是指在低空产业领域内，通过低空相关载运装备（如无人机、直升机等），搭载专用的低空作业装备（如喷洒设备、监测仪器等），并依托低空相关技术（如导航、飞行控制等），以实现特定功能。

结合低空经济"活动空间立体性"与"服务对象广泛性"的特征，对应用场景进行分类。基于新技术赋能城市发展的逻辑，《智慧城市人工智能技术应用场景分类指南》将应用场景划分为民生服务、城市治理、产业经济与生态宜居四大维度，并通过细分领域映射低空经济多维度泛化的发展趋势。随着低空经济应用场景逐渐突破单一技术或行业边界，急需更具系统性的分类范式。基于此，本报告立足"五位一体"总体布局，将低空经济应用场景划分为经济、政治、文化、社会、生态五大方面（见表1），考虑到低空技术跨领域融合、跨层级赋能的复杂特性，为低空经济应用场景的可持续发展提供更具前瞻性和战略性的理论支撑。

---

① 张倩：《低空经济发展现状与对策研究》，《老字号品牌营销》2024 年第 22 期。
② 沈占胜、丁立卿：《低空经济：理论焦点及研究展望》，《企业科技与发展》2025 年第 1 期。

表1 低空经济应用场景分类

应用场景	细分领域	应用场景	细分领域
经济	智慧金融	文化	智慧旅游
	智慧物流		智慧体育
	智能制造	社会	智慧交通
	智慧零售		智慧医疗
	智慧园区		智慧教育
政治	城市管理	生态	智慧社区
	智慧应急		智慧能源
	智慧安防		智慧环保
	市场监管		智慧农业

在经济方面,将低空经济与物流配送、智能制造、金融等产业融合,实现资源的高效配置和利用,促进经济增长。在政治方面,低空经济可辅助安防应急、交通疏导等工作,维护国家安全,提高政府管理效率和服务水平。在文化方面,低空经济能为旅游消费、体育活动带来新的体验和产品供给,满足游客多样化的文化消费体验需求。在社会方面,低空经济能与医疗救护、消防救援等社会服务紧密结合,显著提高救援效率和公共服务水平。在生态方面,低空经济能够对湿地生态系统、城市环境卫生等进行监测,获取动态变化信息,为环境保护提供科学依据。

二 低空经济应用场景的发展趋势

(一)"低空+"应用场景多维度泛化

随着国内低空经济产业的快速崛起,低空经济应用场景持续构建。在需求端的强劲驱动下,现已深度融入交通出行、文旅消费、物流配送、政务巡检、应急救援等多元应用领域。应用场景的泛化实质上是通过构建空天地一体化的价值网络,使低空经济成为产业升级的"新质生产力孵化器",为经济高质量发展注入强劲动能。

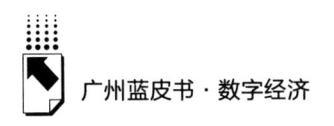

（二）人工智能赋能无人机技术升级

当前人工智能正加速与云计算、网络通信、行业应用深度融合，无人机正经历从"飞行工具"向"高度智能终端设备"的范式跃迁。一方面，生成对抗网络（GAN）等人工智能技术的应用，赋予低空无人机视觉认知能力，如大疆的 Phantom 4 RTK 能够通过 AI 视觉系统实现自主避障和目标跟踪，适用于复杂地形的测绘任务。另一方面，5G 网络的毫秒级时延特性突破空间限制，为无人机带来了高清实时视频回传和远程精确控制的能力。目前，我国部署的 5G 基站已覆盖超过 90%的城市地区，无人机大规模应用于新闻直播、城市交通监测等领域，持续推动无人机向具备自主决策能力的空天智能体演进。

（三）政策红利助力低空应用场景拓展

在低空经济蓬勃发展的关键时期，政策的先导作用成为产业崛起的核心动力。上位规划与扶持政策协同发力，全方位推动低空应用场景多元化发展。以广州为例，在国家和广东省政策的指引下，全市及各区迅速响应，纷纷将低空经济发展纳入政府工作报告，出台专项政策，重点聚焦应用场景拓展方面，以"真金白银"的投入激发市场主体活力，构建有利于产业发展的政策环境，推动相关产业链快速延伸，为低空经济的规模化发展奠定坚实基础（见表2）。

表 2　广州低空经济产业相关政策

地区	政策名称	具体内容	出台年份
国家	《中共中央关于进一步全面深化改革　推进中国式现代化的决定》	首次提出"发展通用航空和低空经济"，明确低空经济在国家发展战略中的重要地位	2024
广东省	《广东省推动低空经济高质量发展行动方案（2024—2026 年）》	依托广州、深圳、珠海三个低空经济核心城市，推动粤东、粤西、粤北地区因地制宜打造低空智慧物流、城市空中交通、应用救援、"百千万工程"、新兴消费等方面的应用场景，培育具有全球竞争力的低空经济产业集群	2024

续表

地区	政策名称	具体内容	出台年份
广州市	《广州市低空经济发展实施方案》	①支持探索开通粤港澳大湾区内城际短途直达航线以及与香港、澳门之间的跨境航线。②积极探索"无人机+智慧物流"模式，发展城市无人机配送、城际无人机运输等物流方式。③推动低空智能航空器在国土、水文、气象、林业、环保、应急、电力、交通、城管、公安、海关、边海防、建筑、农业、海洋、"百千万工程"等重点领域应用，提高智慧化城市管理水平。④以打造世界旅游消费目的地为目标，打造连接景区、度假区、主题公园等旅游目的地的低空旅游网，区域联动，依托观光游、主题游、体验游等丰富低空旅游内涵，全面提升旅游品质。⑤统筹社会航空应急救援力量，推动空中处置中心和应急力量建设，探索制定空中处置力量组织指挥流程、管理制度、应急行动预案等	2024
广州市	《广州市推动低空经济高质量发展若干措施》	①设立载人无人驾驶航线；②设立货运航线；③鼓励开展工种培训、认定等低空服务业务；④鼓励拓展公共服务应用领域；⑤鼓励开展低空旅游、航空运输业务	2024
海珠区	《海珠区低空经济发展工作方案》	明确到2027年海珠区低空经济在婚庆、跨境飞行、高端商务、文旅消费、物流运输、应急救援、医疗救护、会展活动、短途客运、教育培训、警务管理服务、城市治理、公共服务等领域形成10个以上应用示范场景，积极推动载人飞行商业化运营，探索新建枢纽型垂直起降场，争取新建常态化使用起降点，形成应用示范场景	2024
白云区	《广州市白云区低空经济发展实施方案(2024—2027年)》	开发物流配送、医疗救援、公务巡检、旅游观光等应用场景，围绕特色景区开发低空飞行体验、航拍航摄、空中游览等特色项目，打造无人机编队表演消费场景，构建新型低空文旅消费商业生态圈	2024
南沙区	《广州南沙海陆空全空间无人体系建设和低空经济高质量发展行动计划》	聚焦于构建海陆空全空间无人体系，打造超级场景，拓展实际应用，在明珠湾灵山岛尖打造海陆空全空间无人体系和低空经济先导示范区，全面开放水面、低空空域、路面、地下空间作为无人设备运行场景，在同一区域内实现城市交通、旅游观光、零售消费、物流配送、市政服务、巡检巡查、智慧安防等方面无人体系全面建设	2024

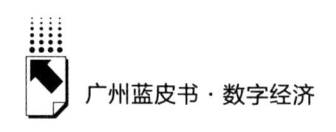

续表

地区	政策名称	具体内容	出台年份
花都区	《花都区促进低空经济高质量发展若干措施》	①鼓励企业结合本区国际航空货运枢纽、国际空铁联运建设等开设低空货运航线，发展低空物流产业；②鼓励开展航空体育运动、低空旅游、低空出行业务，支持航空运营企业开发跳伞、热气球、滑翔、航空模型等航空运动项目，大力发展低空旅游业态；③鼓励企业在应急救援、森林防火、城市消防、交通巡查、公安巡逻、违建巡查、国土测绘等公共服务领域拓展低空飞行服务应用场景	2024
从化区	《广州市从化区低空经济发展实施方案(2024—2027年)》	围绕文旅消费、物流配送、应急医疗、会展服务等打造一批示范应用场景，开通10条以上低空航线。依托流溪河、国家森林公园、生态设计小镇、流溪温泉旅游度假区等旅游特色资源，规划布局适宜开展航空旅游的区域、场地和类型，打造连接景区、度假区等旅游目的地的低空旅游网，开发低空飞行体验、航拍航摄、空中游览、低空研学等特色项目，融合生态文化旅游资源，构建新型低空文旅消费商业生态圈	2024
增城区	《广州市增城区低空经济高质量发展三年行动方案(2024—2026年)》	推进"低空+文旅""低空+农业""低空+物流""低空+公共服务""低空+气象"等示范应用场景打造，开通10条以上低空航线，构建应用场景丰富、具有区域特色和活力的低空运营服务体系。计划打造"低空+文旅体"融合场景，推进"低空+智慧农业"场景应用，开拓"低空+环两山"应用场景	2024
黄埔区	《广州开发区(黄埔区)促进低空经济高质量发展的若干措施》	鼓励区内企业在高端商务、高效物流等商业领域打造标杆性应用场景	2023

资料来源：中国政府网与广东省人民政府、广州市人民政府及相关区人民政府。

三 低空经济应用场景开发的城市比较

在低空经济快速发展的浪潮中，各地纷纷结合自身独特优势与实际需求，开拓低空经济的多元应用场景。聚焦经济、政治、文化、社会和生态五大方面，与深圳、成都等各城市的低空经济应用场景进行对比，广州低空经济更聚焦于交通出行、医疗救援等应用场景。

(一)经济应用场景:广州推出城际出行服务,深圳创新"空地协同"物流配送模式

广州海珠(琶洲)低空飞行运营中心聚焦城际低空交通出行服务,建成后将构建起以琶洲直升机运营中心为枢纽,辐射广州白云国际机场、增城区、从化区、南沙区以及佛山、东莞、江门、珠海、深圳、香港、澳门等城市的低空航线网络。其主要满足商务旅客、高端游客等群体的出行需求,提供高效、便捷、灵活的空中交通解决方案,缓解地面交通压力,提升区域交通的时效性与便利性。

深圳丰翼宝安低空智慧物流运营中心开创"空地协同"的智慧物流新模式。融合传统物流成熟的快递处理能力与低空物流高效的运输能力,实现无人机与无人车的无缝衔接。无人机空运而来的快件交由无人车运送至顺丰网点,外发快件则通过无人车接驳到起降场,再交由无人机空运,航空件时效缩短半天,同城时效由 8 小时缩短至 2 小时,为城市物流配送提供了范例。

(二)政治应用场景:广州、无锡依托无人机技术强化城市安全管理

广州创新采用"无人机+宣传"的模式强化烟花爆竹安全管理。春节期间,广州市应急指挥中心利用无人机机动性强、覆盖范围广、宣传效果好等特点,快速抵达增城 1978 电影小镇、花都文体广场、白云凯德广场、从化温泉镇等重点区域开展高空巡航宣传,搭载强声驱散器和夜间 LED 警示灯,以高空扩音、闪动的立体化宣传效果,循环播放烟花爆竹安全燃放规定和注意事项,引导市民文明燃放、安全燃放,共同营造安全和谐的节日氛围。无人机还配备了高清摄像头,一旦发现违规燃放行为,立即通过扩音设备进行劝离,对拒不配合者,可精准定位并通知地面执法人员快速处置。

无锡创新"合署一体+空地一体"模式。无锡市锡山区通过区域治理现

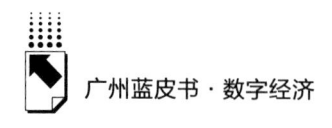

代化指挥中心与警方的合作,推出"合署一体+空地一体"的新模式,创建"城警联动"工作方式,并结合城运无人机队伍与公安警航战队,组建联合战队,加强低空警航网络建设,巡航航线达到22条,有效拓展低空经济应用场景。

(三)文化应用场景:广州聚焦低空经济塑造文化IP,成都创新低空文旅体验项目

广州利用无人机表演塑造"科技赋能传统文化"的城市IP。2024年,在白鹅潭春节烟花汇演期间,超13万发烟花与1000架无人机点亮了广州的夜空,无人机幻化成木棉花、五羊、广州塔、永庆坊牌坊、灯笼、醒狮等广州传统元素。作为自带话题和流量的新型引流推广方式,无人机及烟花表演推动现场观众进行自发性传播,成为火爆全网的热点事件。

成都围绕通用机场开发多元化旅游项目。崇州豪芸通用机场开通多条飞往周边城市的航线,除此之外,市民在该机场还可参与跳伞运动、飞行营地露营、研学等活动。例如,白塔湖空域飞行项目,飞行时长为12分钟,价格为399元/人次;重庆路空域飞行项目,飞行时长为22分钟,价格为798元/人次。

(四)社会应用场景:广州、丽江搭建医疗快线,实现"分钟级"医疗配送

广州搭建低空医疗配送快线。广州首条低空医疗配送快线选取广州开发区医院西区院区与南岗院区。通常情况下,两个院区间的地面通勤时间为20分钟,但交通拥堵使得实际运输时间往往远超预期。改用无人机后飞行时间仅需7分钟,相较于传统地面运送,低空物流的综合效率提高65%。

云南省丽江市利用"无人机+应急"实现医疗物资流转。丽江市人民医院引入第三方无人机物流服务,专门用于运输检验标本、血液制品、口服药品及其他急救物资。以荣华院区至福慧院区为例,无人机运输仅需5分钟,

相较于传统救护车的地面运输，效率提升60%，为患者的诊断与治疗争取宝贵时间，从而实现三个院区之间医疗物资的高效流转，优化医院内部的物流配送流程，提升医疗资源的利用效率，进而显著提升医院整体医疗服务水平和质量。

（五）生态应用场景：广州、合肥依托无人机新技术创新赋能生态环境保护

广州在国内率先将"无人机机场+AI"技术应用于环卫垃圾识别及处理。无人机运用北斗星地增强定位技术，实现对问题地点的精准定位，并自动推送工单至属地标段进行整改。整个流程形成"智能航飞—AI自动发现—线索推送—处置监督"的闭环管理系统，让无人机化身"空中环卫"，为城市的精细化管理提供了创新性的解决方案。

合肥"低空+环保"赋能环境保护，擦出"绿色火花"。合肥御悟信息科技有限公司利用无人机搭载自主研发的机载传感器，不仅能监测常见的颗粒物$PM_{2.5}$和PM_{10}、O_3及挥发性有机物VOCs等，还能监测环境违法行为，如夜间违规施工、大气扬尘污染、高污染企业排烟等。此外，中科卫星科技集团有限公司自主研发的浮空器，可长时间对特定区域进行不间断监测，同时搭载多种载荷仪器，实现对大气等生态环境方面的多源数据全天候实时监测。

综上所述，深圳在经济应用场景中，以物流领域为核心，通过"空地联运"物流模式和"空地协同"智慧物流中心建设，实现低空配送常态化运营；无锡聚焦低空应用场景，依托"城警联动"机制构建"空地一体"治安防控网络，推动低空技术深度赋能城市安全与应急管理；成都发挥文旅资源优势，开发低空观光体验项目，打造"空中文旅IP"，实现文化与低空经济的深度融合；丽江聚焦社会应用场景，通过医疗应急快线强化民生服务能力；在生态应用场景中，合肥借助无人机环境监测技术构建全天候生态治理网络。通过对比各城市的低空经济应用场景，为广州低空经济应用场景的发展提供参照。

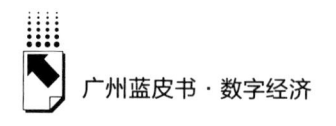

四 广州建设低空经济应用场景的建议

依托汽车工业基础,广州充分发挥其作为千年商都、历史文化名城、华南地区医疗中心的优势,在商贸物流、文旅消费、紧急救援等方面具有较大的市场潜力。一方面,创新应用场景对接形式;另一方面,创新低空经济在物流配送、文旅消费、医疗救援等方面的应用,为经济增长和社会进步注入新动力。

(一)创新应用场景对接形式,深挖发展潜力,推动多领域释放经济活力

一是积极发布低空经济应用场景清单。积极对接企业需求,面向全国公开征集并发布低空经济应用场景清单,为产业发展搭建广阔平台。通过广泛征集和精准对接,与有低空经济产业应用场景需求的企业联动,为低空经济的多元化发展提供合作契机,助力企业与市场高效对接,形成产业集聚与创新协同的良好生态。

二是创新低空经济应用场景。聚焦无人机、航空器制造、空中交通管理、低空物流、空中旅游等低空经济的多个细分领域,以"创新低空,飞向未来"为主题,举办低空经济创新创业大赛。大赛通过项目路演、专家评审、投资对接等环节,评选出最具创新性、市场潜力和社会价值的项目,并为获奖者提供资金支持、政策优惠、市场推广等一系列扶持措施,激发市场主体活力,推动低空经济高质量发展。

(二)挖掘粤港澳大湾区消费市场需求,开启"低空+物流"高效配送新时代

一是建立"低空+生鲜"物流配送网络,打造"分钟级"生鲜餐饮配送圈。结合荔湾区黄沙水产中心、南沙区十四涌海鲜市场等专业市场对海鲜产品高时效性的需求,发展"低空+生鲜"物流配送网络,通过冷链无人机快

速直达社区、商超及餐饮终端，减少中间环节损耗，保障产品新鲜，打造覆盖广州市区的"分钟级"生鲜餐饮配送圈，显著提升生鲜产品的配送效率与服务质量，满足消费者对新鲜食材的即时需求。

二是跨区域建设"湾区低空物流快线"，实现商品"小时达"。充分发挥粤港澳大湾区核心枢纽的区位优势，以低空物流为纽带，构建覆盖深圳、香港、澳门等城市的"湾区低空物流快线"。针对跨境、跨城配送时效要求高的特点，开通广深港、广珠澳等高频次低空物流专线，实现粤港澳大湾区核心城市间生鲜、高端消费品及老字号特色商品的"小时达"服务。例如，广州老字号餐饮品牌可通过低空物流网络，将手信礼盒等产品直接配送至港澳高端商超、社区及文旅消费场景，既扩大品牌辐射力，又助力"广货出海"，打造湾区一体化低空经济生态圈，为全国跨境低空物流提供示范。

（三）依托广州产业基础与抢抓赛事契机，促进"低空+文旅"应用落地

一是联合汽车产业龙头企业推出"空中看珠江""低空游湾区"等旅游产品。广州汽车产业基础雄厚、龙头企业集聚、区位优势明显。加快推动汽车自动驾驶领域与低空经济融合发展，联合广汽、小鹏等行业龙头企业，充分发挥其技术、资源与品牌优势，积极推出"空中看珠江""低空游湾区"等具有创新性与市场吸引力的低空旅游产品。通过整合航空、旅游、科技等多领域资源，精心规划低空旅游线路，将珠江新城、广州塔、永庆坊、南沙湿地等广州标志性区域纳入其中，构建全方位、多层次的"立体观光走廊"，为游客提供独特的低空观光体验，深度展现广州城市风貌与湾区自然风光。

二是借助全运会契机，创新无人机灯光秀，带动粤港澳大湾区文旅体产业协同发展。以2025年广州全运会为契机，在南沙体育馆、深圳湾体育中心等赛事场馆策划多主题无人机灯光秀。在灯光秀设计上，充分融入粤港澳大湾区的地域文化特色、体育赛事元素以及现代科技成果，通过先进的编程控制技术，实现数百架无人机协同作业，在空中呈现绚丽多彩、极具科技感

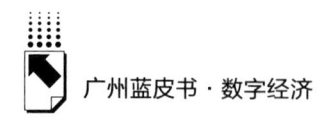

与文化魅力的视觉盛宴，实现"赛事引流—场景消费—产业升级"的湾区文旅经济闭环。

（四）以无人机赋能紧急救援与慢病管理，打通"低空+医疗"生命通道

一是构建"端到端"紧急救援场景。建立120急救中心、血库及医疗机构之间的空中联系通道，实现急救药品、移植器官等的精准、快速送达。如广州中医药大学第三附属医院以其独特的中药院内制剂闻名，在中医治疗中具有显著疗效，但需要快速、精准地配送到其他医疗机构以满足患者需求。通过构建端到端的急送网络，利用无人机将广州中医药大学第三附属医院的中药院内制剂快速运输至呼吸中心，用于呼吸道疾病的中医辅助治疗，同时将呼吸中心的检验样本快速送至广州中医药大学第三附属医院的实验室进行检测，提高医疗资源的利用效率，为患者提供更高效、更优质的医疗服务。

二是搭建移动医疗慢病管理服务系统。利用搭载远程医疗设备的无人机，定期上门为出行不便的患者采集血压、血糖、心率等生理数据。这些数据通过5G通信技术实时传输至社区卫生服务中心的慢病管理平台，由专业医生进行分析评估。若发现患者病情异常，医生可通过视频通话与患者沟通，及时调整治疗方案。同时，医护人员还可通过无人机为患者配送所需药品，实现慢病管理的便捷化与精准化。

参考文献

覃睿：《再论低空经济：概念定义与构成解析》，《中国民航大学学报》2023年第6期。

樊一江、李卫波：《我国低空经济阶段特征及应用场景研究》，《中国物价》2024年第4期。

钟媛媛：《低空经济高质量发展对策研究——以深圳市龙华区为例》，《产业科技创

新》2023 年第 4 期。

张晓兰、黄伟熔:《低空经济发展的全球态势、我国现状及促进策略》,《经济纵横》2024 年第 8 期。

赵崇煦、刘聪、王喆:《关于广州打造大湾区低空经济枢纽城市的对策建议》,《中国工程咨询》2023 年第 10 期。

李艳华、周志青:《发展低空经济体制机制优化思考》,《大飞机》2024 年第 5 期。

袁宏刚、杨博维、黄琪:《广东低空经济新质生产力高质量发展面临的问题与对策刍论》,《广东经济》2024 年第 9 期。

B.10 广州发展生成式人工智能产业的路径与策略

周圣强 唐碧海 周权雄[*]

摘 要： 生成式人工智能是以通用大模型技术为核心的一种新型AI，由于其通用性、泛在性、基础性，引发国内外广泛关注，其产业化进程正在加速。近年来，广州以链长制为主抓手，以"造车健城"四大赛道为重点，制订"十百千"发展计划，多措并举推动AI产业发展，为抢抓新一轮科技革命和产业变革机遇奠定基础。但在技术加速迭代和激烈市场竞争的背景下，广州仍面临产业政策滞后AIGC发展、AIGC产业价值链有待提升、智能算力与高端AI人才等要素保障不足等挑战。本报告基于广州加快发展AIGC产业的必要性、战略性、急迫性与可行性，提出强核、扩容、内聚、外引四大策略，即强化核心技术、打造市场竞争新优势，丰富AIGC产业内涵、营造产业发展新生态，对内汇聚高端要素、打造核心资源新高地，对外联合互补共赢、构建开放合作新格局。

关键词： 生成式人工智能 大模型 广州

党的二十届三中全会通过的《中共中央关于进一步全面深化改革 推进中国式现代化的决定》明确提出，要完善推动人工智能等战略性产业发展政策和治理体系。以ChatGPT发布为起点，全球正掀起人工智能新一轮

---

[*] 周圣强，博士，广州市社会科学院经济研究所副研究员，研究方向为产业经济；唐碧海，博士，广州市社会科学院经济研究所副研究员，研究方向为宏观经济、数量经济等；周权雄，博士，中共广州市委党校副教授，研究方向为产业结构与演化、现代化产业体系。

发展浪潮,开启一场全新的产业变革,促进生产力向机器智力跃迁,推动数字经济向智能经济演进,将引发经济结构重大变革,深刻改变人类生产生活方式。目前,社会主流大模型几乎都是生成式人工智能大模型,代表了新一代人工智能发展方向,蕴含重大发展机遇。本报告聚焦生成式人工智能产业,归纳总结其产业内涵与发展态势,梳理广州的基础条件,提出加快发展生成式人工智能产业的路径与策略,助力广州打造新动能新优势。

一 AIGC产业发展态势

生成式人工智能(Artificial Intelligence Generated Content,AIGC)是一种新型AI。在"大模型+大数据"加持下,AIGC技术快速演变,不仅可文生图、文生视频,还可生成虚拟数字人、3D模型、机器人轨迹、蛋白质结构、DNA/RNA、集成电路图、新材料、程序代码等,引发国内外发展热潮,产业化进程不断加快。AIGC产业是指以通用大模型技术为核心,以内容生成为目的,形成的一系列相关产品和服务的产业链,通常可分为算力层、模型层、应用层,算力层主要包括人工智能芯片厂商、服务器、云计算、数据中心,模型层主要包括算法、基础软件、深度学习框架和大模型,应用层则包括下游各种应用需求。当前,我国AIGC产业发展具有以下几个特点。

一是成长快、潜力大。截至2024年8月,我国AIGC服务已备案大模型达188个,累计发布AI大模型达200多个。根据艾瑞数智的预测,2025年我国AIGC产业规模将突破千亿元,2030年将成长为万亿级产业。[①]

二是行业巨头引领发展。阿里巴巴、腾讯、华为、字节跳动、百度、京东等科技巨头掀起"百模大战",中国移动、中国联通、中国电信、南方电网、中石化等国企着力打造大模型"国家队"。

---

① 《2023年中国AIGC产业全景报告》,"同花顺财经"百家号,2023年8月28日,https://baijiahao.baidu.com/s?id=1775434154202142771&wfr=spider&for=pc。

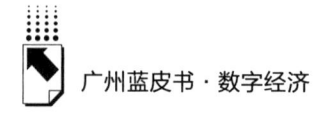

三是风投创投加快布局。AIGC赛道成为资本市场炙手可热的领域，2024年上半年国内共有157家AIGC公司完成融资，其中33家公司融资过亿元，月之暗面、MiniMax、智谱AI分别以10亿美元、6亿美元、4亿美元的融资额位居前三。[1]

四是算力规模高速增长。截至2023年底，我国在用算力中心机架规模达810万标准机架，增长24.2%，算力总规模超过230EFLOPS，位居世界第二，存力规模达到约1200EB，先进存储容量占比超过25%。[2]

五是应用场景日益丰富。AIGC可为百业千行赋能，在广告、新闻、文创、游戏、客服、电商、设计、政务、教育、医疗、软件开发、自动驾驶、科学研究等领域得到广泛应用。

六是区域竞争日趋激烈。北京、上海、广东、浙江等省市率先出台通用人工智能专项发展政策，积极抢占发展高地。中国企业生成式人工智能服务备案主要集中在北京、上海、广东等地，其中北京占比最高，达45.2%，上海和广东占比分别为18.1%和13.8%（见图1）。

二 广州加快发展AIGC产业的基础条件

广州积极抢抓新一轮科技革命和产业变革机遇，相继出台《广州市加快IAB产业发展五年行动计划（2018—2022年）》《广州市关于推进新一代人工智能产业发展的行动计划（2020—2022年）》《广州市人工智能产业链高质量发展三年行动计划（2021—2023年）》《广州市数字经济高质量发展规划》《广州市促进人工智能产业链高质量发展行动方案（2024—2026年）（征求意见稿）》等政策，以链长制为主抓手，以"造车健城"（智能制造、智能

---

[1] 《〈中国算力发展报告（2024年）〉全文公开》，开放数据中心委员会网站，2024年10月4日，https://www.odcc.org.cn/news/p-1845683540253827074.html。

[2] 《全文发布 | 世界知识产权组织发布〈生成式人工智能专利态势报告〉》，"知会行"微信公众号，2024年7月9日，https://mp.weixin.qq.com/s?__biz=MzUzMzAwMzI0NQ==&mid=2247544994&idx=2&sn=994912a0f8478d4eac8a8218a5bb18f4&chksm=fb80faa21ed48b382a388280f207ac58336a74b1539a95640d42c840b1d815bef3cef7dc5cf0&scene=27。

广州发展生成式人工智能产业的路径与策略

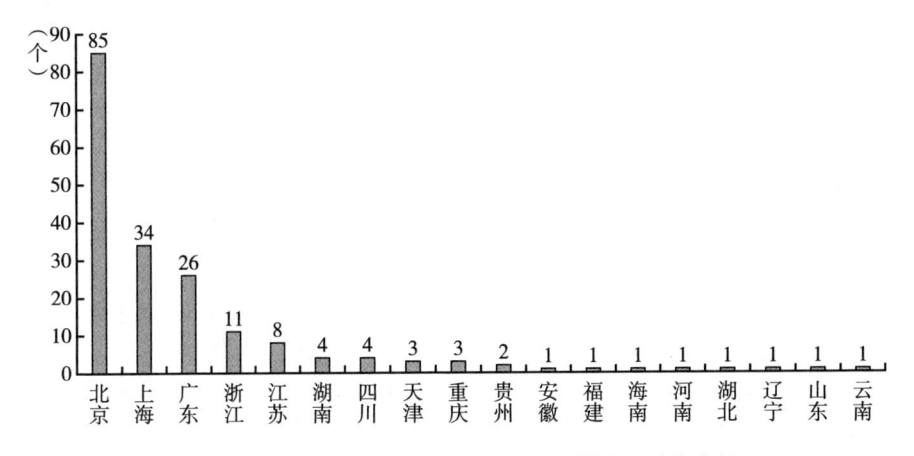

图1 截至2024年8月各省（市）AIGC服务累计备案情况

数据来源：《国家互联网信息办公室关于发布2024年生成式人工智能服务已备案信息的公告》。

驾驶、智慧医疗、智慧城市）四大赛道为重点，制订"十百千"发展计划，多措并举推动AI产业发展，成效显著。

（一）AI产业体系初步形成

在政策与市场的双轮驱动下，广州AI企业快速涌现，2018~2022年全市累计AI入库企业[①]已超600家。根据爱企查数据，2023年全市新注册且在开业的广义AI企业已突破2万家，是2016年的12倍（见图2）。全市产业链加快延伸拓展，目前产业链已覆盖基础层、技术层和应用层，其中，基础层的大数据、云计算、工业互联网、物联网等领域发展势头较好，AI芯片制造与设计成长较快；技术层的计算机视觉与图形识别、智能语音板块发展较为突出；应用层呈百花齐放的发展格局，智能汽车、智能机器人、智能无人机、智能医疗、智能装备、AR/VR等智能产品与服务层出不穷，智能交通、智能安防、智能营销、智能教育等领域活力迸发（见图3）。

---

① 广州市人工智能企业库是由广州市工业和信息化局于2018年建立的一个企业库。

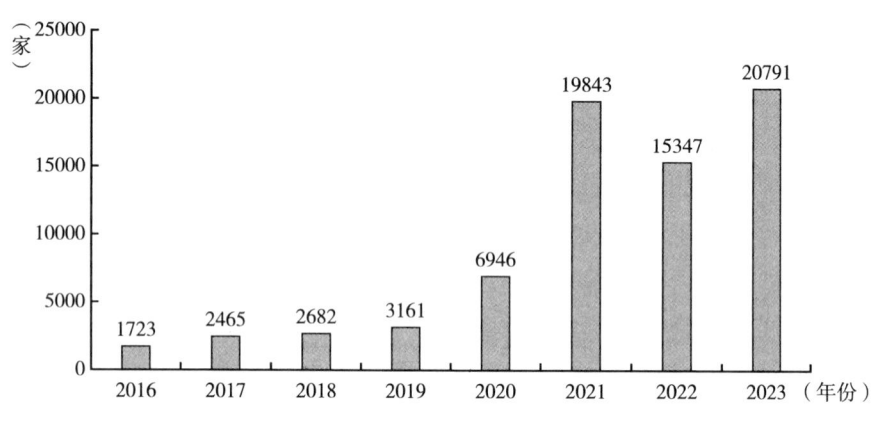

图 2 2016~2023 年广州广义 AI 企业新增情况

数据来源：爱企查网站。

（二）AIGC 技术蓬勃发展

广州的 AIGC 技术走在全国前列，2022 年小鹏汽车提出大模型赋能汽车智驾，2024 年 5 月推出国内首个量产端到端大模型系统①。截至2024 年 8 月，在国家网信办已备案来自广州的 AIGC 大模型有 11 个，占全国、全省的比重分别为 5.9%、42.3%，略少于深圳（12 个），位居全省第二。其中，通用大模型 1 个、教育服务领域 4 个，其他的 AIGC 大模型分布在邮箱服务、搜索服务、电子商务、城市交通等领域（见表 1）。深度合成服务算法加快推出，截至 2024 年 8 月，全市在国家网信办备案的算法累计达 102 个。其中，文本生成、图像生成、语音生成、视频生产、数字人生成分别有 48 个、23 个、10 个、9 个、11 个，还有 1 个多模态大模型算法。网易和动悦信息两家企业备案算法均为 6 个，位居 68 家备案企业之首。

---

① 端到端大模型系统是指从感知端到控制端的智能驾驶系统，通常包含环境感知、决策规划、控制执行三大模块。

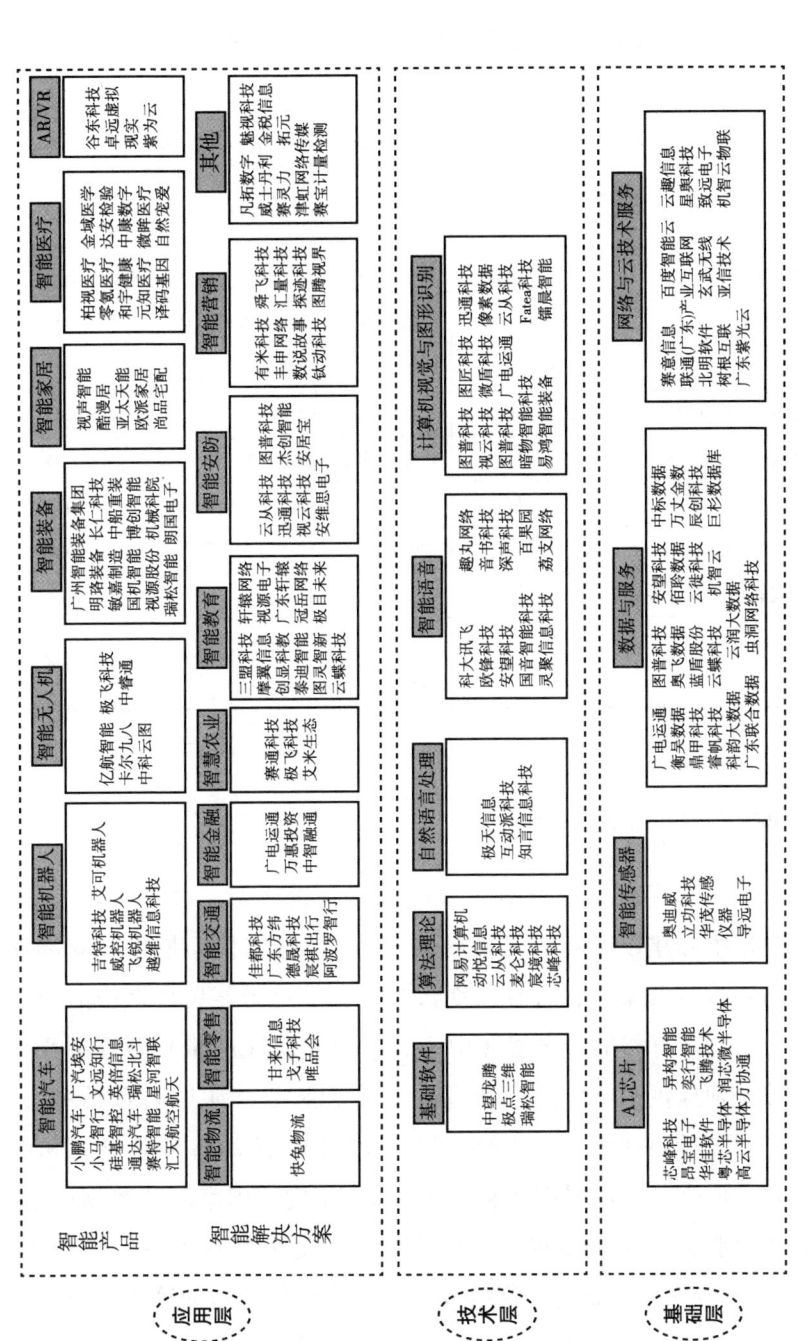

广州发展生成式人工智能产业的路径与策略

图 3 广州 AI 产业链

数据来源：基于历年广州人工智能创新发展榜单等资料绘制而成。

193

表1 截至2024年8月已在国家网信办备案的广州AIGC大模型

序号	模型名称	行业或领域	备案单位	备案年份
1	银河大模型	教育服务	广州极目未来文化科技有限公司	2023
2	网易邮箱智能助手大模型	邮箱服务	广州网易计算机系统有限公司	2023
3	夸克曼大模型	搜索服务	广州市动悦信息技术有限公司	2023
4	CVTE大模型	教育服务	广州视源电子科技股份有限公司	2023
5	朝彻大模型	电子商务	广州唯品会数据科技有限公司	2024
6	云从从容大模型	通用大模型	云从科技集团股份有限公司	2024
7	佳都知行大模型	城市交通	佳都科技集团股份有限公司	2024
8	翼绘AI	教育服务	广州冠岳网络科技有限公司	2024
9	CVTE大模型	会议服务	广州视源电子科技股份有限公司	2024
10	云蝶教研辅助大模型	教育服务	广州云蝶科技有限公司	2024
11	大瓦特大模型	电力服务	南方电网数字电网研究院股份有限公司	2024

（三）算力基础设施不断完善

近年来，广州算力基础设施建设进入新一轮周期，取得显著成效。一是重点数据中心建设不断取得新突破，"国际数据传输枢纽"粤港澳大湾区广州南沙节点项目、云谷二期数据中心、量光荔星数据中心等项目相继竣工，琶洲算谷的沙溪智算中心、中国移动（广州）智算中心建成运营，并分别提供100P和300P算力，广州科云（永顺）数据中心、浩云长盛广州二号云计算基地相继获评2021年度和2022年度的国家绿色数据中心，广州汇云数据中心被评为2021年度的国家新型数据中心。二是公共算力服务水平稳步提升，广州人工智能公共算力中心已建成，其算力规模达200P，为企业、高校及科研机构提供优质的算力服务。三是助力广州超算中心成为全球最具影响力的超算中心之一。截至2023

年，广州综合算力已超过3EFLOPS，在黄埔、海珠、天河、番禺、南沙等区初步形成集聚区，[1]算力竞争力位居全国主要城市前列。[2]

（四）重大产业载体加快布局

一是新一代人工智能产业平台体系初步建成。目前，广州初步形成以广州琶洲人工智能与数字经济试验区、中新广州知识城、黄埔智能装备价值创新园、中大国际创新生态谷、天河智慧城、白云湖数字科技城、番禺智能网联新能源汽车价值创新园、南沙国际人工智能价值创新园等为主的人工智能产业平台体系。二是重大AI产业平台发展成效突出。广州琶洲人工智能与数字经济试验区是广州重大产业发展平台，其中琶洲片区已升格为省级人工智能产业园，已引育腾讯、头条、阿里、唯品会、蚂蚁、小米、科大讯飞、TCL、树根互联、动悦信息、神马搜索、三七互娱等一批人工智能与数字经济企业。三是加快推进一批特色产业园区建设。广州科学城协同创新中心已顺利完工，华为广州研发中心（一期）即将交付，中国人工智能（广州）产业园项目、粤港澳大湾区数字经济和生命科学产业园、海珠区人工智能与数字经济产业园等项目扎实推进，旨在打造一批具有较强竞争力的AI产业高地。

（五）科技创新能力稳步增强

一是AI科技创新平台取得新突破。广州相继于2020年和2021年获批建设国家新一代人工智能创新发展试验区和国家人工智能创新应用先导区，为打造产业科技创新前沿阵地提供重要支撑。二是高层次AI科研机构集聚。广州科教资源丰富，拥有中山大学人工智能学院、华南理工大学吴贤铭智能工程学院、暨南大学智能科学与工程学院、香港科技大学（广州）人工智

---

[1]《神机妙"算" 拓展普惠供给》，广州日报网站，2024年6月13日，https://gzdaily.dayoo.com/pc/html/2024-06/13/content_871_860577.htm。

[2] 根据中国信息通信研究院发布的《中国算力发展指数白皮书（2023年）》，广州算力发展水平仅次于北京、上海。

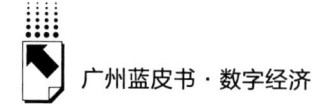

能学院等一批高校和科研机构，为广州 AI 产业发展提供了重要的人才与技术支撑。此外，广州还汇集了人工智能与数字经济广东省实验室、清华珠三角研究院人工智能创新中心、广东人工智能与先进计算研究院、中国科学院广州电子研究所等一批研究水平高、成果转化能力强的机构。三是 AI 创新成效显著。2023 年 7 月至 2024 年 6 月，广州人工智能产业新增公开专利 4729 件，其中发明专利申请 2679 件、发明专利授权 1789 件、实用新型专利 261 件。①

三 广州加快发展 AIGC 产业面临的挑战

（一）广州的产业政策滞后 AIGC 发展

目前，广州 AI 产业政策存在一定的滞后性。一是至今尚未从全市层面出台聚焦 AIGC 产业发展、大模型技术、智能算力等方面的专项政策。二是 AI 技术应用重点领域有待拓展。广州强调聚焦"造车健城"四大赛道，但从现实来看，AIGC 赋能百业千行，远不止这四大赛道，如《北京市推动"人工智能+"行动计划（2024—2025 年）》提出布局数十个重点领域。三是支持 AI 应用推广类政策有待进一步完善。AIGC 应用的主要方向是智能体②，而广州在政策上未见涉足。四是智能终端培育有所滞后。在 AIGC 的推动下，终端智能化加速，深圳、北京等相继出台政策，围绕大模型与终端融合抢先布局，如《深圳市推动智能终端产业高质量发展若干措施》。

---

① 《2024 年 7 月 2 期-专利信息预警分析简报-人工智能》，广州知识产权保护中心网站，2024 年 8 月 1 日，https://www.gzippc.cn/general/cms/news/view/5e9d9cb18cb1435282ec13036199c7b6.html。
② 大模型时代的智能体（AI Agent）是指以大模型为核心计算引擎，具备复杂推理、记忆和执行任务能力的 AI 系统。大模型虽能接受输入、思考、输出，解决"如何做"的问题，但无法与物理世界进行互动。而智能体被赋予规划、记忆和工具使用能力，从而解决"帮你做"的问题，建立与物理世界互动的机制。

（二）广州 AIGC 产业价值链有待提升

目前，国内 AIGC 产业生态的主要引领者和参与者，或是阿里巴巴、腾讯、华为、百度、京东、抖音等具有全国影响力的科技平台企业，或是百川智能、月之暗面、智谱华章、商汤科技等以清华大学、上海交通大学等知名院校科研实力为支撑，创投资本重点支持的独角兽企业或初创企业。这些企业凭借强大的科技创新能力，率先推出通用大模型，以智能体为主攻方向，全面开启产品与服务的 AI 化，驱动旗下生态企业 AI 化，构建高度开放共享的 AI 生态，抢占产业价值链高位。从广州 AI 产业链、已备案大模型和算法来看，广州在芯片、算法、基础软件等关键技术环节缺少有较强影响力的企业，应用层企业虽多但缺乏颠覆性产品与服务。在 AIGC 价值链微笑曲线上（见图 4），部分企业甚至是其他地区通用大模型的生态企业，如广州动悦信息即为阿里巴巴生态企业，津虹网络传媒为百度生态企业。

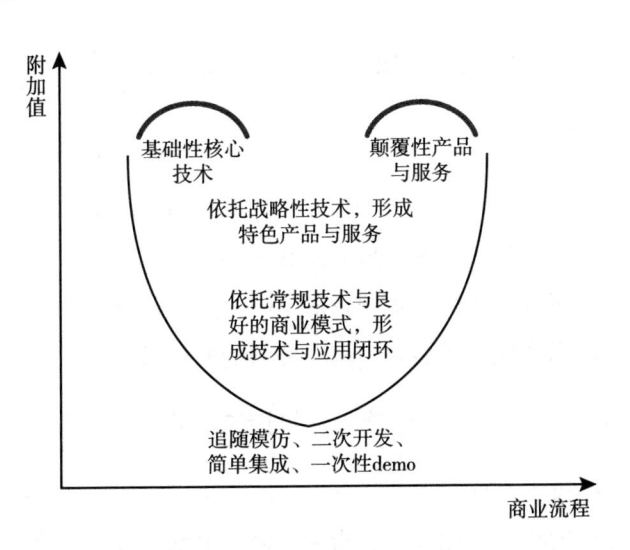

图 4 AIGC 价值链微笑曲线

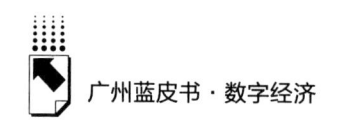

（三）智能算力、高端AI人才、技术研发等需求激增，广州AIGC产业发展可能面临要素保障不足的困境

AIGC蓬勃发展，导致全市对智能算力、高端AI人才、技术研发等需求大幅增加，广州可能面临要素保障不足的问题。在算力方面，AIGC大模型的性能发挥建立在大数据和大算力的支持上，目前主流架构消耗算力大、能耗高，广州的智能算力占比不高，且缺乏能源优势，新增供给滞后于新增需求。在人才方面，根据相关数据，2023年8月广州AI人才储备量占全国的比重为5.4%，大幅低于北京（26.4%）、上海（12.9%）、深圳（9.4%），也低于杭州（6.1%），在薪资水平上亦明显低于这些城市，[①] 在高端人才引进方面竞争力稍显不足。在技术研发方面，广州企业对外寻求智能技术合作的案例不少，如南方电网的大瓦特大模型主要基于华为大模型技术，广汽传祺与华为合作引进华为的智驾系统，趣丸科技与香港中文大学（深圳）合作研发大模型等，均反映出广州有效技术供给可能滞后于需求。

四 广州加快发展AIGC产业的路径与策略

广州须以"大干十二年、再造新广州"的干劲闯劲，大胆探索、主动谋划，以高水平建设广州国家新一代人工智能创新发展试验区、国家人工智能创新应用先导区为契机，努力成为具有全国影响力的AIGC产业引领区示范区。为此，本报告基于广州加快发展AIGC产业的必要性、战略性、急迫性与可行性，提出强核、扩容、内聚、外引的路径与策略。

（一）"强核"：强化核心技术、打造市场竞争新优势

1. 强化核心技术研发

加强对基础架构、强化学习、指令微调、提示工程、价值对齐、多模态交互等大模型核心技术的集成运用和研发创新，形成自主可控的AIGC技术

---

① 数据来源：脉脉高聘人才智库发布的《2023人工智能人才洞察报告》。

体系。加强可信可控安全技术、基础模型评测算法等共性关键技术研究，提升大模型的准确性，破解"AI 幻觉"瓶颈。支持前沿性、颠覆性技术研究，在推理决策、类脑智能、具身智能、人机混合智能等方向开展研究，争取形成突破性原创性成果。

2. 制订大模型创新扶持计划

支持引进高水平大模型企业，鼓励本土科技企业开发部署具有较强竞争力的闭源通用大模型和行业大模型，在资金支持、优化服务、加强推广、先行先试等方面给予政策倾斜，力争 3~5 年培育 1 个以上具有全国影响力的通用大模型和 50 个以上优秀行业大模型。推进大模型公共服务平台建设，加快广州（琶洲）大模型创新服务中心、广州"鲲鹏+昇腾"生态创新中心、人工智能适配验证中心等建设，向企业提供备案咨询、辅导培训和预测试等服务，助力企业快速推进大模型与算法的研发和上市。

3. 建设重大科技创新平台

加快琶洲实验室重大创新平台建设，持续提升基础云计算平台、芯片研发平台等基础平台服务水平，加快启动智能工业互联网平台和智慧城市大数据平台建设，为全市 AIGC 产业快速发展提供核心技术支撑。深化产学研合作，以人工智能与数字经济广东省实验室（广州）、国家超级计算广州中心等重大创新平台和中山大学、华南理工大学、暨南大学、广东工业大学等高校为依托，构建企业牵头、高校和科研院所支撑、各创新主体相互协同的 AIGC 创新联合体，通过揭榜挂帅、赛马式、里程碑式等资助模式，推动基础理论与核心算法、智能互联、大数据、人工智能平台与软硬件基础等 AIGC 核心技术研发与应用，打造 AIGC 科技创新高地。大力引进国内外知名高校、科研院所来穗设立 AIGC 新型高端研发机构，引进一批行业头部企业研发中心。

（二）"扩容"：丰富 AIGC 产业内涵、营造产业发展新生态

1. 构建专业智能体生态

大力支持大模型企业发挥引领带动效应，汇聚产业链上下游企业及专业

人士，将专业智能体作为行业大模型应用的主要方向，以行政管理、资源管理、物流管理、生产管理、员工培训、市场销售等全业务场景AI化为目标，通过共同开发算法及工具平台、建设底层基础设施、打造专家决策框架、构建专业知识引擎、合成高质量数据等途径，推进技术、数据、场景等多方合作，形成开源开放、优势互补、协同发展的AIGC产业新生态。

2. 打造AIGC多元示范应用场景

制订AIGC示范应用推进计划，突出广州千年商都、枢纽型网络城市特点，打造AIGC应用场景高地。一是开展"造车健城"典型应用示范，打造全国乃至全球AI应用标杆。二是推动AIGC在政务服务、科学研究、电子商务、互联网、社交、教育、能源、金融、游戏、文创、娱乐、会展、安防、农业等市场需求潜力大的领域示范应用，形成赋能千行百业的发展态势。三是推动AIGC赋能产业互联网平台，开展"四化"平台赋能专项行动，将AI算力应用、大模型研发等纳入支持范围。四是支持广州市与各区的国有企事业单位开放AIGC应用场景，优先采用经测试评估的AIGC产品和服务。

3. 推动智能终端与AIGC技术融合创新

大力推动端侧产品与服务智能化，围绕AI终端应用的卡点堵点痛点，聚焦模型定制、模型服务部署、模型管理、模型应用开发及模型服务能力，加强MaaS、SaaS、人机协同、数字分身、数字人、智能助手、大模型压缩等技术方案研发，助推智能终端产品由"能用"向"好用"提升。以智能网联汽车、智能家电、智能家居、无人机、eVTOL、人形机器人等优势端侧产品为突破点，推进AIGC技术嵌入与颠覆性产品创新，打造"爆款"终端，推动全市手机、电脑、平板、VR/AR、可穿戴设备以及泛AIoT终端产品的智能化。

4. 制订AIGC创新伙伴计划

为加快AIGC应用落地，持续推动典型应用的商业化，大力探索AIGC创新伙伴计划。根据AIGC产业不同环节，聚焦算力、数据、模型、应用和投资五大领域，明确资质范围与要求，通过部门邀请、企业自荐、行业组织推荐等渠道广泛征集，年度精选头部企业、优质AIGC企业或重要企事业单位，作为AIGC创新伙伴成员，按照一定工作机制和品牌化运营要求，促进成员单位间广泛深入合作，从而搭建一个资源供给充裕、技术自主创新、应用落地见效、合作机制灵活的AIGC开放合作平台。

（三）"内聚"：对内汇聚高端要素、构筑核心资源新高地

1. 打造产业集群化发展平台

高标准推动广州琶洲人工智能与数字经济试验区发展建设，推动腾讯、今日头条、阿里巴巴、蚂蚁集团等头部企业导入大模型业务板块，打造具有全国影响力的大模型集聚区。大力支持海珠区建设AI大模型应用示范区，在政策、财政方面予以倾斜，支持培育行业大模型优势产业集群、构建环海珠湿地创芯价值圈。支持广州开发区深入推动大模型与实体经济融合发展，打造大模型产业特色示范园区。加快南沙国际人工智能价值创新园发展，以云从科技、小马智行、科大讯飞等为依托，吸引更多大模型创新主体入驻，打造千亿级国际人工智能产业园区。扎实推进中国人工智能（广州）产业园项目、粤港澳大湾区数字经济和生命科学产业园等项目建设，聚焦AIGC科技创新孵化、技术应用推广，推进产业对接与合作交流，搭建AI技术创新创业平台。

2. 加大智能算力供给力度

一是优化算力资源布局。统筹推进智算中心规划建设，支持海珠区建设"琶洲算谷"，推动国家超级计算广州中心、人工智能公共算力中心等提质扩容。建立市级智能算力调度体系，实现全市算力资源统筹调度和高效供给。二是深入推动绿色计算发展。支持智算服务器提供商开发液冷、自然冷源等节能技术，鼓励数据中心加强内部能耗数据监测和管理。三是构筑云端算力供给体系。优化通信网络，建设低时延、高速率的宽带网络，为数据上云提供支撑。

3. 提升高质量数据要素供给能力

组建大模型语料数据联盟，鼓励多元主体共同推动高水平语料数据库建

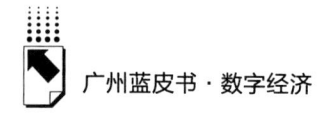

设，推动典型行业语料和学科数据资源共建共享。促进数据交易流通，依托广州数据交易所建立语料数据交易板块，鼓励依法设立的数据交易机构开展数据流通、交易，持续拓宽多模态数据来源渠道，促进跨领域、跨行业数据融合。谋划建设数据训练基地，为数据服务商或大模型企业提供数据服务、算力服务和模型评测等全流程服务。建设高质量数据集和精细化标注众包服务平台，形成数据标注行业标准，建立AI产业数据资源清单，提升AI数据标注库规模和质量。

4. 建设AI人才集聚高地

加大国际引才引智力度，绘制全球顶尖AI"科学家版图"，建立全球高端AI人才数据库，精准引进来自世界顶尖大学和机构的科学家与青年人才。鼓励国内AI领域高精尖人才和团队带项目来穗创新创业，优先将大模型创新重点人才纳入国家和本市相关高层次人才计划，重点支持大模型相关紧缺技能人才落户，享受人才优惠待遇。搭建实习实践平台，支持AI专业大学生来穗开展实习实践。支持高校培育市场紧缺AI人才，组织企业、高校、科研机构联合培养跨学科大模型人才。打造符合AI发展要求的专业化领导干部队伍，鼓励政府部门与AI企业合作，联合培养AI专业领导干部，多途径掌握AI技术发展前沿和产业政策。

（四）"外引"：对外联合互补共赢、构建开放合作新格局

1. 打造"以投带引"新模式

鼓励广州产业投资母基金、广州创新投资母基金、广州天使母基金、新兴产业发展引导基金、科技创新母基金等政府引导基金，聚焦北京、上海、深圳、杭州等先发地区，瞄准AIGC领域的单项冠军、隐形冠军、独角兽企业、瞪羚企业、初创企业及创新团队，积极举办产融对接会、投资交流会等活动，强化对优质AIGC早期科创项目的发现和投资，积极挖掘合作空间，通过多元化股权投资，大力引进潜力大、成长快、技术强的AIGC企业来穗设立总部、研发总部、区域总部等。

2. 构建区域协同算力供给体系

积极响应和落实国家"东数西算"战略，按照全国一体化算力网络国家枢纽节点布局和全省"粤算"行动计划，探索"算力飞地"模式。支持企业在内蒙古、贵州、甘肃、宁夏等算力枢纽区域，以投资、共建、租赁等多种形式，建设市场需求大的算力中心，逐步形成梯度分布、布局合理、功能完善的多元化算力供给体系，为未来万亿级参数大模型训练需求的超大规模智算集群提供有力支撑。

3. 推动粤港澳大湾区 AIGC 协同发展

纵深推进粤港澳大湾区建设，与港澳共同探索 AIGC 领域的项目联合支持、人才联合培养、资金联合投入创新模式。发挥广州在基础理论、大模型技术、产业体系、场景建设等方面的先发优势，将 AIGC 应用示范作为区域合作重点，加强与佛山、东莞、珠海、肇庆等地区的协作，以智能政务、智能交通、智能制造、智能健康、智能教育、智能金融、智能营销等为重点，协同开展 AIGC 规模化应用，共同打造一批示范性强、带动力大、显示度高的典型应用场景。鼓励广州 AIGC 企业与省内重点部门、重点企业开展合作，积极参与广东省的批量化集中采购，着力打造全省所需、广州所能、覆盖面广、辐射范围大的 AIGC 应用项目。

参考文献

史占中、郑世民、蒋越：《ChatGPT 与 AIGC 产业链》，《上海管理科学》2023 年第 2 期。

郑世林、姚守宇、王春峰：《ChatGPT 新一代人工智能技术发展的经济和社会影响》，《产业经济评论》2023 年第 3 期。

张辉等：《ChatGPT：从技术创新到范式革命》，《科学学研究》2023 年第 12 期。

沈志锋、李静、李智慧：《人工智能参与下的创新生态系统构建研究》，《科研管理》2024 年第 10 期。

施锦诚、王迎春：《大模型产业创新生态系统竞争力评价研究》，《科学学研究》2025 年第 2 期。

数字化转型篇

B.11
广州市制造业数字化转型趋势与展望

广州市工业和信息化局信息技术发展处[*]

摘　要： 制造业数字化转型作为推动新型工业化进程和构建现代化产业体系的核心战略，正深刻重塑全球制造业竞争格局。近年来，广州大力开展"四化"赋能专项行动，推动规模以上工业企业升级改造，开展中小企业数字化转型城市试点工作，开展国家新型技术改造城市试点，推动产业集群实施数字化转型，为构建制造业数字化转型新格局奠定基础。本报告通过对大型企业、中小企业和"四化"赋能重点平台等典型案例进行分析，发现全市多数企业已具备"四化"转型意识，但不同行业之间"四化"水平差异显著，且面临数字化诊断程度不高、供需匹配准确度不高和数据价值化程度有待提升等挑战。基于此，本报告提出通过"诊断+改造"推动企业数字化转型，健全制造业数字化转型公共服务体系，探索"链式"数字化转型模式，推动中小企业数字化转型轻快化等建议。

---

[*] 广州市工业和信息化局信息技术发展处：朱欲忠、黄东旭、梁海珍、王军。

关键词： 数字化转型 制造业 广州

制造业数字化转型是推进新型工业化、建设现代化产业体系的重要举措。2024年5月，国务院印发《制造业数字化转型行动方案》，标志着制造业数字化转型再提速，广州作为中国制造业转型升级的先行区，正以数字化转型促进制造业向高端化、智能化、绿色化发展。近年来，广州大力开展"四化"（网络化协同、数字化转型、智能化改造、绿色化提升）赋能专项行动，先后入选国家制造业新型技术改造城市试点、中小企业数字化转型试点城市、首批国家"5G+工业互联网"融合应用试点城市等多个国家级试点示范，累计超过4000家规模以上工业企业实施数字化转型，有力支撑制造业立市战略实施。

一 广州制造业数字化转型的成效

（一）广州制造业数字化转型的阶段特征

从2023年开始，广州陆续对全市企业开展"四化"评估诊断，评估对象主要集中在五个行业，包括电子信息、汽车、消费品、材料、装备行业。其中，电子信息行业有57家企业、汽车行业有32家企业、消费品行业有99家企业、材料行业有55家企业、装备行业有90家企业。[①] 通过对"四化"评估诊断结果进行分析，发现广州制造业"四化"转型具有如下几个特征。

1. 全市多数企业已经具备"四化"转型意识

在参与"四化"评估诊断的333家企业中，L2级及以上占比为

---

① 工业和信息化部电子第五研究所、广州市制造业"四化"促进联盟编写的《广州市制造业"四化"水平研究分析白皮书（2023年）》。

89.19%,表明近九成企业已制定"四化"相关发展战略规划,具有"四化"转型意识。L3级及以上占比为44.14%,这表明全市超过四成的样本企业能够实现设计、生产、销售、物流、服务等核心业务的信息系统集成,开始聚焦工厂范围内的节能减排、污染物监测。

2. 不同行业之间"四化"水平差异显著

不同行业的"四化"进程因其自身特性、发展基础及企业构成不同,呈现显著的差异化特征,在参与"四化"评估诊断的333家企业中,汽车行业L4级以上企业占比达到12.5%,在所有行业中占比最高,这表明汽车行业在"四化"转型方面具有一定的优势;电子信息行业L3级以上企业占比高达49.12%,这表明电子信息行业整体"四化"水平较高,拥有良好的转型基础;材料行业L1级企业占比达27%,显示该行业转型进程较慢;消费品行业和装备行业的L2级和L3级企业占比分别为88.89%和84.44%,显示消费品行业和装备行业的企业"四化"整体处于中等水平。

综上所述,广州制造业数字化转型拥有良好的基础,多数企业已具备转型意识。

(二)广州推动制造业数字化转型的主要经验

1. 开展"四化"赋能专项行动,推动规模以上工业企业升级改造

一是强化政策保障。出台《广州市工业和信息化局推进"四化"平台赋能企业实施方案》等政策,构建"四化"平台赋能专项行动政策体系。二是培育"四化"赋能重点平台。面向全国遴选优质转型服务商,已公布3批共122家"四化"赋能重点平台,覆盖研发设计、生产制造、运维服务全链条,建立平台评价分级机制,对服务情况评价好的平台,加大支持力度,鼓励平台进一步增强服务能力,扩大服务范围。三是实施"四化"诊断评估。遴选工业和信息化部电子第五研究所等5家国家级智库机构为广州"四化"诊断评估机构,制定"四化"诊断评估标准和工作指引,累计免费为333家企业提供"四化"诊断评估服务,全面激发企业"四化"改造活力。四是率先设立市级"四化"促进中心。遴选工业和信息化部电子第五研究所制造业"四化"转型促进中心项目等一批重点项目,建设"线上+线下"相结合的"四化"公共服务体系,打造推进区域、行业、企业数字化转型的有力抓手。五是打造"四化"赋能生态。截至2024年底,全市累计组织"四化"政策有关宣贯培训活动近30场,通过"政府讲政策、智库讲方法、企业讲案例",累计向超1500家企业宣传"四化"平台赋能专项行动实施路径、支持政策等内容,进一步提高惠企政策的知晓度、参与度。

2. 开展中小企业数字化转型城市试点工作,为制造业数字化转型注入新动能

随着政策逐步向中小企业倾斜,中小企业数字化转型的重要性日益凸显。广州先后成功入选国家级和省级中小企业数字化转型试点城市,以国家和省级政策体系为抓手,重点聚焦智能网联与新能源汽车(零部件)、工业母机和机器人、时尚美妆、定制家居服装箱包等重点细分行业的中小企业数字化转型,印发《广州市中小企业数字化转型城市试点工作方案》,提出工作目标。计划到2026年底,不少于710家中小企业实施数字化改造并达到数字化水平二级及以上,打造市级数字化车间和智能制造示范工厂各不少于40个;增强中小企业数字化转型供给能力,遴选50家以上优质的数字化服务商以及不少于360个"小快轻准"数字化产品和服务,打造50个以上数字化应用典型示范场景和20个以上"链式"转型典型案例;推动培育5个以上中小企业特色产业集群;建设中小企业数字化转型公共服务平台;开展2000人次以上数字化人才培训。

3. 开展国家新型技术改造城市试点,推动"点线面"协同转型

广州入选2024年国家级新型技术改造试点城市,通过"点""线""面"形式充分带动企业、产业链供应链、产业集群及科技产业园区的数字化转型。一是完善体制机制,印发推进试点工作组织方案和实施意见;二是强化供需对接,分行业组织多场试点项目供需对接会,推动典型应用场景进一步开放;三是建立全过程跟踪机制,遴选第三方机构对试点项目进行诊断评估、过程监测及成效评价;四是严格财政资金管理,通过多轮评审,对符合条件的项目下达1.38亿元财政资金;五是开展成果复制,推动企业举办

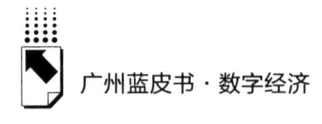

典型案例分享会和优秀解决方案对接会，推动制造业企业"看样学样"实施新技改。

4. 推动产业集群实施数字化转型，构建转型新格局

一是实施《广州市深化工业互联网赋能改造提升五大传统特色产业集群的若干措施》，面向纺织服装、美妆日化、箱包皮具、珠宝首饰、食品饮料五大产业集群，在国内率先采用揭榜挂帅方式，推动建设5个"1+2+N"行业特色数字化转型公共平台。其中，致景科技纺织服装平台、中浩控制美妆日化平台获评国家级特色平台，盖特软件、蜂巢互联、博依特获评中央财政支持的中小企业数字化转型试点平台。五大数字化转型公共平台共服务企业8578家，连接设备1281台，接入生态合作伙伴近150家，提供应用服务142个。二是出台《广州市推进制造业数字化转型若干政策措施》，依托重点产业"链长制"工作推进机制，发挥龙头企业带头作用，赋能产业链协同发展；面向传统特色产业集群，制定"1+2+N"集群数字化转型整体解决方案；打造3个国家级"双跨"工业互联网平台（树根互联、赛意信息、亿迅科技）、15个国家级特色专业型工业互联网平台、5家数字化转型相关上市企业。全市有109家企业入选广东省工业互联网产业生态供给资源池。三是发布《广州市数字经济高质量发展规划》，绘制广州数字经济发展蓝图，推动数字经济与实体经济深度融合，全方位、全角度、全链条赋能传统优势产业，着力打造产业数字化转型平台，加快优势特色产业集群数字化平台推广应用，推动企业上云上平台；培育引进工业互联网平台，支持建设跨行业跨领域及特色专业型工业互联网平台。

二 广州制造业数字化转型的典型案例

（一）大型企业"四化"转型案例

1. 案例名称

索菲亚家居股份有限公司应用新一代信息技术实现营销、供应、生产各环节的数字化。

2. 背景情况

索菲亚家居股份有限公司成立于 2003 年，是一家主要从事定制柜、橱柜、木门、配套五金等产品研发、生产和销售的公司。当前，消费者的需求趋于个性化和多元化，制造业企业的传统生产模式难以精准匹配需求变化，面临一系列挑战，如营销模式缺乏多样性、客户满意度难以提升、客户分散，供应链灵活性不够等。为此，在了解了广州"四化"政策之后，索菲亚家居股份有限公司积极运用新技术、新工具在营销服务、生产制造、供应链管理等场景开展数字化转型，并对企业网络和安全等场景进行升级改造。

3. 改造举措

在"四化"诊断报告的建议下，索菲亚家居股份有限公司针对重点业务场景，进行整体规划、分步实施、逐步深入、专项管理，以面向多变市场环境为导向，围绕营销、供应、生产等环节进行改造升级，提升业务效率和产品服务质量。

（1）建立数字化营销和服务体系

一是运用人工智能技术。建设云上营销知识库，为全体前端市场的人员提供营销等一系列家居行业知识，有效提升企业的运营效率。二是引进智能客服系统，采用"机器人+人工客服"模式，通过智能分析对话数据、系统自动记录问题标签、产生数据图表和次数统计等方式，及时响应客户需求，提升销售端协同效率。三是研究部署 ChatGPT 等 AI 模型。实施"ChatGPT+设计""ChatGPT+直播""ChatGPT+客服"等营销方式，自动生成图文和视频，提升企业营销水平。

（2）建设智能制造工厂和智慧供应链体系

通过建设智能车间和产线，引进可联网的封边机设备、钻孔基站设备和单通道六面钻设备，满足可靠性、安全性、易操作性、易维护性、人体工学设计、质量安全等工作要求，优化产线工艺，提升生产效率和品质。同时，通过产线智能化改造和制造管理 MES 系统升级实现自动化协同、精益化制

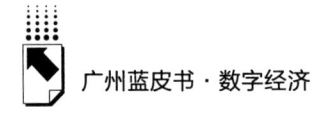

造、降低运营成本、提高产品品质与按时交付率。

4.应用成效

在广州"四化"平台赋能专项行动的推动下，索菲亚家居股份有限公司建设了营销协同系统，涵盖线下门店、电商平台及微信、抖音等渠道，打造"一站式智慧客服系统"，为客户提供个性化的服务和解决方案。同时，基于大数据建立客户满意度数据模型，对客户服务进行量化管理，不断优化智能产线和制造工艺，生产效率提升14.3%，大幅缩短产品生产周期。通过实施数字化供应链管理，提高供应链协同效率，减少原材料和成品库存积压情况，有效降低了库存成本。

（二）中小企业"四化"转型案例

1.案例名称

明珠电气股份有限公司通过数字化改造实现增收增利和降本增效。

2.背景情况

明珠电气股份有限公司成立于2009年，现有员工500多人，从事研究开发的科技人员占1/5。该公司是我国变压器制造行业的骨干企业，研发、生产、经营35kV及以下干式电力变压器、组合式变压器、预装式变电站。在广州"四化"平台赋能专项行动的引导下，明珠电气股份有限公司于2023年参与第一批"四化"诊断，诊断后发现公司面临以下痛点。一是设备互联互通程度不够高。设备质量数据靠人工纸质记录，存在信息滞后、不准确等问题。二是核心设备虽然具备联网能力，但在完整性、安全性、扩展性方面还存在短板。例如，网络接入覆盖范围存在较大局限、音视频融合通信能力不强、动环安防监控网络缺失等，影响企业生产管理效果。

3.改造举措

在"四化"诊断报告的指引下，明珠电气股份有限公司通过在全厂范围开展数字化、网络化、智能化、绿色化改造，实现企业内部各环节、各部门之间的实时信息共享与协同作业，实现生产管理过程的数字化、网络化、智能化和绿色化。

(1) 数字化方面

建设 SCADA 数据采集系统，在复杂多变的工业环境中对各类生产设备进行实时的过程监控和数据采集，实时监测设备运行状态和生产过程状态，及时处理异常问题，提升操控反馈能力，优化设备管理手段，提前预测潜在故障，提高设备管理的数字化水平。

(2) 网络化方面

建设数字化生产协同系统网络，提高物资采购、仓储配送、销售管理、产业链协同等环节的信息化管理水平，持续优化系统功能。同时，将各类系统整合在统一的协同管理平台上，覆盖生产制造的各个环节，支持企业跨部门的数据处理和业务协同。

(3) 智能化方面

加强智能生产线、智能试验系统及智能立体仓储系统等建设，实现由自动化生产程序智能决定任务下发、作业计划及资源动态监测和设备在线监控，大幅提升检测效率和准确性，支持质量信息自动录入系统，减少常见质量问题发生。

(4) 绿色化方面

建设"双碳"能源管理平台，实现企业能耗数据化、数据可视化、节能指标化、管理动态化、服务人性化、决策科学化。具体包括用能情况实时化，对能源实时供给情况进行监测；用能模式精细化，挖掘当前用能模式下的节能潜力，实现能源资源的优化调度；管理流程化、信息化和规范化，实现能源和设施管理的可视、可控与可管。

4. 应用成效

明珠电气股份有限公司开展数字化、网络化、智能化、绿色化改造，新增数据采集平台、数据融合分析平台、仓储管理系统、光伏储能系统等，对横剪、纵剪、浇注、试验站等生产及出厂试验环节进行智能化改造，完善数字基础设施网络，打造数字化生产协同平台，通过构建高效的网络连接体系、通畅的数据"采存管用"流程、先进的智能生产监控平台、规范的节能降耗手段，全面实现企业内部各环节、各部门之间的信息共享与协同作

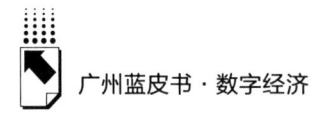

业，实现生产和管理过程的智能化、高效化、绿色化，提升企业的市场竞争力和可持续发展能力。

（三）"四化"赋能重点平台案例

1. 案例名称

广州博依特智能信息科技有限公司通过智能平台赋能流程制造行业企业数字化转型。

2. 背景情况

广州博依特智能信息科技有限公司成立于2014年，主要基于对流程型生产过程工艺的深刻理解和建模经验，为造纸、食品、建材、化工等传统流程制造行业提供数字化转型的软硬件产品和数据服务。当前，流程工业的发展正面临原料加工制造企业智能运营管控软件匮乏、数字化智能化转型成本高和技术难度大、生产过程依赖"老师傅"经验、非标原料对生产稳定性影响大等痛点难点。

3. 改造举措

广州博依特智能信息科技有限公司通过构建"智能运营管控平台+AI"的新路径，基于业务流程，以生产管理过程中的六要素（人、机、法、料、环、测）为管理对象，依托大数据、人工智能、云计算等技术，搭建智能运营管控平台，推动产业链企业整体上平台，推动流程制造企业从"制造"向"智造"转变。

一是搭建流程制造行业企业统一的智能运营管控平台。平台依托新一代工业互联网技术云服务、云计算、大数据平台和基础设施服务，具备连接超千家企业、承载百万台设备、处理千亿级数据的能力。

二是打造基于新一代信息技术的生产工艺优化AI模型。该模型基于工业知识，将工业生产流程和作业模式与机器学习算法相结合，在真实工业场景中，通过对复杂的物理、化学过程进行模拟和优化，将人工经验固化为模型，对生产工艺进行优化，形成可规模化复制的AI应用。

三是创新数据集成与边缘计算技术。平台整合边缘层与云端，实现设备接入、协议转换数据预处理与边缘 AI。云端负责数据汇聚与设备管控。边缘层支持多样网络接入和工业协议，与数据库直接对接。基于流计算框架，项目实现实时数据处理，满足大规模数据实时分析需求。

四是打造工艺优化模型产品化研发底座。提出大系统思维构建赛博（Cyber）空间，针对流程作业生产过程滞后、非线性特点，设计了数据时间错位的数据分析框架，根据工艺特征，把不同的数据进行聚合处理计算，解决在生产环节耗时长、质量数据难以与生产工艺关联的问题。

五是提出工业生产自动驾驶模型。研发从测量与感知（生产过程关键参数预测）—运动规划（关键工序/设备稳定运行优化）—行为规划（生产过程动态调度）—路径优化（大尺度资源配置与调度优化）四层工业生产自动驾驶模型，实现"人工经验+自动化+数字化"的深度融合，打造智能化生产模式。

4. 应用成效

截至 2024 年，广州博依特智能信息科技有限公司智能平台服务超 700 家制造业企业，包括 23 家全球 500 强企业，以及 65 家上市企业。该平台在垂直行业的市场占有率位居全国第一。在陶瓷行业中，排名前十的企业中有 9 家由该平台服务，包括广东东鹏控股股份有限公司、蒙娜丽莎、广东简一（集团）陶瓷有限公司等。在造纸行业中，排名前 20 的企业中有 14 家由该平台服务，包括金光纸业（中国）投资有限公司、维达纸业（中国）有限公司、理文造纸有限公司、中顺洁柔纸业股份有限公司等。目前，平台数据量达 2 万亿条，服务的企业实现直接经济效益约 60 亿元，节约 169.5 万吨标煤，减少 CO_2 排放 423.6 万吨。其中，通过采用智能平台，企业能够降低生产原料成本 20%~30%，降低能源成本 5%~10%，降低设备故障率超 30 个百分点。

三 广州推动制造业数字化转型的对策建议

（一）通过"诊断+改造"推动企业数字化转型

2024 年 5 月，数字化转型诊断列入国务院印发的《制造业数字化转型行动方案》，正式将数字化转型诊断作为我国推进制造业数字化转型的重要抓手，随着智能制造成熟度评估、数字化转型贯标等不断推进，数字化转型诊断的重要性不断凸显，其不仅有助于明确企业转型路径，加速企业改造升级，助力政府精准施策，更是联动制造业企业、数字化服务商、第三方诊断机构的重要抓手。从目前全国各地开展数字化转型诊断的情况来看，当前诊断工作面临诊断程度不深、诊断标准不一、诊断人员能力参差不齐等诸多挑战。

一是加强"诊断+改造"专项资金的配套供给，建立诊断评估的供给资源池，提升企业"诊断+改造"满意度，充分挖掘"诊断+改造"意向明显的企业，按照细分行业向企业提供诊断和改造资源。二是明确诊断评估相关标准，形成地方标准或行业标准，分行业、分梯度培育一批诊断评估机构，培育行业性诊断评估机构，推动诊断评估工作高质量发展。三是加强"诊断+改造"的联动，在行业数字化转型服务商的参与下，由对口第三方诊断评估机构为企业提供诊断服务，提出更符合行业特性和企业发展需求的改造建议。

（二）健全制造业数字化转型公共服务体系

数字化转型促进中心是推进制造业数字化转型的公共服务体系，通过提供基础技术、转型路径、典型场景、人才培训等公共服务，降低数字化转型成本，对推进数字化转型具有重要作用。2024年5月，国务院印发《制造业数字化转型行动方案》，明确提出建设一批深耕行业的制造业数字化转型促进中心，各省市积极推进制造业数字化转型促进中心的建设工作，在供给能力提升、资源要素整合、运营服务方面取得一定成效。但目前仍面临供需匹配准确度不高和数据价值化程度有待提升等挑战，未来需要在供需精准匹配、数据价值挖掘和市场化服务水平等方面进行提升。一是实现供需精准匹配，夯实数字化服务能力底座。通过典型案例挖掘、改造经验总结等方式，形成改造成效好、企业满意度高的数字化转型产品和解决方案。梳理细分行业业务流程、生产工艺等环节亟须解决的关键问题，构建细分行业"需求—路径—供给"矩阵，帮助企业绘制个性化转型路线图，提高转型成效。二是有效利用数字化转型公共服务数据，构建公共服务体系。面对不同政策、不同行业、不同主体的数字化转型需求，建设一个集成区域内所有数字化转型数据资源的主促进中心，建立统一的数据标准，为数据分析及趋势洞察提供有力支撑，面向不同政策、不同行业的企业提供咨询诊断、供需对接、人才培训、应用推广等一站式公共服务。

（三）探索"链式"数字化转型模式，实现中小企业数字化转型轻快化

随着国家级和省级中小企业数字化转型试点城市工作的深入开展，中小企业数字化转型的重要性得到显著提升，中小企业数字化转型普遍面临缺钱、缺人、缺技术等困境，在产业链供应链共生共荣的发展趋势下，"链式"数字化转型模式为推进中小企业数字化转型提供了解决方案和途径，通过供应链模式和产业链模式双线并进，组建"1+1+N"产业联合生态体，即1个"懂行人"作为牵头方，联合一类数字化共性技术集成服务企业和N个专业技术企业，制定"小快轻准"数字化产品和解决方案，辐射带动更多中小企业实现数字化转型。供应链模式"懂行人"一般为特定行业领域有产业号召力的龙头企业，产业链模式"懂行人"一般为行业制造知识丰富、行业资源整合能力强的数字化平台企业。

参考文献

《〈2024制造业数字化转型路线图〉重磅发布（附下载）》，搜狐网，2024年7月17日，https：//news.sohu.com/a/794021319_120056153。

《【学习】2025年我国制造业数字化转型发展形势展望》，"青岛工信"微信公众号，2025年1月9日，https：//mp.weixin.qq.com/s?__biz=MzU5MzkxMjM4OQ==&mid=2247732344&idx=6&sn=1280b2ca786654cb03fe0836ae27b2f1&chksm=ffcb15a65c8b41d7a541fafd568a5da1b0d29335a5583ab4773a69b1e0a0f41b6c986e9732df&scene=27。

《年报｜2023-2024年中国制造业数字化转型研究年度报告》，新浪财经，2024年10

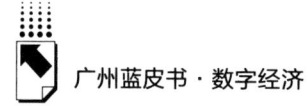

月 12 日，https：//finance.sina.com.cn/roll/2024-10-12/doc-incshaff4447448.shtml。

中研普华：《2025-2030 年中国智能制造产业发展前景预测与深度研究报告》，2025 年 5 月。

谢卫红主编《制造业蓝皮书：中国制造业数字化创新报告（2024）》，社会科学文献出版社，2024。

B.12 人工智能赋能广州数字文化产业高质量发展策略[*]

艾希繁 韦晓慧[**]

摘 要： 人工智能技术正成为驱动数字文化产业高质量发展的重要力量。2024年广州数字文化产业规模突破千亿元大关，在新兴业态领域展现新活力。但广州在人工智能技术应用深度、产业规模能级等方面仍有待进一步提升，"人工智能+文旅"的创新产品供给不足，缺乏现象级"人工智能+文旅"标杆项目。面向"全国数字文化产业中心"建设目标，建议大力推动"人工智能+"行动，培育新兴业态，优化政策环境，通过构建"政策保障—产业培育—区位协同—人才引进"的全链条发展体系，推动广州成为引领湾区、辐射全球的数字文化创新高地。

关键词： 人工智能 数字文化产业 广州

当前，人工智能技术正推动文化科技融合达到新高度，全国数字文化产业继续保持快速发展势头，成为高质量发展的重要动力之一。北京、深圳、上海、广州、成都等城市大力推进"人工智能+"行动，并在人才、资金、政策等各个层面予以支持，文化产业与人工智能技术的融合日益加深，带动数字文化新业态快速涌现。广州作为数字文化产业发达

---

[*] 本报告系2023年度广东省普通高校特色创新项目"高质量共建'一带一路'数字化基础设施的经济效益研究"（项目编号：2023WTSCX025）的阶段性研究成果。

[**] 艾希繁，管理学博士，广州市委宣传部，研究方向为文化发展；韦晓慧，经济学博士，广东外语外贸大学国际经济贸易研究院副教授，研究方向为经济发展、国际贸易。

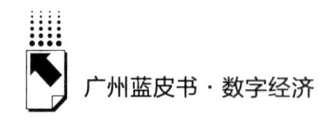

的城市之一，同样需紧抓人工智能快速发展契机，促进文化产业与人工智能深度融合。

一 我国数字文化产业发展现状

（一）我国数字文化产业持续向好发展

我国数字文化产业持续保持中高速增长。根据国家统计局数据，2024年我国规模以上文化及相关产业企业营业收入达14.15万亿元，较上年增长6.0%，特色明显的文化新业态实现营业收入5.9万亿元，同比增长9.8%，对整体文化企业的收入增长贡献率高达65.7%。[1] 数字文娱成为文化消费的主要形式，第55次《中国互联网络发展状况统计报告》显示，截至2024年12月，我国网民规模达11.08亿人，社交网络用户规模达11.01亿人，网络视频用户规模达10.70亿人，网络游戏用户规模达6.74亿人，网络音乐用户规模达7.48亿人。[2]

全国数字文化精品迭出。2024年第十七届精神文明建设"五个一工程"评选，首次将网络文艺作品作为主体纳入评选范围，包括《陶三圆的春夏秋冬》、《滨江警事》（第1部）、《我们生活在南京》3部网络文学作品，《漫长的季节》《我的阿勒泰》2部网络剧，《特级英雄黄继光》《浴血无名·奔袭》2部网络电影，以及系列纪录片《我们的赛场》、网络动画片《中国奇谭》和网络综艺节目《声生不息·宝岛季》等。数字文娱成为中国文化出海的新突破，《全球数字文化产业出海研究报告》显示，以App下载量和营业收入等指标衡量，中国综合排名已稳居全球第二，小红书、TikTok已成为数字文化出海标杆。[3]

---

[1] 《2024年全国规模以上文化企业营收超14万亿元》，中国政府网，2025年1月27日，https://www.gov.cn/lianbo/bumen/202501/content_7001434.htm。

[2] 金歆：《化网络"体量"为发展"增量"》，《人民日报》2025年2月10日。

[3] 《2024年全球数字文化产业出海研究报告-同济大学（臧志彭）》，搜狐网，2024年11月27日，https://news.sohu.com/a/830486253_121880955。

（二）领先城市数字文化产业蓬勃发展

1. 北京

北京数字文化产业全国领先。2024年，以数字内容、互联网服务为主导的新业态企业营业收入达1.59万亿元，同比增长11.1%，占总营业收入的70.7%，占全国文化新业态企业营业收入的比重达27.5%。[①] 新增22个国家文化产业示范基地，数量居全国首位。数字创意技术、元宇宙、5G数控及云计算、人工智能技术广泛运用，北京有105款生成式人工智能大模型备案上线，约占全国总数的40%。科技赋能文旅消费新场景，文旅产业融合加速。

2. 上海

上海数字文化产业持续蓬勃发展。2024年前三季度，上海规模以上文化企业营业收入达9642.84亿元。其中，文化新业态占比近50%，展现产业的发展韧性和创新活力。[②] 上海社会科学院发布的《上海文化发展系列蓝皮书（2024）》显示，在数字文化产业的各细分领域，上海都保持全国领先地位，如网络游戏产业销售收入占全国的1/3，电竞赛事收入占全国的1/2。新业态还带动文化场馆、出版与印刷、演艺娱乐等传统产业转型，成为上海文化产业发展的动力之一。已集聚腾讯、网易、米哈游、鹰角、莉莉丝等知名游戏企业，覆盖游戏研发、发行、运营等高附加值的核心环节。上海的VR/AR文化体验项目也从零星的展览逐渐向覆盖历史、艺术、科幻的"院线式"网络演变，并尝试构建"科技+文化+消费"的产业闭环。

3. 深圳

数字文化产业保持快速发展势头。2024年，深圳文化产业增加值约3000亿元，规模居全国城市前列，文化产权交易所交易额突破30亿元。全

[①]《2024北京文化产业发展：破界共生 创新跃升》，北京文联网，2025年4月，http://szb.bjwl.org.cn/wwwroot/wlw/publish/article/542/91538.shtml。

[②]《探寻申城文化产业行稳致远"密码"》，上海市文化和旅游局网站，2024年12月30日，https://whlyj.sh.gov.cn/cysc/20241230/374a55c7cdc14d1c8ed11d0b17903153.html。

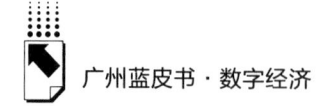

年新增5家国家级文化产业示范基地。[1] 深圳超过25%的规模以上文化企业具备国家高新技术企业资质。[2] 作为全国数字文化产业高地的深圳，拥有以腾讯、华强方特等企业为核心的产业集群，腾讯、华为等企业已布局AIGC、虚拟现实等技术，在数字文博、影视特效等领域取得重要进展，在数字游戏、影视动漫、文化装备制造等领域处于领先地位。在网络视听、电子竞技、人机交互、智能文化软件等新兴领域催生出一系列新的文化产业增长极。在政策层面，《深圳经济特区数字经济产业促进条例》明确支持AI与文化产业融合发展，深圳文化产权交易所开展数字藏品交易试点。在市场需求方面，深圳年轻人口占比超60%，对AI虚拟偶像、元宇宙艺术展等新形态接受度较高。

4. 杭州

杭州不断激发数字文化产业新活力。据国家统计口径测算，2024年全市文化产业实现增加值3448亿元，同比增长6.5%，产业增速分别高于全市地区生产总值及服务业增加值1.8个百分点和1.5个百分点，对全市经济增长提供有力支撑。截至2024年底，全市拥有规模以上文化企业1828家，与2023年相比，增加258家，同比增长16.4%，实现营业收入10830亿元，同比增长6.7%。2024年全市规模以上数字文化企业实现营业收入8855亿元，同比增长约10%。[3] 同时，基于"文化+科技"的深度融合，杭州动漫游戏产业成绩亮眼。以深度求索、宇树科技等人工智能企业为代表的杭州"六小龙"出圈，引发海内外的高度关注。杭州首款3A游戏《黑神话：悟空》斩获有"游戏界奥斯卡"之称的TGA（The Game Awards）"年度最佳动作游戏""玩家之声"两项大奖。华策影视、宋城演艺、华数传媒等4家在杭文化企业入选"全国文化企业30强"，玄机科技入选首批"全国成长

---

[1] 《牢记使命奋发进取 深圳各项事业迈出新步伐取得新成效实现新突破》，深圳政府在线，2024年12月31日，https://www.sz.gov.cn/cn/xxgk/zfxxgj/zwdt/content/post_11932136.html。

[2] 《深圳规上文化企业营收首破万亿》，深圳政府在线，2024年5月22日，https://www.sz.gov.cn/cn/xxgk/zfxxgj/zwdt/content/post_11305187.html。

[3] 《杭州文化产业向"新"突破！》，杭州市人民政府网站，2025年3月4日，https://www.hangzhou.gov.cn/art/2025/3/4/art_812262_59110035.html。

性文化企业30强"，入选总数位列全国第三，副省级城市第一。2025年2月，《经济学人》在对深度求索的报道中将杭州看作"中国硅谷"。[①]

二 广州数字文化产业发展形势

（一）主要成效

得益于多年来的积累，广州文化产业继续保持平稳向好的发展态势。根据广州市统计局数据，2024年，广州规模以上文化及相关产业法人单位有3760家，合计实现营业收入6040.80亿元，同比增长4.0%。文化新业态特征较为明显的16个行业小类实现营业收入2780.88亿元，同比增长6.9%，以占比30.6%的法人单位实现46.0%的营业收入。其中，娱乐用智能飞行器制造、数字出版、互联网搜索服务3个行业增势强劲，增速分别为240.0%、94.0%、36.2%。[②]

从横向对比来看，广州数字文化产业营业收入规模在全国主要大中城市中位居前列。广州持续优化数字文化产业政策环境，2024年11月广州市文化广电旅游局下达2024年文化和旅游产业发展专项资金，扶持102个涵盖生成式AI文旅推广、VR/AR技术研发等领域的项目，总金额达890万元。例如，广州津虹网络传媒有限公司的"AI赋能文旅直播"项目获得100万元资金。[③]

头部企业带动产业链快速发展。网易、三七互娱、四三九九、汇量科技、钛动科技、趣丸科技、荔枝集团、金科汤姆猫、诗悦网络9家广州文化科技企业入选"2024年中国互联网综合实力前百家企业"。2024年，酷狗

[①]《从杭州科创"六小龙"看如何打造城市创新生态系统》，"光明网"百家号，2025年3月19日，https://baijiahao.baidu.com/s?id=1826984168783758868&wfr=spider&for=pc。
[②]《2024年广州文化产业保持平稳向好发展》，广州市统计局网站，2025年2月13日，https://tjj.gz.gov.cn/zzfwzq/tjkx/content/post_10114206.html。
[③]《"新、齐、多、强"广州发布2024文化产业促进成绩单和2025年工作重点》，广州市人民政府网站，2025年1月23日，https://www.gz.gov.cn/xw/zwlb/bmdt/content/post_10092401.html。

音乐、黄埔文化集团、锐丰、华立4家文化企业被认定为国家文化产业示范基地。

动漫游戏、数字音乐领域的全球影响力不断提升。奥飞动漫《喜羊羊与灰太狼》新系列登陆Netflix，全球播放量破10亿次，推动国漫IP国际化。咏声动漫《落凡尘》在全球50多个国家发行。《猪猪侠》衍生品收入同比增长30%，虚拟偶像"猪小侠"直播带货破亿元。动漫电影《雄狮少年2》获行业高度关注。第十七届中国国际漫画节吸引50万名观众，签约国际合作项目12个。2024年，广州游戏产业营业收入占全国的1/3，动漫产业营业收入占全国的20%。2024年，广州游戏产业营业收入达到1406.67亿元，增速为10.5%。在出海方面，广州游戏产业海外营业收入达190.58亿元。小程序游戏赛道优势凸显，全年营业收入突破150亿元，在"2024年中国小游戏百强企业榜单"中，广州有28家企业上榜，上榜数量位居全国第一。2024年网易营业收入达1053亿元，同比增长15%，归母净利润为296.98亿元，同比增长12%。《逆水寒》手游全球流水超50亿元，"AI+游戏研发"中心落地广州。游戏出海取得新进展，《漫威争锋》登顶Steam畅销榜，注册用户超4000万人次。2024年前三季度三七互娱实现营业收入133.39亿元，同比上升10.76%，海外营业收入占比提升至20%。2024年前三季度广州汇量信息科技有限公司营业收入达73.91亿元，净利润达1.34亿元。广州音乐及相关企业有2900多家，数字音乐总产值约占全国的1/4，数字音乐行业规模继续保持全国第一。酷狗音乐拥有4亿的音乐用户，以及包含海量正版音乐的曲库。网易云音乐全年营业收入达80亿元。2024年，广州成为全国演唱会"第一城"，举办"湾区音乐汇"等50多场次活动，带动文旅消费超8000万元。

"非遗+科技""文旅+演艺"等新业态蓬勃发展。AI、AR/VR技术应用广泛，微信广州团队视频号电商GMV突破千亿元，小程序广告收入占微信营业收入的35%。广州趣丸网络科技有限公司联合香港科技大学研发多模态AIGC技术，推动AI三维生成技术产业化；凡拓数创的"Z-BOX智慧旅游沉浸式体验"入选国家级试点，融合裸眼3D、AR/VR等技术。广州市锐丰文化传播有限公司实现国产化 8K 直播技术突破，四开花园网络科技（广州）有限公司批量生产 VR 元宇宙内容。琶洲实验室发布"黄埔星"大模型，推动 AI 在文化创意领域的应用；联通沃音乐与凡拓数创合作探索元宇宙场景。数字出版、互联网搜索服务营业收入分别增长 1.8 倍和 53.9%，娱乐用智能飞行器制造增速达 3.6 倍。广州设计之都累计产值近 2000 亿元，入驻企业超 400 家，形成工业设计、建筑设计的产业集群。

影视 IP 与文旅融合发展。引进北京百纳千成影视、国潮文化等企业。广州拥有影视相关企业近万家，涵盖全产业链条，2024 年新增的主要电影企业有广州猫眼影业有限公司、广州精彩实业有限公司、广州千鹿影业有限公司、广东枫硕影视文化有限公司等。广州拥有广东大地院线、广州金逸珠江院线 2 家本地注册院线，全市电影院数量达 255 家，屏幕数量为 1862 块。在电影作品方面，仅 2024 年广州有 89 部电影在国家电影局完成备案登记，其中 22 部电影在广州拍摄，包括《"骗骗"喜欢你》《坚不可摧》《日挂中天》等。在电影票房方面，2024 年广州电影票房达 13.02 亿元，观影人次达 2950 万人次。广州猫眼影业有限公司出品的电影《默杀》票房达 13.5 亿元，创本地出品纪录。政府投入超 3000 万元扶持中小成本电影。2024 年，首届广州电影产业博览交易会达成合作金额超 60 亿元。广州是网络直播之城，拥有网易 CC 直播、YY 语音、虎牙直播等大型头部企业平台。

（二）面临的难点

广州数字文化产业在全国都具有较强竞争力，名企名品较多，并形成广州特色，为未来继续发展壮大打下良好基础。但在人工智能迅猛发展的趋势下，数字文化也需要加速融合人工智能，集聚更多的创新要素，释放创新活力，打造新业态新动能。

1. 数字文化头部企业匮乏

广州数字文化企业数量较多，但总体竞争力、行业影响力、市场辐射力与其他领先城市相比仍有一定的差距（见表 1），特别是头部企业的数量、创新力、影响力方面仍有待提升。近年来，广州数字文化产业仍以中小型企业居多，尚没有培育出一家有国际影响力的数字文化企业。从营业收入规模来看，广州还没有一家5000亿级的企业，过千亿的企业仅有1家，而北京已成功培育出万亿级规模的抖音，深圳培育出迈向万亿级的腾讯。市场主体是产业竞争力的直接体现，广州仍需努力。

表1 2024年国内代表性文化科技企业发展情况

企业名称	所在城市	营业收入	净利润	标志性发展成果
北京抖音信息服务有限公司	北京	约1万亿元，增长35%	—	推出AI平台"豆包"，用户超7500万人，视觉模型成本较行业低85%；TikTok全球下载量达50亿次，广告收入同比增长超60%
北京快手科技有限公司	北京	1250亿元，增长13%	113.7亿元，增长308%	用户超4亿人；推出"可灵AI"应用，用户超500万人，生成5100万个视频；直播电商带动4320万人就业
北京爱奇艺科技有限公司	北京	292.3亿元，下降8%	7.64亿元，下降60%	拓展中东、拉美市场，探索新兴市场
携程旅游网络技术（上海）有限公司	上海	533亿元	172亿元	入境旅游预订量增长超100%，免签国家订单量增长150%。线下国际售票机服务覆盖1.5万名国外游客。推出"线路规划"工具。全球范围酒店和机票预订业务恢复至2019年的120%，国际在线旅游代理（OTA）平台收入占比达到14%
小红书科技有限公司	上海	47亿美元增长67%	10亿美元增长超200%	日搜索量达6亿次（接近百度的50%），广告收入占比为70%，合作品牌数量增长30%；在全球有超3亿用户，月活跃量达2.2亿人；估值达200亿美元
哔哩哔哩	上海	268.32亿元	-0.39亿元	游戏《三国：谋定天下》成为最快破10亿元流水的游戏，带动全年游戏收入增长40%；广告业务收入创新高，全年收入达81.89亿元，增长28%
网易（杭州）网络有限公司	杭州	1053亿元，增长1.7%	297亿元，增长1%	游戏收入达836亿元，增长2.5%，《漫威争锋》《燕云十六声》全球用户合计超1500万人

续表

企业名称	所在城市	营业收入	净利润	标志性发展成果
三七互娱网络科技集团股份有限公司	广州	170亿元	25亿元	累计分红超47亿元；Puzzles & Survival累计流水破百亿元，AI技术覆盖全流程
深圳市腾讯计算机系统有限公司	深圳	7000亿元	1800亿元，增长25%	国际游戏收入占比提升至28%；混元大模型接入超700个业务场景，视频号DAU超5亿，广告加载率提升至5%（行业平均水平为3%）；全年回购金额达1130亿港元，股息率提升至3.7%
华强方特文化科技集团股份有限公司	深圳	70亿元，增长13.8%	7亿元，增长21.27%	《熊出没》系列电影总票房突破77亿元，"熊出没欢乐港湾"项目游客接待量达8569万人次，打造中华传统文化主题公园
阿里巴巴文化娱乐集团	杭州	217.52亿元，增长8%	亏损	优酷广告收入增加及内容投资效率提升；与TVB合作推出《新闻女王》，该剧成为现象级热剧，巩固优酷"港剧场"优势
成都可可豆动画影视有限公司	成都	约20亿元	利润率预计提升40%	《哪吒》爆火，成为现象级动画电影；公司通过国家广播电视总局审批，成为西南地区首家同时拥有"广播电视节目制作"和"电影发行"双资质的企业，构建从制作到发行全产业链

数据来源：根据网站公开数据整理。

2."人工智能+文化"的融合创新有待增强

北京抖音信息服务有限公司推出AI平台"豆包"、北京快手科技有限公司推出"可灵AI"应用、上海博物馆推出首位博物馆AI导览员"小可"、深圳市腾讯计算机系统有限公司推出腾讯元宝并植入微信、杭州"六小龙"推出DeepSeek和国内首款3A游戏《黑神话：悟空》等，广州在数字文化产业仍缺乏爆款产品，具有全国影响力的人工智能文化产品有待进一步培育。

225

3.政策支持力度有待进一步加强

近年来广州陆续出台一系列支持文化产业快速发展的政策，但相比其他领先城市，广州在政策支持范围和支持力度方面还有待进一步拓展和加大，让政策围绕市场转，企业少跑腿、政策送上门，及时更新政策清单。

三 在人工智能背景下推动广州数字文化产业高质量发展的建议

2025年3月，国务院《政府工作报告》提出，激发数字经济创新活力，持续推进"人工智能+"行动，打造具有国际竞争力的数字产业集群。健全文化产业体系和市场体系，加快发展新型文化业态。

（一）以建设"全国数字文化产业中心"为发展目标，进一步细化"人工智能+文旅"政策举措

广州以建设"全球数字文化产业中心"为发展目标，进一步做好数字文化产业发展专项规划。解放思想、勇于创新，全面向北京、上海、深圳、杭州等先进城市学习，优化"人工智能+"发展战略、规划、政策等。特别是重点学习借鉴上海2024年12月发布的《关于人工智能"模塑申城"的实施方案》提出的"人工智能+文旅"发展模式，推动影视传媒机构和网络视听平台与人工智能企业合作开发智能工具，鼓励旅游大模型在旅游行程规划、导游导览、机票酒店预订、智能客服等场景应用，支持大模型在书画艺术生成、文创设计、文旅公共服务与治理等场景应用，聚焦虚拟主播、文旅元宇宙等场景。在文创消费和文化节展方面，提升各类重大活动的融合度和影响力，高质量举办广州文化产业交易会、广州电影产业博览交易会、广州国际灯光节等重大活动，推动不同领域活动同频共振，发挥文创溢出效应和消费促进作用。持续推进DeepSeek等人工智能大模型在智慧图书馆、智慧博物馆、智慧美术馆、公共文化云、旅游景点等场景的运用，提升旅游消费的智能化和便利化水平。积极发展多层次文化企业融资市场，推动文化企业上市。推

动高质量的产融合作，支持文化产业基金发展，吸纳成熟的民营资本，发挥"资本+产业"的资源联动作用，为满足粤港澳大湾区文化产业融资需求做出重要贡献，已经形成多层级、全产业和主题性基金相结合的产业基金体系，促进文化产业链协同发展，构建产业新生态。摸清市场难点，创新政策举措，加大对中小文化企业场地、税收、普惠性金融等方面的支持力度，孕育创新"种子"力量。对中大型数字文化企业，鼓励其开拓新产品新服务，落实好税费减免、奖励补助、金融支持、技术支持、人才支持等方面的支持政策，对有影响力的企业要实施"一企一策"，助力企业发展壮大。推动数字金融、金融科技在文化产业的广泛运用，开发适应数字文化产业发展的金融产品。持续强化数字文化产业知识产权保护，为企业营造良好的营商环境。

（二）发展新型文化业态，推出一批"人工智能+文化"的爆款产品

增强创新动能，培育数字文创新质生产力，大力推动"文化+人工智能"发展，完善文化科技创新体系。将数字文化新业态作为文化产业发展的新动能和新增长点，支持文化产业企业使用人工智能、5G、大数据等新技术，加快VR/AR、游戏交互引擎、全息成像、裸眼3D等数字技术在文旅领域应用，推进科技成果产业化。进一步推进数字技术与文化创意产业融合发展，深入发展在线文娱，支持互联网企业打造数字精品内容创作和新兴数字资源传播平台，创新发展线上演播、沉浸式体验、数字演艺、数字艺术等新业态。支持文化创意企业加快元宇宙、区块链、人工智能等数字技术应用，依靠技术驱动场景搭建、内容开发、平台构建和产业融合，建立重点文化创意企业服务机制，健全文化创意企业全生命周期服务体系，支持数字文旅、数字艺术品、沉浸互动内容等数字文创示范场景和项目建设。

（三）扶持一批数字文化企业，形成若干千亿级文化新业态集群

对标国际国内先进城市，培育一批本土数字文化龙头企业。进一步发挥龙头企业的带动作用，着力培育和引进一批重点数字文化企业。发挥科技创新优势，大力发展新基建，加快新型文化业态的发展。围绕"文化+人工智

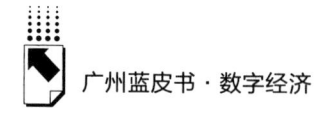

能""文化+大数据"等，打造文化制造装备、数字音乐、超高清视频、游戏电竞、创意设计、文化会展等千亿级文化新业态集群。以广州国家级文化和科技融合基地、南方报业传媒集团公司等标志性的数字文化产业园区为重点，大力开展"人工智能+"行动，推动数字文化产业园区积极与人工智能新技术融合发展，推出更多数字文化新服务、新产品、新业态，积极推动琶洲人工智能与数字经济试验区与数字文化产业园区对接合作，促进数字技术、人工智能技术的就地转化，支持人工智能技术与旅游休闲、体育赛事、商业活动、健康服务等新业态融合发展。

（四）协同粤港澳大湾区，打造全球"人工智能+"文化产业发展高地

根据《粤港澳大湾区发展规划纲要》，推进湾区数字文化产业发展，深化中外数字文化交流互鉴，把粤港澳大湾区打造成充满活力的世界数字文化产业高地。推动数字文化产品、服务、技术、品牌、标准"走出去"。发挥其作为国家对外文化贸易基地的作用，进一步推动广州游戏动漫、数字音乐、影视创意、珠宝首饰、灯光音响等文化服务和产品"走出去"，着力培育文化装备制造、文化创意和数字文化3个千亿级产业集群。发挥好数字文化展览交易重点平台的功能，持续提升广州文化产业交易会知名度、影响力，吸引更多国内外数字文化企业，打造集展览展示、交易交流等各种功能于一体的数字文化会展平台。

（五）全方位优化人才政策，培育一批高端人才

完善吸引高层次数字文化人才的政策措施。依托中山大学、华南理工大学等高校资源，增设"人工智能+文化"等交叉学科。升级"广聚英才计划"，优化人才绿卡制度。举办"大湾区数字文化创新创业大赛"等国际赛事，建设粤港澳大湾区人才大数据平台，建成全球数字文化人才枢纽。推动产学研合作，加快数字文化产业人才培养，积极面向全球吸引文化产业高端人才，积极筑巢引凤。

参考文献

黄奇帆、朱岩、邵平：《数字经济：内涵与路径》，中信出版社，2022。

李扬主编《数字经济蓝皮书：中国数字经济高质量发展报告（2023）》，社会科学文献出版社，2024。

赵岩主编《工业和信息化蓝皮书：数字经济发展报告（2021~2022）》，社会科学文献出版社，2022。

刁志中等：《全球标杆城市——数字经济的北京实践》，电子工业出版社，2023。

葛志专：《数字经济与城市数字化转型——以广州为例》，中山大学出版社，2021。

B.13
广州人形机器人赋能制造业高质量发展调查报告[*]

黄敏聪 何晓琳[**]

摘　要： 本报告通过对主要国家人形机器人产业的发展历程和生态体系进行梳理，结合目前广州发展人形机器人产业的社会经济基础，总结广州人形机器人产业发展面临的挑战和机遇。广州与深圳等领先城市在人形机器人领域存在一定的差距，特别是在人形机器人整机领域缺乏龙头企业引领。基于此，本报告提出了以下五点建议。一是整合优势资源，引进和培育人形机器人龙头企业。二是充分发挥人形机器人产业服务优势，引导国际服务体系建设。三是在环五山片区建立人形机器人研发和中试基地。四是以南沙片区为依托建立人形机器人产业国际贸易港。五是强化广州与佛山人形机器人产业联动，争取成为国家首批人形机器人产业应用示范区。

关键词： 人形机器人　制造业　广州

一　人形机器人产业发展形势

人形机器人是一种具备智能、协调系统的机器人，其能通过模仿人类动

---

[*] 本报告系广州市哲学社会科学发展"十四五"规划2024年度市委、市政府重大课题"加快推进新型工业化，建设先进制造业强市研究——以广州市人形机器人产业助推制造业高质量发展"的阶段性研究成果。

[**] 黄敏聪，硕士，广东省科技图书馆（广东省科学院信息研究所）研究馆员，研究方向为产业竞争力；何晓琳，硕士，广州番禺职业技术学院讲师，研究方向为国际贸易与产业政策。

作或者类似的行为模式来工作。人形机器人的发展主要基于人工智能技术以及相关精密仪器设备的发展。目前，多个国家已将人形机器人列为本国优先发展技术。

（一）国内外企业研发生产形势

国外人形机器人研究起步较早，美国、日本、欧洲等国家和地区持续推动人形机器人发展，探索人形机器人在先进制造、高端医用、智能运输等领域的应用，积极开展关键技术攻关和新兴技术赋能，在关节设计、动力驱动、感知和控制等关键方向取得大量成果。同时，在软件系统层面，谷歌、微软、英伟达等在人形机器人运动控制算法、AI大模型领域已形成一定积累。波士顿动力、本田、特斯拉、Figure AI等企业相继推出自身的人形机器人产品，但仅局限于特定空间、特定场景下的运动能力展示，与商业化、产业化仍有一定距离。

中国人形机器人的探索早在1990年开始。在国家及地方的支持下，许多研发机构开展相关智能系统的探索，涌现出优必选、宇树科技、傅利叶智能、智元机器人等企业，中国人形机器人产业开始从"技术跟随者"转变为"技术变革者"。

（二）市场需求情况

一方面，人口老龄化加速，劳动力出现缺口，据联合国经济和社会事务部预测，2035年中国65岁以上人口比例将高达22.5%，进入超老龄化社会。同期，全球平均水平亦将上升至13.2%，接近严重老龄化。老龄化趋势加剧，带动人形机器人需求增加。另一方面，人工成本逐年上升。国家统计局数据显示，我国人均工资从2019年的9.05万元上升至2022年的11.4万元，年均复合增长率达8%，用工成本压力快速上升，假定未来我国人均工资年增长率仍为8%，预计2025年我国人均工资将达14.4万元。同期，若特斯拉Optimus量产，据马斯克宣称售价约为2万美元，约合14万元人民币，与中国人均工资基本持平。未来人形机器人有望占据成本

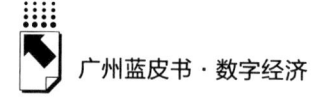

优势，在工业和服务业中的渗透率实现提升。基于上述原因，人形机器人的需求越发旺盛。

各机构对行业市场预测普遍乐观。根据2023年7月Markets and Markets发布的报告数据，全球人形机器人市场规模预计将由2023年的18亿美元提升至2028年的138亿美元，年均复合增速为50.29%。据高盛预测，未来10~15年，全球人形机器人市场规模将增至60亿美元以上，2035年市场规模可达到1540亿美元。根据特斯拉官方预测，特斯拉机器人预计将在未来3~5年内（大约2025~2028年）交付，产量将达到数百万台，价格可能不到2万美元，对应市场规模可达数百亿美元。[①] 根据2024年4月首届中国人形机器人产业大会上发布的《人形机器人产业发展研究报告》预测，2024年中国人形机器人市场规模将达到27.6亿元，2026年达到104.71亿元，2029年达到750亿元，将占世界总量的32.7%，到2035年有望达到3000亿元。[②] 但人形机器人还处于产业化初期，生产成本高昂，普遍不低于10万美元。随着通用人工智能、感知和动力系统等方面的技术进步，人形机器人成本逐渐下降，应用前景广阔。特斯拉公司预测最终机器人与人的比例是1∶1甚至2∶1，未来人形机器人需求量可达100亿台以上，市场空间达到百万亿美元级别。[③]

（三）产业政策环境

1. 国际环境

各国高度重视人形机器人的研发和产业化，为促进人形机器人技术的推广应用，相继出台了一系列相关发展战略与规划，如美国的《机器人路线图：从互联网到机器人》《国家机器人计划：机器人集成创新

[①] 《超万亿元大市场！来了！这一领域，无限可能！》，央广网，2024年5月5日，https://news.cnr.cn/native/gd/20240505/t20240505_526693717.shtml。

[②] 《报告：预计中国人形机器人市场规模将于2029年达到750亿元》，腾讯云，2024年4月10日，https://cloud.tencent.com/developer/news/1346949。

[③] 《马斯克：机器人与人类的比例将至少是2∶1》，网易，2024年5月6日，https://www.163.com/dy/article/J1GC3GQB05566Y4F.html。

（NRI3.0）》，德国的《高科技战略 2025》，欧盟的《工业 5.0：迈向持续、以人为本且富有韧性的欧洲工业》，日本的《机器人实施模型构建推进工作组活动成果报告书》以及韩国的"机器人产业规制改善民间协议体"等。

2. 国内环境

2021 年 12 月，工业和信息化部等 15 部门印发《"十四五"机器人产业发展规划》；2022 年 7 月，科学技术部等 6 部门印发《关于加快场景创新以人工智能高水平应用促进经济高质量发展的指导意见》；2023 年 1 月，工业和信息化部等 17 部门印发《"机器人+"应用行动实施方案》。2023 年 10 月，工业和信息化部印发《人形机器人创新发展指导意见》，明确人形机器人发展目标，2025 年实现整机批量生产，2027 年形成安全可靠的产业链供应链体系。

广东为全国机器人生产和应用大省，人形机器人集群发展优势明显，包括广阔的应用市场、完整的产业链、研发技术优势、产业集聚生态等，为加快培育机器人产业集群，促进产业迈向全球价值链高端，广东发布《广东省智能制造发展规划（2015—2025 年）》《广东省制造业高质量发展"十四五"规划》《广东省人民政府关于培育发展战略性支柱产业集群和战略性新兴产业集群的意见》等政策，将智能机器人产业集群列入十大战略性新兴产业集群，提出要持续优化产业生态，完善产业支撑体系，建设国内领先、世界知名的机器人产业创新、研发和生产基地。2020 年 9 月，广东省工业和信息化厅等部门联合印发《广东省培育智能机器人战略性新兴产业集群行动计划（2021—2025 年）》，对智能机器人产业进行具体部署。2020 年 12 月，广东省发布《中共广东省委关于制定广东省国民经济和社会发展第十四个五年规划和二〇三五年远景目标的建议》，提出加快培育智能机器人等战略性新兴产业集群。同时，省内重点城市相继出台政策，多措并举促进人形机器人产业发展（见表 1）。

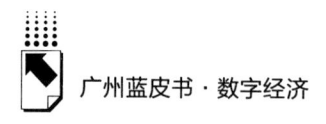

表1　广东省各地人形机器人产业相关政策

城市	政策名称	政策要点
广州	《广州市人工智能产业链高质量发展三年行动计划（2021—2023年）》	实施重点领域研发计划，组织重大科技专项攻关，重点在类脑智能与脑机接口、语音识别、图像识别、无人驾驶、智能机器人、无人机、智能家居等核心领域取得一批攻关成果
	《广州市建设"中国制造2025"试点示范城市实施方案》	打造智能装备及机器人产业集群。到2019年底，智能装备及机器人产业产值达到1000亿元
	《广州制造2025战略规划》	推进低成本多关节机器人、并联机器人、移动机器人等经济型机器人本体开发，集成开发具有自主知识产权的焊接机器人、喷涂机器人等。加快研制医疗康复机器人、手术机器人、护理机器人等服务机器人，以及消防机器人、救援机器人等特种机器人。积极推进与小批量定制、个性化制造、柔性制造相适应的机器人技术的研发与推广应用
	《广州市人民政府办公厅关于推动工业机器人及智能装备产业发展的实施意见》	培育形成超千亿元的以工业机器人为核心的智能装备产业集群，形成年产10万台（套）工业机器人整机及智能装备的产能规模，培育1~2家拥有自主知识产权和自主品牌的百亿元级工业机器人龙头企业
深圳	《深圳市培育发展智能机器人产业集群行动计划（2022—2025年）》	到2025年，智能机器人产业增加值达到160亿元，其中无人机产业增加值达到百亿级规模，新增1个省级或以上制造业创新中心，10家制造业"单项冠军"、专精特新"小巨人"、独角兽企业，20家企业技术中心
	《深圳市新一代人工智能发展行动计划（2019—2023年）》	支持脑、肺、眼、骨、心脑血管、乳腺等典型疾病领域的医学影像辅助诊断技术研发，加快医疗影像辅助诊断系统的产品化及临床辅助应用。支持手术机器人及其操作系统研发
	《深圳市机器人、可穿戴设备和智能装备产业发展规划（2014—2020年）》	每年投资5亿元专项资金扶持工业机器人跨越工程、服务机器人孵化工程等八大工程

续表

城市	政策名称	政策要点
东莞	《"东莞制造 2025"规划》	深化松山湖国际机器人产业基地建设,培育和引进工业机器人和 3D 打印设备研发企业、系统集成商和设备服务商,以及关键零部件和材料供应商,形成产业体系。建设好广东省智能机器人研究院,以共性技术攻关、功能部件研发、机器人集成应用、专业人才培养等为重点,打造开放共享的公共创新平台
东莞	《关于大力发展机器人智能装备产业打造有全球影响力的先进制造基地的意见》	到 2018 年底,建成 1~2 个机器人产业园和 6~8 个智能制造装备产业基地,3 个以上机器人产业技术(应用)研究院,培育 50 家以上机器人研发制造和系统集成服务骨干企业,5~8 个知名自主品牌;全市八成工业企业实现"机器换人",20 家规模以上制造业企业开展工业机器人示范应用,初步建成 5 个以上工业机器人及智能装备关键零部件的标准、检测、认证、培训平台
佛山	《佛山市国民经济和社会发展第十四个五年规划和 2035 年远景目标纲要》	充分发挥珠江西岸先进装备制造产业带龙头引领作用,进一步加强与珠江西岸其他城市紧密协作、联动发展,加快发展智能制造装备、工业机器人、工作母机等高端装备制造,提升佛山装备制造的智能化、集成化水平,建设世界级先进装备制造业产业集群
珠海	《珠海市制造业高质量发展"十四五"规划》	以基础条件最优的高端数控机床、工业机器人、航空航天、海洋工程装备为突破口,加快引进培育产业所需的关键项目和系统集成技术,打造高端制造装备产业新高地,形成新优势。力争 2025 年产值规模突破 1000 亿元

二 广州人形机器人产业发展基础

(一)关联企业数量多、特色明显

广州机器人产业上下游相关企业注册数量在全省排名第一。根据企查查等商用数据库，上下游相关企业注册数量在 3.3 万家以上，占全省近 40%。从各区分布情况来看，天河区关联企业数量占比为 31%，黄埔区、番禺区占比均为 13%（见图 1）。

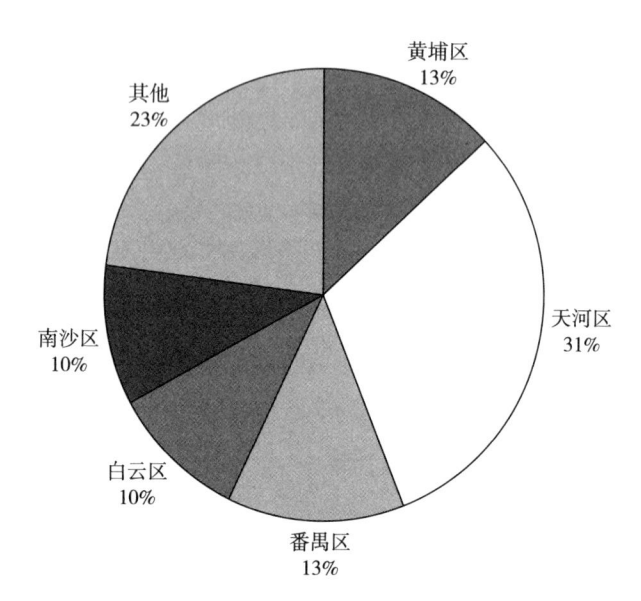

图 1 广州各区人形机器人相关企业分布情况

部分细分领域拥有优势企业。在数控设备、柔性机器人、自动控制信号等细分领域诞生了一批如广州数控设备有限公司、瑞松科技、广州明珞装备股份有限公司、高新兴科技集团股份有限公司、昊志机电、广州市井源机电设备有限公司等具有较强竞争力的机器人上下游骨干企业，涉及机器人领域的核心部件生产。广州数控设备有限公司获批数控系统及工业机器人技术国家地方联合工程研究中心等。

（二）创新基础稳固

从时间上看，21 世纪初，广东开始有少量人形机器人专利逐年被公开，之后一直保持增长态势，其中 2016 年增速达到峰值 126.37%[1]，其后各年增

---

[1] 本报告专利类数据来源于 IncoPat 等专利数据库检索。

速逐步放缓，但也维持在15%以上。从区域分布情况来看，以深圳、广州、佛山、东莞为代表的城市在人形机器人领域的专利数量遥遥领先（见表2）。

表2 广东各地人形机器人产业相关专利数量及其占比

单位：件，%

地市	专利数量	发明申请 数量	发明申请 占比	发明授权 数量	发明授权 占比	实用新型 数量	实用新型 占比	外观设计 数量	外观设计 占比
深圳	26428	8872	33.57	3316	12.55	10159	38.44	4081	15.44
广州	12747	4279	33.57	1573	12.34	5175	40.60	1720	13.49
佛山	6135	2183	35.58	1027	16.74	2268	36.97	657	10.71
东莞	5548	1549	27.92	430	7.75	2812	50.68	757	13.64
珠海	3343	1377	41.19	544	16.27	1152	34.46	270	8.08
汕头	2658	117	4.40	47	1.77	485	18.25	2009	75.58
中山	1048	305	29.10	85	8.11	515	49.14	143	13.65
惠州	665	167	25.11	60	9.02	367	55.19	71	10.68
江门	598	199	33.28	51	8.53	277	46.32	71	11.87
肇庆	369	111	30.08	46	12.47	191	51.76	21	5.69
湛江	266	89	33.46	16	6.02	131	49.25	30	11.28
清远	209	62	29.67	13	6.22	122	58.37	12	5.74
河源	167	13	7.78	0	0	144	86.23	10	5.99
揭阳	161	36	22.36	1	0.62	83	51.55	41	25.47
韶关	143	36	25.17	10	6.99	85	59.44	12	8.39
茂名	103	13	12.62	3	2.91	73	70.87	14	13.59
潮州	94	32	34.04	2	2.13	32	34.04	28	29.79
梅州	93	20	21.51	12	12.90	36	38.71	25	26.88
汕尾	62	13	20.97	11	17.74	32	51.61	6	9.68
云浮	53	11	20.75	5	9.43	29	54.72	8	15.09
阳江	40	9	22.50	2	5.00	24	60.00	5	12.50

表3中列举了广东各地市有效率、授权率、平均价值度等反映专利质量的指标。从有效率来看，超过半数的地市人形机器人专利有效率超过70%。从授权率来看，各地市人形机器人领域专利授权率不高，超过半数地市专利授权率低于50%，这表明大部分地市发明专利质量有待提升。从平均价值度来看，各地市人形机器人领域的平均价值度不高，普遍低于7，仅有珠海平均

价值度大于8，表明广东各地市在人形机器人领域专利质量有待提升。从高价值专利占比来看，各地市在机器人领域高价值专利占比不高，只有潮州、深圳、佛山、东莞、中山、云浮和阳江高价值专利占比大于1%（见表3）。从专利申请人类型来看，企业占比为78%、大专院校占比为10%、科研单位占比为3%、个人占比为9%，可见企业是该领域的创新主体，表明市场整体较为活跃。

表3 广东各地人形机器人产业相关专利质量指标

单位：%

地市	有效率	授权率	撤回率	驳回率	平均价值度	高价值专利占比
深圳	84.72	59.67	16.81	23.52	7.47	1.72
广州	74.73	52.59	25.54	21.87	7.04	0.99
佛山	87.02	54.90	19.82	25.28	7.75	1.03
东莞	74.98	45.82	37.54	16.64	6.58	1.08
珠海	91.99	64.20	3.88	31.92	8.06	0.57
汕头	50.59	48.75	28.75	22.50	4.06	0.26
中山	70.49	42.35	22.96	34.69	6.63	1.34
惠州	76.03	52.68	15.18	32.14	6.71	0.60
江门	75.87	38.79	28.45	32.76	6.70	0.00
肇庆	66.02	38.14	44.33	17.53	6.86	0.27
湛江	58.76	50.00	37.50	12.50	6.12	0.38
清远	76.35	26.67	60.00	13.33	6.36	0.96
河源	60.00	35.71	14.29	50.00	5.80	0.00
揭阳	42.06	13.33	46.67	40.00	5.11	0.00
韶关	82.57	52.94	11.76	35.30	7.01	0.00
茂名	45.05	36.36	36.36	27.28	5.17	0.00
潮州	52.24	26.09	60.87	13.04	4.74	1.06
梅州	65.75	57.14	21.43	21.43	5.85	0.00
汕尾	72.34	0.00	40.00	60.00	6.34	0.00
云浮	57.14	62.50	25.00	12.50	6.98	1.89
阳江	67.74	40.00	20.00	40.00	6.65	2.50

注：①有效率：有效专利数量/累计授权专利数量（包含发明专利、实用新型专利、外观设计专利）。②授权率、撤回率、驳回率：授权（撤回、驳回）发明专利数量/累计结案数。③平均价值度：根据IncoPat平台给出的专利价值度计算的某地区单件专利价值度，专利价值度为1~10。④高价值专利占比：IncoPat平台中专利价值度为10的专利量/专利总量。

（三）拥有一批产学研机构

一是在高校和科研院所方面，拥有华南理工大学、广东工业大学、广东省科学院智能制造研究所等高水平机器人人才培养高校和科研院所。

二是在产业园区方面。广州建设有黄埔智能装备价值创新园、广州国际机器人产业园、南沙国际人工智能价值创新园、大岗先进制造业基地等机器人产业园区，进驻了广州数控、瑞松科技、发那科、巨轮智能、广州智能装备研究院、广州紫薇云、广州映博智能、广州翼飞、昊志机电、明珞智能、中设股份、广州耐为、忠智机器人等一批机器人上下游企业。

三是在服务机构方面，广州拥有全省乃至华南地区最具实力的人形机器人服务产业，主要机构包括国家机器人检测与评定中心（广州）、国家工业机器人质量监督检验中心（广东）、国家无人机系统质量监督检验中心、广东省机器人创新中心等，其中3家国家级机构开展机器人相关零部件等检验检测服务超过2000项。

三 广州人形机器人产业的短板

（一）缺乏大型龙头企业

目前，广州的企业多以零部件研发和生产为主，一部分生产中小型产业机器人，涉及具身智能大型人形机器人生产的企业不多，这就造成产业缺乏链主企业带动。与之相反，深圳拥有深圳市优必选科技股份有限公司（我国第一家人形机器人上市企业）等龙头企业。从专利层面来看，在人形机器人及其部件的专利申请人中，78%为企业。从有效发明专利数量来看，深圳市优必选科技股份有限公司、广东博智林机器人有限公司、珠海格力电器股份有限公司3家企业名列前茅（见图2）。

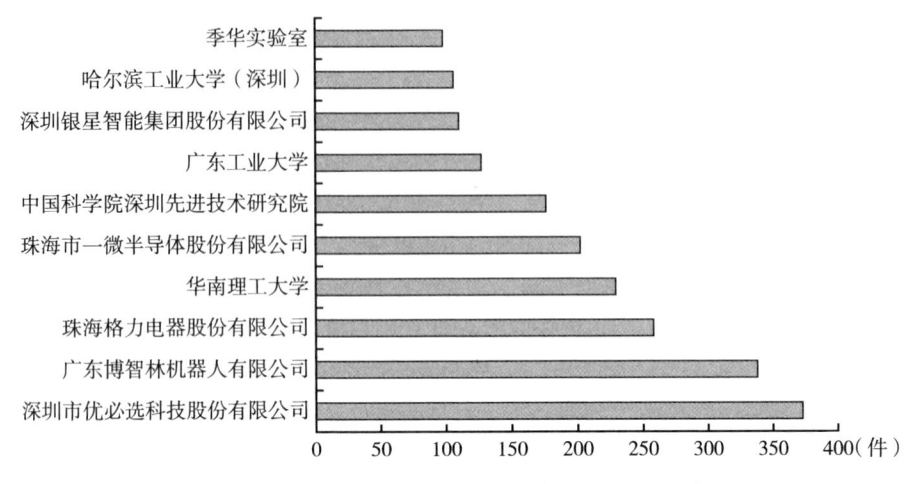

图2 广东人形机器人有效发明专利数量前10名

（二）产业技术含量不足

大部分技术没有产业转化价值。从数据来看，广州人形机器人产业相关专利数量大幅低于深圳，有效率（74.73%）偏低，落后于深圳（84.72%），且高价值专利占比只有0.99%，而深圳为1.72%，甚至落后于佛山（1.03%）和东莞（1.08%）。此外，广州缺乏相关技术的产业中试验证平台。国内的一些发达城市已经建成或开始部署相关平台，例如，上海已建成国内首个智能机器人中试验证平台，北京也提出建设相关中试验证平台的实施方案。

（三）基础创新研发机构呈现散、乱现象

虽然广州拥有诸多与人形机器人产业相关的高校和科研院所，但是没有形成合力，部分研究内容与方向重叠，且没有抓住建设国家级平台的战略机遇。与此相反，深圳在2023~2024年，先后成立广东省具身智能机器人创新中心（面向基础创新）以及广东省人形机器人制造业创新中心（面向终端应用）。

四　推动人形机器人赋能制造业高质量发展的建议

（一）整合优势资源，引进和培育人形机器人产业龙头企业

一是大力引进人形机器人产业龙头企业，在南沙区或者黄埔区引进国外人形机器人企业 Optimus 等，仿照上海引进特斯拉模式，带动广州人形产业链上下游供应商发展，形成"鲇鱼效应"。二是重视培育，重点培育广州数控设备有限公司等企业，补齐广州缺乏龙头企业的短板，在 2~3 年内争取赶上国际一流水平。

（二）充分发挥人形机器人产业服务优势，引导国际服务体系建设

全面梳理欧盟、东盟等地人形机器人的准入认证资质体系以及相关机构，积极引进 ISET 认证公司等国外认证机构或建设国内具有认证资质的机构，使广州成为华南地区人形机器人产品进入国际市场的首选之地。此外，应根据人形机器人产业服务需求，适时向相关标准化组织提出具有广州特色的人形机器人国际服务标准体系，将广州打造为全球人形机器人服务标杆。

（三）在环五山片区建立人形机器人研发和中试基地

利用华南理工大学以及广东省科学院等机构在环五山片区的优势，以华南理工大学以及相关国家级和省部级创新平台为主体，联合广东省科学院智能制造研究所等机构，建立广州人形机器人基础研究实验室；以广东省科学院为牵头单位，在环五山片区建立广东省首个人形机器人中试验证平台，并积极引入政府或者私人产业资本，加快人形机器人产业技术成果转化与商品化进程。

（四）以南沙片区为依托建立国内人形机器人产业国际贸易港

充分发挥南沙区独有的国际贸易和税收政策优势，参考借鉴日本经验，在港口所在地区建立人形机器人组装基地，利用国内外相关零部件进出口优势，提升南沙区作为人形机器人组装基地的国际竞争力，向东莞、佛山、江门、珠海、中山等制造业大型园区配送，从而使南沙区成为我国人形机器人产业贸易的重要国际枢纽。此外，应加强与香港机构的对接，利用香港国际贸易规则对接窗口，将南沙区打造为全球人形机器人产业—贸易—制造的中心枢纽。

（五）强化广州与佛山人形机器人产业联动，争取成为国家首批人形机器人产业应用示范区

建立广佛人形机器人产业引导基金，借鉴北京市机器人产业基金（规模达到100亿元）做法，推动广州市内高校和科研机构与佛山相关制造业企业合作，依托广州的科研优势资源和佛山深厚的制造业基础，率先建成国家首批人形机器人产业应用示范区。根据示范区建设成效，设立政府参投、市场引投的二期、三期基金，仿照国家半导体基金的做法，积极部署人形机器人产业基础性关键共性技术，使广州和佛山成为人形机器人产业的技术策源地，并可与上述环五山片区联合建立人形机器人研发和中试基地。上述模式一旦成熟后，可复制推广到广州与东莞，并利用增城区的区位优势，与东莞制造业紧密结合，形成广州人形机器人产业发展的东—西两翼格局。

参考文献

李明珠：《年内融资102起热度爆表　多方激辩万亿机器人赛道是否虚火隐现》，《证券时报》2025年4月3日。

邢萌：《理性看个别创投机构退出人形机器人赛道》，《证券日报》2025年4月3日。

商希雪：《人机交互的模式变革与治理应对——以人形机器人为例》，《东方法学》2024年第3期。

刘云、张心同：《基于创新生态系统视角的未来产业培育模式——以人形机器人产业为例》，《科技进步与对策》2025年3月11日。

刘伟：《人形机器人发展面临的挑战及未来趋势研判》，《人民论坛》2025年第4期。

B.14
工业互联网平台赋能制造业数字化转型的路径与建议

罗盈盈　梁宵　丛子朋　马戈*

摘　要： 传统制造业数字化转型是必然趋势，工业互联网平台为制造业数字化转型提供了方案。广州传统制造业基础雄厚，亟待深入开展数字化转型。在日化、服装等行业已经开展工业互联网平台赋能转型的良好实践，并形成富有特色的广州路径。建议进一步引导工业互联网企业探索新模式，加强工业互联网与消费互联网的融合，完善工业互联网产业生态，促进工业互联网企业做大做强。

关键词： 工业互联网　制造业　广州

习近平总书记强调，要促进数字技术与实体经济深度融合，赋能传统产业转型升级。① 2017年，国务院发布《国务院关于深化"互联网+先进制造业"发展工业互联网的指导意见》，我国制造业企业进入数字化转型的加速期，各地市纷纷出台数字化转型相关政策，以支持数实融合发展。广州作为全国制造业领先城市，坚持产业第一、制造业立市，高度重视制造业数字化转型升级，推进"四化"平台赋能企业转型，并布局建设"12218"现代化

---

* 广州市工业互联网发展研究中心高级工程师罗盈盈、梁宵、丛子朋。通讯作者：马戈，博士，中国工业互联网研究院智能化研究所高级工程师，研究方向为工业互联网、信息技术。
① 《数实融合助力经济高质量发展》，"光明网"百家号，2023年11月29日，https://baijiahao.baidu.com/s?id=1782048891638917374&wfr=spider&for=pc。

产业体系，从基础的信息化建设到智能化升级，再到产业链的全方位数字化重构，推动数字经济与实体经济深度融合。

一 传统产业数字化转型趋势

广州作为千年商都，其传统特色产业（如服装、日化、箱包等）的发展具有深厚的历史积淀，然而在数字时代，传统产业生产经营方式不可避免地面临转型的风险和挑战，需要新的力量去打破旧的生产模式和经营业态，探索发展新机遇新路径。

以广州日化产业为例，根据本报告调研，广州日化产业规模庞大，以护肤品和彩妆为核心产品，全行业在产化妆品数量接近10万种，每年约有40万种化妆品在全国范围内流通，工业产值占全国该行业总产值的55%。但这一传统特色产业发展面临两大痛点。一是平台经济对制造环节的影响。电商平台和自媒体的迅猛发展极大地推动了个性化需求的增长，导致订单数量急剧增加。消费者越来越追求个性化的产品，这使得企业必须快速响应市场变化。二是关键生产环节设备落后，数字化集成度低导致产品竞争力下降。化妆品品类众多、生产工艺复杂，企业现有生产管理方式已无法满足高效、精细化的生产要求。车间与信息系统的集成度低，限制了生产效率和质量的提升。其他传统行业同样遇到类似的挑战，倒逼广州传统产业推进数字化转型。

二 工业互联网平台赋能广州制造业的典型经验

产业集群是广州产业发展的特色与基础，其产业竞争优势主要来源于产业上下游紧密联系产生的协同经济、产业高度集群产生的范围经济和规模经济，以及过去40年在全球产业链供应链分布格局中形成的吸附力。

近年来，广州深入实施工业互联网创新发展战略，从产业链集群一体化协同出发，探索整体推进产业数字化、双向推进数字产业化的产业集群数字化转型新路径。以补缺意识促进有效市场与有为政府的协同共振，以底线意识统筹兼顾发展与安全，探索形成中国式现代化建设的"广州路径"。

（一）在工业互联网平台赋能下，传统服装行业跻身国际前列

近年来，由于我国供应链受到贸易冲突、生产成本提高等因素影响，以越南为代表的东南亚国家和地区，在服装、家具等领域对我国出口形成明显替代。长期来看，受到大国博弈以及产业链重构的影响，部分产业转移日趋明显，对我国的出口和产业体系造成冲击。

而随着工业互联网、大数据、云计算等新一代信息技术在传统制造业深度应用，数字化转型已成为传统制造业赢得当下和未来发展的关键所在。以广州服务业为例，典型的希音平台赋能路径建立，带动服装行业的数字化转型。

希音是一家成立于2008年的跨境B2C平台企业，主要涉足女性快时尚领域，为全球消费者提供高性价比的时尚产品。依托工业互联网平台，希音整合超2000家供应商，成功打造"小单快反"的柔性供应链模式，得以实现较高的全球交易额和留存水平。2023年，希音的商品交易GMV约450亿美元，利润超20亿美元，同比增加186%，已经在全球150多个国家和地区开展业务，拥有1.5亿用户。在全球54个国家和地区的iOS购物App中，希音排名第一。

一是依托设计平台SHEIN X实现"小单试"。希音推出的SHEIN X汇聚全球3000名服装师。前端，设计师通过平台用户数据反馈以及对互联网即时流行元素的捕捉，可快速融合、设计、生成流行款式。中端，希音打造的柔性供应链及按需生产模式能够直接帮助设计师进行"样衣打板"，生产出100~200件测试样衣。后端，希音庞大的销售网络，可将商品直接送达超过150个国家和地区，快速覆盖全球市场。在设计师和数千家制造企业的联合下，希音平均出货周期仅为7天，每日上新超过900件。而传统快时尚巨头ZARA的平均出货周期则为14天。

二是基于平台的供应链体系实现"爆款反"。"小单试"获得市场认可

后，便进入"爆款反"环节，为供给加速。在生产端，希音要求所有合作工厂都必须使用希音的供应链平台，在广州番禺区的数千家工厂被连接到同一个系统之中。一方面，实现流程的可视化；另一方面，平台可基于供应商的生产能力、订单、原材料配送等数据，实现订单统筹，同时优化生产与采购流程。该模式下，工厂从订单获取、面料配送到成衣入库只需要5天，面料制作1天，裁剪、车缝和收尾3天，二次工艺（绣花和印花）1天。在物流端，希音将三类仓库全部接入物流平台，大幅提高物流配送效率。其中，国内中心仓，全球95%的商品由此发出；海外中转仓，负责海外退货业务；海外运营仓，负责北美、欧洲的配送服务。希音的海外配送时长为7~15天，位于行业平均水平之上。由此可见，从生产到配送整个周期不到20天，库存周转率是18.25，供应链效率是行业平均水平的3倍。

三是成立创新研究中心持续为供应商赋能。希音在广州成立创新研究中心，持续提升产品品质和生产效率，帮助中小企业解决工艺优化、人员培训等难题。针对工艺难题开展技术攻关，2023年创新研究中心累计输出近100项设备工具。在传统服装制作工艺中，V领下方的"鸡心位"歪斜不居中，创新研究中心通过改装压脚、针板配件的"人字车"，新手也可以轻松完成"鸡心位"居中缝制。为提升产品质量制定"希音标准"，希音通过打造精益培训道场的方式，为合作商提供工艺培训、成衣质检、面料检测和精益管理等培训内容。2023年创新研究中心累计开展各类培训380场，覆盖5000多人次，实现对供应商"平台+设备工艺+人员培训"的立体化赋能。

（二）依托区位优势，工业互联网平台实现跨行业赋能

现代产业发展需要跨领域的合作与赋能。各产业的相互促进作用对整体发展具有重要意义。然而，当前不同产业的数字化水平存在显著差异，部分传统行业在转型升级过程中面临诸多挑战，而技术和资源优势集中的行业更具竞争力。建立跨行业的协同机制，能够将行业先进经验推广至关联领域，推动整体产业生态的优化升级。

广州白云区的美丽健康产业是跨行业协同的典型代表。近年来，白云区的美丽健康产业展现出强劲的发展势头。根据本报告调研，2022年，该区拥有211家规模以上生物医药企业，其中66家企业营业收入超过亿元，总产业规模达319亿元。此外，白云区的化妆品生产企业接近1300家，占全国总数的1/3，形成从研发、生产到销售的完整产业链。全区还有4200多家化妆品商业企业，国产普通化妆品备案数达32.7万个，占全国的近1/4。其中，化妆品产业与生物医药产业均以生物技术为基础，在研发、生产及原料使用等方面具有显著的相似性。生物医药产业的技术优势与化妆品产业的市场敏感度相结合，可以形成巨大的市场潜力和创新空间。白云区凭借强大的产业基础，在全国化妆品市场中占据优势地位，展现了旺盛的生命力。

化妆品与生物医药产业虽各具优势，但在市场规模和技术深度上存在局限性。通过融合发展，这两大产业可以实现技术共享、联合研发以及市场资源的互补，构建高竞争力的产业集群。例如，生物医药的先进研发技术可用于化妆品的功效性研究，使产品更具差异化优势；而化妆品产业的市场规模和品牌运营能力能够反哺生物医药产品的市场推广和应用扩展。

为进一步提升产业竞争力，广州白云区专门规划建设了占地10.22平方公里的美丽健康产业园，吸引了广药集团、通产丽星等行业领军企业入驻。该产业园通过"产业集群+创新平台"的模式，推动产业链上下游协同发展，为新兴企业提供孵化空间、技术支持和市场对接服务，形成可持续发展的产业生态系统。

三 广州工业互联网平台与制造业融合发展面临的挑战

广州工业互联网平台在与部分行业融合应用过程中，仍然面临商业模式不清晰、向C端渗透不足等挑战。

（一）工业互联网平台企业商业模式不清晰

从发展阶段来看，广州的工业互联网平台企业普遍处于高研发投入的产业培育期。根据本报告调研结果，2023年广州重点工业互联网平台企业的平均研发投入强度达到45%，远超其他生产性服务业20%的研发投入强度。这种"重技术、轻运营"的发展模式导致企业将主要资源集中在平台搭建阶段，而忽视了后续商业化运营的顶层设计。从盈利模式来看，大部分平台企业尚未建立起可持续的运营机制，约78%的企业仍采用传统的项目制服务模式，这种模式的结构性弊端在于实施成本居高不下，单个项目平均需要投入200万~300万元；利润空间有限，平均毛利率仅为15%~18%；可复制性差，解决方案的标准化率不足30%。这种"高投入、低产出、难复制"的商业逻辑容易制约企业的规模化发展。

（二）工业互联网平台企业服务尚未渗透到C端

一方面，广州已培育出包括赛意信息、明珞装备等在内的28家国家级"双跨"平台和特色专业型平台，但这些平台的服务范围几乎完全集中在B端。根据广州市工业和信息化局调研数据，在全市工业互联网平台服务收入中，B端业务收入占比高达97.3%，而直接面向消费者的服务收入占比仅为2.7%。这种单一的服务结构导致平台无法形成完整的产业价值闭环。另一方面，广州工业互联网平台在服务C端市场方面存在显著的体系性短板。从市场需求响应速度来看，由于平台缺乏直接触达消费者的有效渠道，需求响应机制滞后，平均响应周期长达7~10天，这一数字不仅远低于电商平台实时响应的要求，更难以满足现代消费者对即时服务的期待。这种迟滞效应影响平台的服务体验和市场竞争力。更深层次的问题在于产品化能力薄弱，由于长期缺失C端用户的行为数据和实时反馈，平台企业在标准化产品开发方面进展缓慢，调研数据显示仅有15%的服务实现真正的产品化封装，这种低产品化率又反过来限制了服务的可扩展性和市场渗透速度。最直接的商业影响体现在收入结构的失衡上，过度依赖传统项目制收入的商业模式导致经常性收入占比不足30%，这种"脆弱"的收入结构不仅使企业面临现金流波动的风险，更制约其在研发创新和市场拓展方面的持续投入。这三个问题环环相扣，响应迟滞导致用户体验差，体验差制约用户规模扩大，用户不足又难以支撑产品化投入，最终强化了对项目制收入的依赖，形成一个需要系统性破解的发展困局。

（三）广州地区工业互联网产业生态不完善

一方面，广州虽拥有41个工业大类中的35个，但产业链供应链"大而不强、全而不精、宽而不深"等问题仍然存在，工业软件、高端芯片等核心供给能力存在短板。广州本土企业在CAD、CAE、MES等核心工业软件领域竞争力较弱，高端工业软件市场仍被欧美企业主导。在半导体设计、制造等环节缺乏龙头企业，关键芯片（如工业控制芯片、AI芯片）仍依赖外部供应。部分高端装备、精密仪器所需的特种材料、关键部件仍需进口，制约产业链自主可控。另一方面，工业互联网产业生态未能形成合力，产业发展协同效应仍待进一步激发，主要体现在行业链主企业、龙头企业牵引作用不明显。虽然广州拥有广汽、美的等大型制造业企业，但在开放工业数据、共享技术平台、赋能中小企业方面仍较为保守，未能充分发挥行业标杆的带动效应。由于龙头企业开放设备、品牌、研发资源的意愿不强，中小企业难以融入工业互联网创新体系，形成"大企业单打独斗、小企业孤立无援"的局面，中小企业开放品牌、研发、设备等各类创新资源要素动力不足，难以形成产业生态集聚效应。此外，高校、科研机构与企业的技术对接不够紧密，科研成果转化率较低，难以形成"技术研发—产业应用—商业变现"的良性循环。

四 高质量推进工业互联网平台赋能制造业数字化转型的建议

（一）引导工业互联网企业探索新商业模式

加强平台发展统筹布局，引导平台企业分别聚焦高端、中端和低端市场，构建梯度化产品服务体系，探索服务增值、薄利多销等多元化盈利方式。一是在高端市场（大型企业），提供定制化、高附加值的工业互联网解决方案，如智能工厂整体规划、数字孪生仿真优化等，采用"解决方案+持续服务"模式，提升客户黏性。二是在中端市场（中型企业），推广模块化、可配置的标准化产品（如 MES、SCADA 系统），降低部署成本，同时提供订阅制付费模式，减轻企业一次性投入压力。三是在低端市场（小微企业），开发轻量化、低成本的 SaaS 化工具（如设备监控、能耗管理 App），采用"按需付费"或"免费基础版+增值服务"模式，降低使用门槛。

鼓励平台企业学习希音模式，聚焦细分产业，围绕行业痛点开发标准化、可复制的数字化产品，发展评估诊断、咨询服务、资源对接等综合能力，开展"陪伴式""保姆式"服务，拓展平台发展空间，挖掘细分市场盈利增长点。希音的成功在于精准锁定快时尚领域，并通过数字化手段重构供应链。工业互联网平台企业可借鉴这一思路，结合广州产业优势，重点布局汽车零部件、定制家居、纺织服装、电子制造、化工、食品饮料等高潜力细分赛道，避免同质化竞争。针对不同行业的特定需求（如汽车行业的质量追溯、服装行业的柔性生产），开发专用数字化工具（如轻量化 MES、智能排产系统）。进一步构建标准化产品矩阵，将行业 Know-How 封装成可配置的模块化产品，降低定制化比例，提高复制效率。

（二）推动工业互联网与消费互联网深度融合

鼓励工业互联网平台企业向 C 端延伸，深入纺织服装、箱包皮具等传统优势行业，建议在每个重点行业培育 2~3 个示范项目，形成可复制的经验模式。建立基于工业互联网的 C2M 数字化平台，整合消费者需求数据、产品设计数据、生产制造数据等。通过部署智能终端设备、开发移动应用等方式，实现消费者与制造企业的直接连接，打通行业供需两端，实现按需制造、个性化产品设计和创新。最终，实现生产模式转型，即从大规模标准化生产转向小批量个性化定制。商业模式创新，即从单纯产品制造转向"产品+服务"的价值创造；产业生态重构，即从单打独斗转向协同共赢的产业

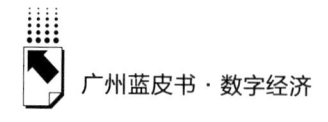

共同体。

推动消费互联网企业向B端延伸，通过搭建产业互联网平台，整合产业链上下游企业的资源，为企业提供一站式的采购、销售、物流、金融等服务，推动产业升级和协同发展。支持头部电商平台、社交平台等消费互联网企业发挥用户规模和数据优势，搭建垂直产业互联网平台，重点布局纺织服装、美妆日化、家居建材等广州优势产业。应当着力构建"四个中心"：一是智能采购中心，通过大数据分析实现原材料需求的精准预测和智能匹配，降低企业采购成本；二是数字化营销中心，整合线上线下渠道资源，为制造业企业提供精准获客、数字营销等增值服务；三是智慧物流中心，依托物联网技术优化仓储配送网络，提升供应链响应速度；四是产业金融中心，基于交易数据为企业提供供应链金融、信用贷款等创新服务。

（三）不断完善工业互联网产业生态

在需求侧，积极推动战略性新兴产业融合集群发展，构建新一代信息技术、人工智能、生物技术、新能源、新材料、高端装备等一批新的增长引擎，持续补链强链，增强产业链韧性。持续实施"链长制"，建立"一链一策"技术攻关清单，通过"揭榜挂帅"机制突破EDA工具、工业操作系统等卡脖子技术。构建"龙头企业+中小企业+科研院所"协同创新网络，在黄埔区、南沙区布局国家级先进制造业集群，培育智能装备、生物医药等千亿级战略性新兴产业链。强化产业链韧性建设，建立关键零部件国产化替代联盟，推动供应链本地化。创新"科技+产业+金融"融合模式，设立战略性新兴产业投资引导基金，构建政产学研金"五位一体"生态体系，提升战略性新兴产业对地区生产总值增长的贡献率，构建具有全球竞争力的现代化产业体系。

在供给侧，加强协同发展，聚焦工业互联网开放性、交互性特征，围绕产业链上下游需求，加快重点领域招商引资，壮大产业规模，优化资源配置，形成行业集聚效应和区域规模效应。广州应聚焦工业互联网平台开放共享、互联互通的核心特征，构建多层次产业协同发展体系。重点围绕平台建设、工业软件、智能装备等关键环节，实施精准招商策略，建立"产业链图谱+目标企业库+配套政策包""三位一体"的招商机制，引进平台型龙头企业和配套服务商。同时优化产业空间布局，打造一批核心集聚区，建设一批特色产业园，形成"一核多极"的发展格局。通过建设工业互联网创新中心、产业大数据平台等公共服务设施，推动技术、数据、人才等要素资源的高效配置，实现产业链本地配套率提升。支持龙头企业牵头组建产业创新联盟，定期举办供需对接活动，建立共享制造平台，促进大中小企业融通发展。此外，应提升生态协同合作能力，充分利用行业协会、产业联盟等生态资源，持续推动供需精准对接，开展产学研协同创新、推动多场景应用探索、促进上下游融合发展。

（四）促进工业互联网企业做大做强

在行业应用上多做文章，坚持建平台和用平台"双轮驱动"，加快应用推广。在建平台方面，围绕智能网联和新能源汽车、工业母机和机器人、时尚美妆、定制家居等重点行业，培育一批行业特色型工业互联网平台，加快行业数据流通和开发利用。具体地，广州应当重点围绕关键产业体系，打造具有全国影响力的行业级平台集群。针对智能网联和新能源汽车产业，重点建设"车联网+智能制造"一体化平台，整合研发设计、供应链管理、生产制造等全流程数据资源，实现研发周期缩短、供应链协同效率提升的目标。在工业母机和机器人领域，着力打造"设备上云+智能服务"平台，推动核心设备联网，构建预测性维护系统，提升设备利用率。同时，在时尚美妆和定制家居等特色产业，培育个性化定制服务平台，通过3D设计仿真、消费者画像分析等技术，实现产品上市周期缩短、定制化率提升。为加快数据要素价值释放，建议同步建设行业数据中台，制定数据采集、交换、应用等标准规范，开发数据共享工具包，并探索建立数据确权与交易机制。广州通过设立平台培育专项资金、组建平台发展联盟、建设测试验证环境等配套措施，将自身打造为粤港澳大湾区工业互联网平台建设高地。

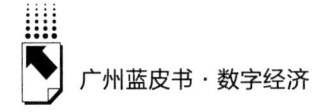

在用平台方面，统筹运用中小企业数字化转型城市试点专项资金和省制造业高质量发展专项资金，推动工业企业（尤其是中小企业）数字化改造升级，持续打造数字化设计、智能化生产、网络化协同等场景应用，推动生产方式、组织模式和商业范式加快变革。具体地，在数字化转型资金统筹方面，构建"国家—省—市"三级联动投入机制，创新"财政+金融+社会资本"多元化支持体系。设立中小企业数字化转型基金，重点投向"数字孪生""AI质检""C2M柔性制造"等创新应用场景，对入选国家级试点项目给予资金支持。创新"服务券"模式，发放数字化转型券，中小企业可凭券抵扣诊断咨询、设备上云等费用，降低转型门槛。在供需匹配方面，打造"云上产业链"新型组织模式，依托华为、树根互联等建设行业级工业互联网平台，接入中小企业设备数据，构建"产业大脑"，实现供需精准匹配。在数字化转型服务方面，建立数字化转型成效评估体系，从生产效率提升、运营成本降低、新产品开发周期缩短等维度进行量化评价，对成效显著企业授予荣誉称号并给予政策倾斜。

参考文献

苏力：《走出中国式现代化的广东路径》，《南方日报》2023年1月6日。

王一晴：《数智赋能广州制造业升级》，《南方日报》2023年5月30日。

孙刚、牟华伟、李昀：《我国工业互联网平台盈利模式发展现状、存在问题和对策建议》，《中国工业和信息化》2023年第10期。

孙大明等：《工业互联网平台如何驱动新质生产力发展——基于数据要素视角》，《科技进步与对策》2025年第3期。

刘月、朱秀梅、翟运开：《工业互联网平台赋能研究：前沿探析、内在机理与未来展望》，《技术经济》2024年第9期。

俞园园：《工业互联网平台赋能制造企业数字化转型的路径研究——以无锡为例》，《江南论坛》2024年第2期。

B.15
基于软件定义的汽车（SDV）产品数字化战略研究

广汽集团课题组*

摘　要： 汽车工业正经历百年未有的深刻变革，电动化、智能化、网联化、数字化、共享化的发展浪潮重塑产业格局。由于技术进步与消费升级的双重驱动，汽车从传统交通工具向智能移动终端转变。在这一进程中，中国汽车产业凭借政策支持、技术创新和市场优势实现跨越式发展，确立了全球领先地位。在智能化、网联化的发展趋势下，整车附加值正在发生改变，软件在整车价值中的占比不断提升，成为打造汽车差异化竞争的重点，软件定义汽车已成为行业共识。广汽集团作为中国汽车产业转型升级的典型案例，通过打造数字化运营体系、构建自主研发与数据安全体系等关键举措，形成具有特色的转型路径。未来广汽集团也将进一步加大在智能网联新能源汽车上的投入力度，推动产品数字化建设，构建数字化应用生态圈，打造"五可比拟"的数字化汽车，助力我国智能网联新能源汽车产业发展。

关键词： SDV　智能网联汽车　数字化转型

发展新质生产力已成为推动高质量发展的核心战略。2024年1月，习近平总书记在中共中央政治局第十一次集体学习时强调，加快发展新质生

---

* 课题组组长：黄坚，高级工程师，广汽丰田汽车有限公司党委委员、副总经理，研究方向为汽车项目管理与战略规划。课题组成员：王朝阳，工程师，现任广州豹足球俱乐部总经理，研究方向为数字化；孙聪，中级经济师，广汽丰田汽车有限公司办公室职员，研究方向为汽车产业发展规划。

产力，扎实推进高质量发展。① 党的二十届三中全会再次明确要求抓住新一轮科技革命和产业变革的机遇，引领发展战略性新兴产业和未来产业。在这一战略指引下，智能网联新能源汽车作为新质生产力的典型代表，具有强大的发展动能和产业引领作用。科技创新作为发展新质生产力的核心要素，正在深刻重塑汽车产业格局。中国智能网联新能源汽车产业经过多年积累，已进入技术突破与市场扩张并重的关键阶段。在技术创新方面，软件正成为重塑汽车产业的核心要素，深度渗透产品定义、研发验证、销售服务等全生命周期。随着AI大模型等关键技术的突破，软件定义汽车（Software-Defined Vehicle，SDV）正从概念走向实践，推动汽车从传统交通工具向智能化移动终端转型。本报告将尝试探讨软件定义汽车下的产品数字化如何赋能汽车行业以及实践模式，并做出展望。

一 汽车产业智联化发展趋势

（一）汽车产业的发展趋势

依托新一轮技术革命和产业革命浪潮，汽车产业实现跨越式发展，其变革轨迹与手机产业的变革轨迹颇为相似，均是在用户需求与技术变革的双重驱动下发生重大改变。对手机的发展路径进行回顾，20世纪是模拟时代，手机的定位为移动电话，主流产品为摩托罗拉的便携式手机。21世纪初是数字时代，手机的定位是通信工具，主流产品为诺基亚的功能机。美国的苹果公司在2007年正式推出智能手机，华为、小米等众多厂商跟进，手机行业进入智能时代，定位是智能生活终端。我们可以发现手机实现从通话工具到实时智能终端的跃迁，而汽车也逐步由传统的机械代步工具向新一代移动智能终端转变，快速进入数字化、智联化时代。

---

① 《加快发展新质生产力　扎实推进高质量发展》，共产党员网，2024年8月5日，https://www.12371.cn/2024/08/05/VIDE1722826561949422.shtml。

根据汽车产业的复杂度和技术水平,可以将汽车的发展划分为三个阶段。首先是汽车1.0时代,即机械驱动的汽车时代。其次是汽车2.0时代,即电子驱动的汽车时代。最后是汽车3.0时代,即智能软件驱动的汽车时代(见表1)。我们发现,智能汽车产业与智能手机产业拥有相似的发展轨迹,业态也类似,未来商业机会将同样来自软件定义汽车。

表1 汽车在不同发展阶段的对比

序号	发展阶段	特点	主要特征	消费者关注点	代表车企
1	汽车1.0时代	机械化	汽车作为单纯交通工具,需求并非由用户提出,而是车企主导,用户被动接受	注重实用主义和综合性价比,以及硬件配置	福特
2	汽车2.0时代	电气化	汽车作为安全舒适的交通工具,车企和供应商实现了共同开发,但用户的选择依然较少,电子电气架构仍为分布式、独立式	前期关注续航里程和充电的便利性,后期关注座舱体验和冰箱、彩电、大沙发等配置	丰田
3	汽车3.0时代	数智化	汽车成为用户需求驱动下的出行服务载体,进化为全新一代电子电气架构,并具备大数据、软件定义、高性能运算、生态服务、智能驾驶等功能	关注智能化水平,特别是智能驾驶和智能座舱	特斯拉

(二)智能网联汽车的技术路径

车联网通信、人工智能等前沿技术的融合正加速推动汽车向智能化、网联化发展,在汽车科技浪潮中,智能化、网联化已经成为汽车的基本属性,自动驾驶和智能座舱成为智能化和网联化的交汇点,承载消费者的需求。

1. 自动驾驶

按照系统和驾驶员的参与程度,自动驾驶由低到高可以划分为L0至L5六个等级,而自动驾驶技术主要由路径规划、环境感知和决策控制三大板块构成,且可划分为高速场景、低速场景和城市场景三大应用场景。高速场景主要为自主超车、变道、上下匝道、汇入主路等场景，低速场景主要为自动代客泊车等场景，城市场景主要为十字路口处理、转向、并线、加塞、紧急避让等场景。为应对不同场景，车辆搭载主动刹车、卫星导航、全速自适应巡航、车道保持辅助、车道偏离提醒等功能。

针对自动驾驶，中国消费者有着较高的接受程度，根据市场调研数据，在车辆具有高速 NOA 功能的用户当中，有 41.1% 的用户每周使用高速 NOA 功能 2~3 次，有 35.7% 的用户每周使用该功能高达 8~10 次，在具有城市 NOA 功能的车辆中，有 40.6% 的用户每周使用城市 NOA 功能 2~3 次，有 25.0% 的用户每周使用该功能高达 8~10 次。[1] 高阶自动驾驶尚不能完全替代人的驾驶，但是已经显示出人们在逐渐依赖自动驾驶功能。华为、比亚迪等国内车企以及 Momenta、大疆、地平线等企业纷纷布局 L2++高阶智驾，以契合消费者需求。高阶智驾逐渐成为影响消费者购车的重要因素，今后的市场渗透率将进一步提升。

同时，自动驾驶的商业化应用正在逐步发展，主要以自动驾驶出租车（Robotaxi）为代表，Robotaxi 是指由自动驾驶技术驱动的车辆，无需驾驶员，而是依靠传感器、人工智能等技术实现行驶、导航和决策。中美两国目前处于 Robotaxi 的第一梯队，都已成功进行无主驾安全员的商业化小规模运营，并开始商业化发展，美国企业以 Waymo、Cruise 为代表，中国企业以小马智行、萝卜快跑、文远知行等为代表。广汽丰田与小马智行开展合作，成立合资公司，以赛那车型为基础开展示范运营。第二梯队有德国、韩国、法国等，进行有主驾安全员的 Robotaxi 小规模商业化试运营。第三梯队有日本、英国等，尚处于 Robotaxi 测试阶段，未进行商业化运营。根据智驾摩尔定律，每两年其硬件成本减半、软件体验提升 10 倍，随着技术进步、有利政策出台及成本降低，预计 Robotaxi 将于 2026 年左右实现大规模商业化，预计到 2030 年 Robotaxi 将在全球范围内广泛应用，届时 Robotaxi 在中

---

[1] 数据来源：亿欧智库、开源证券研究所。

国智慧出行的渗透率将达到31.8%，2035年将达到69.3%，发展前景广阔。①

2.智能座舱

汽车智能座舱作为现代汽车工业的技术集成体，正推动驾乘体验的范式变革。这一融合先进软硬件系统的移动空间，通过人机交互、网联服务和场景拓展等功能模块，为驾乘者构建安全、智能且富有情感化的综合体验环境。其技术架构横跨信息通信、电子工程、认知科学、虚拟现实及人工智能等多个前沿领域，展现出显著的高新技术特征与交叉学科属性。

伴随行业的发展，消费者对汽车的认知不再局限于"单一的交通工具"，而是将其视作自己的"第三生活空间"，座舱正是实现空间塑造的载体，伴随云端技术和5G技术的发展，智能座舱具备万物互联和个性化互联两大标志性趋势，有助于更好地打造"第三生活空间"。同时，伴随自动驾驶级别的演进，人在车内的行为模式发生较大变化，会越来越多将一些主动驾驶行为或者是对动态驾驶任务的控制交给机器、人工智能，将用户释放出来。消费者渴望提升驾乘体验、主机厂寻求品牌差异化、相关方抢夺流量入口，在多方推动下智能座舱已成为大势所趋。

（三）智能网联汽车政策动向

汽车智能化、网联化发展不仅成为行业共识，也受到国家大力支持，中央和地方各级政府已将智能网联新能源汽车提升到国家战略高度，推动其进一步发展。智能网联汽车有助于推动传统汽车制造业实现高端化、科技化、智能化、绿色化转型。目前，我国共建设了17个国家级测试示范区、7个车联网先导区、16个智慧城市与智能网联汽车协同发展试点城市。除了示范区、试点城市外，国家发展改革委、工业和信息化部、交通运输部、公安部等行业主管部门多次提及支持智能网联新能源汽车发展，并出台相关政策（见表2）。

---

① 数据来源：Frost&Sullivan。

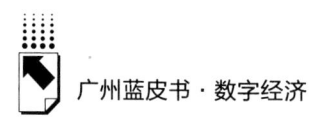

表2 智能网联汽车相关政策梳理

序号	时间	部门	政策文件	主要内容
1	2020年2月	国家发展改革委 工业和信息化部 公安部 交通运输部 等11个部门	《智能汽车创新发展战略》	提出到2025年,实现有条件的自动驾驶汽车规模化生产,高等级的自动驾驶汽车在特定场景市场化应用,同时基本形成中国标准智能汽车的技术创新、产业生态、基础设施、法规标准、产品监管和网络安全体系
2	2020年10月	国务院办公厅	《新能源汽车产业发展规划(2021—2035年)》	提出推进车规级芯片的研发与产业化,促进智能化系统推广应用和新能源汽车产业高质量发展,增强产业核心竞争力
3	2020年11月	国家智能网联汽车创新中心	《智能网联汽车技术路线图2.0版》	将智能网联汽车的发展划分为发展期(2020~2025年)、推广期(2026~2030年)和成熟期(2031~2035年)3个阶段,针对不同时期制定阶段性的发展目标和工作重点
4	2021年2月	中共中央 国务院	《国家综合立体交通网规划纲要》	提出推进交通基础设施数字化、网联化,提升交通运输智慧发展水平,汽车与人工智能、信息通信等领域加快融合
5	2023年11月	工业和信息化部 公安部 住房和城乡建设部 交通运输部	《关于开展智能网联汽车准入和上路通行试点工作的通知》	首批确定由9家汽车生产企业和9个使用主体组成联合体,将在北京、上海、广州等7个城市展开智能网联汽车准入和上路通行试点,试点产品涵盖乘用车、货车以及客车三大类。试点组织实施共分为5个阶段,分别是试点申报、产品准入试点、上路通行试点、试点暂停与退出、评估调整
6	2023年11月	工业和信息化部 公安部 住房和城乡建设部 交通运输部	《关于开展智能网联汽车准入和上路通行试点工作的通知》	具备量产条件、搭载自动驾驶功能的智能网联汽车在取得准入许可后,可在限定区域内开展上路通行试点,并明确自动驾驶开启时发生事故的责任归属,将由运营主体负责

续表

序号	时间	部门	政策文件	主要内容
7	2024年1月	工业和信息化部 公安部 自然资源部 住房和城乡建设部 交通运输部	《关于开展智能网联汽车"车路云一体化"应用试点工作的通知》	推动网联云控基础设施建设，探索基于车、路、网、云、图等高效协同的自动驾驶技术多场景应用
8	2024年3月	国务院	《政府工作报告》	提出大力推进现代化产业体系建设，加快发展新质生产力，并明确提出要巩固扩大智能网联新能源汽车等产业领先优势。将智能网联新能源汽车提升至国家战略高度

二 SDV赋能汽车产业智联化的特征与路径

（一）SDV是汽车产业发展的重要趋势

在新一轮产业革命和技术变革下，智能网联新能源汽车成为汽车行业的转型方向，汽车技术和需求的着眼点也从硬件转向软件，SDV进入快速发展阶段。SDV是指在模块化和通用化硬件平台的支撑下，以人工智能为核心的软件技术决定整车功能的未来汽车。[1] 即传统汽车价值链和技术都面临重构，"硬件趋同、软件定义、数据驱动"已成为重要趋势，软件成为决定智能网联汽车上限的关键因素，影响汽车差异化水平，带来不同的用户体验。基于上述背景，整车电子系统的复杂程度和功能点呈指数级上升，源代码数量呈爆发式增长，软件占比不断提升。随之而来的便是软件价值和软件收益在整车附加值中的占比不断提升。相关数据显示，2013年在汽车的附加值中，硬件占比为85%，内容占比为5%，而软件占比仅为10%。2023年在汽车的附加值中，硬件占比下降至40%，内容占比提升至20%，而软件

---

[1] 孟天闯等：《软件定义汽车技术体系的研究》，《汽车工程》2021年第4期。

占比大幅提升至40%，软件深度赋能设计、开发、验证、销售、服务等各环节并促进其优化。[1] 与此同时，云技术、物联网、人工智能、区块链、5G等新一代信息技术蓬勃发展，更加提升了软件在汽车中的重要性。

软件的发展不仅改变了汽车本身，也对汽车软件产业上下游带来重要变革。在传统汽车软件产业中，软件产品主要包括基础软件程序和简单的嵌入式实时OS（操作系统），产业结构比较简单且产业链较短。产业链上游为软件产品供应商、中游为零部件集成商、下游为整车集成商。但伴随汽车智能化、网联化发展，软件开始脱离硬件，成为独立的零部件产品，汽车软件产业链被重塑，产业链上游为软件供应商、中游变为整车集成商、下游向应用服务扩展。同时，软件越来越复杂，源代码行数迅速增加，软件开发难度也快速加大，有研发优势的互联网企业借此机会纷纷入局。

（二）数据是汽车产业智联化的动力

据公开数据统计，每辆智能网联汽车每隔几秒钟就会产生超过150个参数，每个小时生成5~250G数据，每天将收集多达10TB数据,[2] 汽车数据变得越来越重要。2021年7月，国家互联网信息办公室等部门联合印发《汽车数据安全管理若干规定（试行）》，对汽车数据的定义做出相关解释，即本规定所称汽车数据，包括汽车设计、生产、销售、使用、运维等过程中的涉及个人信息数据和重要数据。

汽车的智能化、网联化发展离不开数据的支撑。通过收集、处理和分析数据，智能网联汽车可以实现对周围环境和自身状态的感知，并可以不断自我学习、自我提升。在此过程中，要做到数据驱动闭环，包含获取数据、开发数据和开放数据等环节。聚焦产品和服务的体验提升、数据变现、生态拓展等，利用数字技术打造数字汽车或智能汽车，并以车辆为中心赋能包含研发、生产、供应链、销售、服务的汽车全产业链闭环。

---

[1] 数据来源：德勤咨询。
[2] 中国信息通信研究院云计算与大数据研究所、中国第一汽车集团有限公司、广州汽车集团股份有限公司等编制的《汽车数据发展研究报告（2023）》。

汽车行业的数字化转型离不开数据赋能。一方面，通过汽车数据进行价值挖掘和持续反馈，优化车辆的自动驾驶、智能体验，推动汽车技术进步。另一方面，借助数字化提升企业生产经营、研发管理等的整体运营能力，实现业务流程体系等的在线化、可视化、精准化，达到降本增效的目的，以提升数字化驱动效能。

（三）汽车的产品数字化发展路径

全球经济的数字化浪潮不断推进，汽车行业正在经历前所未有的变革，从少数传统品牌的缓慢起步，到新势力品牌的快速发展，再到当前大部分车企的全面启动，车企的数字化变革热度高涨。从用户的角度来看，随着消费者需求的日益多元化和个性化，用户体验成为决定汽车品牌竞争力的关键因素。从产品的角度来看，在产品全生命周期管理方面，数字化转型使企业能够全面地掌握设计研发、生产销售、报废回收以及再制造等环节。从企业运营的视角来看，数字化也已成为推动企业决策、优化运营的重要力量。

在行业全面启动数字化转型的背景下，不同车企受到品牌基因、产品优势、入局时间等多重因素影响，其产品数字化的推进程度亦有所不同。按照产品数字化的成熟度，产品数字化的发展路径可以划分为四个阶段。第一阶段是产品数字化起步阶段，产品数字化成熟度为0~25分，主要特征是有待明确的产品数字化愿景、稀疏的数字化保障措施和零散的产品数字化团队。第二阶段是产品数字化加速发展阶段，产品数字化成熟度为26~50分，主要特征是清晰的产品数字化愿景、明确的产品数字化路线和逐步完善的组织架构。第三阶段是产品数字化践行者阶段，产品数字化成熟度为51~75分，主要特征是核心产品数字化能力体现、规范的流程和对沉淀业务模式的持续探索。第四阶段是产品数字化领导者阶段，产品数字化成熟度为76~100分，主要特征是产品数字化处于领军地位、完善的产品数字化生态和成熟的迭代、运作模式。

特斯拉作为行业内领先车企，具备先发优势，当前产品数字化程度较高,处于产品数字化践行者阶段。大众、比亚迪、广汽集团等国内外传统汽车厂商以及小鹏汽车、理想汽车、蔚来汽车等国内造车新势力的产品数字化程度稍落后,但同处于产品数字化加速发展阶段。

三 SDV赋能车企的实践经验与模式

(一)行业内外均在加速增强软件定义汽车能力

行业内持续引入新兴技术,通过跨域联动拓展与扩大了汽车软件产业链与生态圈,整车软件集成度持续提升、开发模式持续升级变革。一方面,业界车企围绕产品数字化纷纷扩大软件团队规模,并加强跨界合作,持续升级电子电气架构、自研系统、智能座舱,增强软件定义汽车能力,完善大数据云平台体系。另一方面,随着汽车电子电气架构的升级,汽车从信息孤岛模式走向网联互通模式,软件对汽车设计的重要性日益凸显。在该趋势下,腾讯、华为、百度、亚马逊、阿里巴巴、谷歌等企业纷纷入局汽车行业,并宣布加入汽车软件业务。部分汽车企业的产品数字化情况如表3所示。

表3 主要汽车企业的产品数字化情况

序号	企业	SDV	数据驱动闭环
1	特斯拉	软件动态订阅升级:空间下载技术(Over The Air Technology,OTA)让整车常用常新,提供哨兵和宠物模式、灯光秀、自动辅助导航驾驶(Navigate on Autopilot,NOA)、手游、特斯拉影院等新功能,以及增值服务(辅助驾驶、加速升级包等) 远程售后:远程诊断、主动维修,OTA对整车潜在问题进行优化、软件BUG(缺陷)的修补,如优化后备厢的防夹、电池管理、刹车系统	智驾大数据训练:自建DOJO超算中心,进行智驾感知数据的自动化标注和神经网络模型训练。自研"FSD芯片+DOJO超算集群",算力达100 EFLOPS 数字化服务:基于用户驾驶习惯推出UBI保险

续表

序号	企业	SDV	数据驱动闭环
2	上汽集团	软件动态订阅：推出"银河"智能车全栈解决方案，可以通过手机或车机数字商城，获取包括智能场景、主题皮肤、游戏应用、音效、音乐、智能驾驶、智能座舱等在内的数字化产品和服务 研产销：质量智能分析、整车及配件销量预测、新能源数据分析和实时监控、物流智能调度	智驾大数据训练：成立AI实验室，推出享道L4 Robotaxi，构建全流程数据驱动的算法和自动化仿真工具链，为L4自动驾驶提供海量数据支持 云计算中心：投资超过20亿元建设3个数据中心，开发"数据湖"平台 研产销：质量智能分析、整车及配件销量预测、新能源数据分析和实时监控、物流智能调度
3	小鹏汽车	智能座舱：打造XMart OS，通过大数据进行场景化下的智能推荐，给用户推荐最顺路的充电桩、最方便的服务点、最喜欢的音乐和有声读物，疲劳驾驶、拥堵时主动推送智能场景 远程售后：超70%的故障通过远程诊断发现与定位	智驾大数据训练：与阿里合建"扶摇"智算中心（国内最大），算力达到600PFLOPS，神经网络模型训练提速170倍，GPU虚拟化利用率提高3倍以上 数字化营销：构建用户画像进行精准营销，通过大数据辅助决策，进行4S店选址、充电桩选址
4	吉利汽车	数字化战略：提高行业软件人才的占比，以数字化赋能商业模式升级，实现100%全场景数字化 整车软件架构：推出中央计算平台架构，迈入SDV时代	用户数据分析：GKUI吉客系统覆盖250万用户，获取用户的操作习惯、应用偏好、驾驶行为、行驶轨迹和健康状态等数据 运行监控：进行数据实时收集与分析
5	华为	华为智能汽车解决方案呈现"1+5+N"的业务布局。即1个全新的计算与通信架构，5大智能系统（智能驾驶、智能座舱、智能电动、智能网联、智能车云）、N个全套智能化部件（激光雷达、AR-HUD等） iDVP：软件定义汽车平台，旨在通过软件和硬件的解耦，提高汽车开发的效率和灵活性	快速迭代，持续优化功能体验：依托华为云的底座能力，乾崑ADS3.0实现算力的快速迭代。算力达到3.5EFLOPS，训练数据量已达每日3000万公里，模型每5天迭代一次。后续随着华为HI+智选车产品谱系丰富、销量提升，训练数据将随之进一步丰富，进而促进功能优化

（二）广汽集团的产品数字化规划

广汽集团是广州汽车产业的链主企业，在智能网联新能源汽车领域已打下坚实的基础，并取得一定成绩。广汽集团较早开展智能网联新能源汽车的研发、产品规划和生产销售工作。2017年，在国内率先建设智能网联新能源汽车产业园（占地5000亩，总投资453亿元，包括1家新能源汽车工厂和17家配套零部件企业，总产值超千亿元），新能源汽车产值年均复合增长率达122%。2020年底，广汽集团正式发布"十四五"战略规划，提出未来5年的总体发展战略——"1615"发展战略，即完成1个目标、夯实6大板块、突出1个重点、实现5大提升，打造创新引领、持续创造价值的科技广汽。其中，5大提升就是实现电气化、智联化、共享化、国际化、数字化5个方面的重大提升，同时在"2027发展蓝图"以及"万亿广汽"发展纲要等战略规划中均有提及。2023年4月12日，习近平总书记在广州视察，来到广汽集团调研，强调要重视实体经济，走自力更生之路，实现科技自立自强。[①] 广汽集团坚决贯彻落实习近平总书记重要讲话精神，加强自主研发，推动汽车产业转型升级，以实际行动发展新质生产力，助力高质量发展。

1. 总体规划和建设目标

广汽集团产品数字化规划为"123+X+1"战略，即1个车端架构、2大支柱体系、3个数字化云平台以及X个应用和1个数字化运营体系。1个车端架构是指包含软件、网络、功能、电子电气架构在内的EEA3.0车云一体化电子电气架构；2大支柱体系是指数据合规安全体系和产品数字化自主研发体系；3个数字化云平台是指网联数据云平台、智驾数据云平台和车联云平台；X个应用包含研发、生产、供应链、销售、服务等数字化应用。

广汽集团致力于打造行业领先的、以用户为中心的，具备可连接、可定

---

① 《超车有"道"自信领跑》，"求是网"百家号，2024年6月4日，https://baijiahao.baidu.com/s?id=1800914879091764733&wfr=spider&for=pc。

义、可洞察、可进化、可订阅功能的数字化产品（见表4）。通过调研、分析和拆解，与"五可比拟"①的数字化汽车理想状态相比，广汽集团产品数字化在可连接、可定义方面已有较多投入，较为成熟，具备一定的竞争力，但在可洞察、可进化、可订阅方面，仍处于初期，需要重点建设。

表4 广汽集团产品数字化建设目标

序号	分类	定义	建设目标
1	可连接	实现对物理空间的映射、迁移，连接车、人和生活	稳步推进可连接能力建设，能力建设完成度超90%
2	可定义	产品研发灵活、开放，用户可以自定义产品形态	稳步推进可定义能力建设，能力建设完成度超80%，实现全域的"云管端"一体化
3	可洞察	产品运行数据可采集、可分析、可反馈，产品数据可模型化	可洞察能力建设完成度超80%，打通智驾数据闭环
4	可进化	产品快速迭代、升级，利用AI技术自成长、自进化	可进化能力建设完成度超80%，并支持大模型感知训练
5	可订阅	硬件预埋，软件可升级，用户自定义订阅，商业模式实现创新	可订阅能力建设完成度超80%，实现智驾功能订阅、智能座舱场景订阅

2. 主要措施

新增产品数字化运营体系，为广汽集团产品数字化建设的顺利推进保驾护航。一是围绕汽车服务全生命周期，明确不同阶段的产品数字化赋能点，持续推进产品数字化建设。汽车服务全生命周期可以划分为汽车定义、生产制造、推广销售、持续服务四个主要阶段，不同阶段的赋能点各不相同。如在汽车定义阶段，主要是整车功能设计、智能场景设计和车云产品货架定义等；在生产制造阶段，主要是数字制造和产线远端诊断等；在推广销售阶段，主要是用户个性需求满足、数字化门店体验和软件订阅

---

① "五可比拟"：通过软件定义汽车及数据驱动闭环，围绕智能座舱、智能驾驶打造的数字化汽车，理想状态下应具备可连接、可定义、可洞察、可进化、可订阅五大功能，真正成为常用常新、千人千面的移动生活空间。

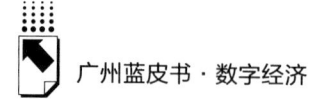

等；在持续服务阶段，主要是OTA升级、汽车保养、远程诊断和维修服务等。

二是建立产品数字化运营委员会进行全方位运营管理，打造以用户为中心的数字化运营体系。车、云两端发力，打造广汽车云一体架构，全面助力广汽产品数字化落地。广汽集团不只局限于车端架构的建设，而是同时迭代车端架构和云端平台，实现车云深度协同。首先是车端架构。汽车电子电气架构（EEA，Electrical/Electronic Architecture）涵盖车上计算和控制系统的软硬件、传感器、通信网络、电气分配系统等，通过特定的逻辑和规范将各个子系统有序结合起来，构成实现复杂功能的有机整体，是汽车实现信息交互和复杂操作的关键。按照电子电气架构的演进历程，可以将其划分为分布式架构、域控制架构、集中式架构三个阶段。在功能车时代，消费者选择较少、需求变更难、用户体验固化；在智能车时代，汽车千人千面、常用常新，智能化的发展高度依赖电子电气架构技术，随着智能化程度的不断提高，分布式架构逐步演变为集中式架构，支撑智能配电、高速通信、区域接入、集中计算、统一跨域OS（操作系统）、高性能域控平台等的实现。广汽集团当前正处于域控制向集中式演进的阶段，即加速向EEA3.0（集中计算架构）发展，以夯实SDV的基础。其次是云端平台。汽车智能化发展带来的指数级增长的数据量使云端建设成为必然选择。同时受益于车联网、自动驾驶、车企出海的飞快发展，整个汽车行业在云端的支出快速增长。国际数据公司（IDC）的数据显示，2024年上半年中国汽车云市场整体规模达到54.0亿元，同比增长19.5%。其中，基础设施市场规模为33.8亿元，解决方案市场规模为20.2亿元。自动驾驶向端到端演进，高阶智能算力需求快速提升，座舱融合大模型成为必然趋势，预计到2027年中国汽车云市场规模将突破600亿元。[1] 在上述背景下，广汽集团正基于集中式的车端架构，以车联云平台为基座，完善"云管端"一体的车端软件定义能力，以网联数据云平台、智驾数据云平台为核心，构建业务数据闭

---

[1] 数据来源：国际数据公司（IDC）发布的《中国汽车云市场（2023下半年）跟踪》。

环，赋能业务升级，为丰富多样的数字化应用提供支撑。一是车联云平台，其为其他云平台的基础，包含元模型、外部接入网关、日志中心、诊断等基础内容，向下与车云协同层衔接，向上与网络数据云和智驾数据云衔接。二是网联数据云平台，致力于打通研发、生产、销售全链路，驱动网联数据闭环，赋能可洞察、可订阅。通过前期的投入及建设，汽车产业已经实现车辆数据采集及"云管端"功能定义，接下来将进一步扩大数据采集范围、强化数据挖掘能力及丰富数据应用场景。三是智驾数据云平台，致力于打通智驾数据闭环，驱动智驾功能升级，赋能可洞察、可进化。要想让汽车有更多的智能功能，就必须收集更多的汽车数据，并在适当的时候有选择地上传数据，这将在车内以及云端产生对数据存储和计算基础设施的需求。汽车要存储的数据主要来源于传感器、AV平台、操作系统、应用程序、黑匣子、离线地图、导航等。[①] 自动驾驶汽车会产生海量数据。为此，广汽集团正加大云资源投入力度，建立具备高存储、高算力、高安全性的智驾数据云平台，丰富智驾场景库，提升标注、仿真、感知训练、监控等方面，为汽车自动驾驶能力升级奠定坚实的基础。基于三大云平台，构建包含车联生态（以用户体验为中心）、数据生态（以数据驱动为中心）、智驾生态（以AI智能为中心）在内的产品数字化生态圈。

构建产品数字化自主研发体系和数据合规安全体系，助力广汽集团产品数字化建设计划稳步落地。首先是构建产品数字化自主研发体系，致力于实现自主可控，集中提升车、云两端的迭代升级效率和质量。广汽集团以SDV为指导，持续扩大自主软件开发团队规模，全面推进车端、云端研发工作，促进敏捷开发模式与汽车开发V流程的融合，重新设计功能软件开发流程体系，优化云端软件、零部件软件开发流程和工具链体系，实现软件快速迭代和软件商品化。以EEA3.0功能正向开发流程为例，功能软件由云端软件和零部件软件组成，功能需求从整车层面分解到架构和系统，再按照云端、零部件端分别进行软件的详细设计开发。其次是数据合规安全体系，

---

① 数据来源：西部数据联合国际数据公司（IDC）发布的《汽车行业工作负载白皮书》。

以边界防护、通信安全、车端安全、安全服务四大纵深防护体系构建数据合规安全体系，实现安全可监控、攻击可防护、威胁可感知、事件可控制的安全防御目标，全方位保障网络和数据安全。边界防护体系负责抵御来自外部网络攻击和应用层面入侵，保证内网系统安全；通信安全体系通过对车辆和用户进行身份认证，以及对通信内容加密，保证身份的合法性和数据安全；车端安全体系保证ECU和车机系统安全，包括操作系统和应用App的安全；安全服务体系覆盖对车辆安全状况实时监控、预警，并建立应急响应和漏洞修复机制。

四 趋势与展望

在政策、技术、需求的多重驱动下，汽车产品逐步由传统代步机械工具向具备感知和决策能力的智能终端转变。汽车智能化、网联化的发展离不开软件的加持，汽车软件成为定义整车功能的关键，软件将赋予汽车新的附加值，并加速整个汽车价值链转移，随着软件在汽车上的应用，其逐渐超越硬件，成为新的核心竞争力，打破汽车一次性销售的模式，形成"汽车销售和持续的软件及服务溢价"商业模式。

展望未来，一是建立电子电气架构及软件系统的标准化体系，智能网联汽车软件将实现全栈化、完整化控制。二是软硬件解耦，在硬件趋于同质化的背景下，汽车软件水平将成为提升车企产品力和竞争力的关键。三是由整车企业和互联网企业共同主导的产业生态将逐步建立。传统整车企业在品质安全、生产制造等方面具有优势，互联网企业在软件开发、技术创新上具备先天优势，双方可以实现优势互补，打造汽车发展的新业态、新模式。在此背景下，广汽集团也将进一步加大在智能网联新能源汽车上的投入力度，推动产品数字化建设，构建数字化应用生态圈，打造"五可比拟"的数字化汽车产品，助力我国智能网联新能源汽车产业发展。

参考文献

孟天闯等：《软件定义汽车技术体系的研究》，《汽车工程》2021年第4期。

马承恩：《智能汽车软件产业发展趋势分析》，《软件和集成电路》2021年第10期。

《中国公路学报》编辑部：《中国汽车工程学术研究综述·2023》，《中国公路学报》2023年第11期。

中国汽车工业学会软件分会：《软件定义汽车：产业生态创新白皮书（V1.0）》，2022年11月10日。

黎冲森：《软件驱动智驾，融合共创生态》，《汽车纵横》2024年第12期。

孙毅等：《电动汽车充电网络的软件定义理论、架构及关键技术》，《供用电》2024年第12期。

B.16 智能驾驶汽车发展新趋势、新挑战及广州策略[*]

巫细波 金利霞[**]

摘 要： 智能驾驶汽车是汽车制造、新能源、信息技术和人工智能的集大成者，有望成为全新的万亿级新赛道，也是广州汽车产业高质量转型发展的新引擎。全球智能驾驶汽车进入加速发展期，广州智能驾驶汽车在整车制造、政策法规、示范应用等方面均已取得积极成效，但仍然面临智驾技术成熟度有待提高、高性能智驾芯片供给受限、智驾新基建滞后、智驾数据安全水平有待提升、市场竞争日趋激烈等方面的挑战。广州需顺应智能驾驶汽车发展新趋势，推动智能驾驶、新基建及关联产业协调发展，巩固已有的技术及规模优势，力争在智能驾驶汽车技术创新与应用、政策法规、核心零部件、产业细分领域培育新质生产力，为推动广州"12218"现代化产业体系构建提供更强大的支撑。

关键词： 智能驾驶 大模型 智驾芯片 数据安全 广州

智能驾驶汽车已成为全球主要国家的战略竞争制高点，谁能率先抢夺战略高地，谁就能掌控未来汽车行业话语权，进而构筑未来汽车产业竞争新优势。广州是我国汽车大市，已明确将发展智能网联汽车作为现代化产业体系

---

[*] 本报告系 2024 年广州市宣传思想文化青年人才项目"广州因地制宜发展新质生产力，积极抢占未来产业新赛道"的阶段性研究成果。

[**] 巫细波，广州市社会科学院区域发展研究所研究员，研究方向为空间计量与 GIS 应用；金利霞，博士，广东省科学院广州地理研究所研究员，研究方向为区域发展与经济地理。

建设的重点方向之一,研判行业形势,对广州推动传统汽车产业转型、培育发展新动能、形成新质生产力具有重要意义。

一 智能驾驶汽车内涵及分级

智能驾驶汽车是指通过搭载先进的芯片、传感器、摄像头、激光雷达、控制器等硬件设备,运用先进的人工智能大模型、大数据、5G、云计算、智能驾驶等先进技术,完全实现智能或无人驾驶的新型汽车。在不同场景下,也称无人驾驶汽车、智能网联汽车等。

从产业链视角来看,智能驾驶汽车产业链上游主要由各类传感器、芯片、算法、软件、高精地图等产业以及智能方案集成商组成;产业链中游主要包括整车企业及开发智能座舱、电子后视镜、行车记录仪等产品的企业;产业链下游是智能驾驶技术升级和运营衍生的服务市场,如无人配送车、无人网约车及工程车辆的运营。显然,智能驾驶汽车代表着未来汽车发展的主要方向,具有强大的辐射带动能力,也是汽车产业服务化发展的重要推动力。

从智能驾驶汽车演进角度来看,其主要包括辅助驾驶和自动智能驾驶两个阶段。美国道路交通安全管理局曾在 2013 年给出 L0-L5 的智能驾驶分级方式,而国际汽车工程师学会联合会在 2018 年推出更为专业的六级划分方案(SAE J3016—2018)并得到广泛认可。为更好地推动智能驾驶汽车发展,我国于 2022 年 3 月 1 日发布《汽车驾驶自动化分级》(GB/T 40429—2021),将汽车驾驶分为六个级别,从 L0 级到 L5 级,每个级别都有不同的自动化程度和应用场景(见表 1),其中 L0 至 L2 级为辅助驾驶,L3 至 L5 级分别为有条件智能驾驶、高度智能驾驶和完全智能驾驶。

表 1 智能驾驶分级、功能及适用场景

分级	定义	功能及适用场景
L0 级	应急辅助	采用传统驾驶模式,汽车方向盘、油门、刹车等完全靠驾驶员操作,在紧急情况下,ABS 制动防抱死系统、ESP 电子车身稳定系统等应急辅助功能会自动触发生效

续表

分级	定义	功能及适用场景
L1级	部分驾驶辅助	能够辅助驾驶员实现定速巡航、车道保持辅助等驾驶操作,但驾驶员需要全程监控并随时接管
L2级	组合驾驶辅助	在L1级的基础上,借助车道保持辅助、自适应巡航、自动泊车、自动紧急制动等系统实现汽车自主行驶、加速、刹车、转向等基本驾驶任务
L3级	有条件智能驾驶	在高速公路、城市快速路、相对封闭园区等特定场景和条件下可根据预设路线实现智能驾驶,但汽车遇到突发异常状况时驾驶员需随时快速接管汽车
L4级	高度智能驾驶	在L3级的基础上实现有条件的完全智能驾驶,除特殊情况外,驾驶员无须干预智能驾驶系统,但驾驶员拥有干预权限
L5级	完全智能驾驶	无设计运行条件限制,能够在任何环境和路况下实现自动智能驾驶,汽车可以无须装备传统的汽车方向盘、油门、刹车等部件,驾驶员无权干涉智能驾驶系统

二 全球智能驾驶汽车发展趋势

(一)智能驾驶汽车技术升级

1.端到端大模型取代模块化架构

智能驾驶汽车的发展不仅依赖单一的技术突破,还需要整个生态系统的支持,包括高精度地图、V2X(车联网)通信技术以及智能交通基础设施等。特别是随着端到端(End-to-End,E2E)大模型的应用,智能驾驶的技术架构正在从传统的模块化方案逐步向E2E大模型过渡。相对于传统的"感知、定位、决策、路径规划、控制"模块化架构,E2E大模型能把车载摄像头、毫米波雷达、激光雷达等传感器收集到的感知信息直接转换成车辆方向盘的转动角度、加速踏板的踩踏深度以及制动的力度等具体操作指令,有效解决了模块化方案中数据传递和处理存在的信息延迟与损耗,极大地提升了智能驾驶系统的响应速度和决策精度,还可以通过大数据训练持续改进。随着特斯拉于 2024 年初发布 FSDV12 智驾版本，端到端大模型智能驾驶方案快速成为全球智能驾驶领域的新风潮，华为、小鹏汽车、地平线等头部厂商纷纷跟进，对视觉系统、处理器系统、存储系统等智能驾驶硬件体系产生深远影响，而 2025 年初中国 DeepSeek 大模型的开源落地将进一步加速端到端智能驾驶方案的落地。当前，端到端大模型的发展历程可以概括为三个阶段：模块化端到端→双系统端到端→VLA 多模态端到端（见表2）。

表2 主流端到端大模型智能驾驶方案优缺点

方案	优点	缺点	代表品牌
模块化端到端	①技术成熟度高：将决策规划模块从规则驱动变为学习驱动，实现全部模块一起训练优化，可复用规则驱动的大部分代码，整体技术成熟度高。②计算资源需求低：模块化端到端将规划 AI 化之后，相对于之前规则驱动模型未明显增加计算资源，训练和推理的成本可控，对高算力芯片需求小。③可解释性高：模块化设计能够输出感知、预测、建图等可解释性较高的结果。④灵活性高：模块化设计使得模型能够灵活地处理和编码多种交互，方便各模块优化和功能扩展	①泛化能力弱：系统无法利用世界物理规则处理罕见或复杂情况，长尾场景下可能决策失败，学习进化能力存在局限性。②系统复杂性较高：多个任务模块的集成可能增加系统复杂性及调试维护难度。③模块之间的依赖程度高：单个模块出现问题后会影响后续模块性能及准确性，增加调试和维护难度	华为、Momenta、百度、地平线
双系统端到端	①叠加模块化端到端的优势：通过结合 VLM（Vision Language Model）和传统的智能驾驶管道（如3D感知和规划模块），弥补模块化模型在空间推理和实时规划上的不足。②提高实时性能：通过与传统规划器的高频轨迹相结合，双系统能够实现实时、高频的推理。③泛化性明显提升：双系统的设计类似人脑的慢思考和快思考等，能够适应不同复杂度的驾驶场景，提升模型的泛化能力	①系统复杂性：集成两个不同的系统，可能会提高系统的复杂性和维护难度。②潜在的延迟问题：双系统的异步操作可能会引入额外的延迟。③资源消耗：对计算资源和内存的需求较大，对高算力硬件依赖程度高。④技术成熟度不足：双系统目前主要用于场景理解、复杂情况处理等，高并行和深度融合两套系统需要持续改进	特斯拉 FSD、小鹏 XBrain、商汤绝影 DriveAGI、理想 DriveVLM

275

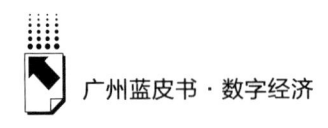

续表

方案	优点	缺点	代表品牌
VLA 多模态端到端	①能力上限高:能够通过大量数据训练实现能力持续提升甚至超过人类的驾驶能力,上限明显高过前两种模型。②泛化能力强:利用超大规模的语言模型和海量的互联网数据,能够积累和处理比人类驾驶员更丰富的驾驶知识,能够更有效应对长尾问题。③数据标注成本低:对数据标注的依赖性大幅降低,可以直接利用驾驶数据进行训练和扩展升级,从而提升大模型的性能和规模	①可解释性弱:"黑箱"模型可能导致在出现错误或意外行为时难以诊断和修正。②计算资源需求高:对车端和云端的算力需求高。③可控性有待提升:偶尔会出现幻觉导致行为难以控制,仍面临诸多挑战。④技术不成熟:目前还处于技术探索和验证阶段,大规模量产上车前仍需进行大量测试。⑤实时性差:处理高动态和复杂交通场景以及各种突发情况的实时性相对较差	美国Waymo、英国Wayve

2. 传感器简单化和平价化进程加速

硬件复杂及价格昂贵一直是智能驾驶难以大规模普及的主要原因。早期的智能驾驶系统依赖多传感器融合技术,各类传感器复杂且成本较高,特别是激光雷达作为智能驾驶车辆的核心传感器之一,尽管其测距精度高、抗干扰能力强,但成本过高,难以推广至平价车型。随着以特斯拉为代表的车企在2021年宣布采用纯视觉方案,逐步减少对激光雷达和毫米波雷达等昂贵传感器的依赖,不仅降低了硬件成本,还为智能驾驶技术的大规模应用奠定了基础。华为、小鹏、理想、蔚来、比亚迪等车企也在积极推进轻量化传感器方案,通过减少传感器的数量和类型,实现智能驾驶技术的平价化。自2025年以来,以比亚迪、长安汽车、吉利等为代表的中国车企发布"智驾平权"战略,将自动智能驾驶技术从高端车型向大众市场快速普及,将L2+级智能驾驶系统下探至10万元价位车型,打破了智能驾驶技术被高端车型垄断的局面,加速智能汽车平价化进程。

3. 车身控制硬件持续改进

智能驾驶汽车除了要有智能感知和决策系统以外,同样离不开底盘、车身、刹车等车身硬件的持续升级，车身底盘的智能化升级与价格下降成为新趋势。得益于汽车电气化技术支持，智能底盘已从最初的以舒适制动、防晕车模式、路面预瞄等为目标的机械底盘，逐渐发展到以电气化和线控化为特点的智能底盘，大幅提高汽车的制动性、舒适性和安全性，为智能驾驶汽车的大规模普及提供强有力的支撑。当前，比亚迪的云辇和易三方、华为的途灵底盘、理想的魔毯悬架等智能底盘已实现规模化量产，装备智能底盘的智能汽车价格已经降至50万元以内且呈现持续下降的趋势，即使搭载全球领先的四电机磁悬浮底盘的比亚迪腾势U7价格也不足70万元。

4. 数据规模与算法水平大幅提升

智能驾驶汽车的核心在于数据和算法的持续迭代，而大数据与人工智能技术的发展为智能驾驶提供了大力支持。通过大规模的数据采集和训练，智能驾驶系统可以不断增强其感知、决策和控制能力。高质量、多样化的路测数据不仅是智能驾驶算法训练的基础，更是实现系统性能持续提升的关键。例如，特斯拉的智能驾驶汽车之所以能全球领先，关键在于能够在全球多个国家和地区通过庞大的车队实时采集和分析海量数据，快速迭代其算法并在全球范围内推送更新，这种数据驱动的迭代模式使得特斯拉在智能驾驶技术上保持了领先地位。国内的华为、小鹏、理想、比亚迪等也在加紧建设大数据采集和处理能力，通过数据驱动的算法迭代不断提升智能驾驶系统的性能和可靠性。

（二）智能驾驶商业模式持续创新

得益于端到端智能驾驶方案的大规模落地，智能驾驶汽车价格持续下降，促使智能驾驶汽车的商业模式得以持续改进，在越来越多的领域应用。早期智能驾驶汽车主要应用于豪华高端车型，价格高昂导致消费者群体有限，随着技术进步和硬件成本降低，越来越多的平价车型开始搭载智能驾驶系统，智能驾驶汽车逐步从高端市场向大众市场渗透，如比亚迪在2025年将全面普及智能驾驶，部分车型价格甚至不足10万元。通过与共享经济结合，企业可以发展智能驾驶出租车、智能驾驶公交车、无人物流、无人顺风车、无人城市环卫车等创新业务，智能驾驶的货运卡车可以实现24小时不间断的长途运输自动化服务，提高物流效率；智能驾驶的公交车能够为城市居民提供更加准时和便捷的公共交通服务；在矿山等危险环境中，智能驾驶的工程车辆可以减少人员伤亡风险；私家车车主可以将自己的车辆接入智能驾驶网络，在不使用车辆时让其主动接单赚钱，从而提高车辆的使用率。此外，还可以探索面向企业客户的定制化服务，如物流配送、员工接送等。

（三）企业发展智能驾驶路线多样化

与整车企业主导的传统汽车产业链和供应链明显不同，智能驾驶汽车整车制造商、智能驾驶零部件供应商、智能驾驶算法和算力提供商、智能驾驶出行服务商等智能驾驶汽车产业链和供应链上的参与者各具优势，导致当前智能驾驶发展模式和路线呈现多样化特点。其中，由传统整车企业升级的智能驾驶汽车制造商具有整车制造规模优势，不同档次智驾车型采用的智驾软件和硬件来源多样，高档车型的智驾软件和硬件往往来自华为、英伟达等头部供应商，中档车型则来自地平线、黑芝麻等供应商，中低档车型则通过内部创新实现并争取自身智驾技术的迭代升级，如比亚迪充分利用自身庞大的销量规模优势，针对不同价格车型分别采用"天神之眼"高阶智驾方案、三目视觉硬件智驾方案、纯视觉智驾方案。特斯拉、小鹏、理想、蔚来、小米等新势力车企将智能驾驶作为核心竞争力，一般采取自研芯片和智驾大模型算法，如年度产销规模超百万辆的特斯拉采用自研硬件和软件一体化的智驾方案，小鹏、理想等企业随着产销规模的提升逐步采取自研模式。智能驾驶汽车产销规模偏小的传统汽车品牌多采取与成熟智能驾驶方案供应商合作的模式，如北汽、广汽等国有车企。还有部分整车企业与智能驾驶解决方案领先企业以合资或战略合作方式打造新智驾品牌，如华为已通过与赛力斯、长安、北汽、奇瑞、广汽、上汽等多家车企的合作推动其ADS系统在中国市场的广泛应用。

（四）法规政策为智能驾驶发展保驾护航

智能驾驶汽车在使用过程中涉及的责任主体不明确，其与传统汽车存在较大差异，需要政策支持智能驾驶汽车产业健康发展。各国政府对智能驾驶汽车的支持也在逐步加强。例如，在美国，加利福尼亚州、得克萨斯州等地已经为智能驾驶汽车的测试提供了法律框架，这些政策为行业发展创造了良好的环境，吸引了大量投资。政策的支持不仅体现在资金投入上，还包括对试点项目和研发活动的鼓励。在中国，国家和地方政府都高度重视相关立法，自 2022 年以来，《深圳经济特区智能网联汽车管理条例》《关于试行汽车安全沙盒监管制度的通告》《工业和信息化部关于加强智能网联汽车生产企业及产品准入管理的意见》《道路机动车辆生产准入许可管理条例（征求意见稿）》《关于开展智能网联汽车准入和上路通行试点工作的通知》《工业和信息化部　公安部　自然资源部　住房和城乡建设部　交通运输部关于开展智能网联汽车"车路云一体化"应用试点工作的通知》《自动驾驶汽车运输安全服务指南（试行）》等政策陆续出台，为大规模推广智能驾驶汽车提供有力支撑。总体上看，我国智能驾驶相关的立法和试点大概经历了允许在封闭路段和规定开放路段测试、允许以智能驾驶汽车为载体的营利性和非营利性活动试点、推出对 L3 级以上的智能网联汽车的管理办法 3 个阶段。随着我国汽车产业逐渐完成新能源化变革，持续完善智能驾驶汽车相关政策法规将成为推动汽车产业智能化变革的重中之重。

三　广州发展智能驾驶汽车面临的挑战

广州作为我国汽车产销规模最大城市之一，依托小鹏汽车、广汽埃安、文远知行、小马智行、如祺出行等智能驾驶头部企业在单车智能驾驶汽车和车联网两大领域都取得积极进展，先后获评国家智能网联汽车与智慧交通应用示范区、首批"双智试点"城市[①]。截至 2024 年底，广州已开放测试道

---

① 2021 年 4 月发布的《住房和城乡建设部办公厅　工业和信息化部办公厅关于组织开展智慧城市基础设施与智能网联汽车协同发展试点工作的通知》（建办城函〔2020〕594 号）中确定的 6 个智慧城市基础设施与智能网联汽车协同发展试点城市。

路791条，单向里程达1438.24公里，累计开放测试道路达1298条。在政策法规方面，广州积极推进《广州市智能网联汽车创新发展条例》的制定和发布，在示范应用方面已有近10款车型取得商业化运营资格①，但广州要大幅提升智能驾驶汽车产销规模还面临诸多挑战，特别是比亚迪已大规模推进"智驾平权"战略，这加剧了智能驾驶领域的竞争。因此，广州需要在技术创新、核心零部件、数据安全、政策法规等方面持续发力。

（一）广州企业的端到端大模型智驾方案仍有待完善

基于车联网方案的智能驾驶汽车短期内还难以规模化推广，毫无疑问端到端大模型智驾方案已成为车企智能驾驶首选方案。由于智能驾驶的车联网等新型基础设施建设还缺乏全国统一标准且建设较为缓慢，车企为抢抓智能驾驶新兴市场只能选择单车智能驾驶方案，为此小鹏汽车、广汽、小马智行、文远知行等汽车企业积极跟进端到端大模型，纷纷推出面向量产的端到端大模型智驾方案和车型。端到端大模型智驾方案尽管有巨大潜力，但要大规模量产仍面临诸多挑战。例如，端到端大模型需要强大算力、获取用于模型训练的高质量海量数据，以及尚未解决的"不透明性"和"解释性不足"等制约产品性能提升和安全保障的关键问题。过于依赖摄像头和人工智能技术驾驶，引发监管和法律审查问题，车辆也需通过各类测试和验证，才能确保其面对不同交通情境时能够稳定运行。因此，广州企业不能过于聚焦端到端大模型智驾方案，面对不同应用场景、客户群体和国家（地区）开发不同的智能驾驶方案。

（二）广州车企智驾芯片研发及整合能力不足

智能驾驶汽车的性能高度依赖高性能智驾芯片及相应算力算法的优化，而广州汽车产业在发展过程中长期过于聚焦传统汽车板块，导致智驾

---

① 广州市智能网联汽车示范区运营中心、广东省智能网联汽车创新中心、广州市工业和信息化产业发展中心：《广州市智能网联汽车创新实践年度报告（2024年度）》。

芯片、智驾算法、智驾算力等相关领域的研发及整合能力有限,难以应对快速发展的智驾汽车新形势。在端到端大模型智驾方案下,算力需求呈指数级增长,特别是在进行大规模数据训练和实时决策时。一般而言,传统燃油汽车搭载的芯片为500~600张,一般新能源汽车所需芯片数量大约为1000张,具备自动驾驶功能的汽车所需芯片数量将超过2000张,如果加上底盘和车身的全面智能,所需芯片将超过3000张。为应对这一挑战,业界正在探索基于云计算和边缘计算的混合架构,通过将计算任务分布在云端和本地设备上,以提高系统的响应速度和计算效率。总体上看,目前广州缺少有影响力的芯片企业(见表3),车企在智驾云端算力方面的差距明显。当前,国内除了华为海思、地平线、黑芝麻智能、Momenta的智驾芯片量产规模较大,小鹏汽车、广汽埃安等广州车企的智驾芯片大多还在设计验证阶段,当前量产车辆所需高算力芯片大多来自高通、英伟达等美国供应商。随着俄乌冲突、欧盟反补贴调查、美国"对等关税"等加剧全球地缘政治的复杂多变,构建自主可控的高算力芯片产业链和供应链显得尤为紧迫。同时,比亚迪在2025年大力推进"智驾平权"战略,将具备高速智驾的车型价格拉低至10万元以内,将带动部分智驾芯片企业迎来新一轮发展,对小鹏汽车、广汽埃安等产销规模不足50万辆的广州车企造成严重冲击。广州车企亟须在技术创新和市场两方面寻求突破,否则将面临企业生存危机。

表3 我国智驾领域代表性芯片企业

领域	企业	总部所在城市	特点
自动驾驶计算芯片	地平线	北京	专注于高性能、低功耗的自动驾驶计算芯片,征程系列芯片广泛应用于智能汽车
	黑芝麻智能	上海	华山系列芯片支持L2-L4级自动驾驶,与多家车企合作
	华为海思	深圳	MDC智能驾驶计算平台应用于多家车企,技术实力雄厚

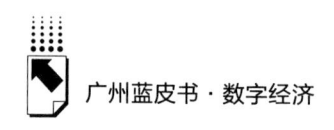

续表

领域	企业	总部所在城市	特点
车规级MCU	芯驰科技	南京	产品覆盖智能座舱、自动驾驶和网关等领域,已进入比亚迪、上汽等车企供应链
	兆易创新	北京	中国领先的MCU企业,车规级MCU已进入多家车企供应链
	国芯科技	杭州	专注于汽车电子芯片,产品已应用于多家车企
图像传感器	韦尔股份	上海	车载CIS广泛应用于智能驾驶汽车,市场份额领先
	格科微	上海	车载CIS产品已进入多家车企供应链,技术实力强
	思特威	上海	高性能车载CIS产品应用于自动驾驶和智能座舱
功率半导体	士兰微	杭州	车规级功率器件已进入多家车企供应链,技术领先
	华润微电子	无锡	车规级功率器件和传感器产品已应用于多家车企
	比亚迪半导体	深圳	比亚迪旗下企业,专注于车规级芯片,受益于比亚迪"智驾平权"战略
通信芯片	紫光展锐	上海	车规级通信芯片应用于车联网和智能驾驶领域,技术实力强
	中兴微电子	深圳	专注于通信和连接芯片,产品可应用于车联网和智能驾驶
存储芯片	长江存储	武汉	车规级存储芯片已进入多家车企供应链,技术领先
	长鑫存储	合肥	车规级DRAM产品已应用于智能汽车,未来增长潜力巨大

在云端算力方面,由于美国限制英伟达高端算力芯片出口到国内,我国车企与特斯拉等企业的差距逐渐拉大。2024年10月特斯拉的总算力已经达到100EFLOPS①。2024年7月华为训练算力将达到7.5EFLOPS,理想智驾

---

① FLOPS是每秒浮点运算次数,E表示10的18次方。

训练算力为5.39EFLOPS，小鹏汽车为2.5EFLOPS。此外，智能驾驶算法的优化也面临诸多挑战。目前，广州车企采用的基于大模型的智驾方案算法主要采用国外开源方案，底层代码优化能力参差不齐，尽管国产DeepSeek大模型已开源落地，但与智能驾驶、智能座舱等深度定制要求仍有一定的距离。

（三）智驾数据隐私保护水平与网络安全风险防范能力有待提升

由于智能驾驶系统的复杂性较高并高度依赖网络通信，软件安全和网络安全潜在风险较大，同时智能驾驶系统依赖大量的传感器数据和用户行为数据，这些数据的收集、传输和存储都可能面临安全风险。如何保护用户隐私，防止数据被非法获取和滥用，是当前广州大规模发展智能驾驶汽车面临的一个重要挑战。智能驾驶汽车所使用的高性能芯片、车载系统、传感器、网络通信等关键领域多依赖非国产技术和硬件，广州缺少类似华为那样能够从硬件和软件两方面完全自主可控的车企，哪怕是完全采用国产硬件和软件的车企。因此，广州目前仍然没有彻底的解决方案应对数据隐私及网络安全潜在风险问题。已有境外企业借智能驾驶测试在国内开展非法测绘活动，进而影响国家安全。零日漏洞（Zero-Day Vulnerability）的频繁爆发也将广泛影响智能驾驶领域。此外，V2X通信技术的应用也带来新的安全风险，如何确保车辆与外部设备之间通信的安全性，防止黑客攻击仍是一个需要解决的问题。未来，广州车企大规模发展智能驾驶汽车需要全面采用国产智驾芯片、智驾系统、通信设备、云端算力、智驾大数据库等，从根本上确保智能驾驶汽车数据隐私和网络安全。

（四）智能驾驶汽车与传统汽车协同发展面临较大压力

智能驾驶汽车的普及会对广州传统汽车产业造成一定的冲击，当前广州发展智能驾驶的车企以广汽埃安、小鹏汽车、文远知行、小马智行等本土企业为主，而广汽丰田、东风日产、广汽本田等合资汽车企业仍以传统汽车制造为主，智能驾驶汽车的兴起已导致广州合资车企的产销量大幅下滑，如何实现智能驾驶汽车与传统汽车的协同发展是当前广州汽车产业面临的又一挑战。2024年，广汽本田汽车销量下滑26.52%，广汽丰田汽车销量下滑22.32%，东风日产汽车销量下滑18.10%，面对竞争对手的快速发展，即便以新能源汽车为主的广汽埃安销量也出现高达21.90%的下滑。如何处理传统汽车与智能驾驶汽车的关系也是广州未来大力发展智能驾驶汽车的又一挑战。随着智能驾驶技术的大规模推广，广州传统汽车产业的从业人员受到冲击。智能驾驶的普及对出租车、物流运输等行业司机有明显影响。智能驾驶出租车、物流车、配送车等的广泛应用会直接减少对司机的需求，造成失业和职业转型压力。此外，尽管智能驾驶汽车在技术上取得显著进展但并不完善，测试、示范运营及日常使用过程中可能出现各种问题，加上大部分具有智能驾驶功能的车型价格相对较高，将对以传统汽车为主的广州合资车企产生较大冲击。广州的人口规模、汽车保有量都非常庞大，智能驾驶汽车在测试或示范运行过程中一旦出现问题，尤其是后台数据库和网络受到攻击时容易出现大范围交通拥堵，加上许多消费者对智能驾驶汽车的工作原理、优势和潜在风险缺乏了解，导致部分消费者对智能驾驶汽车的安全性和可靠性持怀疑态度，促进消费者接受智能驾驶汽车将是一个长期过程。

（五）广州车企适应全球智能驾驶汽车政策法规的能力有待提高

智能驾驶汽车的大规模推广离不开相应的法规和政策支持，特别是在中国汽车加速走向全球的新形势下，广州智能驾驶汽车不能局限于本地发展，要适应不同国家和地区的政策法规要求，广州车企适应性亟待提升。各国在智能驾驶汽车的传感器性能、算法可靠性、通信安全等智能驾驶核心技术的标准化方面进展明显不同，如何在全国乃至全球范围内实现智能驾驶汽车技术特别是基于车联网智能驾驶汽车技术的互通互认，成为广州乃至我国智能驾驶汽车迈向国际化的主要难题之一。例如，欧洲国家对数据隐私保护和安全性要求较高，这可能影响端到端大模型在该地区的推广应用；美国为保护本土智能驾驶汽车，倾向于完全禁止中国智能驾驶汽车在美销售。同时，目前许多国家和地区的法律体系尚未完全适应智能驾驶技术的发展，这导致广州车企在智能驾驶汽车的测试和商业化过程中，面临诸多法律障碍。尽管广州已经通过《广州市智能网联汽车创新发展条例》，允许符合条件的智能驾驶汽车在2025年底前实现全域商业化运营并逐步过渡到无人化阶段，现有的交通法规大多是针对人类驾驶员制定的，对智能驾驶汽车的规定仍有争议且存在地区差异，广州车企面向全国乃至全球推广智能驾驶汽车需要适应不同国家和地区的法律法规，这种差异可能会大幅提升智能驾驶汽车应用的复杂性。

四 推动广州智能驾驶汽车高质量发展的建议

（一）明确智能驾驶汽车战略定位，面向"十五五"做好专项发展规划

一是在全市层面统筹智能驾驶高质量发展和高水平安全，在全市"12218"现代化产业体系框架下，面向"十五五"编制智能网联与新能源汽车产业发展规划，积极适应智能驾驶汽车发展新形势，侧重在传统汽车智能化升级、飞行汽车、移动出行、智能公交、物流和环卫专用车等领域加快培育新优势，出台适合广州智能驾驶汽车产业发展的标准和规范。二是坚持车联网和单车智驾方案并行发展策略，结合智慧城市建设加快推进"车路云"一体化，控制智能驾驶车辆增长规模，优先在广州外围区域加快推进车联网新基建，争取形成全球性示范效应，并在技术标准、政策法规等方面形成"广州模式"。三是围绕智能驾驶汽车数据安全和产业安全加强研究，建立与智能汽车快速增长相匹配的监督管理体系，保障智能驾驶车辆安全、有序、合规上路通行，持续强化智能驾驶汽车安全运营及交通事故监管等，做好规模化应用后的安全管理，维护广州智能驾驶汽车产业稳定健康发展。

（二）争取在细分领域寻求技术和规模双重突破，积极打造特色智驾产业链和供应链

随着比亚迪、长安、吉利等车企大规模推进"智驾平权"战略，国内外通用高性能智驾芯片、智驾系统、车载芯片、云端算力、功率芯片、存储

芯片等关键领域的研发制造格局逐渐明朗，广州未培育出具有领先优势的智驾芯片企业，广州车企已暂时失去先机，需争取在智能汽车产业细分环节和领域寻求创新突破。可重点依托小鹏汽车、广汽、文远知行、小马智行、华为广州研究院、粤芯半导体等，争取在传统汽车智能化升级、飞行汽车、移动出行、智慧公交、物流、环卫等细分产业环节或领域实现技术和规模的双重突破，争取在用户体验、政策法规适应、智驾协同出海等方面发力。还可采取投资参股方式，与地平线、黑芝麻智能、华为海思、芯驰科技、韦尔股份、士兰微等国内头部企业展开合资合作，积极争取新建制造工厂落户广州，打造具有广州特色的智能驾驶汽车产业链和供应链。

（三）重点围绕车联网拓展智能驾驶应用场景，积极推动规模化应用

考虑到当前基于大模型的智能驾驶汽车技术尚未成熟且非国产高性能芯片依赖程度较高，广州作为国家智能网联汽车与智慧交通应用示范区、首批"双智试点"城市，加快"车路云"新基建建设，重点围绕车联网拓展智能驾驶应用场景。深入推进车路云一体化应用试点，持续拓展物流、公交、出租、环卫等应用场景。可优先在广州机场、港口、矿区等特殊少人区域全面推进智能驾驶应用，在城市环卫领域规模化推行夜间无人环卫和保洁，在公共交通领域积极推进智能驾驶巴士和共享汽车，在物流运输方面探索24小时不间断运输的智能驾驶物流配送新模式。按照"先外围后中心""先夜间后白天""先低速后常速""先少人后多人""先有人后无人"原则，逐步增加投放量并拓展应用场景，重点围绕广汽、小鹏汽车、文远知行、小马智行等智驾企业需求，促进智能驾驶汽车在出行服务、物流运输、城市管理、治安巡逻等领域的布局，推动广州智能驾驶汽车产业快速发展。

（四）鼓励头部企业开展新型合资合作，加强区域合作，打造世界级智驾产业集群

为应对比亚迪、吉利、长安等企业率先发起的"智驾平权"战略，广州车企继续单打独斗将面临较大风险，需积极推动广州车企之间的新型合资合作，提高广州智能驾驶汽车的性价比和竞争力。其中，作为国企的广汽可考虑与一汽集团开展合资合作，围绕智能驾驶产业链细分环节或领域加强研发攻关，争取提高单一智驾零部件的装机量，赋能传统汽车智能化升级。积极发挥广州国有资本的引育功能，鼓励小鹏汽车继续发挥智驾芯片研发设计方面的优势，扶持小鹏汽车的图灵智驾芯片、增程和插混汽车在短期内实现规模化量产，积极与大众汽车开展深度合资合作，提高图灵智驾芯片、AI天玑及XNGP智驾系统的装机量；依托文远知行、小马智行、如祺出行等智驾服务提供商，在智慧物流、城市环卫、移动出行等领域大规模应用智能驾驶汽车，争取形成全球性影响力并培育出知名智能驾驶汽车服务品牌。充分利用广州、深圳、佛山等城市的新能源汽车产业集群优势，依托南沙、横琴、前海、宝安智能网联汽车互认合作先行经验进一步推进粤港澳大湾区移动出行互联互通，研究制定智能驾驶汽车跨城市协同发展的工作新机制和新政策，推动粤港澳大湾区智能驾驶汽车示范应用互认工作落地见效，打造世界级汽车智造与应用基地。

（五）围绕地方立法完善配套政策体系，积极引领智能驾驶汽车政策法规制定

对急需依靠智能驾驶汽车推动传统汽车产业转型升级的广州而言，完善智能驾驶汽车相关政策法规迫在眉睫。一是围绕广州地方立法逐步完善智能驾驶汽车配套政策体系，在《广州市智能网联汽车创新发展条例》的基础上进一步完善智能驾驶汽车配套政策，逐步构建涵盖技术研发、测试验证、示范应用、商业化运营、车路云一体化、产业扶持等智能网联汽车产业政策体系，争取形成"广州经验"。二是持续完善智能驾驶汽车商业化运营法律法规，支持文远知行、小马智行、如祺出行等企业做大做强，进而推动产业快速发展。三是深化开放合作，在国际标准化组织的框架下积极融入全球智能驾驶产业体系，加强与全球智能驾驶标准的对接，研究出台数据跨境流动便利政策，为广州智能驾驶汽车产业发展营造良好的环境。

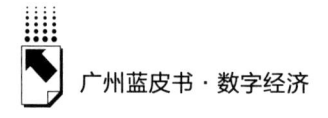

参考文献

李晓华：《自动驾驶的发展现状、挑战与应对》，《人民论坛》2023年第18期。

丁芝华：《商业化加快背景下无人配送车的监管研究》，《特区经济》2023年第9期。

仪孝伟：《推进上海智能汽车产业创新发展研究》，《科学发展》2021年第11期。

施沪敏：《无人驾驶汽车地方立法问题探析》，《武汉交通职业学院学报》2024年第3期。

王志恒：《无人驾驶汽车发展历程及技术分析》，《汽车知识》2024年第7期。

赵岑：《无人驾驶新能源汽车的发展现状及问题分析》，《汽车维护与修理》2024年第14期。

前瞻产业研究院：《展望中国无人驾驶汽车行业竞争格局及未来发展》，《汽车与配件》2024年第7期。

谭志雄等：《新质生产力推动全球价值链攀升：理论逻辑与现实路径》，《重庆大学学报》（社会科学版）2024年第4期。

数据市场篇

B.17
数据场内流通交易的难点与路径探讨

广州数据交易所课题组[*]

摘　要： 本报告基于广州数据交易所开展数据产品流通交易和管理实践，分析了数据流通交易各环节中的常见问题和难点，总结广州数据交易所的典型经验，对比国内外可流通数据产品的特征。本报告认为当前场内数据交易存在供给结构失衡、产品形态错配、制度性梗阻以及场景渗透迟滞等问题。为提升数据市场发展水平，本报告建议要扩大数据供给规模、提升数据质量、提高交易效率，推动数据要素市场健康、高效发展。

关键词： 数据产品　数据流通　数据交易　广州

---

[*] 课题组成员：许晶晶，广州数据交易所董事长，研究方向为数据流通、数字市场；魏东，广州数据交易所副董事长兼经理，研究方向为数据流通、数字市场；沈海，广州数据交易所副总经理，研究方向为数据流通、数字市场；邹咸宇，广州数据交易所总经理助理，研究方向为数据流通、数字市场；谭天怡，广州数据交易所高级经理，研究方向为数据流通、数字市场；王琳，广州数据交易所高级经理，研究方向为数据流通、数字市场；郑彬彬，广州数据交易所高级经理，研究方向为数据流通、数字市场。

随着数字经济蓬勃发展，数据已成为关键生产要素。数据交易所作为数据流通的重要平台，其数据产品的管理与流通对释放数据价值、推动经济创新发展至关重要。广州数据交易所在数据产品交易方面不断探索，积累了一定的先行经验。而数据要素作为新型生产要素，在流通交易中仍存在诸多难点，特别是针对一些共性问题，有待加快寻求破解路径。

一 数据产品流通交易的主要条件

在数字时代，要让数据充分发挥价值，实现"供得出、流得动、用得好、保安全"，释放数据要素的放大、叠加和倍增效应，离不开数据要素市场化配置改革创造的良好政策与技术环境。在数据产品流通交易过程中，从数据质量、数据安全合规、数据应用三个关键维度进行把控，确保数据产品符合相应标准和规则，这是保障数据产业持续有序发展的基础。

（一）数据质量

数据质量是数据产品的关键，是指在特定业务环境下，数据符合数据使用者或消费者的使用目的，能满足业务场景具体需求的程度。在流通交易中的数据产品，因带有商品属性，应符合契约规则。首先，数据应当真实、准确，如实反映客观实际，使用者基于这些数据做出的判断和决策才可靠。其次，数据内容的完整性也很重要，要尽可能满足用户需求，避免关键信息缺失。再次，数据要始终保持一致，防止前后矛盾，以免误导使用者。最后，数据要有时效性，能及时更新，呈现业务场景的最新信息和动态。因而在数据的收集、加工、清洗、流通过程中，数据提供者作为保障数据质量的第一责任人，承担确保数据准确性、完整性、一致性和时效性等质量指标的重要职能。而经过交易后，数据需求者、使用者应有权核查数据质量，以确认获取的数据是否符合自身业务需求。

（二）数据安全合规

合法合规是数据产品流通的前提。在数据的存储、传输及使用等全生命周期各环节，都可能面临安全风险，因而必须严格遵守相关法律法规，从源头杜绝非法数据流入市场。数据产品必须配备有效的安全防护措施，数据提供者可利用数据加密、数据脱敏等技术手段，保障数据安全，有效防范数据泄露与篡改等。数据提供者只有在获得数据所有者的明确授权后，才能开展数据收集与使用工作。在各类数据中，个人隐私数据、企业商业秘密往往是数据安全保护和监管的重点领域，数据提供者要按照数据安全规则要求，对个人隐私信息、企业商业秘密等敏感数据进行规范、安全的脱敏处理，切实保护数据的安全，确保数据在流通交易中严守安全底线。

（三）数据应用

优质的流通数据产品应具备丰富的应用场景、良好的扩展性能和较强的易用性。在应用场景方面，数据产品要能适应各类不同的应用场景，满足不同数据需求者的多样化需求。数据提供者应敏锐把握市场需求，有针对性地推出丰富的数据产品；数据需求者则有权根据自身实际需求，挑选最合适的数据产品。在可扩展性方面，产品要有足够的灵活性，能根据不同数据需求者不断变化的需求进行拓展升级。从易用性角度来看，产品应设计得简单明了，方便数据需求者操作使用，同时为后续的再次开发与应用提供便利。此外，数据格式、数据文档以及技术支持与服务，都是提升数据产品应用体验的关键因素，能帮助数据需求者更充分地发挥数据产品的价值。

二 广州数据交易所推动数据流通的探索

（一）数据产品交易取得实效

场内交易是数据流通交易的重要方式，虽然当前阶段场内交易的各方面规则仍在探索中，但在促进经济社会发展的过程中，因其规模、规范、规则、安全、可信、可控等固有特性，场内交易应当成为未来数据交易的主要方式和主流趋势，如金融交易的证券交易所、大宗商品交易的期货交易所。它是构建高效数据流通平台、规范数据交易规则、有效降低数据使用成本、深度激发数据潜藏价值以及有力赋能数字转型的可持续路径。通过场内交易，能够汇聚海量数据，搭建起有序的交易环境，让数据在安全、合规的框架内自由流动，从而最大化发挥数据的经济价值。近年来，广东省积极响应国家数字化发展战略，发挥产业经济发达、市场主体众多、人口规模庞大的优势，持续挖掘数据价值，搭建起以广州数据交易所为核心的数据交易枢纽，大力推进数据场内交易，先行构建数据场内交易的规则体系，积极引导金融、制造业、医疗等领域率先进场交易，探索创新数据流通新路径新模式，取得显著成效。

1. 关键交易指标显著提升

广州数据交易所自成立以来，不断扩大数据交易规模、丰富数据交易种类、深耕数据行业、扩大交易合作区域，在全国数据交易所（基地）中走在前列。从产品数量来看，截至2024年12月，广州数据交易所进场标的数量超3000个。其中，API接口类约380个、数据集类超180个、数据报告类超270个、数据服务类超380个、数据工具类超1000个、数据应用类超220个、其他类型约530个。从产品内容来看，进场标的涉及25类不同场景。其中，标的数量较多的场景为公共服务、智慧金融、智慧城市、交通运输、地理遥感、农林牧渔、医疗健康等。

2. 高标准建设数据合规审核机制

从产品合规情况来看，广州数据交易所针对登记主体资质信用情况、数据基本情况、权益配置、数据来源、应用场景及安全保障情况等全面评估交易标的合规性，并与广东数据资产登记合规委员会联动，建立多层级审核流程，保障合规审核的权威性和有效性。截至2024年底，广州数据交易所开展各类数据交易标的合规审核超过2000项，组织超20次合规委审核会议，累计发放近400张数据资产登记凭证、数据产权登记证书。

（二）典型数据产品交易实践

1. 数据标的

案例一："穗企环责通"数据产品由广东某环境科技公司开发，是广州公共数据统一授权下的首个数据产品。它依托环保数据库，包括建设项目环评审批、排污许可证管理、在线监测数据等企业环境历史表现数据，通过数据收集、清洗、分析等环节，为企业提供环境风险管理服务，帮助企业了解自身环境责任和风险状况，也为保险公司提供数据支持，助力其开发环责险产品。[①]

案例二：某医学检测公司在广州数据交易所上架了多款数据产品，如"宫颈癌筛查大数据分析报告""数字病理质量评价算法模型""乳腺癌大数据分析报告"等。以"宫颈癌筛查大数据分析报告"为例，该产品依托超1亿例宫颈癌检测数据分析而成，可为政府制定防控政策、医疗机构开发筛诊方案、制药企业研发疫苗和医疗器械厂商优化设备等提供数据支撑。[②]

2. 数据交易难点

一是原始数据质量参差不齐。一方面，数据来源广泛，包括企业自身业务系统、外部数据提供商等，不同来源的数据质量标准不一致，导致数据存在缺失、错误、重复等问题。例如，一些企业的环境数据记录可能不够准确和完整，影响"穗企环责通"等产品的数据质量；另一方面，数据的更新不及时，使得数据产品无法及时反映最新的市场和行业动态。

二是数据安全与隐私保护压力大。数据产品的生产涉及大量敏感信息，如医学检测数据涉及患者的个人隐私和健康信息，一旦泄露，将给企业和个人带来严重损失。因此，在数据的收集、存储、传输和使用过程中，需要严格遵守数据安全和隐私保护法律法规，采取有效的技术和管理措施，确保数

---

① 《成立两年，广州数据交易所如何唤醒"沉睡黄金"？》，广州市生态环境局网站，2024年10月29日，https://sthjj.gz.gov.cn/ysxw/content/post_9946187.html。

② 《再上新！金域医学新增两款产品上架广州数据交易所》，财联社，2024年10月16日，https://www.cls.cn/detail/xk/670f82c7fda8d41efd52d9e5。

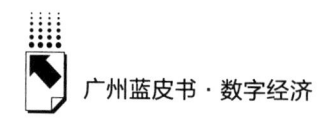

据的安全性和隐私性。

三是数据标准化程度低。不同企业、不同行业的数据标准不统一，导致数据产品在开发和应用过程中面临数据兼容性和互操作性问题。例如，医疗行业的数据标准尚未完全统一，给医学检测数据产品开发和流通带来一定困难。

四是市场需求与供给不匹配。一方面，市场上对数据产品的需求日益增长，但数据产品的供给还不能完全满足市场需求，存在供需不平衡的问题。另一方面，数据产品的质量参差不齐，部分数据产品无法满足用户的实际需求，导致市场对数据产品的信任度和认可度不高。

五是数据治理难度大。数据治理是数据产品生产的关键环节，但数据治理工作涉及多个部门和环节，协调难度大，需要投入大量的人力、物力和财力。例如，"穗企环责通"需要对大量环保数据进行分析，包括数据的清洗、分类、标注等，工作量巨大。

3.广州数据交易所合规交易探索

基于广州数据交易所在数据产品挖掘、合规审核等方面的实践总结，数据产品从数据收集到上架数据交易所主要经历以下五个阶段。

第一阶段：数据收集。例如，"穗企环责通"收集建设项目环评审批、排污许可证管理、在线监测数据等企业环境历史表现数据；金域医疗则收集超1亿例医学检测数据，这些数据覆盖不同年龄、地域、种族、人群等。

第二阶段：数据清洗与整合。对收集到的大量数据进行清洗，去除重复、错误或不完整的数据，并将不同来源、不同格式的数据进行整合，形成统一的数据集。如"穗企环责通"需要对环保数据库中的数据进行清洗和整合，金域医疗也要对其医学检测数据进行相应的处理。

第三阶段：数据分析与建模。运用数据分析技术和模型算法，对清洗整合后的数据进行深入分析，挖掘数据中的价值和规律。例如，金域医疗的"数字病理质量评价算法模型"，基于人工标注的图像级质量标签和深度学习模型标注的图像块级别的标签，训练决策树模型。

第四阶段：产品开发与测试。根据数据分析结果，开发出满足市场需求的数据产品,并进行严格的测试,确保产品的质量和性能。如"穗企环责通"开发为企业提供环境风险管理服务的产品,金域医学开发数据报告、数据地图、模型与算法等产品。

第五阶段:合规审核与上架。数据产品需经过合规审核,确保其符合相关法律法规和数据安全要求,然后才能在广州数据交易所上架交易。如金域医学的多款数据产品均在完成数据合规审核后上架。

三 国内外数据市场可流通数据产品的特征对比

(一)国外可流通数据产品的特征分析

在国际数据市场中,可流通的数据标的保持较高原始性,以贴源的数据集为主,例如,AWS Data Exchange、Snowflake Marketplace。在这些数据市场中,数据需求方能够直接获取数据卖方的数据集访问权限。在交易过程中,这些数据集经过的加工处理较少,从而保留了数据的初始形态和大部分细节信息。这种数据获取模式赋予数据需求方极大的灵活性,使其能够依据自身的业务需求和数据分析能力对数据进行深入挖掘和定制化处理。一方面,他们能够选择将获取的数据集整合至自身专属的数据库中。在自有数据库环境里,企业凭借内部专业的数据团队和先进的数据处理工具,依据自身独特的业务需求,对数据展开深入加工处理。另一方面,数据需求方也可以选择在数据市场直接开展数据加工和应用工作。例如,企业可利用 Snowflake Marketplace 提供的数据管道工具,将数据集导入自身的数据仓库中,以进行深入的数据分析和挖掘工作。

(二)国内可流通数据产品的特征分析

1. 场内数据产品高度封装

在我国,数据交易所流通交易的数据产品主要以高度封装的形式呈现。这些数据产品经历了包括数据清洗、整合、分析和可视化等在内的复杂的数

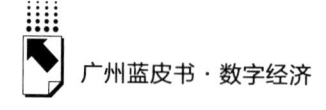

据处理流程。以金融数据产品为例，大量原始交易数据经过清洗，在剔除噪声数据后，通过数据分析模型生成风险评估报告或投资策略建议。

高度封装的数据产品具有明确的应用场景，但对数据使用方进行二次开发并不友好。由于其高度封装的特性，数据产品的应用场景在设计阶段已基本确定。数据需求方可以直接将这些产品应用于特定业务流程，但进行二次开发的难度较大。数据结构和处理逻辑的封装使得需求方难以根据个性化需求对数据进行重新加工。

2.场外流通以数据集为主

我国场外交易的数据产品以及国外数据经纪人（Data Brokers）出售的数据产品，以加工后的数据集为主。这些数据集虽然经过一定程度的处理，但与场内交易的数据产品相比，其加工深度相对较浅。例如，市场调研机构可能会对消费者行为数据进行初步的分类和统计，形成数据集，并通过SaaS订阅的方式进行交易。这种交易方式为数据需求方提供了灵活的选择，需求方可以根据自身需求对数据集进行进一步分析和处理。某些互联网营销公司通过收集自身平台及合作网站的用户浏览行为、点击行为等数据，加工成用户行为数据集。数据集包含用户在不同时间段对各类网页内容（如新闻、电商产品、视频等）的访问频率、停留时间、点击顺序等信息。广告商可以利用这些数据精准定位目标客户群体，制定个性化的广告投放策略。

四 当前数据场内流通交易的难点

数据要素市场正面临一个悖论性现象，在数据总量指数级增长的背景下，优质数据的有效供给却持续短缺。这种供需错配折射出数据要素市场供给侧存在的系统性梗阻。

（一）供需结构失衡

当前数据供给体系呈现倒金字塔结构，掌握核心数据资源的市场主体大多处于"沉睡状态"。头部企业控制着90%以上的高价值数据资源，却因安全与合规风险顾虑、商业利益考量、数据权属界定模糊、收益分配机制缺失等因素，缺乏参与场内交易的动力。这种结构性矛盾导致数据市场沦为"二传手"的竞技场。参与场内交易的数据供给方通常并非掌握一手数据的主体，多为面向特定领域的中小服务商。

（二）产品形态错配

与场外直接交易数据资源不同，当前场内交易数据产品的过度封装，正在造成新的信息不对称困境。数据产品过度封装，将数据与特定的分析模型、可视化工具紧密结合，形成一个相对封闭的整体。一方面，当数据需求方希望将这些数据与其他数据进行融合分析时，会面临数据格式不兼容、接口不统一等问题，这极大地限制了数据的二次开发利用。另一方面，数据来源和内容的不透明性也加剧了数据需求方的风险，使其难以评估数据的价值和可靠性。并且，当数据被层层包装成"黑箱化"的解决方案，其核心要素价值反而在加工过程中不断降低，形成价值递减效应。这种高度封装的产品形态既违背数据要素的可复用特性，又限制了需求方的创新空间。反观全球领先的数据平台，其日均 PB 级的原始数据交易，只有保持数据的"可塑性"，才能激发市场的创新活力。当前数据产品的二次开发需求难以满足，本质上源于供给端对数据控制权的过度保护。

（三）制度性梗阻

公共数据的供给面临"看得见摸不着"的制度困境。政府部门如同在玻璃鱼缸中投放数据饵料，企业虽能清晰看见数据价值却难以有效获取。这种困局源于三重制度性矛盾：其一，收益路径不明确，数源单位不清楚通过何种途径获得收益，导致高价值数据供给动力不足；其二，安全责任边界模糊，数据供给方为规避风险采取过度脱敏策略，造成供给的数据价值折损率高；其三，技术限制，企业必须派驻人员到政府机房进行数据开发，这种"数据隔离"模式抬高企业运营成本，降低公共数据使用效率，同时运营机构的计算资源可能无法满足企业大规模数据开发的需求。

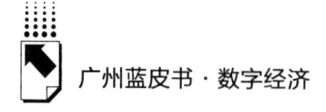

（四）场景渗透迟滞

当前数据产品供给呈现显著的"马太效应"，集中于金融、政务等传统领域，制造业、农业等长尾市场渗透率低。金融、政务等领域对数据的需求较为明确和迫切，且这些领域的数据应用场景较为成熟和稳定，因此数据产品供给方更倾向于将数据产品应用于这些领域。相比之下，制造业、农业等长尾市场的数据应用场景较为复杂和多样，且市场需求相对较小，数据产品供给方在这些领域的投入和开发相对较少。此外，长尾市场的数据采集和处理难度较大，数据质量和标准也难以保证，这也增加了数据产品供给方在这些领域的风险和成本，从而进一步降低其在长尾市场的渗透率。

五 提高数据场内流通交易效率的建议

（一）扩大数据供给规模

在当前数字经济的浪潮中，数据已成为新的生产要素，其供给规模的扩展显得尤为重要。首先，应积极促进"近原始"数据的市场化流通。这些数据包括未经处理的原始数据和经过初步加工的数据，是数据需求方所迫切需要的。数据需求方的需求是多元且复杂的，它们来自不同的行业，应用于各种场景，满足数据分析需求的不同层次。因此，数据流通形式多元化至关重要。鼓励数据供给方根据自身需求进入市场，同时倡导数据供给方承担相应的安全主体责任。其次，建立统一分类标准。需要制定数据交易标的统一分类标准，明确数据集、数据应用、数据服务、数据工具及算力资源等的定义和范围，避免类型交叉与重叠。这将有利于数据需求方快速准确地查找所需数据，降低交易成本和时间成本，提高市场交易效率和精准度。通过这些措施，数据供给规模得到扩大，满足市场对数据的多元需求，推动数据资源的高效流通。

（二）提升数据质量

数据质量是数据交易的基础。首先，为确保数据产品的质量，应试点开展数据质量认证。为此，可以设立专业的数据质量认证机构，对数据产品进行质量认证，并出具详细的数据质量认证报告。这些报告应包含数据质量评估结果、数据质量改进建议等内容，并在数据交易平台上进行公示，供数据需求方参考。其次，建立数据追溯机制是提升数据质量的重要手段。利用数据审计、区块链等前沿技术，建立数据追溯机制，对数据的采集、处理、存储、交易等环节进行记录和追溯，确保数据来源的合法性和可靠性，防止数据被篡改和滥用，提高数据产品的可信度。为此，可以有效地提升数据质量，增强数据产品的市场竞争力，为数据交易市场注入新的活力。

（三）提升数据交易效率

为提升数据交易效率，应当推动建设一体化的数据流通基础设施。一方面，一体化的数据流通基础设施能够汇聚不同地域、行业的数据资源，提供集中展示平台，便利数据发现与获取，实现跨地区、跨行业的数据流通。另一方面，该平台可为数据上架、产权登记、数据开发、数据应用等提供全流程服务，在提高交易效率、降低交易成本的同时，保障数据流通安全。统一命名规则和分类标签是提升数据交易效率的重要环节。制定数据交易标的统一命名规范，要求使用准确、清晰、易懂的词汇，避免使用过于宽泛或晦涩的术语，同时细化分类标签，方便数据需求方快速定位到符合自身需求的数据。统一的分类规则也便于数据需求方跨平台实现数据搜索和交易，推动全国一体化数据市场的形成。强化信息披露是提升数据交易效率的关键。建议数据提供方在交易时充分披露交易标的信息，包括数据内容、数据来源、数据质量、评价反馈机制等，减少信息不对称，降低交易风险，提高市场交易的活跃度和公信力。提升数据交易效率、促进数据市场健康发展，可以为数字经济的发展提供强有力的数据支撑。

结 论

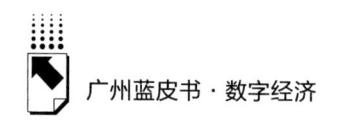

本报告围绕广州数据交易所数据产品及其流通管理展开研究。随着数字经济发展，数据成为关键的生产要素。研究发现，国内场内数据产品高度封装，应用场景虽明确，但二次开发困难，场外及国外数据经纪人出售的多为加工后的数据集，国外数据市场的数据集原始性高、灵活性强，同时数据产品流通需符合数据质量、安全隐私保护和数据应用方面的标准。当前场内数据交易标的存在分类体系模糊、数据产品封装程度过高、命名规范与分类标签不明确等问题，限制数据流通规模的进一步扩大。为解决这些问题，本报告建议扩大数据供给规模，促进"近原始"数据流通并建立统一的分类标准；提升数据质量，试点数据质量认证并建立追溯机制；提升数据交易效率，建设一体化数据流通基础设施、统一命名规则和分类标签、强化信息披露。若这些建议得以实施，将推动数据要素市场健康、高效发展，释放数据价值，助力数字经济持续增长。

参考文献

邓炜辉、何金海：《数据流通赋能新质生产力：理论逻辑与法治保障》，《西南金融》2025 年第 2 期。

刘政廷：《论数据产权保护的范式转换：从"利益保障"到"行为许可"》，《法律科学》（西北政法大学学报）2025 年第 2 期。

任保平、迟克涵、林琳：《我国数据要素市场安全体系的构建路径与政策支持》，《江汉论坛》2025 年第 1 期。

肖玉贤等：《数据守门人：作用职能、系统框架及未来展望》，《管理评论》2024 年第 12 期。

B.18 人工智能赋能数据资产入表趋势与展望

普华永道课题组[*]

摘　要： 数据资产作为数字经济核心要素，在入表过程中面临缺乏统一价值评估标准、数据价值波动大、管理成本高及监管合规风险大等难题。通过引入机器学习、自然语言处理等技术，对数据采集、分类分级、价值评估和安全监测等环节进行优化，可以显著提高数据资产入表效率和可靠性。本报告结合国内外实践，展望 AI 在推动价值评估标准化、数据市场流通和技术集成方面的应用趋势，挖掘其在释放数据价值、推动数字经济高质量发展方面的潜力，同时提出应对安全风险的建议。

关键词： 人工智能　数据资产　数据入表

在数字经济时代，数据已经成为企业竞争力的核心要素之一，其重要性已经不逊于传统的固定资产或金融资产。随着中国经济数字化转型的加速推进，管理数据资产、释放价值成为政府和企业共同关注的问题。2023年，财政部首次明确允许企业将数据作为资产计入资产负债表，这标志着我国率先在全球范围内对数据资产化会计处理实践进行探索。2024年，《国家数据局等部门关于促进企业数据资源开发利用的意见》强调，数据资产化是促进数字经济高质量发展的关键路径，旨在通过标准化管理释放

---

[*] 课题组组长：张萌，普华永道中国数据资产管理及交易定价服务经理，研究方向为数据交易、数字流通、资产定价。课题组成员：黄耀驹、翁泽鸿。

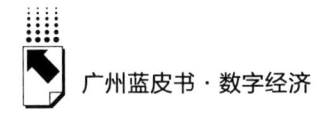

数据的潜在价值。

本报告旨在探讨AI在数据资产入表中的具体应用,分析其如何解决数据管理、安全合规、账务处理等方面的问题,并结合国内外企业的实践对未来发展趋势进行展望。课题组希望通过系统的研究,为企业实施数据资产入表提供一定的参考,同时为相关政策制定提供思路。

一 数据资产入表面临的形势与挑战

(一)行业形势

数据相对于传统资产具有无形、动态、非消耗、价值依赖等特点,这使得传统会计核算方式在处理数据资产时显得力不从心。数据的价值可能由于使用场景、市场需求或时间的变化而出现剧烈波动,传统静态估值方法对其真实价值难以准确捕捉。因此,数据资产入表并不是简单的会计核算操作,而是包含数据采集、分类分级、合规监测、价值评估等一系列复杂环节。虽然《企业会计准则第6号——无形资产》和《企业会计准则第1号——存货》为无形资产和存货的核算提供了框架,但并没有针对数据资产的具体指导,导致企业在执行过程中面临标准缺失、操作困难的窘境。2024年财政部发布的《关于加强数据资产管理的指导意见》试图解决这些问题,但其指引仍以原则性为主,缺乏操作细则。

AI作为一项具有巨大潜力的技术,提供了数据资产入表的可能。AI凭借其在数据处理能力、自动化功能以及智能分析等方面的优势,大幅提升数据资产管理效率。相关研究指出,AI可以通过自然语言处理(NLP)和机器学习(ML)技术,缩短一半以上的数据采集和分类分级时间。2021年出台的《中华人民共和国数据安全法》和《中华人民共和国个人信息保护法》对数据处理提出严格的合规要求,通过AI的运用,可以有效帮助企业满足这些法规的要求。"十四五"规划明确提出要加快人工智能技术在经济领域的应用,数据资产管理作为应用领域之一,正受到技术面和政策面的双重推动。

（二）面临的挑战

《企业数据资源相关会计处理暂行规定》自 2024 年 1 月 1 日起正式施行，要求企业对符合资产确认条件的数据，将其认定为资产并纳入财务报表，以显化数据价值，促进数字经济健康发展。然而，数据资产入表在执行过程中仍面临多重挑战。

1. 缺乏可靠的价值评估方法

企业评估数据资产价值多采用成本法、收入法和市场法，但这些方法都有局限性：成本法忽视未来收益而低估价值，收入法依赖主观预测而缺乏可靠性，市场法缺乏可信参照。若采用成本法评估数据资产价值，那么数据的开发费用可能只包括存储和处理费用，但不能反映其潜在的市场价值或战略价值。可见，数据资产入表的一个难点在于缺乏可靠的价值评估方法。观察国内上市公司在 2024 年财报中披露数据资产的情况，可以发现由于数据资产价值评估存在瑕疵，数据资产在企业间的价值出现显著差异，削弱了财务报表的可比性，降低决策参考价值。

2. 数据资产价值变动大

与固定资产不同的是，数据资产的价值波动较大，传统的会计核算方法很难适应这一特点。数据价值常因使用场景、市场需求或时间变化而波动。例如，客群数据的价值可能会因为市场趋势的变化而快速上升或下降，促销季电商企业的数据价值比平时要高很多。传统会计核算方法偏向静态估值，通常以某一时点的成本或收入估算为基础，不能对数据的动态变化进行实时捕捉。相关研究显示，国内企业完成数据资产盘点后，平均需要半年时间才能完成一次估值更新，而这段时间数据价值或已发生重大变化，这种滞后性在降低估值准确性的同时，会使数据资产在财务报表中的决策参考价值受到削弱。

3. 数据资产管理投入大

数据资产入表需要经历数据采集、分类分级、质量评估等环节，传统模式下这些步骤依靠人工操作，效率低下且成本高昂。以数据采集为例，企业需要从内部系统和外部合作伙伴中整合海量数据，人工筛选、清洗过程耗时长、易出错。大部分中小型企业由于缺乏专业的团队和设备，难以负担数据资产管理方面的投入。即使是大型企业，也需要投入大量人力，并进行大规模基础设施建设。某上市公司在第一次数据资产入表时，动用了数百人的团队完成数据整理作业，耗费数月时间。高额的管理成本成为政策落地的主要障碍，尤其对资源有限的中小企业。

4. 监管合规风险不确定

数据资产入表还面临监管合规方面的挑战，使得执行难度加大。财政部于2023年发布的《关于加强数据资产管理的指导意见》要求数据资产符合安全性、合规性要求，但尚未出台具体细则。《中华人民共和国数据安全法》规定企业对数据处理的全过程负责，包括分类分级和安全保护，而《中华人民共和国个人信息保护法》对个人数据的处理进行严格限制。如果数据资产涉及个人信息，其价值评估和使用需要对隐私合规成本进行额外考量。大多数企业的安全和合规监控能力不足，这种不确定性使得企业在数据资产入表的过程中面临合规压力，而传统工具难以应对。

综上所述，数据资产入表在价值评估、资源投入和监管等方面有明显不足。这些不足既限制了政策的执行效果，又凸显了传统方法的局限性。为此，引入AI等新技术成为应对这些难题的潜在解决方案。

二 人工智能赋能数据资产入表的技术逻辑

AI应用于数据资产入表，依赖一系列关键技术的支持，这些技术通过对数据的智能化处理，解决数据入表过程中的一系列问题。

（一）关键技术及其功能

1. 自然语言处理（NLP）

自然语言处理是AI的一个重要分支，旨在让机器理解并生成人类的语言，其核心技术包括文本分词、语义分析以及实体识别三个方面。在数据资产入表过程中，自然语言处理直接用于数据归集环节，帮助企业从业务记录、客户反馈、日志文件等非结构化数据源中提取关键信息。自然语言处理可以通过词嵌入模型（如 BERT）将冗长的文本转换成结构化的数据集，标注数据的所有权、使用范围等属性。这一能力极大地提高了数据准备的效率和完整性，减少人工筛选耗时长和错误率高的问题，为后续的归类和估值奠定了基础。可以说，自然语言处理是入表流程中从"杂乱无章"到"有条不紊"的关键。

2. 机器学习（ML）

机器学习通过算法从数据中学习规律，能完成分类、预测等任务，常见的方法包括监督学习（如分类）和无监督学习（如聚类）。在数据资产入表中，机器学习主要为数据的分类分级和质量评估提供支撑。机器学习可以基于历史数据训练模型，自动识别数据的种类（如个人数据、业务数据）和重要程度（如核心、重要、一般），同时对质量问题（如缺失值或重复项）进行检测。这种自动化处理，既减少人为判断的主观性，又保证入表数据的规范性、可靠性。通过将烦琐的手工操作转化为智能作业，机器学习提高数据资产入表的效率。

3. 深度学习（DL）

深度学习是机器学习的进阶形式，利用多层神经网络处理复杂数据，擅长自动提取特征和建模，常用于图像、语音和大规模数据集分析。在数据资产入表的过程中，深度学习的作用体现在价值评估这一环上。传统的方法如成本法很难挖掘数据的潜在价值，而深度学习可以通过对多维数据（如用户行为、市场趋势）的分析，预测特定场景下数据的商业价值。在动态的市场环境下，深度学习的循环神经网络（RNN）可以挖掘数据与收益的关系，提供比静态估值更为科学的评估方法，使数据资产的价值评估与实际情况更为接近，提高报表的决策参考价值。

4. 区块链增强 AI（Blockchain-Augmented AI）

区块链增强 AI 是将 AI 和区块链技术相结合的一种新兴模式，其中 AI 负责数据分析和智能监控，区块链则通过去中心化账本来记录操作，以保证操作过程的透明性和安全性。在数据资产入表过程中，这一技术组合主要为合规性提供保障。数据资产入表需要满足《中华人民共和国数据安全法》（2021年）等法律法规对可追溯性和安全性的要求，区块链可以在数据清洗、分类和估值中对各类操作行为进行记录，每一步操作都形成不可篡改的审计链，AI则对数据处理中的风险（如异常访问）进行实时分析，这种协同效应既提高了数据资产入表流程的透明度，又降低了合规风险，使数据资产在监管审查中更具可信度。

以上技术共同构成从数据准备到财务记录的智能化技术体系。在数据资产入表这一特定场景中，这些技术可以有效发挥作用，在不同的环节中扮演着关键性的角色。

（二）技术应用实践

AI在数据资产入表中发挥了重要作用，可以有效弥补传统方法的不足，提高数据资产入表的效率、精确性、合规性。以下从数据收集和管理、数据分类分级和质量评估、数据价值评估、数据安全合规监控和数据处理的自动化水平五个方面对AI的具体作用进行系统分析。

1. 提高数据收集和管理效率

数据资产入表的第一步是从多种来源收集和整理数据，传统模式下的流程耗时长，容易出错。AI通过自然语言处理、光学字符识别和自动化爬取技术对这一环节进行优化。AI可以从非结构化数据（如日志）中提取关键信息，生成结构化数据集，减少人工干预。相关研究表明，AI可将数据收集时间缩短一半以上，且能提高数据的完整性。以某金融企业为例，其利用自然语言处理和光学字符识别技术从纸质客户文档中提取交易信息，促使整合效率提高60%。AI还可以通过异常检测算法对数据中的缺失值或重复项进行识别，自动处理或发出警告，保证后续处理的可靠性。这种能力不仅降低了人工成本，也为数据资产入表奠定基础。

2. 提高数据分类分级与质量评估的准确性

数据分类分级和质量评估是数据资产入表的关键环节，要求企业划分数据类型及划分数据等级并评估其质量。AI 可以基于历史数据训练分类分级模型，对数据的属性、用途、敏感性等进行自动识别，减少人为判断的主观性。某电商企业利用 AI 对其电商数据进行分类，将高价值数据（如购买记录）与低价值数据（如登录记录）区分开来，使资产管理精准度得到提升。AI 还可以通过质量评估算法检测数据的异常点，如在客户资料中识别错误地址或过期信息等，以保证估值依据的可靠性。

3. 提高数据价值评估的动态性

价值评估是数据资产入表的核心环节，传统方法的静态性和主观性使得数据价值难以准确体现。AI 通过深度学习和时间序列分析对这一流程进行优化，可以综合历史数据、市场趋势以及使用场景对数据价值进行动态评估。基于神经网络的估值模型能够对数据的未来收入潜力进行预测，并弥补成本法的缺陷。以某互联网公司为例，其利用 AI 对用户行为数据进行分析，对其在精准营销中的潜在收益进行估算，估值相比传统方法有了明显提升。AI 还可以通过分析数据的历史交易价格，提供符合市场行情的估值参考。相对于传统静态评估，AI 的动态性和客观性显著提高了估值的科学性，为数据资产入表提供更为可靠的依据。

4. 提高数据安全合规监控的有效性

在数据安全和合规监管日趋严格的背景下，数据资产入表需要满足《中华人民共和国数据安全法》和《中华人民共和国个人信息保护法》的全程可追溯和安全保护要求。AI 通过实时监控和智能分析，对这些挑战进行有效应对。AI 可根据数据应用场景，对适用的法律法规、行业标准进行自动识别，形成全方位、完备的安全合规保护策略。AI 还可以通过对数据处理中的监控日志进行多维度分析（如未经授权访问或高频异常使用），自动生成安全合规报告。以一家云服务提供商为例，其具备监控数据使用情况的能力，一旦检测到安全合规风险，就会自动终止操作并通知数据管理人员。AI 在安全合规监控方面的应用，有效保障数据资产的安全，同时提高数据资产入表的可信度。

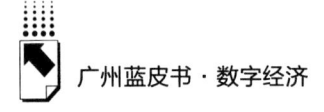

5. 提高数据处理的自动化水平

在数据资产入表的过程中，每个节点都涉及重复操作，如数据清洗、分类分级等，传统的人工操作效率低，成本也高。AI通过多模态识别、智能分析等，可以将这些流程整合成一体，实现全流程自动化作业。AI可以对数据中的冗余项目进行自动清洗，生成标准化的分类分级标签，实施数据质量评估，选择适用的价值评估模型进行价值评估，并依据数据资产判定结果进行账务处理，最终将账务处理结果导入财务系统，减少人为干预的时间和降低误差率。2024年世界经济论坛的报告指出，AI技术可以显著提高工作效率和降低成本，在某些场景下甚至可以减少50%的人力需求。某数据交易所拟利用AI实现数据交易和估值流程自动化，为企业数据资产入表提供有力支撑。自动化作业在提高效率的同时，降低了中小企业的数据资产入表门槛，使政策更具普惠性。

三 未来趋势与展望

AI在数据资产入表中的应用正不断深化，并具有以下几方面的优势。一是提升效率；二是提高精确性，降低人为偏差；三是保障合规性，实时监控减少风险。通过优化估值方法、促进数据流通、深化技术融合以及利用政策支持，AI有望重塑数据资产管理范式，同时为企业释放数据价值创造新的可能。

（一）AI凭借大数据分析和机器学习，有望提升数据资产估值的合理性

数据资产入表面临的首要障碍是估值方法的可靠性较低。AI凭借大数据分析和机器学习，有望提升估值方法的可靠性。AI可以将多源数据（如市场交易记录、行业趋势）和动态变量（如使用场景的变化）整合到一起，从而形成一个更加科学和适用的估值框架。随着AI算法的迭代，估值过程将由目前依赖主观假设转向基于数据驱动的客观预测，从而缩小企业间的数

据价值差距，提高数据资产在财务报表中的透明度和可比性。这一趋势为企业提供了机会，使数据资产更容易获得资本市场的认可，促进其作为战略性资源的价值显性化。AI 估值方法的可靠性高度依赖训练数据的覆盖度，如果数据来源不足或有偏差，估值合理化就可能面临挑战。

（二）AI 提高数据流通效率，为数据交易市场注入新的活力

AI 在数据流通领域的应用，将显著提高数据资产的流动性和入表效率。随着数字经济的发展，数据作为生产要素的交易需求不断增长，AI 凭借其智能分析和预测能力，可以优化数据定价机制，并加速市场化进程。这一趋势的驱动力包括数据交易平台的升级和 AI 对市场供需的精准匹配。未来，AI 可能通过实时监控市场动态，动态调整数据评估结果，促进数据资产在企业间的流通和变现。这为企业获取外部数据资源或盘活内部数据创造机会，特别是对于资源有限的中小企业而言，数据市场的繁荣会降低数据资产入表的门槛。

（三）AI 与其他技术融合，提升数据资产管理成熟度和安全性

AI 与区块链、联邦学习等技术的融合将成为重要趋势。AI 应用于动态估值和智能监控，区块链确保数据处理的可追溯性，而联邦学习在保护安全、隐私的前提下实现跨主体协作。未来，这种多技术协同模式将提高数据资产入表的可信度和合规性，特别是在涉及敏感数据或多方协作的情况下，可以满足日益严格的监管要求。这为企业在数据共享和价值挖掘方面开辟了新的路径，如通过多方协作，开发更精准的营销模型。

（四）政策支持加速技术落地，促进 AI 技术应用成本降低及普惠应用

随着国家对数字经济的重视，未来政策将进一步围绕数据资产化展开，通过数据资源整合、技术推广、成本补贴等方式推动 AI 普及，这一趋势的形成得益于政府对数据要素市场化的战略布局和对企业数字化转型的支持。未来，AI 可能在政策引导下深度嵌入数据资产管理体系，例如，通过统一

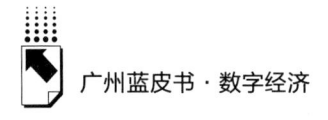

的平台提供标准化工具和服务。这为企业提供了技术获取的便利，尤其对中小型企业而言，政策扶持将显著降低AI应用门槛，促进其普惠性发展。

（五）AI在数据资产管理中的应用面临安全、成本和透明性等方面的挑战

AI在数据资产入表中的应用虽具潜力，但也存在一定的局限性，面临多重挑战。一是数据安全风险随AI应用的深化而凸显，尤其在高价值数据场景中，需通过加密技术和严格监管防范泄露风险。如果AI系统遭受攻击，有可能导致数据外泄。二是应用成本仍旧高昂，特别是中小企业的资金有限，难以承担AI基础设施的初期投入，可通过推广云服务模式或分级补贴政策缓解。三是AI模型的透明度不足可能引发社会信任危机，AI模型的"黑箱"特性可能导致监管机构对评估结果可信度的质疑，需开发可解释性强的算法并建立外部审计机制，如通过技术优化增强模型可解释性，运用政策支持AI创新应用等，通过政企合作开发低成本、高透明度的AI解决方案，确保其长期适用。

综上所述，在数字经济蓬勃发展的时代，数据资产入表既是会计实务的革新，也是人类对数据价值认知的一次飞跃。AI作为这一进程的"催化剂"，将以其智能化的触角深度嵌入数据资产管理。在估值合理化、数据市场发展、技术融合和政策支持的背景下，AI将引领数据资产入表迈向规范化、高效化和安全化。这不仅为企业提供了数据价值挖掘的新机遇，也为数字经济的可持续发展注入新动力。

参考文献

崔俊富、陈金伟：《数据生产要素对中国经济增长的贡献研究》，《管理现代化》2021年第2期。

苟露峰、邓雯丹：《人工智能企业数据资产估值研究——以海康威视为例》，《中国注册会计师》2024年第11期。

于承涛：《智能资产管理：利用大数据和人工智能实现资产运营的标准化》，《国际公关》2024年第10期。

山栋明、赵丽芳：《人工智能时代数据资产管理的挑战与对策——结合全国两会精神解析〈数据资产全过程管理试点方案〉》，《经济责任审计》2025年第3期。

刘铎等：《人工智能技术在烟草企业资产数字化管理中的应用》，《数字通信世界》2024年第8期。

ง. 19
数据要素市场化配置改革趋势与展望

刘晓晗 吴尤可*

摘　要： 党的二十届三中全会强调要培育全国一体化数据市场，健全数据等生产要素由市场评价贡献、按贡献决定报酬的机制。深化数据要素市场化配置改革是培育全国一体化数据市场，健全数据要素由市场评价贡献、按贡献决定报酬机制的必由之路。对广州而言，大力深化数据要素市场化配置改革是夯实数据市场发展基础，构筑发展新优势的必然选择。在新的发展形势下，广州持续深化数据要素市场化配置改革还面临数据交易所同质化竞争压力加剧、推动企业数据资产入表存在多重难点、在公共数据授权运营中全流程运营规则体系尚未建立等一系列挑战。广州可以通过制定新版《广州市数据要素市场化配置改革行动方案》，明确改革路线图，并通过推动广州数据交易所争创国家级数据交易所，稳步有序推动公共数据授权运营，系统推动数据要素市场化配置改革。

关键词： 数据要素　数据市场　广州

近年来，我国数据要素市场化配置改革持续深入推进。为培育全国一体化数据市场，促进数据要素开发利用，国家数据局在2024年下半年陆续推出数据产权、数据流通、公共数据开发利用等相关政策文件，我国数据要素市场化配置的制度性障碍将进一步破除，预计各地政府部门也将紧跟国家步伐出台相关政策。对广州而言，数据要素市场化配置改革进入构筑数据要素

---

* 刘晓晗，博士，广州市社会科学院财政金融研究所副研究员，研究方向为数字经济、数据产业；吴尤可，五邑大学经济管理学院副教授，研究方向为区域创新、数字治理。

市场竞争优势、争夺新发展制高点的关键期,广州唯有加快改革步伐,才能在激烈的市场竞争中脱颖而出。

一 我国数据要素市场化配置改革的新探索新实践

(一)数据要素市场化配置改革进一步深化

当前,我国数据要素市场化配置改革不断深化,已由规划构想阶段向基础框架搭建阶段跃升,并正在向具体实施阶段迈进。

1. 从制度供给的阶段性特征来看,"十四五"期间我国数据要素市场化配置改革可以描述为"三个阶段、两次跃升"

第一个阶段是从2021年11月发布《"十四五"大数据产业发展规划》到2022年1月发布《"十四五"数字经济发展规划》,这是我国数据要素市场化配置改革的规划构想阶段。第二个阶段是从2022年12月印发《中共中央 国务院关于构建数据基础制度更好发挥数据要素作用的意见》(即"数据二十条")到2023年2月印发《数字中国建设整体布局规划》,在这一阶段我国数据要素市场化配置改革政策体系的总体架构初步形成。2023年8月财政部发布《企业数据资源相关会计处理暂行规定》,2023年10月国家数据局的挂牌成立和同年12月发布《"数据要素×"三年行动计划(2024—2026年)》,标志着我国数据要素市场化配置改革开始进入第三个阶段,即具体实施阶段(见表1)。

表1 我国数据要素市场化配置改革的"三个阶段、两次跃升"

所属阶段	政策或标志性事件	出台时间	出台机构	主要内容
规划构想	《"十四五"大数据产业发展规划》	2021年11月	工业和信息化部	通过建立数据要素价值体系、健全数据要素市场规则、发挥数据要素配置作用等方式方法,加快培育数据要素市场

续表

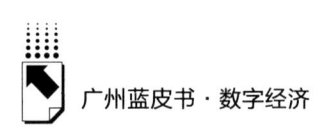

所属阶段	政策或标志性事件	出台时间	出台机构	主要内容
规划构想	《"十四五"数字经济发展规划》	2022年1月	国务院	强化高质量数据要素供给,加快构建数据要素市场规则,创新数据要素开发利用机制
基础框架搭建	《中共中央 国务院关于构建数据基础制度更好发挥数据要素作用的意见》	2022年12月	中共中央、国务院	是我国推进数据要素市场化建设的纲领性文件。该文件确立了我国数据基础制度体系的"四梁八柱",开启数据要素市场化配置改革提速进程
基础框架搭建	《数字中国建设整体布局规划》	2023年2月	中共中央、国务院	明确将数字基础设施和数据资源体系列为数字中国的两大基础,提出畅通数据资源大循环,推动公共数据汇聚利用,释放商业数据价值潜能
具体实施	《企业数据资源相关会计处理暂行规定》	2023年8月	财政部	实质性开启我国数据资产化进程,对激发数据要素价值和发展新质生产力具有重要意义
具体实施	国家数据局挂牌成立	2023年10月	—	负责协调推进数据基础制度建设,统筹数据资源整合共享和开发利用
具体实施	《"数据要素×"三年行动计划(2024—2026年)》	2023年12月	国家数据局、中央网信办等17部门	充分发挥数据要素乘数效应,赋能经济社会发展。推出数据要素×工业制造、数据要素×现代农业、数据要素×商贸流通等12个重点行动计划
具体实施	《国家发展改革委 国家数据局 财政部 自然资源部关于深化智慧城市发展 推进城市全域数字化转型的指导意见》	2024年5月	国家发展和改革委员会、国家数据局等4部门	以数据融通、开发利用贯穿城市全域数字化转型建设始终,更好服务城市高质量发展、高效能治理、高品质生活,支撑发展新质生产力,推进中国式现代化城市建设

数据来源:根据中国政府网资料整理。

在国家数据局揭牌的示范效应下,各地迅速反应,纷纷成立或挂牌省、市级数据管理机构,监督管理数据交易市场。截至2024年5月,全国31个省（区、市）和新疆生产建设兵团均完成相应机构的组建工作，其中，独立设置机构的省份有26个，加挂牌子的6个。至此，我国数据要素市场化配置改革工作的组织架构基本形成。

2. 从区域市场化的进程来看，**数据要素市场化配置改革正在从多省市"各施其策、各显其能"的自主探索阶段进入"央地上下联动、区域横向协同"的一体化推进阶段**

近年来，我国数据资源规模快速扩大，数据流通交易需求旺盛，数据应用场景加速落地。2023年，全国数据生产总量达到32.85ZB，同比增速达22.44%，全国96%的行业重点企业实现数据场景化应用；[1] 2017~2023年数据生产总量复合增长率为27.6%，是我国同时期GDP复合增长率的5倍之多。[2] 在国家政策的鼓励和支持下，北京、上海、广州、深圳和杭州等数字经济发达城市发挥各自的能动性、创造性和引领作用，带动全国数据要素市场取得亮眼的发展成绩。但是，由于不同地区的数据平台在架构标准、接口协议、安全机制等方面缺乏统一协调，区域间数据无法有效对接，数据质量参差不齐，"数据孤岛"问题严重影响数据要素的规模化流通。整体来看，我国数据要素市场尚未形成良好的制度规则和交易生态，亟待在供需匹配、定价机制、交易模式等方面加快突破。

"上下联动、横向协同"统筹推进数据要素市场化配置改革是国家数据局的重要职能，国家数据局的成立和运行为解决数据要素市场化配置改革中的系统性问题奠定了体制机制基础。2024年5月，在国家数据局的领导和推动下，包括广州数据交易所在内的24家数据交易机构联合发布《数据交易机构互认互通倡议》，提出数据交易机构将推进数据产品"一地上架，全国互认"；在数据需求方面，将实现"一地提出，全国响应"；在数据交易标准方面，将实现"一套

---

[1] 全国数据资源调查工作组：《全国数据资源调查报告（2023年）》，2024年5月25日，https://mp.weixin.qq.com/s?__biz=MzU4ODUzNDcwNQ==&mid=2247495185&idx=4&sn=8666fa0edce400900ead549ee23260cc&chksm=fc3a9868447558c9d03cd348900966b7b1d9bcba0894b6862eeb896d00e02955aba02061c2cb&scene=27。

[2] 艾瑞咨询、中新赛克海睿思：《2024年中国企业数据治理白皮书》，2024年7月，https://baijiahao.baidu.com/s?id=1819378978184686445&wfr=spider&for=pc。

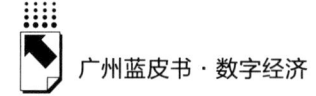

标准，全国共通"；在数据参与主体资质方面，将实现"一地注册，全国互信"。国家数据局还宣布将正式筹建"全国数据标准化技术委员会"，统筹指导我国数据标准化工作，加快研究制定数据领域国家标准和行业标准。

（二）推动数据要素发挥乘数效应成为共识

近年来，随着我国数据经济的快速发展，数据要素在经济社会发展中的作用越发重要。但与此同时，我国数据要素市场中仍普遍存在数据供给质量不高、数据流通机制不健全、数据应用潜力释放不充分等问题。根据国家工业信息安全发展研究中心的数据，2023年我国数据生产总量中只有2.9%的数据被保存，其中一年未使用的数据占比约四成，实现数据复用增值的大型企业[①]仅占8.3%[②]，大量数据价值被低估，数据价值有待释放。针对这样的问题，国家数据局组织牵头实施的"数据要素×"行动，其目的就是要发挥我国超大规模市场、海量数据资源、丰富应用场景等多重优势，推动数据要素与劳动、资本等其他生产要素耦合协同，以数据要素乘数效应提高全要素生产率（见图1）。

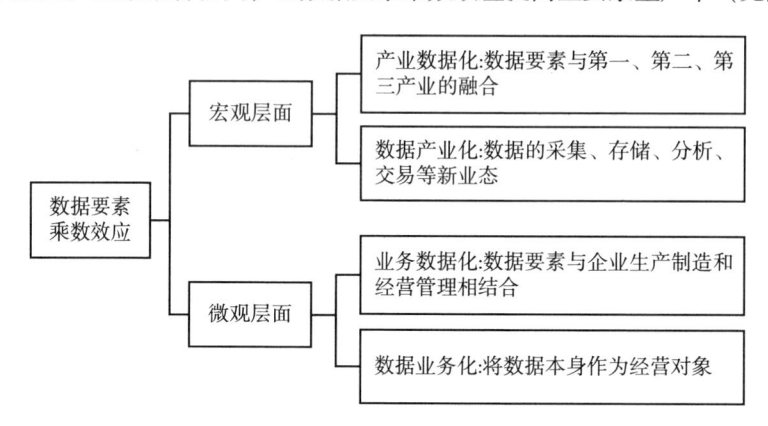

图1 数据要素发挥乘数效应机理

数据要素乘数效应
- 宏观层面
  - 产业数据化：数据要素与第一、第二、第三产业的融合
  - 数据产业化：数据的采集、存储、分析、交易等新业态
- 微观层面
  - 业务数据化：数据要素与企业生产制造和经营管理相结合
  - 数据业务化：将数据本身作为经营对象

---

① 参照《统计上大中小微型企业划分办法（2017）》（国统字[2017] 213号）对大中小型企业划分标准。
② 全国数据资源调查工作组：《全国数据资源调查报告（2023年）》，2024年5月24日，https：//mp.weixin.qq.com/s?__biz=MzU4ODUzNDcwNQ==&mid=2247495185&idx=4&sn=8666fa0edce400900ead549ee23260cc&chksm=fc3a9868447558c9d03cd348900966b7b1d9bcba0894b6862eeb896d00e02955aba02061c2cb&scene=27。

2024年5月，国家数据局等部门发布首批20个"数据要素×"典型案例，案例涵盖工业制造、商贸流通、金融服务、科技创新等12个行业和领域，覆盖北京、上海、广东、浙江等12个省级行政区，以及部分中央企业、地方国有企业和民营企业。后续国家数据局仍将持续开展"数据要素×"典型案例遴选工作。广州也在2024年6月发布首批16项"数据要素×"成果案例，覆盖国家《"数据要素×"三年行动计划（2024—2026年）》中提出的全部12个重点行业和领域。

（三）企业数据资产入表成为数据要素市场化新赛道

企业数据资产入表是我国推动数据要素资产化，发挥数据要素乘数效应，培育数字经济新质生产力的重大战略举措。2023年8月，财政部印发《企业数据资源相关会计处理暂行规定》。数据资产入表将撬动数据要素万亿级市场规模，对真实反映企业资产价值、提高企业利用数据资产强化投融资能力、促进企业优化数据治理体系等具有重要作用。企业数据资产入表政策的发布和实施，开启了我国数据资产化进程。

截至2024年6月，全国已有过半数省份成功落地企业数据资产入表，广州也在该领域展开积极探索。广州已完成数据资产入表的企业主要有广东联合电子服务股份有限公司、南方财经全媒体集团、广电运通集团股份有限公司、科学城（广州）信息科技集团有限公司、和元达信息科技有限公司等。此外，广州数字科技集团有限公司旗下的广电计量检测集团股份有限公司积极筹备本企业的数据资产入表工作，并已协助陕西雁塔城运集团完成西安市城投企业数据资产入表。2024年8月，广电计量检测集团股份有限公司协同广州数据交易所、中汇会计师事务所等单位共同编制和发布《广州数据资产管理及入表工作指引》，为广州企业数据资产入表工作提供参考和指引。

（四）公共数据开放共享初见成效

现阶段我国公共数据流通利用主要有三种方式，即内部共享、对外开放

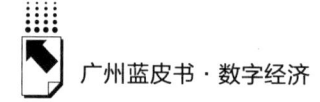

和授权运营。近年来，我国公共数据开放共享初见成效，授权运营起步，政企数据融合不断深入。一是公共数据开放量快速提升。2023年，公共数据开放量同比增长超16%，18.6%的平台企业和51.0%的中央企业在数据开发利用过程中应用政府开放数据。[1] 二是公共数据汇聚和共享能力不断提升。截至2023年8月，全国省、市两级已上线226个数据开发平台，开放数据集数量从2017年的8000多个增加到2023年的34万余个。[2] 截至2023年12月，全国一体化政务数据枢纽接入53个国家部门、31个省（区、市）和新疆生产建设兵团数据，挂接资源达2.06万个，实现累计调用5361.35亿次服务。三是公共数据授权运营机制初步建立。国家部委和各省市将公共数据授权运营作为现阶段推动数据要素市场化配置改革的重要突破口。2023年，人力资源和社会保障部、文化和旅游部、国家市场监督管理总局、国家卫生健康委，以及北京、浙江、上海、重庆等15个省级数据管理部门探索公共数据授权运营。[3] 在机制探索方面，各地探索建设各具特色的公共数据授权运营机制，以释放公共数据价值为核心，逐步探索形成"集中1对1模式""分行业1对N模式""分散1对N模式"[4] 三大公共数据授权运营模式。

---

[1] 全国数据资源调查工作组：《全国数据资源调查报告（2023年）》，2024年5月24日，https://mp.weixin.qq.com/s?__biz=MzU4ODUzNDcwNQ==&mid=2247495185&idx=4&sn=8666fa0edce400900ead549ee23260cc&chksm=fc3a9868447558c9d03cd348900966b7b1d9bcba0894b6862eeb896d00e02955aba02061c2cb&scene=27。

[2] 大数据技术标准委员会、隐私计算联盟：《数据流通利用研究报告（2024年）》，2024年7月，https://baijiahao.baidu.com/s?id=1806000614558328197&wfr=spider&for=pc。

[3] 全国数据资源调查工作组：《全国数据资源调查报告（2023年）》，2024年5月24日，https://mp.weixin.qq.com/s?__biz=MzU4ODUzNDcwNQ==&mid=2247495185&idx=4&sn=8666fa0edce400900ead549ee23260cc&chksm=fc3a9868447558c9d03cd348900966b7b1d9bcba0894b6862eeb896d00e02955aba02061c2cb&scene=27。

[4] "集中1对1模式"即统一授权同一主体承担该地域所有公共数据运营相关工作，具有权威性，能最大化发挥数据整合价值，但响应市场需求变化的效率可能不够高；"分行业1对N模式"即选择不同行业属性的运营主体依行业特点开展公共数据运营工作，专业性更强，有利于发挥行业集聚的作用，但存在跨行业协调难的问题；"分散1对N模式"即根据不同数据特点匹配不同运营主体，分别开展公共数据运营工作，有助于更好发挥市场竞争作用，但管理和协调难度更大。

广州也已于2024年开始全面启动公共数据授权运营工作，于2024年8月在广州公共数据运营平台上线37款公共数据产品[1]，并于2024年12月正式发布《广州市公共数据授权运营管理暂行办法》。

二　广州深化数据要素市场化配置改革面临的挑战

（一）广州数据交易所面临激烈的同质化竞争

一是从全国数据交易市场总体情况来看，场内交易吸引力不足。2023年，数据需求方数量是供给方的1.75倍，在交易所上架的数据产品中仅有17.9%实现交易。数据场内交易供需失衡，如消费民生领域数据产品需求方数量是供给方的2.4倍，产品成交率不足一成，存在供需不匹配的现象。

二是数据交易场所发展面临激烈的同质化竞争。近几年，各地掀起建立数据交易场所的热潮，广东、江苏、浙江等省份甚至有多家数据交易机构，未来数据交易场所竞争将愈加激烈。截至2024年8月，全国共有20余个省（区、市）已完成数据交易场所和交易公司组建工作，其他省份也均有推进数据交易场所建设的计划，如山西发布的《山西省人民政府办公厅关于数字经济高质量发展的实施意见》提出要培育发展数据交易平台，建设山西省大数据交易中心；云南省昆明市工业和信息化局提出《昆明市数据交易所建设研究方案》。

三是在激烈的市场竞争中，广州数据交易所尚未建立起显著的竞争优势。从交易规模来看，广州数据交易所和同处广东和粤港澳大湾区的深圳数据交易所"短兵相接"。截至2024年6月，深圳数据交易所累计交易额达到105.4亿元，成为全国首个突破百亿交易额的数据交易平台。此外，深圳数据交易所在动态合规、数据信贷、数据信托、数据保险、跨境数据交易等

---

[1] 《广州启动公共数据授权运营》，广州市人民政府网站，2024年8月6日，https://www.gz.gov.cn/ysgz/xwdt/ysdt/content/post_9798302.html。

多个领域实现全国首创，为我国数据要素市场化配置改革发挥了重要的示范引领作用。广州数据交易所比深圳数据交易所挂牌早2个月，但累计交易额不及深圳数据交易所的50%（见表2）。从"同行评议"来看，上海数据交易所发布的《中国数据交易市场研究分析报告（2023年）》中将我国的数据交易平台划分为国家级、省市级、行业级和企业级四个级别，并将上海数据交易所、北京国际大数据交易所和深圳数据交易所划分为"国家级"，而广州数据交易被划分为"省市级"。该报告的论断虽只是"一家之言"，但也从一个侧面反映出当前广州数据交易所能级和影响力不足的事实。

表2 国内领先数据交易所累计交易额和入驻数据商数量

数据交易所	挂牌时间	累计交易额	入驻数据商数量（入驻时间）
北京国际大数据交易所	2022年7月	45.0亿元（截至2024年6月）	500余家（2023年11月）
上海数据交易所	2021年11月	24.6亿元（截至2024年6月）	1200余家（2023年12月）
广州数据交易所	2022年9月	45.0亿元（截至2024年7月）	2750家（2024年7月）
深圳数据交易所	2022年11月	105.4亿元（截至2024年6月）	3406家（2024年6月）
杭州数据交易所	2023年8月	54.5亿元（截至2024年8月）	1622家（2024年8月）
贵阳大数据交易所	2015年4月	49.5亿元（截至2024年8月）	1078家（2024年8月）

数据来源：根据各数据交易所公开信息和中国信息通信研究院发布的《数据交易场所发展指数研究报告（2024年）》整理。

（二）推动企业数据资产入表仍面临多重困难

自财政部发布的《企业数据资源相关会计处理暂行规定》实施以来，广州已有一些企业对数据资产入表进行了积极的尝试和探索，但企业普遍反映仍面临入表成本偏高、难度偏大等挑战。

一是企业数据资产入表成本偏高。企业数据资产入表的成本包括企业外部采购专业服务成本和企业内部综合协调成本两部分。首先，外部采购专业服务成本是企业关注的重点，企业要完成数据资产入表需要律师事务所、数据质量评估机构等专业机构对准备入表的数据资源进行确权认定和数据质量评估等专业性认定，现阶段该部分的总体成本在20万~40万元，对企业特别是中小企业而言负担偏重。其次，从企业内部综合协调成本来看，企业在推动实现首次数据资产入表时要实现多部门协同。数据资产入表最后阶段的"入表"操作由企业财务部门主导，但企业数据资产入表不只是企业财务部门的工作，还涉及企业研发部门、市场部门、信息技术部门、法务部门以及战略规划部门等多部门，需要企业投入大量人力、物力、财力。

二是企业对数据资产入表可能造成的税负成本上升存在担忧。企业如果进行数据资产入表，则一部分以前可以费用化的项目，即成本类项目会被转移到资本项下，导致企业税负增加。因此，从现阶段的实际进展情况来看，即便是进行数据资产入表的企业，入表金额也普遍偏低。如广州和元达信息科技有限公司首单入表金额仅为29.8万元。当前，在宏观经济增长承压和企业生存压力较大的现实条件下，企业的成本敏感度较高。因此，推进企业数据资产入表，亟须降低企业的税负。

三是企业数据治理能力有待提升。企业财务人员是进行数据资产入表工作的主力军，但通过调研发现，许多企业财务人员仍缺乏足够的数字化素养和对数字化业务的认知，这种能力不足可能导致其在短期内难以胜任数据资产入表工作。同时，企业数据治理能力不足造成的数据资源质量不佳，会导致企业财务人员在对数据资产进行入表处理时面临无法全面、准确反映企业数据资产经济价值的风险。在这样的情况下，即便完成数据资产入表，数据的准确性和质量问题也可能会给企业带来后续治理风险和审计风险。

四是国有企业数据资产入表能力和积极性有待提升。广州国有企业在交通、城建、能源等诸多领域掌握大量数据资源获取渠道，积累了海量高价值数据资源，但多数国有企业在数据治理、数据应用场景开发、数据价值挖掘等方面还未形成系统化战略和流程。对于数据资产入表工作，国有企业还普遍存在"不知""不会""不愿"的问题。首先，是企业不知道其已经掌握的海量数据资源如何价值化，即不知道哪些数据资源可以入表和适合入表；其次，是不会入表，企业普遍缺少数据分类、标记、采集、整合、质量管理等环节的专业化管理和技术手段；最后，激励机制不足，企业缺乏推动数据资产入表的积极性。

（三）全流程运营规则体系仍有待确立

2024年8月，广州全面启动公共数据授权运营工作，发布《广州市公共数据授权运营管理暂行办法（征求意见稿）》，在全国首创公共数据授权运营"运商分离"模式，即公共数据运营机构（广州数据集团）不参与数据产品开发，数据产品经营权100%为数据商所有的新模式。这一模式旨在更好地发挥市场机制作用，实现公共数据资源配置最优化和效益最大化，保证各类市场主体依法平等使用公共数据、公平参与市场竞争。2024年12月，广州正式印发《广州市公共数据授权运营管理暂行办法》（以下简称《暂行办法》），为广州公共数据授权运营工作提供了政策指引。但同时，因公共数据授权运营处于起步探索阶段，覆盖全流程的运营规则体系还有待健全。

一是在公共数据资源的获取环节，用于授权运营的公共数据资源的审核确认规则仍有待确立和完善。《暂行办法》中对公共数据资源的获取要求"一场景一申请"，数据商提出的申请是否可以获得通过往往取决于数据应用场景的价值和安全性，但对于场景价值和安全性的判断还缺少客观标准。再者，对场景的描述和定义难以统一规范和标准，很多参数和环境因素的变化都可能引起场景的变化，对变化幅度不大的场景多次进行"申请"，可能会对企业运营效率造成不必要的影响。

二是在公共数据的加工使用环节，对使用已授权公共数据进行加工处理后产生的衍生数据的合规审核规则有待确立。如果缺少使用已授权公共数据进行加工处理后产生的衍生数据的合规审核，这些衍生数据大量进入市场流通交易，可能带来一定的安全隐患。

三是在公共数据产品经营环节，公共数据产品的合规利用规范仍有待确立。《暂行办法》中提出公共数据运营机构应对公共数据产品和服务的出域进行合规核查，核查通过并报送市政务大数据管理机构备案的公共数据产品和服务方可出域，但对出域后的公共数据产品和服务的使用未作进一步规范。

（四）数据要素市场统计信息匮乏，影响科学决策

当前，广州数据要素市场还存在统计信息不足的问题，数据要素市场关键信息的缺失使得现阶段广州难以绘制数据要素市场"全景图"。以数据商为例，广州公共数据授权运营中的"运商分离"[①]模式是一大创新。但是广州对当地到底有多少数据商，以及数据商的规模等级、所属行业等尚缺少有效统计。广州数据交易所对合作入驻的数据商有较为准确的统计，但从我国数据要素市场总体情况来看，当前我国数据市场的场内交易只占4%[②]，因此和数据交易所有直接合作的数据商还不足以反映数据商的全貌。

除数据商信息外，广州还应统计的数据要素市场信息，包括数据交易价格指数（场内、场外）、数据交易活跃度（交易频次、交易金额等）、行业覆盖面（体现数据要素在不同行业中的应用和交易情况）、区域分布情况（体现数据交易在不同地区的活跃程度）、数据资产入表企业相关信息等。广州需要逐步建立数据要素市场信息反馈机制和数据调查统计制度，并加强相关统计数据的收集和指标体系的建立，探索将数据要素纳入地区生产总值核算体系。

---

① "运商分离"即公共数据运营机构与数据商功能分离，承担公共数据运营工作的机构不参与数据产品开发，数据产品经营权100%归属数据商，从而避免不公平竞争问题，以更好发挥市场的决定性作用。

② 《我国数据交易市场建设：实践进展、生命周期定位与推进对策》，国家信息中心国家电子政务外网管理中心网站，2024年8月6日，http://www.sic.gov.cn/sic/608/612/0506/20240506083145523709687_pc.html。

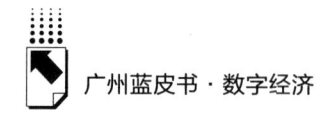

三 广州创新推动数据要素市场化配置改革的对策建议

（一）制定新版《广州市数据要素市场化配置改革行动方案》

2021年12月广州印发《广州市数据要素市场化配置改革行动方案》（以下简称《行动方案》），《行动方案》提出广州数据要素市场化配置改革重点任务分工，其中有明确时限要求的任务分工最晚于2022年12月完成。2021年至今，我国以及广东、广州的数据要素市场已经发生巨大变化。从国家顶层制度设计来看，2021年，指导我国数据要素市场发展的纲领性文件《中共中央 国务院关于构建数据基础制度更好发挥数据要素作用的意见》尚未出台；从组织架构来看，国家数据局尚未成立，广州市政务服务和数据管理局还未转型升级为广州市政务服务和数据管理局；从数据要素交易市场核心机构来看，广州数据交易所尚未设立。为紧抓新发展机遇，应对新发展挑战，广州亟须制定新版的数据要素市场化配置改革行动方案。

在新版《行动方案》的制定中，一是充分发挥广州市政务服务和数据管理局在推动广州数据要素市场化配置改革中的核心作用，由广州市政务服务和数据管理局牵头加快建立统筹协调的工作推进机制，制定配套政策清单和工程项目清单，明确重点任务、时间进度和责任部门；二是明确提出推进数据产权、数据流通、收益分配、公共数据开发利用、数据安全治理等国家数据基础制度在广州创新性先行先试的方法举措；三是明确推动企业数据资产入表、发挥数据要素乘数效应和稳步推进公共数据授权运营等重点任务；四是围绕广州数据交易所、天河智慧城、琶洲人工智能与数字经济试验区等重点机构和区域加快建设数据要素产业集聚区；五是加强数据资源统计工作，联合市政务和数据局、市统计局、市工业和信息化局等政府部门，广州数据交易所以及广州市数据要素产业协会、广州市软件行业协会等，共同研究和建立数据资源统计体系，提高统计信息的完整性、及时性，为政府科学决策和企业精准投资提供有力支持。

（二）对企业数据资产入表给予更大力度政策支持

一是搭建企业数据资产入表服务工作站。建议在广州市政务和数据局的指导下，由广州数据交易所牵头，联合会计师事务所、律师事务所、资产评估机构以及政府相关职能部门共同搭建数据资产入表专业化服务平台——广州数据资产入表服务工作站，对企业在数据资产入表工作中遇到的疑难问题提出专业建议和咨询服务，为企业数据资产入表专业人才培训提供技术支撑。通过培训课程、体系评估和证书发放等多种方式提升企业财会人员和管理人员数字化能力。

二是制定财政补贴政策和加快落实国家相关税费减免政策。首先，加快研究制定企业数据资产入表财政补贴政策。为企业数据资产入表提供补贴支持，可以更加明确地释放广州鼓励和支持企业数据资产入表的积极信号。特别是对企业首次数据资产入表提供政策支持，可以发挥财政资金"花小钱办大事"的撬动作用，有利于推动企业数据资产入表实现"从0到1"的突破。可参考借鉴北京发布的《2023年北京市高精尖产业发展资金实施指南（第三批）》中提出的做法，对企业首次实现数据资产入表给予适度资金补贴。其次，加快贯彻落实国家政策为企业降本增效。2024年7月，财政部和国家税务总局发布《关于节能节水、环境保护、安全生产专用设备数字化智能化改造企业所得税政策的公告》，提出对企业专用设备数字化、智能化改造投入①提供纳税额抵免政策。强化对该政策的宣导和执行，有利于减少企业为实现数据资产入表而进行的数字化投入。最后，研究出台数据资产纳税即征即退政策。当前我国已出台针对软件产品增值税即征即退政策，如《国务院关于印发进一步鼓励软件产业和集成电路产业发展若干政策的通知》，但在数据资产领域尚无类似政策，广州可以在该领域先行探索。

三是鼓励和引导行业协会发挥更重要的作用。首先，建议由广州市注册会计师协会牵头制定《广州市会计师事务所数据资源审计操作指南》。同时，

---

① 包括数据采集、数据传输和存储、数据分析、数字安全与防护等方面。

推出关于推动企业数据资产入表的一系列相关工作方案，成立工作专班，明确工作专班人员配置和工作机制。当前一些会计师事务所对创新性会计业务持谨慎观望态度，要化解会计师后顾之忧，激发其积极性，需要在工作方案中建立创新容错机制。其次，建议由广州市律师协会制定《广州市数据资产入表合规法律意见书指引》。当前由不同律所对企业数据权属认定、数据合规性认定等出具的法律意见书风格迥异，专业水平参差不齐，即便是与广州数据交易所深度合作的数据合规委员会实际上对合规认定也尚未形成统一标准。律师不能只做形式审查，也要做内容审查，为提高数据资产入表合规性，降低后续审计风险，广州可以出台相关法律意见书的撰写规范和内容规范指引，引导行业健康发展。最后，鼓励产业行业协会、产业联盟等开展专业化培训，建立垂直行业的数据资产标准体系。支持各产业行业协会和产业联盟发挥行业发展引领和专业自律作用，为不同产业企业数据资产入表提供契合各自产业特征的定制化培训和专业化指导；根据不同行业特点，研究制定深度契合本行业特征的数据资产标准体系，抢先填补本领域的空白。

（三）提升广州数据交易所能级，争创国家级数据交易所

当前，一线城市的数据交易所面临攀高比强、跨越赶超的激烈竞争，广州必须以时不我待的紧迫感推动广州数据交易所争创国家级数据交易所，使其数据流通量、交易额和影响力走在全国前列，以数据交易所为重要抓手助推广州建设国家数据要素流通核心枢纽。

首先，广州数据交易所可以加快探索建立更多领域的行业数据空间。打造行业数据空间是数据要素发挥乘数效应、赋能实体经济的重要抓手。广州数据交易所是我国行业数据空间先行者，其与佛山企业合作成功打造了我国首个陶瓷行业数据空间，与惠州企业联合共建全国首个低空行业数据空间。广州数据交易所"坐拥"广州众多优质产业"富矿"，但"近水楼台"的优势和潜能未有效发挥，亟须加速覆盖生物医药与健康产业、智能网联和新能源汽车产业、商贸服务等广州优势产业领域，提升广州数据交易所在更多行业数据空间领域的影响力，乃至在部分行业数据空间中的主导力。其次，

广州数据交易所需要在理论创新、制度创新和模式创新上实现协同发力。数据交易所的定位不能只是交易平台或业务平台，更要成为理论研究平台、政策研判平台和创新实践平台，只有理论创新、制度创新、模式创新协同发力，才能推动广州数据交易所实现破局。因此，广州数据交易所除要继续拓展和深化"横向到地市、纵向到行业"的"一所多基地多平台"交易服务体系外，更要在理论研究、技术创新和规则构建上补短板、强内力。上海数据交易所于2024年8月启动我国首个数据要素理论研究奖励计划——"数炬计划"。广州可参考借鉴上海经验，由广州数据交易所、广州市政务和数据局、广州市财政局联合设立数据要素理论研究基金，评选广州数据要素领域优秀学者，为其理论研究提供实践机会，同时给予资金等方面的支持。在科研课题立项申报方面，加强与高校、科研机构等的合作，开展相关数据要素领域的研究，为广州数据交易所的发展提供理论支持和创新思路。在规则制定方面，广州积极参与数据要素市场国内国际合作及相关规则制定，在推动培育全国一体化数据要素市场过程中扩大广州话语权和影响力。

（四）推动"数据要素×"行动，强化推广复用效果

探索数据要素发挥乘数效应赋能新质生产力发展的"广州路径"，率先在汽车、医药、能源、交通、保险等优势领域开展"数据要素×"行动，争创全国数据要素市场化改革示范项目，形成一批全国领先的、可复制可推广的数据创新应用和产品。

一是协助企业提升数据治理能力，这是发挥数据要素乘数效应的基础。数据管理能力成熟度评估模型（DCMM）是我国在数据管理领域首个正式发布的国家标准，建议以DCMM为抓手，鼓励和协助企业提升数据管理能力。一方面，企业可按照DCMM，快速提升自身数据管理能力；另一方面，以DCMM国家标准为指引，政府相关部门对企业数字化管理水平进行评估，并给予企业一定的奖补，对企业形成更好的正向激励。

二是积极开展"数据要素×"行动的宣传推广工作。广州现有"数据要素×"案例宣传以展示工作成绩为重点，公布的案例相关信息较为简略，可

参考借鉴北京市政务服务和数据管理局与北京软件和信息服务业协会在2024年7月共同发布的《2024北京"数据要素×"典型案例集》，制定更加详细的案例集。通过阐述案例背景、分析案例、明确案例创新点、总结案例应用成效等多个维度展示典型案例。典型案例发挥示范引领作用，激励多方主体参与的积极性，更好释放数据要素价值。

三是注重产融对接，大力推动"数据要素×"成果转化。鼓励各类产业投资基金、投融资机构、银行保险机构、科技孵化器等积极与"数据要素×"大赛组织方联系，积极与优秀参赛团队开展洽谈对接，加快"数据要素×"大赛创新成果转化落地。

（五）稳步有序推动公共数据授权运营

广州公共数据授权运营工作还处于起步阶段，相关机制仍有待健全。随着国家顶层制度的建立健全，公共数据授权运营可能进入大规模落地阶段，对授权运营机构的能力要求也将随之提升。一方面，授权运营机构应按照"公共数据分类分级"的要求，加强公共数据全生命周期的安全合规利用，覆盖公共数据开发利用全流程；另一方面，逐步完善授权运营平台相关技术标准，促进跨行业数据融合，以及公共数据与社会数据的融合利用。此外，当前阶段公共数据授权运营主要强调的是公共数据向企业的流动，后续还应建立政企数据双向流通机制，即政府与企业建立定期或实时的公共数据对接机制，企业可以主动向政府提供行业数据，以充实行业数据库，同时获取更加精准的政策支持。

参考文献

朱康、唐勇、刘恬恺：《数据要素市场化进程研究——来自数据交易所设立的证据》，《现代金融研究》2025年第2期。

杨云、李颖：《数据要素市场化改革的价值意蕴、现实挑战与应对策略研究》，《产业创新研究》2025年第3期。

刘衍峰：《数据要素赋能新质生产力涌现的逻辑理路与实践策略》，《经济论坛》2025年第3期。

卢文璟：《数据要素市场化、企业创新机制及政策协同》，《郑州大学学报》（哲学社会科学版）2025年第2期。

王嘉奇：《新质生产力、数据要素市场化与中国式产业现代化》，《经济问题探索》2025年第3期。

B.20
数据要素市场与企业双元创新研究

王翔宇　吴康敏　夏宇航　高　兴*

摘　要： 本报告基于生产要素理论与组织创新理论，探究数据要素市场的设立对企业双元创新能力的影响。以2014~2021年中国各地级市数据要素市场设立为自然实验构建渐进双重差分模型。研究发现，数据要素市场对探索性创新具有显著的促进作用，政策实施3年后效应逐渐显现，而利用性创新不具有显著性。据此，本报告提出构建数据要素与传统要素的协同投入机制、设计适应数据要素特性的新型治理架构、培育数据驱动的区域创新生态系统，以提升数据要素的边际创新产出弹性。

关键词： 数据要素市场　双元创新　渐进双重差分模型

一　引言

在当前的全球经济环境下，企业的创新活动已成为提升国家竞争力与推动经济增长的核心动力之一。特别是在数字经济背景下，创新的形式和范式经历深刻的变革。数字化转型不仅改变了企业的运营方式，也促使新的生产要素，特别是数据要素的重要性日益凸显。数据要素被视为一种基础性战略资源，其在提升生产效率、优化企业决策及促进技术革新等方面

---

* 王翔宇，博士，广州市社会科学院副研究员，研究方向为产业创新转型、城市与区域发展；吴康敏，博士，广东省科学院广州地理研究所副研究员，研究方向为创新地理；夏宇航，北京理工大学经济学院博士研究生，研究方向为数据要素与企业创新；高兴，博士，北京理工大学经济学院助理教授，研究方向为低空经济基础设施规划、经济与创新地理。

发挥重要作用。随着《"十四五"数字经济发展规划》等政策文件发布，数据要素的市场化进程逐渐加快，各地纷纷推动数据交易所的设立，尝试通过市场化机制实现数据的确权、定价和流通。与此同时，企业面临的创新压力和创新模式发生了深刻变化。传统的创新研究主要集中在资本、技术、人才等生产要素的配置上，较少关注作为新型生产要素的数据如何影响企业的创新行为。当前，数字经济不仅为企业带来了新的技术机遇，还为企业创新提供了多样化的路径，特别是通过数据的获取、分析与应用，企业可以开展探索性创新与利用性创新，进而推动新产品的开发与现有产品的优化。

  关于企业创新，已有大量研究成果，但大多数研究仍集中在传统要素的作用上，较少探讨数据要素市场对企业创新行为的直接影响。现有研究多停留在数据影响的普遍性层面，未深入分析数据要素市场如何通过特定机制作用于企业的双元创新行为，尤其是数据要素市场作为独立生产要素，其对探索性创新和利用性创新作用的差异未得到充分阐释。因此，当前的理论框架未能充分解释数字经济条件下数据要素市场如何促进或抑制企业双元创新的复杂机制，这一研究空白不仅限制了学术界对数据要素作用机制的深入理解，也使得政策制定者和企业在制定相关政策或采取相应措施时缺乏理论依据。为填补这一空白，本报告旨在深入探讨数据要素市场的设立对企业双元创新行为的影响。通过构建理论框架并结合实际案例分析，本报告将揭示数据要素市场如何通过供给、流通和交易机制促进企业探索性创新与利用性创新。为此，本报告提出两个关键研究问题：一是数据要素市场的设立对企业探索性创新行为是否有影响，二是数据要素市场的设立对企业利用性创新行为是否有影响。通过回答这些问题，本报告不仅为学术界提供了新的视角，也为政策制定者和企业制定数字经济政策提供了重要的参考依据。本报告的贡献主要体现在以下三个方面。一是首次从数据要素市场的角度探讨其对企业双元创新行为的影响，丰富了现有的创新理论框架；二是对探索性创新与利用性创新进行分析，揭示了数据要素市场在不同创新类型中发挥的不同作用；三是为政策制定者和企业提供了有关如何通过数据要素市场推动企业创

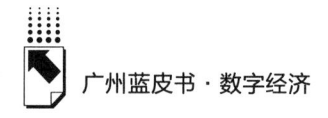

新的实践指导。这些贡献不仅填补了理论空白，也为数字经济转型过程中数据要素的有效利用提供了支持。

二 文献综述

数据要素市场对企业双元创新行为的影响研究，本质上是生产要素理论与组织创新理论在数字时代的范式碰撞，数据要素市场的出现重构了传统生产要素理论框架。基于生产要素理论，数据因其非竞争性与可复用性[1]，显著区别于传统资本与劳动力要素。[2] 这一特性与双元创新理论密切相关：探索性创新依赖异质性知识输入，以突破现有技术局限，而利用性创新需通过高频迭代优化既有知识结构。数据要素市场通过"资源稀缺性"假设，为两类创新提供差异化赋能路径。

从知识管理理论视角来看，数据要素市场的核心功能在于促进知识流动与重组。根据 Nonaka 的 SECI 模型，数据要素交易实质是隐性知识向显性知识的转化过程。[3] 开放数据市场降低了知识搜索成本，使企业能够跨越组织边界获取分布式知识节点[4]，这尤其契合探索性创新对远距离知识重组的需求[5]。同时，结构化数据流的持续输入为利用性创新提供了知识迭代的"负反馈机制"，使企业能够通过动态调整，提升现有技术轨道的效率。

从资源基础视角来看，数据要素市场通过优化企业的资源禀赋结构影响创新选择。Barney 的 VRIN 框架指出，可持续竞争优势源于有价值（valuable）、稀

---

[1] Jones C. I., Tonetti C., "Nonrivalry and the Economics of Data," *American Economic Review* 9 (2020).

[2] Arrieta-Ibarra I. et al., "Should We Treat Data as Labor? Moving beyond 'Free'," *AEA Papers and Proceedings* 108 (2018).

[3] Nonaka I., "A Dynamic Theory of Organizational Knowledge Creation," *Organization Science* 1 (1994).

[4] Davenport T. H., Prusak L., *Working Knowledge: How Organizations Manage What They Know*, (Harvard Business School Press, 1998).

[5] Fleming L., "Recombinant Uncertainty in Technological Search," *Management Science* 1 (2001).

缺（rare）、不可模仿（inimitable）、不可替代（non-substitutable）的资源。[1] 数据要素的独特之处在于其价值随应用场景变化，即同一数据集在探索性创新中可能催生突破性技术（如医疗数据用于药物研发），在利用性创新中则可能优化运营流程（如供应链数据预测），这使得数据成为支持双元创新的柔性资源。

从动态能力视角来看，Teece 提出的"感知—捕捉—重构"能力框架，为分析数据要素市场的作用提供理论工具。[2] 数据要素市场增强企业对外部技术机会的感知能力（如通过行业数据流识别颠覆性技术趋势），同时降低资源捕捉的交易成本（如标准化数据合约减少谈判摩擦）。在重构阶段，企业需通过吸收能力将外部数据与内部知识基整合，这一过程直接影响双元创新的平衡：强吸收能力企业倾向于将数据用于探索性创新，而弱吸收能力企业聚焦利用性创新。[3] 对于数据要素市场是否能够缓解双元创新的资源冲突，传统观点认为，探索性创新与利用性创新存在资源竞争，但数据要素的非竞争性特征可能突破这一约束。[4] 部分学者主张，数据驱动的知识网络允许企业通过模块化数据调用推进双元创新。[5] 反对者则基于交易成本经济学提出疑问，认为数据要素市场中的产权模糊性与测度难题可能产生新型交易成本[6]，反而加剧资源分配冲突。

从制度理论视角来看，数据要素市场的有效性受制度逻辑制约。

---

[1] Barney J. B., "Firm Resources and Sustained Competitive Advantage," *Journal of Management* 1 (1991).
[2] Teece D. J., "Explicating Dynamic Capabilities: The Nature and Microfoundations of (Sustainable) Enterprise Performance," *Strategic Management Journal* 13 (2007).
[3] Cohen W. M., Levinthal D. A., "Absorptive Capacity: A New Perspective on Learning and Innovation," *Administrative Science Quarterly* 1 (1990).
[4] Gupta A. K., Smith K. G., Shalley C. E., "The Interplay between Exploration and Exploitation," *Academy of Management Journal* 4 (2006).
[5] Karimi J., Walter Z., "The Role of Dynamic Capabilities in Responding to Digital Disruption: A Factor-based Study of the Newspaper Industry," *Journal of Management Information Systems* 1 (2015).
[6] Williamson O. E., "The Economic Institutions of Capitalism," *Firms, Markets, Relational Contracting*, Gabler, 2007.

North 的制度变迁理论指出，正式规范（如数据产权制度）与非正式规范（如数据共享文化）共同影响要素市场的交易效率。[1] 例如，欧盟基于"数据主权"理念构建的受控数据共享框架，与《中共中央 国务院关于构建数据基础制度更好发挥数据要素作用的意见》强调的"三权"分置模式，分别体现市场主导型与政府主导型制度逻辑对创新路径的差异化影响。制度压力可能改变企业的创新优先级，具体来说，强监管环境下合规性数据使用规范的建立可能迫使企业将资源投入风险更低的利用性创新。

三 研究方法

（一）实证策略

本报告关注的是数据要素市场建设所产生的创新效应。由于数据要素市场建设是一个先行试点、总结经验进而推广的过程，从2014年开始数据要素市场逐批次设立的过程可以看作一种渐进的准自然实验。本报告将采用渐进双重差分模型来考察数据要素平台设立对城市双元创新能力的影响，具体模型设定如下：

$$Pat1_{it} = \beta_0 + \beta_1 DM_{it} + \beta_3 Controls + \delta_i + \mu_t + \varepsilon_{it} \tag{1}$$

$$Pat2_{it} = \beta_0 + \beta_1 DM_{it} + \beta_3 Controls + \delta_i + \mu_t + \varepsilon_{it} \tag{2}$$

其中，下标 i 代表各地级市，t 代表时间；$Pat1_{it}$ 代表城市 i 在第 t 年时的探索性创新水平，$Pat2_{it}$ 则是对应的利用性创新水平；DM_{it} 为城市 i 在第 t 年是否设立数据要素市场的虚拟变量，若已设立则赋值1，否则为0；$Controls$ 是可能会影响城市双元创新能力的一系列控制变量。δ_i 为个体固定效应，用来控制个体层面不随时间变化的因素对城市双元创新能力的影响；μ_t 为时间

---

[1] North D. C., *Institutions, Institutional Change and Economic Performance* (Cambridge University Press, 1990).

固定效应,用于排除宏观上的时间趋势;ε_{it}为残差项,反映未纳入考虑的其他因素。

(二)变量测度与说明

1. 被解释变量

本报告借鉴 Carnabuci 和 Operti 的做法,从知识演化视角构建双路径创新测度体系,以"突破式创新"与"渐进式创新"表征城市创新活动的技术跃迁特征。[1] 具体测度流程如下。第一,技术领域识别。基于世界知识产权组织 IPC 分类体系,截取专利主分类号前 4 位(如 H04B),将其作为技术领域识别码,建立企业级技术空间坐标系统。该编码规则能有效区分不同技术轨道,前 4 位分类号已被证实具有技术差异性识别功能。第二,知识轨迹追踪。设计动态时间窗分析框架,对每个专利实施回溯性技术扫描。以专利申报年度为基准点,向前追溯 60 个月构建企业技术档案库。若当前专利所属技术领域未在档案库中出现,则标记为突破式创新,表征企业进入全新技术领域;反之则定义为渐进式创新,反映企业对现有技术路线的深化开发。第三,空间聚合处理。该技术通过企业注册地信息与城市行政区划的映射关系,基于微观专利数据,构建城市创新指标。以地级市为统计单元,分别汇总年度突破式与渐进式专利总量,最终形成覆盖 289 个城市、11 年观测期的平衡面板数据集。

2. 解释变量

本报告核心解释变量为城市是否设立数据要素市场的虚拟变量。将研究期内设立了数据要素市场的地级市定义为处理组城市,若城市 i 在第 t 年设立了数据要素市场,核心解释变量赋值 1,否则为 0。在本报告的研究期内,自 2014 年中关村数海大数据交易平台设立以来,已有 29 个地级市设立 40 个数据要素市场。

---

[1] Carnabuci G., Operti E., "Where Do Firms' Recombinant Capabilities Come from? Intraorganizational Networks, Knowledge, and Firms' Ability to Innovate Through Technological Recombination," *Strategic Management Journal* 13 (2013).

图1展示了2011~2021年不同城市组别的双元创新能力变化趋势，其中图1（a）为探索性创新，图1（b）为利用性创新。从图1可知，处理组的平均探索性创新水平和利用性创新水平一直高于对照组，两组差距在2014年前保持在较低水平。2014年后随着数据要素市场的陆续设立，两组差距明显扩大。总体来说，数据要素市场建设与城市双元创新水平的提升具有一定的正相关性，但其中是否具有因果关系则需进一步验证。

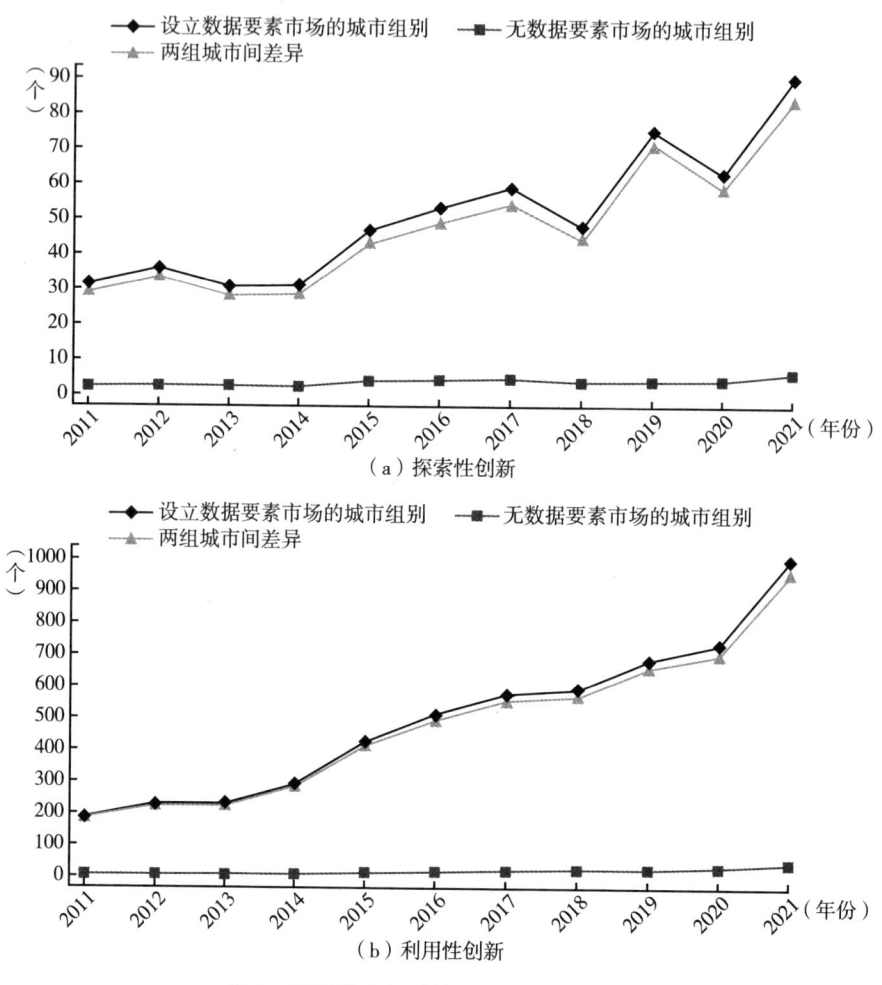

图1 不同城市组别的双元创新能力变化

3. 控制变量

本报告将经济发展水平（$pgdp$）、政府干预程度（gov）、金融发展（$finance$）、人力资本（$human$）、外商投资（fdi）及居民工资（$wage$）作为控制变量，分别选取人均实际地区生产总值、财政支出占地区生产总值的比重、金融机构存贷款余额占地区生产总值的比重、每万人在校大学生数、当年实际使用外资金额及职工平均工资来度量。

本报告双元创新指标的原始数据来自 CNRDS，CSMAR 数据库，是否设立数据要素市场的虚拟变量由作者整理得出，控制变量数据主要来自《中国城市统计年鉴》，部分地级市指标数据缺失，为减少样本选择导致的回归结果偏差，本报告对缺失值采用 arima 填补法补齐。表1为主要变量的描述性统计结果。

表1　主要变量描述性统计

变量名称	样本量	均值	标准差	最小值	中值	最大值
探索性创新（$Pat1$）	3267	9.19	36.310	0	1	977
利用性创新（$Pat2$）	3267	71.98	505.137	0	1	13490
数据要素市场（DM）	3267	0.04	0.198	0	0	1
经济发展水平（$pgdp$）	3267	5.45	3.433	0.65	4.49	46.77
政府干预程度（gov）	3267	0.23	0.185	0.0439	0.1806	2.3488
金融发展（$finance$）	3267	2.56	1.330	0.0007	2.2255	21.3015
人力资本（$human$）	3267	0.08	1.112	0	0.0107	25.4475
外商投资（fdi）	3267	9.19	21.860	0	2.3	308.26
居民工资（$wage$）	3267	6.20	2.273	0.5	5.87	20.15

四　结果与分析

（一）基准回归结果

本报告采用渐进双重差分模型，探讨数据要素市场的建设对城市双元创新能力的影响。回归分析结果表明，数据要素市场的设立对城市的探索性创新具有显著的正向影响，而对利用性创新的影响不显著。首先，模型（1）至模型（3）考察了数据要素市场对城市探索性创新水平的影响。在这些模型中，数据要素市场的回归系数均为正值，并且均在10%的显著性水平下显著。这一结果表明，数据要素市场的设立与城市探索性创新水平的提升存在正相关关系。具体而言，回归系数从80.184［未控制其他变量的模型（1）］逐步降低到30.186［加入控制变量后的模型（2）］和5.471［完全控制城市固定效应和时间固定效应的模型（3）］。从模型（1）到模型（3），尽管回归系数有所下降，但始终保持在正值范围内，且在标准误差较小的情况下具有显著性。这意味着，数据要素市场的建设对探索性创新有持续的正向影响，且这一效应在不同的控制条件下均显现出来。这一结论表明，数据要素市场通过提供信息流通渠道、数据资源和创新支持平台，显著促进企业在技术探索和新产品开发方面的能力提升。数据要素市场的设立为企业提供了更多的外部信息和资源，增强其开展探索性创新的能力。

然而，表2中第（6）列回归结果表明，在依次控制个体固定效应、时间固定效应和控制变量后，数据要素市场设立对城市利用性创新的影响不具有统计显著性，表明其在提升现有技术水平或产品优化方面的作用较为有限。模型（4）中的回归系数为943.058。然而，随着控制变量和固定效应的引入，回归系数下降至409.280和50.655［模型（5）和模型（6）］，且标准误差有所增加。这表明数据要素市场对利用性创新的影响较弱。这一结果出现的可能原因在于，利用性创新通常关注的是现有技术的优化和现有市场的深度开发，而数据要素市场的设立更可能对探索性创新产生较大的推动作用。对于企业而言，利用性创新更依赖内部资源和现有技术，数据要素市场的建立或许并未在短期内直接促进现有技术水平的提升或产品的优化。因此，利用性创新通常侧重于在已有技术框架内进行改进和优化，这种创新更多依赖资本、人才等传统生产要素，而数据要素市场的影响更多体现在新技术的开发上。综上所述，尽管数据要素市场对探索性创新有显著推动作用，但对利用性创新的直接影响较小。

表2　数据要素平台设立对城市双元创新能力的基准估计结果

变量	探索性创新			利用性创新		
	(1)	(2)	(3)	(4)	(5)	(6)
数据要素市场	80.184*** (12.182)	30.186*** (5.734)	5.471* (3.136)	943.058*** (183.981)	409.280*** (103.415)	50.655 (64.058)
控制变量	N	N	Y	N	N	Y
城市固定效应	N	Y	Y	N	Y	Y
时间固定效应	N	Y	Y	N	Y	Y
样本量	3267	3267	3267	3267	3267	3267
R^2	0.192	0.818	0.882	0.137	0.794	0.844

注：*** $p<0.01$，** $p<0.05$，* $p<0.1$。

（二）平行趋势检验

为验证数据要素市场设立对城市探索性创新的因果效应是否具有稳健性，本报告进行了平行趋势检验。平行趋势假设要求，在数据要素市场设立之前，处理组与控制组的探索性创新水平应呈现相似的变化趋势，即两组在处理前期的创新水平应无系统性差异。因此，验证平行趋势假设是进行双重差分分析的前提之一。图2展示了数据要素市场设立对城市探索性创新能力的影响，横轴以数据要素市场设立年份为零点，纵轴表示估计系数值。设立数据要素市场的前5年，处理组与控制组的估计系数均围绕0波动，且所有估计系数值在这些年份都不具有统计显著性。这表明在数据要素市场设立前，处理组与控制组的探索性创新水平变化趋势没有显著差异，满足平行趋势假设。具体来看，在数据要素市场设立前两年，虽然估计系数有所上升，但这些变动并不显著，表明在数据要素市场设立前，两个组别的创新趋势是一致的，这进一步验证了平行趋势假设。数据要素市场设立后，估计系数开始上升。这一变化显示出在数据要素市场设立3年后，其开始显著影响城市的探索性创新水平。随着数据要素市场的深入发展，创新能力的提升在后期显现出较强的持续性。这表明，数据要素市场对企业探索性创新的促进作用可能存在一定的滞后性，即数据要素市场的建设效果在初期可能并不明显，但随着市场化进程的深入，企业创新活动得到更大的激励。

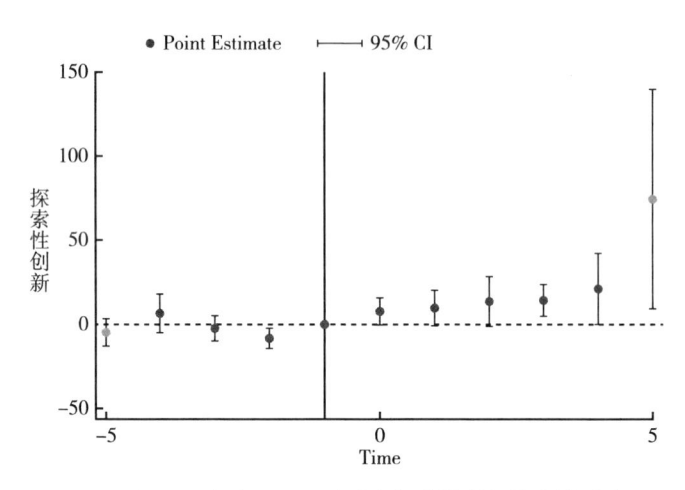

图 2　数据要素市场设立对城市探索性创新能力的影响

综上所述，平行趋势假设在本报告中得到有效验证。在数据要素市场设立之前，处理组与控制组的创新水平变化趋势相似，没有显著差异，符合平行趋势假设的要求。而在数据要素市场设立后，估计系数出现显著上升，这表明数据要素市场对企业的探索性创新有显著的促进作用。这表明，数据要素市场的建设对城市探索性创新的影响具有滞后性，且随着时间推移，其影响力会逐渐扩大。

五　结论与建议

（一）主要结论

随着数据要素在数字经济中的重要性日益凸显，传统的创新理论框架已难以全面解释数据要素市场对企业创新活动的影响。为此，本报告通过构建渐进双重差分模型，系统考察了数据要素市场设立对中国数字经济背景下城市双元创新能力的因果效应。实证分析结果表明，数据要素市场对探索性创新具有统计显著性,而对利用性创新未显现可观测效应。具体而言,在控制城市固定效应与时间固定效应后,数据市场设立使探索性创新产出平均提升5.47%,且处理效应从政策实施第3年起持续增强,该模式可能表明数据利用能力存在累积学习效应。与之相对的是,在多重模型设定下数据市场设立与利用性创新间不存在统计显著性。处理组与对照组在数据市场设立前的创新轨迹无显著差异,证明平行趋势假设的有效性。

(二)对策建议

基于上述分析,本报告提出以下三点对策建议。

1. 构建数据要素与传统要素的协同投入机制

基于 Acemoglu 等[1]的定向技术变革理论,数据要素的边际产出依赖互补性资产的投资强度,本报告认为数据要素对双元创新具有非对称影响,印证了 Mallick 等[2]关于通用技术扩散需要配套人力资本升级的论断。因此,通过调整财政支出结构,在数字基础设施建设中嵌入"数据—人才—设备"捆绑式投资条款,将有效缓解 Hicks 等[3]所述的要素替代受限的问题,从而打破数据孤岛。

2. 设计符合数据要素特性的新型治理架构

一是建立数据产权保护与交易规则制定机制,明确数据的产权归属、使用范围及交易流程等关键要素,规范市场秩序,保障数据提供者、使用者等各方合法权益,激发企业参与数据交易与创新应用的积极性。二是构建高效的数据基础设施体系,加大对数据存储、计算、传输等硬件设施的投入力度,同时制定统一的数据标准与接口规范,提升数据的兼容性与流通效率,为企业获取和利用数据提供便捷、低成本的条件,助力企业基于数据开展创

---

[1] Acemoglu D. et al., "The Environment and Directed Technical Change," *American Economic Review* 1 (2012).

[2] Mallick S. K., Sousa R. M., "The Skill Premium Effect of Technological Change: New Evidence from United States Manufacturing," *International Labour Review* 1 (2017).

[3] Hicks J. R., Allen R. G., *A Reconsideration of The Theory of Value* (In The Foundations of Price Theory Vol 4. Routledge, 2024).

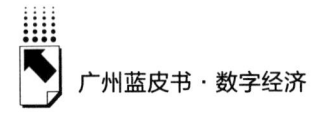

新活动。三是加强数据人才培养与引进，通过教育体系改革、职业培训以及优惠政策等多种方式，培养和会聚一批既懂数据技术又熟悉经济管理的复合型人才，为数据要素市场的发展和企业创新提供强大的智力支持，推动数据要素在企业创新中的深度应用与价值挖掘。

3.培育数据驱动的区域创新生态系统

通过构建系统性的区域数据基础设施，打造一体化的数据共享与交换平台，实现区域内企业、高校、科研机构等多元主体的数据资源整合与高效流通，为企业创新提供丰富的数据资源。同时积极推动区域内企业与高校、科研机构的深度合作，建立产学研用协同创新机制，通过联合开展数据驱动的科研项目、技术转化与应用实践，加速数据技术在企业中的落地应用，提升企业创新效能。此外，政府需制定并实施有针对性的政策，引导数据驱动型创新企业在特定区域集聚发展，形成产业集群，促进企业间的数据共享、技术交流与协同创新，激发区域创新活力，进而营造良好的由数据驱动的创新生态环境，为区域内企业创新发展提供有力支撑与保障。

参考文献

高洪玮：《中国式现代化与产业链韧性：历史逻辑、理论基础与对策建议》，《当代经济管理》2023年第4期。

贾根良、李家瑞：《美国中小科技企业创新对我国的启示》，《江西社会科学》2021年第1期。

刘满凤、杨杰、陈梁：《数据要素市场建设与城市数字经济发展》，《当代财经》2022年第1期。

孟庆时、余江、陈凤：《深度数字化条件下的突破性创新机遇与挑战》，《科学学研究》2022年第7期。

徐翔等：《数据要素与企业创新：基于研发竞争的视角》，《经济研究》2023年第2期。

Acemoglu D. et al., "The Environment and Directed Technical Change," *American Economic Review* 1 (2012).

附录一
工业和信息化部等七部门关于推动未来产业创新发展的实施意见

(工业和信息化部等7部门2024年1月18日印发)

未来产业由前沿技术驱动,当前处于孕育萌发阶段或产业化初期,是具有显著战略性、引领性、颠覆性和不确定性的前瞻性新兴产业。大力发展未来产业,是引领科技进步、带动产业升级、培育新质生产力的战略选择。为贯彻落实党的二十大精神和《中华人民共和国国民经济和社会发展第十四个五年规划和2035年远景目标纲要》,把握新一轮科技革命和产业变革机遇,围绕制造业主战场加快发展未来产业,支撑推进新型工业化,现提出如下意见。

一 指导思想

以习近平新时代中国特色社会主义思想为指导,全面贯彻党的二十大精神,完整、准确、全面贯彻新发展理念,加快构建新发展格局,统筹发展和安全,以传统产业的高端化升级和前沿技术的产业化落地为主线,以创新为动力,以企业为主体,以场景为牵引,以标志性产品为抓手,遵循科技创新及产业发展规律,加强前瞻谋划、政策引导,积极培育未来产业,加快形成新质生产力,为强国建设提供有力支撑。

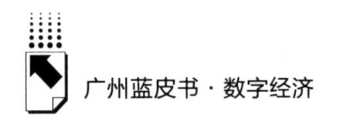

二　基本原则

前瞻部署、梯次培育。顺应新一轮科技革命和产业变革趋势，面向国家重大需求和战略必争领域，系统谋划，超前布局。把握未来产业发展规律，分阶段培育，动态调整。

创新驱动、应用牵引。以前沿技术突破引领未来产业发展，加强原创性、颠覆性技术创新。以场景为牵引，贯通研发与应用，加快产业化进程。

生态协同、系统推进。汇聚政产学研用等资源，融合资本、人才、技术、数据等要素，打造创新链产业链资金链人才链深度融合的产业生态。

开放合作、安全有序。主动参与全球未来产业分工和合作，深度融入全球创新网络。统筹技术创新和伦理治理，营造包容审慎、安全可持续的发展环境。

三　发展目标

到2025年，未来产业技术创新、产业培育、安全治理等全面发展，部分领域达到国际先进水平，产业规模稳步提升。建设一批未来产业孵化器和先导区，突破百项前沿关键核心技术，形成百项标志性产品，打造百家领军企业，开拓百项典型应用场景，制定百项关键标准，培育百家专业服务机构，初步形成符合我国实际的未来产业发展模式。

到2027年，未来产业综合实力显著提升，部分领域实现全球引领。关键核心技术取得重大突破，一批新技术、新产品、新业态、新模式得到普遍应用，重点产业实现规模化发展，培育一批生态主导型领军企业，构建未来产业和优势产业、新兴产业、传统产业协同联动的发展格局，形成可持续发展的长效机制，成为世界未来产业重要策源地。

附录一　工业和信息化部等七部门关于推动未来产业创新发展的实施意见

四　重点任务

（一）全面布局未来产业

把握全球科技创新和产业发展趋势，重点推进未来制造、未来信息、未来材料、未来能源、未来空间和未来健康六大方向产业发展。打造未来产业瞭望站，利用人工智能、先进计算等技术精准识别和培育高潜能未来产业。发挥新型举国体制优势，引导地方结合产业基础和资源禀赋，合理规划、精准培育和错位发展未来产业。发挥前沿技术增量器作用，瞄准高端、智能和绿色等方向，加快传统产业转型升级，为建设现代化产业体系提供新动力。

专栏1　前瞻部署新赛道

未来制造。发展智能制造、生物制造、纳米制造、激光制造、循环制造，突破智能控制、智能传感、模拟仿真等关键核心技术，推广柔性制造、共享制造等模式，推动工业互联网、工业元宇宙等发展。

未来信息。推动下一代移动通信、卫星互联网、量子信息等技术产业化应用，加快量子、光子等计算技术创新突破，加速类脑智能、群体智能、大模型等深度赋能，加速培育智能产业。

未来材料。推动有色金属、化工、无机非金属等先进基础材料升级，发展高性能碳纤维、先进半导体等关键战略材料，加快超导材料等前沿新材料创新应用。

未来能源。聚焦核能、核聚变、氢能、生物质能等重点领域，打造"采集-存储-运输-应用"全链条的未来能源装备体系。研发新型晶硅太阳能电池、薄膜太阳能电池等高效太阳能电池及相关电子专用设备，加

345

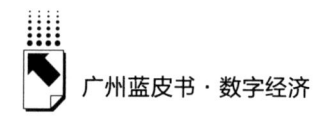

快发展新型储能，推动能源电子产业融合升级。

未来空间。聚焦空天、深海、深地等领域，研制载人航天、探月探火、卫星导航、临空无人系统、先进高效航空器等高端装备，加快深海潜水器、深海作业装备、深海搜救探测设备、深海智能无人平台等研制及创新应用，推动深地资源探采、城市地下空间开发利用、极地探测与作业等领域装备研制。

未来健康。加快细胞和基因技术、合成生物、生物育种等前沿技术产业化，推动5G/6G、元宇宙、人工智能等技术赋能新型医疗服务，研发融合数字孪生、脑机交互等先进技术的高端医疗装备和健康用品。

（二）加快技术创新和产业化

1. 提升创新能力

面向未来产业重点方向实施国家科技重大项目和重大科技攻关工程，加快突破关键核心技术。发挥国家实验室、全国重点实验室等创新载体作用，加强基础共性技术供给。鼓励龙头企业牵头组建创新联合体，集聚产学研用资源，体系化推进重点领域技术攻关。推动跨领域技术交叉融合创新，加快颠覆性技术突破，打造原创技术策源地。举办未来产业创新创业大赛，激发各界创新动能。

2. 促进成果转化

发布前沿技术应用推广目录，建设未来产业成果"线上发布大厅"，打造产品交易平台，举办成果对接展会，推动供需精准对接。构建科技服务和技术市场新模式，遴选科技成果评价和转移转化专业机构，开拓应用场景和商业模式。落实首台（套）重大技术装备和首批次材料激励政策，加快新技术新产品应用推广。

（三）打造标志性产品

1. 突破下一代智能终端

发展适应通用智能趋势的工业终端产品，支撑工业生产提质增效，赋能新型工业化。发展量大面广、智能便捷、沉浸体验的消费级终端，满足数字生活、数字文化、公共服务等新需求。打造智能适老的医疗健康终端，提升人民群众生命健康质量。突破高级别智能网联汽车、元宇宙入口等具有爆发潜能的超级终端，构筑产业竞争新优势。

2. 做优信息服务产品

发展下一代操作系统，构筑安全可靠的数字底座。推广开源技术，建设开源社区，构建开源生态体系。探索以区块链为核心技术、以数据为关键要素，构建下一代互联网创新应用和数字化生态。面向新一代移动信息网络、类脑智能等加快软件产品研发，鼓励新产品示范应用，激发信息服务潜能。

3. 做强未来高端装备

面向国家重大战略需求和人民美好生活需要，加快实施重大技术装备攻关工程，突破人形机器人、量子计算机、超高速列车、下一代大飞机、绿色智能船舶、无人船艇等高端装备产品，以整机带动新技术产业化落地，打造全球领先的高端装备体系。深入实施产业基础再造工程，补齐基础元器件、基础零部件、基础材料、基础工艺和基础软件等短板，夯实未来产业发展根基。

专栏2　创新标志性产品

人形机器人。突破机器人高转矩密度伺服电机、高动态运动规划与控制、仿生感知与认知、智能灵巧手、电子皮肤等核心技术，重点推进智能制造、家庭服务、特殊环境作业等领域产品的研制及应用。

量子计算机。加强可容错通用量子计算技术研发，提升物理硬件指标和算法纠错性能，推动量子软件、量子云平台协同布置，发挥量子计算的优越性，探索向垂直行业应用渗透。

新型显示。加快量子点显示、全息显示等研究，突破Micro-LED、激光、印刷等显示技术并实现规模化应用，实现无障碍、全柔性、3D立体等显示效果，加快在智能终端、智能网联汽车、远程连接、文化内容呈现等场景中推广。

脑机接口。突破脑机融合、类脑芯片、大脑计算神经模型等关键技术和核心器件，研制一批易用安全的脑机接口产品，鼓励探索在医疗康复、无人驾驶、虚拟现实等典型领域的应用。

6G网络设备。开展先进无线通信、新型网络架构、跨域融合、空天地一体、网络与数据安全等技术研究，研制无线关键技术概念样机，形成以全息通信、数字孪生等为代表的特色应用。

超大规模新型智算中心。加快突破GPU芯片、集群低时延互连网络、异构资源管理等技术，建设超大规模智算中心，满足大模型迭代训练和应用推理需求。

第三代互联网。推动第三代互联网在数据交易所应用试点，探索利用区块链技术打通重点行业及领域各主体平台数据，研究第三代互联网数字身份认证体系，建立数据治理和交易流通机制，形成可复制可推广的典型案例。

高端文旅装备。研发支撑文化娱乐创作的专用及配套软件，推进演艺与游乐先进装备、水陆空旅游高端装备、沉浸式体验设施、智慧旅游系统及检测监测平台的研制，发展智能化、高端化、成套化文旅设备。

先进高效航空装备。围绕下一代大飞机发展，突破新型布局、智能驾驶、互联航电、多电系统、开式转子混合动力发动机等核心技术。推进超声速、超高效亚声速、新能源客机等先进概念研究。围绕未来智慧空中交通需求，加快电动垂直起降航空器、智能高效航空物流装备等研制及应用。

深部资源勘探开发装备。围绕深部作业需求，以超深层智能钻机工程样机、深海油气水下生产系统、深海多金属结核采矿车等高端资源勘探开发装备为牵引，推动一系列关键技术攻关。

附录一　工业和信息化部等七部门关于推动未来产业创新发展的实施意见

（四）壮大产业主体

1. 培育高水平企业梯队

引导领军企业前瞻谋划新赛道，通过内部创业、投资孵化等培育未来产业新主体。实施中央企业未来产业启航行动计划，加快培育未来产业新企业。建设未来产业创新型中小企业孵化基地，梯度培育专精特新中小企业、高新技术企业和"小巨人"企业。支持新型研发机构快速发展，培育多元化的未来产业推进力量。

2. 打造特色产业链

依托龙头企业培育未来产业产业链，建设先进技术体系。鼓励有条件的地区先行先试，结合国家自主创新示范区、国家高新技术产业开发区、新型工业化产业示范基地等，创建未来产业先导区，推动产业特色化集聚发展。创新管理机制，建设数字化的供应链产业链，促进创新资源汇聚，加速数据、知识等生产要素高效流通。

3. 构建产业生态

加强产学研用协作，打造未来产业创新联合体，构建大中小企业融通发展、产业链上下游协同创新的生态体系。强化全国统一大市场下的标准互认和要素互通，提升产业链供应链韧性，构建产品配套、软硬协同的产业生态。

（五）丰富应用场景

1. 开拓新型工业化场景

围绕装备、原材料、消费品等重点领域，面向设计、生产、检测、运维等环节打造应用试验场，以产品规模化迭代应用促进未来产业技术成熟。深化新一代信息技术与制造业融合，加快推动产业链结构、流程与模式重构，开拓未来制造新应用。发挥中央企业丰富场景优势，加快建设多元化未来制造场景。加快工业元宇宙、生物制造等新兴场景推广，以场景创新带动制造业转型升级。

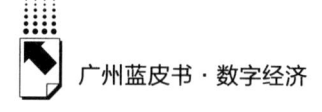

2. 打造跨界融合场景

依托重大活动，实现前沿技术和产品的跨领域、综合性试点应用，打造示范标杆。依托载人航天、深海深地等重大工程和项目场景，加速探索未来空间方向的成果创新应用，服务国家战略需求。依托城市群和都市圈建设，打造绿色集约的产城融合场景。创新未来信息服务场景，加速形成普惠均等、便捷智慧的信息服务新范式。

3. 建设标志性场景

定期遴选发布典型应用场景清单和推荐目录，建立优秀案例和解决方案库。引导地方开发特色化的标杆示范场景，依托场景组织高水平供需对接活动，加速新技术新产品推广。鼓励企业面向应用场景开展创新研发，支持高校和科研院所针对原创性、颠覆性技术，建设早期试验场景，引领未来技术迭代突破。

（六）优化产业支撑体系

1. 加强标准引领与专利护航

结合未来产业发展需求，统筹布局未来产业标准化发展路线，加快重点标准研制。针对重点标准适时开展宣贯和培训，引导企业对标达标，加速未来产业标准应用推广。促进标准、专利与技术协同发展，引导企业将自主知识产权与技术标准相融合。完善关键领域自主知识产权建设及储备机制，深化国际国内知识产权组织协作，构建未来产业高质量专利遴选、评价及推广体系。

专栏3　强化标准引领

前瞻布局标准研究。聚焦元宇宙、脑机接口、量子信息等重点领域，制定标准化路线图，研制基础通用、关键技术、试验方法、重点产品、典型应用以及安全伦理等标准，适时推动相关标准制定。

附录一　工业和信息化部等七部门关于推动未来产业创新发展的实施意见

> 推动标准应用试点。组织有关行业协会、标准化专业机构和技术组织，围绕企业发展需求，开展未来产业领域标准的宣贯、培训，将先进技术、先进理念、先进方法以标准形式导入企业研发、生产、管理等环节。
>
> 深化标准国际合作。支持国内企事业单位深度参与国际电信联盟（ITU）、国际标准化组织（ISO）、国际电工委员会（IEC）等国际标准化活动，组织产业链上下游企业共同推进国际标准研制，探索成立国际性标准化联盟组织。
>
> 构建知识产权体系。建设未来产业知识产权运营服务平台，开展知识产权风险监测与评估。组建知识产权联盟，建设产业专利池，开展重点产业链专利分析，建设高质量专利遴选、评价及推广体系。

2. 同步构筑中试能力

按产业需求建设一批中试和应用验证平台，提升精密测量仪器、高端试验设备、设计仿真软件等供给能力，为关键技术验证提供试用环境，加快新技术向现实生产力转化。建设一批中试公共服务机构，提高工程开发、技术熟化、样品试制、测试验证等中试服务水平。

3. 建设专业人才队伍

大力培育未来产业领军企业家和科学家，优化鼓励原创、宽容失败的创新创业环境。激发科研人员创新活力，建设一批未来技术学院，探索复合型创新人才的培养模式。强化校企联合培养，拓展海外引才渠道，加大前沿领域紧缺高层次人才的引进力度。

4. 强化新型基础设施

深入推进5G、算力基础设施、工业互联网、物联网、车联网、千兆光网等建设，前瞻布局6G、卫星互联网、手机直连卫星等关键技术研究，构建高速泛在、集成互联、智能绿色、安全高效的新型数字基础设施。引导重

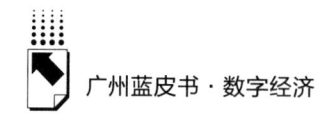

大科技基础设施服务未来产业，深化设施、设备和数据共享，加速前沿技术转化应用。推进新一代信息技术向交通、能源、水利等传统基础设施融合赋能，发展公路数字经济，加快基础设施数字化转型。

五 保障措施

（一）加强统筹协调

在中央科技委领导下，按照国家制造强国建设领导小组要求，形成部际协同、央地协作的工作格局。以实施意见为指南，围绕脑机接口、量子信息等专业领域制定专项政策文件，形成完备的未来产业政策体系。发挥行业协会等社会组织作用，推广先进的典型案例，营造推进未来产业发展的良好氛围。

（二）加大金融支持

推动制造业转型升级基金、国家中小企业发展基金等加大投入，实施"科技产业金融一体化"专项，带动更多资本投早投小投硬科技。完善金融财税支持政策，鼓励政策性银行和金融机构等加大投入，引导地方设立未来产业专项资金，探索建立风险补偿专项资金，优化风险拨备资金等补偿措施。

（三）强化安全治理

坚持包容审慎的治理理念，探索跨部门联合治理模式，构建多方参与、有效协同的未来产业治理格局。加强伦理规范研究，科学划定"红线"和"底线"，构建鉴别-评估-防御-治理一体化机制。引导企业建立数据管理、产品开发等自律机制，完善安全监测、预警分析和应急处置手段，防范前沿技术应用风险。

（四）深化国际合作

依托"一带一路"等机制，鼓励国内企业与研究机构走出去，深度参与全球未来产业分工。鼓励跨国公司、国外科研机构等在我国建设前沿技术研发中心，推动国内外企业联合开展技术研发和产业化应用。举办全球未来产业发展论坛等活动，组建未来产业国际创新联盟。加强与相关国际组织合作，主动参与国际治理规则和国际标准制定，积极贡献中国产品、中国方案和中国智慧。

附录二
广州市数据条例

(广州市人民代表大会常务委员会 2025 年 1 月 22 日发布)

第一章 总 则

第一条 为了规范和促进本市数据流通交易、产业发展、安全保障等活动，加快形成新质生产力，推动经济社会高质量发展，根据有关法律法规，结合本市实际，制定本条例。

第二条 市人民政府应当将数据开发利用和产业发展纳入国民经济和社会发展规划，建立健全数字政府议事协调机制，协调、解决本市数据管理和发展中的重大问题。

区人民政府应当做好本行政区域数据管理和发展相关工作，创新数据流通应用场景。

第三条 市、区数据主管部门负责推进、指导、监督本行政区域内数据管理工作。市数据主管部门负责组织实施本条例。

网信、发展改革、工业和信息化、公安、财政、人力资源社会保障、市场监管、统计、地方金融管理等部门在各自职责范围内做好数据管理相关工作。

市政务大数据管理机构负责本市公共数据管理的具体实施工作。

第四条 市、区人民政府及其有关部门应当依法保护自然人对其个人信息数据享有的人格权益，以及自然人、法人和非法人组织在数据处理活动中形成的法定或者约定的财产权益。

自然人、法人和非法人组织开展数据处理活动、行使相关数据权益，不得危害国家安全和公共利益，不得损害他人的合法权益。

第二章 数据资源

第五条 市、区人民政府及其部门应当建立首席数据官制度。首席数据官由本行政区域或者本部门相关负责人担任，负责统筹本行政区域或者本部门数据资源的整体规划和协同管理，推动数据汇聚治理、共享开放和开发利用。

企事业单位可以建立首席数据官制度，发挥首席数据官在数据开发利用、数据资产管理、数据人才培育、数据文化建设、数据安全治理等方面的领导作用，推动数据价值挖掘和流通应用。

第六条 公共管理和服务机构应当在各自职责范围内负责本机构和本领域公共数据采集、编目、汇聚、共享、开放、应用、安全等工作。

公共数据管理涉及多个机构或者责任不明确的，由本级数据主管部门根据实际情况会同机构编制管理部门确定责任机构。对确定责任机构有异议的，由本级人民政府指定。

第七条 市数据主管部门应当建立公共数据资源清单管理机制，制定本市数据采集责任清单编制规范和公共数据资源目录编制规范。

公共管理和服务机构应当按照编制规范，结合本机构职能编制数据采集责任清单和公共数据资源目录。

法律、法规、规章依据或者法定职能发生变化的，公共管理和服务机构应当在十五个工作日内更新本机构数据采集责任清单和公共数据资源目录。

第八条 市数据主管部门负责统筹规划城市大数据平台建设工作。市政务大数据管理机构负责建立健全城市大数据平台运行管理机制。

公共管理和服务机构应当通过城市大数据平台开展公共数据的归集、共享、开放等工作。公共管理和服务机构不得另行建设跨部门、跨层级的大数据平台或者数据共享开放渠道；已经建成的，应当按照有关规定进行整合。

第九条 公共管理和服务机构应当将本机构公共数据资源目录中的数据在城市大数据平台归集。

公共管理和服务机构应当加强数据质量管理，保障数据的实时性、完整性和准确性。已归集的公共数据发生变更、失效等情形的，公共管理和服务机构应当及时更新。

第十条 公共管理和服务机构应当通过城市大数据平台提出数据共享申请，并加强共享数据使用全过程管理。通过共享获得的数据仅限用于本机构履行法定职责、提供公共服务需要，不得超出使用范围或者用于其他目的。

公共管理和服务机构应当推动本领域垂直业务系统的公共数据按照属地原则，通过城市大数据平台回流至各区及有关基层单位使用。

第十一条 公共管理和服务机构应当依法有序向社会开放公共数据。

公共管理和服务机构应当制定公共数据年度开放计划和开放目录，向社会提供公共数据开放服务时不得设定歧视性条件。公共管理和服务机构应当及时更新、维护、管理其开放的公共数据。

自然人、法人和非法人组织应当按照法律法规规定和公共数据利用协议的约定，对开放的公共数据进行开发利用，保障数据安全，并反馈数据开发利用情况，不得将公共数据用于约定之外的其他用途。

第十二条 市人民政府应当建立公共数据授权运营机制，确定公共数据运营机构，推动公共数据社会化开发利用。

公共数据运营机构负责本市公共数据运营工作，搭建公共数据运营平台，向数据处理者提供安全可信的数据开发利用环境和公共数据资源。公共数据资源使用费按照国库集中收缴制度和财政预算有关规定管理。

市政务大数据管理机构负责对本市公共数据运营工作实施日常管理。公共数据授权运营的具体办法由市人民政府另行制定。

第十三条 数据处理者通过公共数据运营平台实施数据开发利用，应当遵守公共数据运营管理合规审查、安全审查、算法审查等相关规定，符合约定的用途、范围、方式、期限等，并履行数据安全保护义务。

第十四条　未通过公共数据开放或者公共数据授权运营等法定渠道，公共管理和服务机构不得将公共数据提供给数据处理者。

第十五条　市、区人民政府及其有关部门应当通过制定产业政策、引入社会资本、创新应用模式、强化合作交流等方式，引导自然人、法人和非法人组织依法开放、开发利用自有数据资源。

公共管理和服务机构为依法履行职责，可以通过政府采购方式获取非公共数据，并纳入公共数据资源目录管理。

第三章　数据要素市场

第十六条　市人民政府应当按照国家有关规定建立数据资源持有权、数据加工使用权、数据产品经营权等分置的数据产权运行机制。

自然人、法人和非法人组织在数据处理过程中，投入数据、劳动、技术等要素的，依法享有与其投入和贡献相匹配的收益。

第十七条　数据交易场所应当按照国家、省有关规定，为数据交易提供相应基础设施和服务，组织和监管数据交易，制定数据交易、结算、争议解决、信息披露、安全保护等业务规则，提供公平有序、安全可控、全程可追溯的数据交易环境。

数据交易场所应当接受市数据主管部门的日常监管，定期报送经营数据、工作报告和经审计的年度财务报表；发生变更事项时，按照规定上报核查。

第十八条　具有下列情形之一的数据产品和服务，不得交易：

（一）危害国家安全、公共利益，损害个人、组织合法权益的；

（二）未经相关合法权利人授权同意的；

（三）法律、法规禁止的其他情形。

第十九条　自然人、法人和非法人组织对其合法处理形成的数据产品和服务，可以根据市场供求关系自主定价，通过数据交易场所进行交易或者自行交易。

公共数据产品和服务应当通过数据交易场所进行交易。

第二十条 市人民政府及财政等有关部门应当探索建立数据资产管理机制，建立健全数据资产价值评估、过程监测、信息披露和报告等机制，推进数据资产全过程管理。

市财政部门应当宣传引导企业实施数据资源相关会计制度，督促企业规范会计秩序、提高会计信息质量。

第二十一条 市人民政府及统计等有关部门应当探索建立数据要素配置的统计核算指标体系和评估评价指南，评价各行政区、功能区、行业领域内数据对经济社会发展的贡献。

市统计部门应当推动数据要素纳入国民经济和社会发展的统计核算体系。

第二十二条 市、区人民政府应当建立健全公共数据管理和发展工作评估机制，将公共数据管理和发展工作作为年度目标责任制考核的重要内容。

第二十三条 数据行业协会等社会组织应当制定相关团体标准、行业规范、数据交易价格评估指南等，引导会员单位依法开展数据处理活动。

有关部门开展数据监督管理活动的，相关行业协会应当予以配合。

第四章 数据产业发展

第二十四条 发展改革、数据、工业和信息化、财政、商务、地方金融管理等有关部门应当依照各自职责制定数据产业扶持政策和激励性措施，从资金、投融资或者招商引资等方面给予支持。

第二十五条 行业龙头企业、平台企业等市场主体可以建设安全可信的行业数据空间，促进行业数据流通融合，为中小企业提供数据、算法、算力等资源。

第二十六条 市、区人民政府及其有关部门应当培育和规范数据公证、数据集成、数据经纪、合规认证、安全审计、数据保险、数据托管、资产评估、争议解决、风险评估、人才培训等第三方专业服务机构，提升数据流通和交易全流程服务能力。

第二十七条　各行业主管部门应当根据数字经济发展规划及行业发展需要，提出数据要素应用项目推荐目录和应用场景需求清单，培育数据应用的新产品、新产业、新业态和新商业模式。

第二十八条　市、区人民政府及工业和信息化、科技、数据等部门应当推动数据处理、数据安全等领域的数据技术研究和创新，培育数据安全技术产品和服务。

市工业和信息化、数据等有关部门应当建设完善数据基础设施，规范数据汇聚、处理、流通、应用、运营安全等流程。

第五章　南沙深化数据开发合作

第二十九条　市人民政府应当支持南沙在数据要素流通、数据跨境流动、数据基础设施、数据产业发展等领域先行先试，推动南沙数据改革和开发合作。

南沙区人民政府应当推动建设南沙（粤港澳）数据服务试验区，完善数据基础设施，加快数据要素市场培育，加强与港澳数据交流合作，促进数据高效、有序流动。

第三十条　南沙区人民政府应当培育算力、数据算法、数据加工、数据服务等数据类核心产业，打造数据产业集群，培育发展国际数据服务新模式，建设协同港澳、面向世界的数据应用和数据产业生态。

第三十一条　市人民政府及其有关部门应当推进和支持南沙依托全球数源中心开展数字经济公共基础设施建设，探索建立以数据发布、数据控制、数据收益为主要内容的数据规则体系。

市、区人民政府及发展改革、商务、市场监管等部门应当推进在进出口商品监管、市场监管、信用体系等领域开展全球溯源辅助应用，推动各类市场主体、社会组织和消费者参与共建全球数源中心。

第三十二条　市人民政府应当推动南沙在数据跨境流动及数据跨境服务

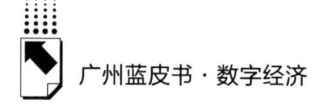

领域与横琴粤澳深度合作区、前海深港现代服务业合作区、河套深港科技创新合作区形成区域协同联动。

南沙区人民政府应当制定政策措施培育发展数据跨境专业服务机构。

第三十三条 南沙区人民政府及其有关部门应当按照国家有关规定，开展数据跨境流动安全管理创新和试点应用，建立面向企业的数据跨境安全管理指导机制。

南沙区人民政府应当建立数据出境负面清单管理机制，制定相关数据安全保障预案，及时掌握数据安全风险状况，强化数据安全风险管控能力，探索构建数据跨境服务和安全保护体系。

第三十四条 南沙区人民政府应当推动与海关、税务、统计调查、人民银行、金融监管等国家有关部门建立数据共享协调机制，促进公共数据共享共用。市人民政府及其有关部门应当给予协助。

南沙区人民政府应当推动与港澳在商事登记、社会信用、社会保险、食品安全、医疗健康、商品溯源、跨境支付等营商环境和民生服务重点领域建立数据跨境共享互通互认机制，打造数据跨境应用场景。

第六章 数据安全

第三十五条 市人民政府应当建立和完善数据安全综合治理体系，落实数据分类分级保护制度，保障数据全生命周期安全。

第三十六条 数据处理者应当承担数据安全主体责任，履行法律法规规定的数据安全义务。

重要数据的处理者应当按照规定对其数据处理活动定期开展风险评估，并向有关行业主管部门报送风险评估报告。

第三十七条 网信、公安、数据等有关部门应当开展数据安全风险评估、报告、信息共享、监测预警、风险认定工作，加强对数据安全风险信息的获取、分析、研判、预警。

网信、公安、数据等有关部门应当探索建立数据相关的新技术运用安全评估机制，防止数据相关的新技术运用危害国家安全和公共利益、扰乱经济秩序和社会秩序、侵犯他人合法权益等。

第三十八条　市、区人民政府及其有关部门应当建立应急预警、响应、支援处理和事后恢复等数据安全应急处置机制。

发生数据安全事件，网信、公安、数据及有关行业主管部门应当按照应急预案，组织开展应急处置工作，防止危害扩大，消除安全隐患，并及时向社会发布与公众有关的警示信息。

第三十九条　发生突发事件时，有关行业主管部门可以依法要求自然人、法人和非法人组织提供突发事件应对工作所必需的数据，并明确告知数据使用的目的、范围、方式。

对在突发事件应对过程中获取的数据，有关行业主管部门及相关主体应当履行数据安全保护职责，不得擅自向第三方提供或者用于突发事件应对以外的其他用途。

突发事件应对结束后，有关行业主管部门及相关主体应当对涉及国家秘密、商业秘密和个人隐私的数据进行封存或者销毁等安全处理。

第四十条　单位或者个人可以通过政务服务便民热线等渠道向网信、公安、市场监管、数据等部门投诉举报过度采集个人信息、非法处理或者非法交易数据等行为。

第七章　法律责任

第四十一条　公共管理和服务机构及其工作人员违反本条例规定，未依法履行职责的，由有权机关责令改正，对直接负责的主管人员和其他直接责任人员依法给予处分；构成犯罪的，依法追究刑事责任。

第四十二条　数据交易场所违反本条例第十七条第二款规定，不予配合日常监管工作的，由市数据主管部门责令改正，并由有权机关对责任人员依法给予处理。

第四十三条　违反本条例第十八条规定的，由相关部门按照《中华人

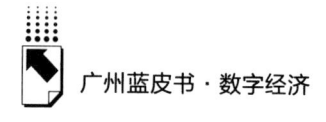

民共和国数据安全法》、《中华人民共和国个人信息保护法》、《网络数据安全管理条例》等的规定予以处罚。

第八章 附 则

第四十四条 中央、省驻穗单位以及运行经费由本市各级财政保障的其他机关、事业单位、团体等单位参与本市公共数据采集、使用、管理等行为，参照本条例执行。

第四十五条 本条例自 2025 年 2 月 28 日起施行。

社会科学文献出版社

皮书
智库成果出版与传播平台

❖ 皮书定义 ❖

皮书是对中国与世界发展状况和热点问题进行年度监测,以专业的角度、专家的视野和实证研究方法,针对某一领域或区域现状与发展态势展开分析和预测,具备前沿性、原创性、实证性、连续性、时效性等特点的公开出版物,由一系列权威研究报告组成。

❖ 皮书作者 ❖

皮书系列报告作者以国内外一流研究机构、知名高校等重点智库的研究人员为主,多为相关领域一流专家学者,他们的观点代表了当下学界对中国与世界的现实和未来最高水平的解读与分析。

❖ 皮书荣誉 ❖

皮书作为中国社会科学院基础理论研究与应用对策研究融合发展的代表性成果,不仅是哲学社会科学工作者服务中国特色社会主义现代化建设的重要成果,更是助力中国特色新型智库建设、构建中国特色哲学社会科学"三大体系"的重要平台。皮书系列先后被列入"十二五""十三五""十四五"时期国家重点出版物出版专项规划项目;自2013年起,重点皮书被列入中国社会科学院国家哲学社会科学创新工程项目。

皮书网

（网址：www.pishu.cn）

发布皮书研创资讯，传播皮书精彩内容
引领皮书出版潮流，打造皮书服务平台

栏目设置

◆ 关于皮书
何谓皮书、皮书分类、皮书大事记、
皮书荣誉、皮书出版第一人、皮书编辑部

◆ 最新资讯
通知公告、新闻动态、媒体聚焦、
网站专题、视频直播、下载专区

◆ 皮书研创
皮书规范、皮书出版、
皮书研究、研创团队

◆ 皮书评奖评价
指标体系、皮书评价、皮书评奖

所获荣誉

◆ 2008年、2011年、2014年，皮书网均在全国新闻出版业网站荣誉评选中获得"最具商业价值网站"称号；

◆ 2012年，获得"出版业网站百强"称号。

网库合一

2014年，皮书网与皮书数据库端口合一，实现资源共享，搭建智库成果融合创新平台。

皮书网

"皮书说"
微信公众号

权威报告·连续出版·独家资源

皮书数据库
ANNUAL REPORT(YEARBOOK) DATABASE

分析解读当下中国发展变迁的高端智库平台

所获荣誉

- 2022年，入选技术赋能"新闻+"推荐案例
- 2020年，入选全国新闻出版深度融合发展创新案例
- 2019年，入选国家新闻出版署数字出版精品遴选推荐计划
- 2016年，入选"十三五"国家重点电子出版物出版规划骨干工程
- 2013年，荣获"中国出版政府奖·网络出版物奖"提名奖

皮书数据库　　"社科数托邦"微信公众号

成为用户

登录网址www.pishu.com.cn访问皮书数据库网站或下载皮书数据库APP，通过手机号码验证或邮箱验证即可成为皮书数据库用户。

用户福利

- 已注册用户购书后可免费获赠100元皮书数据库充值卡。刮开充值卡涂层获取充值密码，登录并进入"会员中心"—"在线充值"—"充值卡充值"，充值成功即可购买和查看数据库内容。
- 用户福利最终解释权归社会科学文献出版社所有。

数据库服务热线：010-59367265
数据库服务QQ：2475522410
数据库服务邮箱：database@ssap.cn
图书销售热线：010-59367070/7028
图书服务QQ：1265056568
图书服务邮箱：duzhe@ssap.cn

卡号：984547396533
密码：

S 基本子库
SUB DATABASE

中国社会发展数据库（下设 12 个专题子库）

紧扣人口、政治、外交、法律、教育、医疗卫生、资源环境等 12 个社会发展领域的前沿和热点，全面整合专业著作、智库报告、学术资讯、调研数据等类型资源，帮助用户追踪中国社会发展动态、研究社会发展战略与政策、了解社会热点问题、分析社会发展趋势。

中国经济发展数据库（下设 12 专题子库）

内容涵盖宏观经济、产业经济、工业经济、农业经济、财政金融、房地产经济、城市经济、商业贸易等 12 个重点经济领域，为把握经济运行态势、洞察经济发展规律、研判经济发展趋势、进行经济调控决策提供参考和依据。

中国行业发展数据库（下设 17 个专题子库）

以中国国民经济行业分类为依据，覆盖金融业、旅游业、交通运输业、能源矿产业、制造业等 100 多个行业，跟踪分析国民经济相关行业市场运行状况和政策导向，汇集行业发展前沿资讯，为投资、从业及各种经济决策提供理论支撑和实践指导。

中国区域发展数据库（下设 4 个专题子库）

对中国特定区域内的经济、社会、文化等领域现状与发展情况进行深度分析和预测，涉及省级行政区、城市群、城市、农村等不同维度，研究层级至县及县以下行政区，为学者研究地方经济社会宏观态势、经验模式、发展案例提供支撑，为地方政府决策提供参考。

中国文化传媒数据库（下设 18 个专题子库）

内容覆盖文化产业、新闻传播、电影娱乐、文学艺术、群众文化、图书情报等 18 个重点研究领域，聚焦文化传媒领域发展前沿、热点话题、行业实践，服务用户的教学科研、文化投资、企业规划等需要。

世界经济与国际关系数据库（下设 6 个专题子库）

整合世界经济、国际政治、世界文化与科技、全球性问题、国际组织与国际法、区域研究 6 大领域研究成果，对世界经济形势、国际形势进行连续性深度分析，对年度热点问题进行专题解读，为研判全球发展趋势提供事实和数据支持。

法律声明

"皮书系列"（含蓝皮书、绿皮书、黄皮书）之品牌由社会科学文献出版社最早使用并持续至今，现已被中国图书行业所熟知。"皮书系列"的相关商标已在国家商标管理部门商标局注册，包括但不限于LOGO（ ）、皮书、Pishu、经济蓝皮书、社会蓝皮书等。"皮书系列"图书的注册商标专用权及封面设计、版式设计的著作权均为社会科学文献出版社所有。未经社会科学文献出版社书面授权许可，任何使用与"皮书系列"图书注册商标、封面设计、版式设计相同或者近似的文字、图形或其组合的行为均系侵权行为。

经作者授权，本书的专有出版权及信息网络传播权等为社会科学文献出版社享有。未经社会科学文献出版社书面授权许可，任何就本书内容的复制、发行或以数字形式进行网络传播的行为均系侵权行为。

社会科学文献出版社将通过法律途径追究上述侵权行为的法律责任，维护自身合法权益。

欢迎社会各界人士对侵犯社会科学文献出版社上述权利的侵权行为进行举报。电话：010-59367121，电子邮箱：fawubu@ssap.cn。

社会科学文献出版社